미래와 통하는 책

동양북스 외국어
베스트 도서
700만 독자의 선택!

새로운 도서, 다양한 자료
동양북스 홈페이지에서 만나보세요!

www.dongyangbooks.com
m.dongyangbooks.com

※ 학습자료 및 MP3 제공 여부는 도서마다 상이하므로 확인 후 이용 바랍니다.

홈페이지 도서 자료실에서 학습자료 및 MP3 무료 다운로드

PC

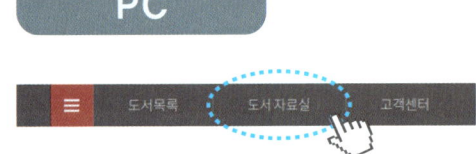

❶ 홈페이지 접속 후 도서 자료실 클릭
❷ 하단 검색 창에 검색어 입력
❸ MP3, 정답과 해설, 부가자료 등 첨부파일 다운로드
　* 원하는 자료가 없는 경우 '요청하기' 클릭!

MOBILE

* 반드시 '인터넷, Safari, Chrome' App을 이용하여 홈페이지에 접속해주세요. (네이버, 다음 App 이용 시 첨부파일의 확장자명이 변경되어 저장되는 오류가 발생할 수 있습니다.)

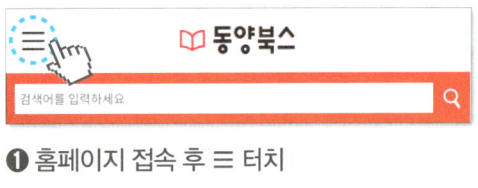

❶ 홈페이지 접속 후 ≡ 터치

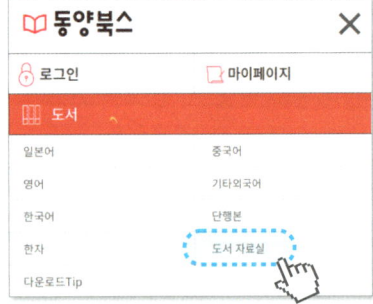

❷ 도서 자료실 터치

❸ 하단 검색창에 검색어 입력
❹ MP3, 정답과 해설, 부가자료 등 첨부파일 다운로드
　* 압축 해제 방법은 '다운로드 Tip' 참고

일본어능력시험

일단 합격 JLPT N5 완벽 대비

기본서 ✦ 모의고사 ✦ 단어장

이선옥 지음 | 하야시 요코 감수

동양북스

개정 1쇄 | 2025년 8월 25일

지은이 | 이선옥
감　수 | 하야시 요코
발행인 | 김태웅
책임 편집 | 이서인
디자인 | 김지혜, 강재은
마케팅 총괄 | 김철영
온라인 마케팅 | 신아연
제　작 | 현대순

발행처 | (주)동양북스
등　록 | 제 2014-000055호
주　소 | 서울시 마포구 동교로22길 14 (04030)
구입 문의 | 전화 (02)337-1737　팩스 (02)334-6624
내용 문의 | 전화 (02)337-1762　dymg98@naver.com

ISBN 979-11-7210-125-1 13730

ⓒ 2025. 이선옥

▶ 본 책은 저작권법에 의해 보호를 받는 저작물이므로 무단 전재와 복제를 금합니다.
▶ 잘못된 책은 구입처에서 교환해드립니다.
▶ (주)동양북스에서는 소중한 원고, 새로운 기획을 기다리고 있습니다.
　 http://www.dongyangbooks.com

머리말

일본어 능력시험에 도전하는 모든 응시자 여러분 반갑습니다. 아마 이 책을 손에 든 여러분은 처음으로 일본어 능력시험을 치르지 않을까 생각합니다. 생애 첫 일본어 능력시험이라 '어떻게 준비하는 것이 좋을지', '과연 시험을 잘 치를 수 있을지' 하는 걱정들이 있을 것입니다.

일본어 능력시험은 국제교류기금(国際交流基金) 및 일본국제교육지원협회(日本国際教育支援協会)에서 주최하는 시험으로, 일본어를 모국어로 하지 않는 사람을 대상으로 일본어 능력을 측정하고 인정함을 목적으로 실시하고 있습니다.

N1에서 N5까지 총 5개의 레벨로 나뉘어 있으며, 그중에서 N5는 일상생활에서 사용하는 기본적인 어휘와 문법 활용을 어느 정도 이해할 수 있는지를 측정합니다. 즉, 자주 접하는 상황에서 친숙한 화제와 관련된 어휘와 표현에 대한 이해를 묻는 수준이라고 할 수 있습니다. 이에 대비하기 위해 이 책은 한 권으로 일본어의 기본이 되는 내용을 체계적이고 효율적으로 정리했습니다.

'문자 • 어휘'는 기출 한자 및 어휘를 제시하고, 앞으로 출제 가능성이 높은 단어를 추가로 제시하였습니다. 제시된 단어를 숙지함으로써 어휘에 대한 부담감을 덜 수 있을 것입니다.

'문법'은 문법적 기초가 부족한 수험생들도 예문을 읽는 사이에 자신감이 붙을 수 있도록 분류, 구성하였습니다. 특히, 혼동되기 쉬운 내용들에 대해서는 명쾌한 예문과 핵심 포인트를 제시하여, 학습을 진행하면서 최강의 문법 학습이 가능하도록 집필하였다고 자신하는 바입니다.

'독해'는 어휘력과 문법에 관한 지식을 토대로, 이 책에 제시된 문장들을 반복하여 학습하는 것만으로도 고득점이 가능하도록 출제 경향에 들어맞는 내용들을 제시하였습니다.

'청해'는 출제 유형별로 대비가 가능하도록 응용 가능성이 높은 문제들을 엄선하였으며, 청해의 핵심을 놓치지 않고 간파할 수 있도록 핵심 어휘를 제시하였습니다.

또한 본서에는 실제 시험과 같은 난이도로 구성된 모의고사가 있어서 본인의 실력을 점검할 수 있습니다.

이 책은 기출 문제를 충실하게 반영, 분석하여 출제 경향에 맞추어 집필하였기 때문에 뛰어난 응용력과 신뢰성이 있다고 확신합니다. 이 책의 학습을 통해, 일본어의 기초 완성은 물론이고 일본어능력시험 고득점 합격에 이르기를 간절히 기원합니다.

끝으로 이 책의 출판에 도움을 주신 동양북스와 원고를 좋은 책으로 완성해 주신 편집자 모든 분들께 깊은 감사의 말씀을 드립니다.

저자 이선옥

이 책의 구성과 활용법

이 책은 2010년부터 시행된 JLPT N5에 대비할 수 있도록 구성된 종합 학습서입니다. 각 과목별로 문제 유형과 최신 출제 유형을 분석하였으며, 각각의 유형마다 학습 팁과 실전 팁을 제시하였습니다. 또한 그동안의 기출 어휘·문법 정리와 더불어 충분한 문제 풀이를 통해 실전에 철저히 대비할 수 있도록 구성하였습니다.

문제 유형 공략법

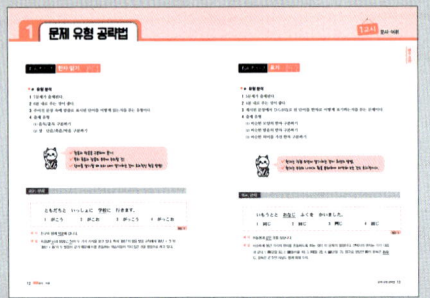

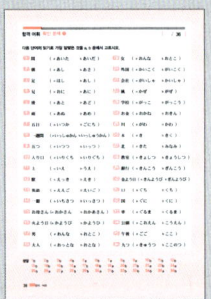

JLPT 각 영역마다 문제별로 유형을 분석하고 신 출제 경향을 정리하였습니다. 또한 예시 문제를 제시하여 처음 JLPT를 접하는 학습자도 시험 유형에 쉽게 적응할 수 있도록 구성하였으며, 평소 학습하는 데 도움이 될 수 있는 팁을 함께 정리하여 취약한 영역을 극복하고, JLPT에 철저히 대비할 수 있도록 하였습니다.

유형별 실전 문제

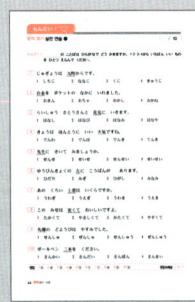
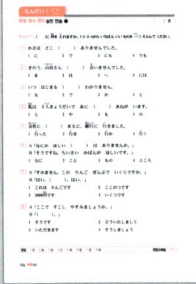

실제 JLPT N5와 동일한 형식의 문제를 풀어보며 실전 감각을 키울 수 있습니다. 앞에서 제시되었던 학습 팁과 문제 풀이 팁을 활용하며 문제를 풀이합니다. 문제 아래에 정답 번호가 제시되어 있어 정답을 확인하는 시간을 절약할 수 있으며, 보다 상세한 해설은 별책 해설서를 통해 확인할 수 있습니다.

파트별 특징

문자·어휘

기출 한자 및 어휘를 제시하고, 앞으로 출제 가능성이 높은 단어를 추가로 제시하였습니다. N5에서 꼭 익혀야 할 어휘만을 엄선하여 '합격 어휘'로 제시하였고, 만점 획득을 위해서 꼭 필요한 어휘를 선별하여 '고득점 어휘'로 제시하여 효율적으로 학습할 수 있도록 하였습니다. 또한 각 어휘 학습을 마친 후에는 '확인 문제'를 통해 성취도를 확인할 수 있습니다.

문법

기출 문법을 정리하고 출제 가능성이 높은 문법 항목을 상세히 설명하였습니다. N5에서 꼭 익혀야 할 사항만을 엄선하여 '합격 문법'으로, 만점 획득을 위해서 꼭 필요한 사항을 선별하여 '고득점 문법'으로 분류하였습니다. 또한 '확인 문제'를 통해 성취도를 확인할 수 있습니다.

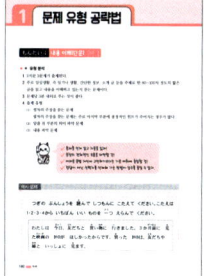 

독해

각 문제별로 상세하게 유형을 분석하고 주로 출제되는 지문의 종류도 함께 정리하여 어렵게 느낄 수 있는 [독해]에 쉽게 적응할 수 있도록 하였습니다. 또한 각 유형마다 [독해] 문제 풀이 시간을 단축할 수 있는 팁과 고득점 팁을 제시하였으며 각 품사별로 주로 나오는 어휘들을 별도로 정리하여 문제 풀이에 도움이 될 수 있도록 하였습니다.

청해

각 문제별로 상세하게 유형을 분석하고 주로 출제되는 대화의 유형을 정리하였습니다. 시험에 자주 나오는 어휘와 축약·구어체 표현을 주제별로 정리하여 실전에 대비할 수 있도록 하였으며, 워밍업에서 제시되었던 풀이 요령을 실제 문제 풀이에 적용하면서 자신만의 청해 학습 전략을 세워 볼 수 있습니다.

 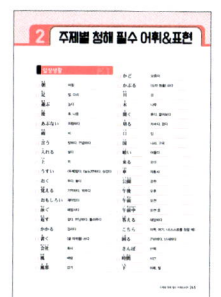

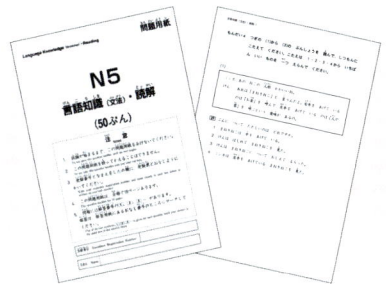

실전 모의고사 (2회분)

실제 시험과 같은 형식의 모의고사를 2회분 수록하였습니다. 시간을 재면서 실제 시험과 같은 환경에서 풀어 봅니다. 본책에서 학습한 내용을 최종 확인하고, 해설서를 참고하여 틀린 문제를 스스로 점검하도록 합니다.

JLPT(일본어 능력시험)란?

❶ JLPT에 대해서

JLPT(Japanese-Language Proficiency Test)는 일본어를 모국어로 하지 않는 사람의 일본어 능력을 측정하고 인정하는 시험으로, 국제교류기금과 재단법인 일본국제교육지원협회가 주최하고 있습니다. 1984년부터 실시되고 있으며 다양화된 수험자와 수험 목적의 변화에 발맞춰 2010년부터 새로워진 일본어 능력시험이 연 2회(7월, 12월) 실시되고 있습니다.

❷ JLPT 레벨과 인정 기준

레벨	과목별 시간		인정 기준
	유형별	시간	
N1	언어지식(문자·어휘·문법) 독해	110분	폭넓은 상황에서 사용되는 일본어를 이해할 수 있다. [읽기] 폭넓은 화제에 대한 신문 논설, 평론 등 논리적으로 다소 복잡한 글이나 추상도가 높은 글 등을 읽고, 글의 구성이나 내용을 이해할 수 있다. 내용의 깊이가 있는 글을 읽고 이야기의 흐름이나 상세한 표현 의도를 이해할 수 있다. [듣기] 폭넓은 상황에 있어 자연스러운 속도의 회화나 뉴스, 강의를 듣고 이야기의 흐름이나 내용, 등장인물의 관계, 내용의 논리적 구성 등을 상세하게 이해하고 요지를 파악할 수 있다.
	청해	55분	
N2	언어지식(문자·어휘·문법) 독해	105분	일상적인 상황에서 사용되는 일본어의 이해와 더불어, 보다 폭넓은 상황에서 사용되는 일본어를 어느 정도 이해할 수 있다. [읽기] 신문이나 잡지 기사, 해설, 쉬운 평론 등 논지가 명확한 글을 읽고 글의 내용을 이해할 수 있다. 일반적인 화제의 글을 읽고 이야기의 흐름이나 표현 의도를 이해할 수 있다. [듣기] 일상적인 상황과 더불어, 다양한 상황에서 자연스러운 속도의 회화나 뉴스를 듣고 이야기의 흐름이나 내용, 등장인물의 관계를 이해하거나 요지를 파악할 수 있다.
	청해	50분	
N3	언어지식(문자·어휘)	30분	일상적인 상황에서 사용되는 일본어를 어느 정도 이해할 수 있다. [읽기] 일상적인 화제에 대해 쓰인 구체적인 내용을 나타내는 글을 읽고 이해할 수 있다. 신문 기사 제목 등에서 정보의 개요를 파악할 수 있다. 일상적인 상황에서 난이도가 약간 높은 글은, 다른 말로 바꿔 제시되면 요지를 이해할 수 있다. [듣기] 일상적인 상황에서 자연스러움에 가까운 속도의 회화를 듣고 이야기의 구체적인 내용을 등장인물의 관계에 맞춰 거의 이해할 수 있다.
	언어지식(문법)·독해	70분	
	청해	40분	
N4	언어지식(문자·어휘)	25분	기본적인 일본어를 이해할 수 있다. [읽기] 기본적인 어휘나 한자를 이용해서 쓰여진 일상생활에서 흔히 접할 수 있는 화제의 글을 읽고 이해할 수 있다. [듣기] 일상적인 상황에서 다소 느리게 말하는 회화라면 내용을 거의 이해할 수 있다.
	언어지식(문법)·독해	55분	
	청해	35분	
N5	언어지식(문자·어휘)	20분	기본적인 일본어를 어느 정도 이해할 수 있다. [읽기] 히라가나, 가타카나, 일상생활에서 사용되는 기본적인 한자로 쓰인 정형적인 어구나 글을 읽고 이해할 수 있다. [듣기] 교실이나 주변 등 일상생활 속에서 자주 접하는 상황에서 천천히 말하는 짧은 회화라면 필요한 정보를 얻을 수 있다.
	언어지식(문법)·독해	40분	
	청해	30분	

❸ 시험 결과의 표시

레벨	득점 구분	인정 기준
N1	언어지식(문자 · 어휘 · 문법)	0~60
	독해	0~60
	청해	0~60
	종합득점	0~180
N2	언어지식(문자 · 어휘 · 문법)	0~60
	독해	0~60
	청해	0~60
	종합득점	0~180
N3	언어지식(문자 · 어휘 · 문법)	0~60
	독해	0~60
	청해	0~60
	종합득점	0~180
N4	언어지식(문자 · 어휘 · 문법) · 독해	0~120
	청해	0~60
	종합득점	0~180
N5	언어지식(문자 · 어휘 · 문법) · 독해	0~120
	청해	0~60
	종합득점	0~180

❹ 시험 결과 통지의 예

다음 예와 같이 ① '득점구분별 득점'과 득점구분별 득점을 합계한 ② '종합득점', 앞으로의 일본어 학습을 위한 ③ '참고정보'를 통지합니다. ③ '참고정보'는 합격/불합격 판정 대상이 아닙니다.

* 예 N3을 수험한 Y씨의 '합격/불합격 통지서'의 일부 성적 정보(실제 서식은 변경될 수 있습니다.)

① 득점 구분별 득점			② 종합 득점
언어지식 (문자 · 어휘 · 문법)	독해	청해	120/180
50/60	30/60	40/60	

③ 참고 정보	
문자 · 어휘	문법
A	C

A 매우 잘했음 (정답률 67% 이상)
B 잘했음 (정답률 34%이상 67% 미만)
C 그다지 잘하지 못했음 (정답률 34% 미만)

목차

머리말 ·· 3
이 책의 구성과 활용법 ··· 4
JLPT(일본어 능력시험)란? ··· 6

1교시

● ● **문자·어휘**

　문제 유형 공략법 ··· 12
　기출 어휘 ·· 16
　합격 어휘 ·· 30
　합격 어휘 확인 문제 ·· 38
　고득점 어휘 ·· 46
　고득점 어휘 확인 문제 ··· 56

● **유형별 실전 문제** ·· 64
　한자 읽기 ·· 66
　표기 ·· 71
　문맥 구성 ·· 76
　유의 표현 ·· 80

2교시

● ● **문법**

　문제 유형 공략법 ··· 92
　기출 문법 ·· 97
　합격 문법 ·· 103
　합격 문법 확인 문제 ·· 128
　고득점 문법 ·· 133
　고득점 문법 확인 문제 ··· 149

8

- 유형별 실전 문제 ·· 154
  - 문법 형식 판단 ·· 156
  - 문장 만들기 ·· 166
  - 글의 문법 ··· 172

●● 독해
  - 문제 유형 공략법 ·· 180
  - 독해 필수 어휘&문법 ··· 188
  - 독해 어휘&문법 확인 문제 ·· 199

- 유형별 실전 문제 ·· 204
  - 내용 이해(단문) ··· 206
  - 내용 이해(중문) ··· 218
  - 정보 검색 ··· 226

3교시

●● 청해
  - 문제 유형 공략법 ·· 236
  - 주제별 청해 필수 어휘&표현 ··· 245
  - 청해 유형 확인 문제 ··· 256

- 유형별 실전 문제 ·· 258
  - 과제 이해 ··· 260
  - 포인트 이해 ·· 266
  - 발화 표현 ··· 272
  - 즉시 응답 ··· 276

해설 ·· 282

부록 실전 모의고사(2회분) + 해설

1교시
문자·어휘

もんだい 1 한자 읽기
もんだい 2 표기
もんだい 3 문맥 구성
もんだい 4 유의 표현

1 문제 유형 공략법

もんだい1　한자 읽기

●● 유형 분석

1 7문제가 출제된다.
2 6분 내로 푸는 것이 좋다.
3 주어진 문장 속에 밑줄로 표시된 단어를 어떻게 읽는지를 묻는 유형이다.
4 출제 유형
　(1) 음독/훈독 구분하기
　(2) 장・단음/촉음/탁음 구분하기

✓ 청음과 탁음을 구분하여 풀기!
✓ 특히 촉음과 장음의 유무에 주의할 것!
✓ 단어를 암기할 때 소리 내어 암기하는 것이 효과적인 학습 방법!

예시 문제

ともだちと　いっしょに　<u>学校</u>に　行きます。
1　がこう　　　2　がこお　　　3　がっこう　　　4　がっこお

정답 3

해 석　친구와 함께 학교에 갑니다.

해 설　촉음(がっ)과 장음(こう)의 두 가지 지식을 묻고 있다. 특히 'お단'의 장음 발음 규칙에서 'お단 + う'와 'お단 + お'의 두 발음이 같기 때문에 이를 혼동하는 학습자들이 적지 않은 것을 함정으로 하고 있다.

1교시 문자·어휘

もんだい2 표기

● ● 유형 분석

1 5문제가 출제된다.
2 4분 내로 푸는 것이 좋다.
3 제시된 문장에서 히라가나로 된 단어를 한자로 어떻게 표기하는지를 묻는 문제이다.
4 출제 유형
　(1) 비슷한 모양의 한자 구분하기
　(2) 비슷한 발음의 한자 구분하기
　(3) 비슷한 의미를 가진 한자 구분하기

✓ 한자는 직접 쓰면서 암기하는 것이 최선의 방법.
✓ 한자는 부수와 나머지 획을 분해하여 파악해 보는 것도 효과적이다.

예시 문제

いもうとと　おなじ　ふくを　かいました。

1　同じ　　　　2　回じ　　　　3　冋じ　　　　4　固じ

정답 1

해석　여동생과 같은 옷을 샀습니다.

해설　비슷하게 생긴 각각의 한자를 혼동하도록 하는 것이 이 문제의 함정이다. 선택지의 한자는 각각 다음과 같다. 1. 同(같을 동), 2. 回(돌아올 회), 3. 冋(들 경), 4. 固(굳을 고). 참고로 정답인 同의 훈독은 おなじ, 음독은 どう인 사실도 함께 외워 두자.

もんだい3 문맥 구성

●● 유형 분석

1 6문제가 출제된다.
2 5분 내로 푸는 것이 좋다.
3 제시된 문장에 가장 적절한 의미를 나타내는 어휘를 선택하여, 문장을 완성시키는 유형이다.
4 출제 유형
   (1) 술어(동사, い형용사, な형용사)와 명사, 부사, 외래어, 조수사 등 다양한 품사에 걸쳐 출제.
   (2) 특정 물건을 세는 단위(조수사)가 반드시 출제.
   (3) 숙어, 즉 상황별 관용적인 어휘의 쓰임에 주의.

✓ 서로 호응 관계에 있거나 숙어처럼 사용되는 표현을 익혀 두자!
✓ 관용적인 표현, 여러 의미를 가지는 다의어를 중점적으로 정리해 두자.

예시 문제

> めがねが　つくえの　（　　　）に　あります。
> 1　そば　　　　2　よこ　　　　3　した　　　　4　うえ

정답 4

해석 안경이 책상 (위)에 있습니다.

해설 가장 중요한 것은 기본 명사, 즉 그림에 제시된 안경(めがね)을 비롯해 책상(つくえ), 가방(かばん), 우산(かさ) 등의 명사를 알고 있는지가 중요하다. 또 위치 명사인 옆(そば・よこ), 아래(した), 위(うえ) 등의 어휘 지식을 동시에 요구하는 난이도 높은 문제이다.

もんだい4 유의 표현

● ● 유형 분석

1 3문제가 출제된다.
2 5분 내로 푸는 것이 좋다.
3 제시된 문장과 의미나 상황이 가장 가까운 것을 선택하는 유형이다.
4 출제 유형
　(1) 유의어 및 반대어 찾기
　(2) 날짜와 시간과 관련된 시제 파악하기
5 선택지에 반대어로 제시된 문장의 경우, 그 반대어의 부정 표현을 활용하는 경우도 있다.

✓ 단어 뜻의 단순 암기가 아니라, 전체적인 이미지를 생각하며 익히자.
✓ 해당 어휘를 표현할 수 있는 폭넓은 관련 어휘를 함께 정리하는 습관을 가지자.
✓ '날씨가 좋다 = 비가 그쳤다 또는 쾌적하다' 식의 이미지 학습도 중요.

예시 문제

> ここは　でぐちです。いりぐちは　あちらです。
>
> 1　あちらから　でて　ください。
> 2　あちらから　おりて　ください。
> 3　あちらから　はいって　ください。
> 4　あちらから　わたって　ください。

정답 3

해 석　여기는 출구입니다. 입구는 저쪽입니다.
　　　　1. 저쪽에서 나가 주세요.
　　　　2. 저쪽에서 내려 주세요.
　　　　3. 저쪽에서 들어와 주세요.
　　　　4. 저쪽에서 건너 주세요.

해 설　でぐち(출구)와 いりぐち(입구)라는 명사와 관련된 동사를 찾는 문제이다. でぐち(출구)와 관련된 동사는 でる(나가다, 나오다)이고, いりぐち(입구)와 관련된 동사는 はいる(들어가다, 들어오다)이므로 정답은 3번이다. 한편 はいる는 예외 1그룹동사이므로 촉음편을 하는 점에도 주의하자.

2 기출 어휘

もんだい1 한자 읽기

- ☐ 会^あう — 만나다
- ☐ 赤^{あか}い — 빨갛다, 붉다
- ☐ 朝^{あさ} — 아침
- ☐ 後^{あと} — 뒤, 나중
- ☐ 雨^{あめ} — 비
- ☐ 言^いう — 말하다
- ☐ 入^いり口^{ぐち} — 입구
- ☐ 上^{うえ} — 위
- ☐ 生^うまれる — 태어나다
- ☐ 駅^{えき} — 역
- ☐ 大^{おお}きい — 크다
- ☐ お金^{かね} — 돈
- ☐ 男^{おとこ}の子^こ — 남자아이
- ☐ 女^{おんな}の子^こ — 여자아이
- ☐ 外国^{がいこく} — 외국
- ☐ 会社^{かいしゃ} — 회사
- ☐ 買^かう — 사다
- ☐ 学校^{がっこう} — 학교
- ☐ 火^かよう日^び — 화요일
- ☐ 川^{かわ} — 강

- ☐ 木^き — 나무
- ☐ 聞^きく — 듣다
- ☐ 北^{きた} — 북쪽
- ☐ 銀行^{ぎんこう} — 은행
- ☐ 金^{きん}よう日^び — 금요일
- ☐ 国^{くに} — 나라
- ☐ 車^{くるま} — 자동차
- ☐ 午後^{ごご} — 오후
- ☐ 今月^{こんげつ} — 이번 달
- ☐ 魚^{さかな} — 생선, 물고기
- ☐ 四月^{しがつ} — 4월
- ☐ 下^{した} — 아래, 밑
- ☐ 七月^{しちがつ} — 7월
- ☐ 七時^{しちじ} — 7시
- ☐ 白^{しろ}い — 희다, 하얗다
- ☐ 少^{すく}ない — 적다
- ☐ 千円^{せんえん} — 1000엔
- ☐ 先生^{せんせい} — 선생님
- ☐ 外^{そと} — 밖
- ☐ 空^{そら} — 하늘
- ☐ 大学^{だいがく} — 대학

☐	高い	(키가)크다, (값이)비싸다, 높다	☐	本	책
☐	出す	내다, 제출하다	☐	毎日	매일
☐	食べる	먹다	☐	前	앞
☐	小さい	(크기가) 작다	☐	右	오른쪽
☐	父	아빠, 아버지	☐	水	물
☐	手	손	☐	店	가게
☐	手紙	편지	☐	見せる	보이다, 보여 주다
☐	出る	나가(오)다	☐	道	길
☐	天気	날씨	☐	耳	귀
☐	電気	전기	☐	見る	보다
☐	電話	전화	☐	木よう日	목요일
☐	十日	10일	☐	安い	(값이) 싸다
☐	友だち	친구	☐	休む	쉬다
☐	土よう日	토요일	☐	山	산
☐	中	안, 속	☐	有名	유명함
☐	長い	길다	☐	読む	읽다
☐	何人	몇 명	☐	来週	다음 주
☐	西	서쪽			
☐	飲む	마시다, 삼키다			
☐	入る	들어가(오)다			
☐	花	꽃			
☐	母	엄마			
☐	半分	반, 절반			
☐	左	왼쪽			
☐	人	사람			
☐	古い	오래되다, 낡다			

もんだい2 表기

- あし 足 — 발, 다리
- あたら 新しい — 새롭다
- いつか 五日 — 5일
- い 行く — 가다
- えいご 英語 — 영어
- おお 多い — 많다
- おとこ 男 — 남자
- かいしゃ 会社 — 회사
- か 買う — 사다, 구입하다
- か 書く — 쓰다, 적다
- がっこう 学校 — 학교
- か 火よう日 — 화요일
- かわ 川 — 강, 냇물
- き 聞く — 듣다
- く 来る — 오다
- くるま 車 — 자동차
- ごご 午後 — 오후
- こ 子ども — 아이, 어린이
- こんしゅう 今週 — 이번 주
- じかん 時間 — 시간
- しんぶん 新聞 — 신문
- た 立つ — 서다
- た 食べる — 먹다
- ちい 小さい — (크기가) 작다
- ちち 父 — 아버지
- てんき 天気 — 날씨
- でんしゃ 電車 — 전철
- とも 友だち — 친구
- ど び 土よう日 — 토요일
- なか 中 — 안, 속
- なが 長い — 길다
- なまえ 名前 — 이름
- にしぐち 西口 — 서쪽
- はちじ 八時 — 8시
- はは 母 — 엄마
- ひがし 東 — 동쪽
- ひだり 左 — 왼쪽
- まえ 前 — 앞, 전
- みせ 店 — 가게
- みっ 三つ — 세 개
- みなみ 南 — 남(쪽)
- み 見る — 보다
- むいか 六日 — 6일
- め 目 — 눈
- やす 休む — 쉬다
- やま 山 — 산
- よ 読む — 읽다
- らいねん 来年 — 내년

もんだい3 문맥구성

*한자, 가나 등의 표기는 문제 용지 기준임

☐ あかるい	밝다		☐ いれる	넣다
☐ あける	열다		☐ いろいろ	여러 가지
☐ あし	발, 다리		☐ うえ	위
☐ あした	내일		☐ うすい	얇다
☐ あそぶ	놀다		☐ うまれる	태어나다
☐ あたたかい	따뜻하다		☐ えらぶ	고르다, 선택하다
☐ あたらしい	새롭다		☐ エアコン	에어컨
☐ あに	오빠, 형		☐ えき	역
☐ アパート	아파트		☐ エレベーター	엘리베이터
☐ あびる	(샤워를) 하다		☐ おいしい	맛있다
☐ あぶない	위험하다		☐ おおぜい	많이
☐ あまい	달다		☐ おきる	일어나다
☐ あめ	비		☐ おく	놓다, 두다
☐ あらう	씻다		☐ おじさん	아저씨, 삼촌
☐ あるく	걷다		☐ おす	누르다, 밀다
☐ いくら	얼마(값)		☐ おととし	재작년
☐ いそがしい	바쁘다		☐ おとな	어른
☐ いたい	아프다		☐ おふろに はいる	목욕하다
☐ いちだい	한 대(자전거)		☐ おぼえる	기억하다, 암기하다
☐ いちど	한 번		☐ おもい	무겁다
☐ いつか	언젠가		☐ おもしろい	재미있다
☐ いつつ	다섯, 다섯 개		☐ およぐ	헤엄치다
☐ いっぱい	가득		☐ おりる	내리다
☐ いぬ	개		☐ おわる	끝나다
			☐ ～かい・～がい	～층

☐ かいだん	계단		☐ こうえん	공원
☐ かう	사다, 구입하다		☐ こうちゃ	홍차
☐ かえす	되돌려주다		☐ ごちそうさま	잘 먹었습니다
☐ かえる	돌아가(오)다		☐ こちら	이쪽, 이 분, 이 사람
☐ かかる	(시간·비용이) 들다, 걸리다		☐ こちらこそ	저야말로
☐ かぎ	열쇠, 키		☐ こまる	곤란하다, 난처하다
☐ かける	(안경을) 쓰다		☐ ～さい	～살(나이)
☐ かぜ	감기		☐ さいふ	지갑
☐ かぜを ひく	감기에 들다		☐ さく	(꽃이) 피다
☐ かぞく	가족		☐ さす	(우산을) 쓰다, 받다
☐ かど	모퉁이		☐ ～さつ	～권(책을 세는 단위)
☐ かぶる	(모자를) 쓰다		☐ さとう	설탕
☐ からい	맵다		☐ さむい	춥다
☐ かるい	가볍다		☐ さんぽする	산책하다
☐ ギター	기타(악기)		☐ さんかい	3회, 세 번
☐ きたない	더럽다, 지저분하다		☐ さんさつ	3권
☐ きって	우표		☐ じしょ	사전
☐ きっぷ	표, 티켓		☐ しずかに	조용히
☐ きる	자르다		☐ しつもんする	질문하다
☐ きれいだ	예쁘다, 깨끗하다		☐ しまる	(문이) 닫히다
☐ くすり	약		☐ しめる	(문을) 닫다
☐ くらい	어둡다		☐ しゃしん	사진
☐ けす	(불을) 끄다		☐ シャワーを あびる	샤워하다
☐ けっこう	충분함, 이제 됐음		☐ しゅくだい	숙제
☐ けっこんする	결혼하다		☐ じょうず	능숙함, 잘함
☐ げんき	건강함		☐ じょうぶ	튼튼함

☐	しんごう	신호	☐	ちいさい	작다
☐	しんぶんを よむ	신문을 읽다	☐	ちかい	가깝다
☐	すう	(담배를) 피우다	☐	ちがいます	아닙니다, 틀립니다
☐	スカート	스커트, 치마	☐	チケット	티켓
☐	すき	좋아함	☐	ちず	지도
☐	スキー	스키	☐	ちょうど	정각, 정확히
☐	すこし	조금	☐	つかれる	피곤하다, 지치다
☐	すぐに	곧, 바로	☐	つく	(전기가) 켜지다
☐	ストーブ	스토브, 난로	☐	つめたい	차갑다
☐	セーター	스웨터	☐	つよい	강하다, 세다
☐	スーパー	슈퍼, 마트	☐	てがみ	편지
☐	せんたく	세탁, 빨래	☐	デパート	백화점
☐	そうじ	청소	☐	でも	하지만, 그렇지만
☐	そば	옆, 곁	☐	でる	나가(오)다
☐	それでは	그럼	☐	てんき	날씨
☐	～だい	～대(차량·기계를 세는 단위)	☐	でんき	전기
☐	だいじょうぶ	괜찮음	☐	でんわ	전화
☐	たいせつ	중요함, 소중함	☐	ドア	문
☐	たいてい	대체로	☐	どういたしまして	천만에요
☐	たいへん	힘듦, 큰일임	☐	どうぞ、よろしく	잘 부탁합니다
☐	たかい	비싸다, (키가) 크다, (높이가) 높다	☐	とおい	멀다
☐	たくさん	많이	☐	ときどき	때때로
☐	たのしい	즐겁다	☐	とけい	시계
☐	たぶん	아마	☐	どちら	어느 쪽, 어느 분
☐	たべもの	먹을 것, 음식	☐	とぶ	날다
☐	だんだん	점점, 점차	☐	とまる	멈추다

☐ とる	집다, 잡다		☐ はたち	20세, 스무 살
☐ とる	(사진・영화를) 찍다		☐ はちじゅうえん	80엔
☐ ナイフ	나이프, 칼		☐ はる	붙이다
☐ ながい	길다		☐ ピアノ	피아노
☐ ならう	배우다, 익히다		☐ ～ひき・～びき・～ぴき	～마리
☐ ならべる	진열하다		☐ ひく	(악기를)치다, 연주하다
☐ なんこ	몇 개		☐ ひま	틈, 짬, 여가
☐ にかい	2층		☐ びょういん	병원
☐ にキロ	2킬로미터		☐ プール	풀, 수영장
☐ にぎやかだ	번화하다, 활기차다		☐ ふく	(바람이) 불다
☐ にさつ	두 권		☐ ふつか	2일
☐ にだい	두 대		☐ ページ	페이지, 쪽
☐ にひき	두 마리		☐ へただ	잘 못하다, 서투르다
☐ ぬぐ	(옷을) 벗다		☐ べんきょうが したい	공부를 하고 싶다
☐ のぼる	(산을) 오르다		☐ べんり	편리함
☐ のみもの	마실 것		☐ ポケット	포켓, 주머니
☐ のむ	마시다, 삼키다		☐ ぼうし	모자
☐ のる	(차, 비행기를) 타다		☐ ほしい	가지고 싶다
☐ は	이, 이빨, 치아		☐ ほそい	가늘다
☐ パーティー	파티		☐ ～ほん・～ぼん・～ぽん	～병, 자루
☐ ～はい・～ばい・～ぱい	～잔		☐ ほんや	책방, 서점
☐ はいる	돌아가다, 돌아오다		☐ ～まい	～장(종이 등 얇은 것을 세는 단위)
☐ はく	(바지를) 입다, (신발・양말을) 신다		☐ まいあさ	매일 아침
☐ はし	다리, 교량		☐ まいしゅう	매주
☐ はじめて	처음으로		☐ まがる	돌다, 굽다, 꺾다
☐ パスポート	패스포트, 여권		☐ また	또

☐ まっすぐ	똑바로, 곧장		☐ ようか	8일
☐ まど	창문		☐ ラジオ	라디오
☐ みがく	닦다		☐ りっぱ	**훌륭함**
☐ みち	길		☐ りょうり	요리
☐ メートル	미터(단위 m)		☐ りょこう	여행
☐ もっと	좀 더, 더		☐ わかい	젊다
☐ やさい	야채		☐ わすれる	잊다
☐ ゆうべ	어젯밤		☐ わたす	건네다
☐ ゆき	눈		☐ わたる	건너다
☐ ゆっくり	천천히			

もんだい4 유의표현

☐ **あかるく して ください** 밝게 해 주세요.
　≒ **でんきを つけて ください** 전기를 켜 주세요

☐ **あまり さむく ありません** 그다지 춥지 않습니다
　≒ **すこし さむいです** 조금 춥습니다

☐ **いい てんきだ** 좋은 날씨이다
　≒ **はれる** 개다, 맑다

☐ **いえを でる** 집을 나서다
　≒ **でかける** 외출하다, 나가다

☐ **いすの そば** 의자 옆
　≒ **いすの よこ** 의자 옆

☐ **いただきます** 잘 먹겠습니다
　≒ **ごはんを たべます** 밥을 먹습니다

- [ ] いつつ 다섯 개
    - ≒ 5こ 5개

- [ ] いりぐちは あちらです 입구는 저쪽입니다
    - ≒ あちらから 入って ください 저쪽에서 들어가 주세요

- [ ] うるさい 시끄럽다
    - ≒ しずかじゃ ない 조용하지 않다

- [ ] おじは 65さいです 삼촌은 65세입니다
    - ≒ 母の 兄は 65さいです 엄마의 오빠는 65세입니다

- [ ] おてあらい 화장실
    - ≒ トイレ 화장실

- [ ] おととい 그저께
    - ≒ ふつか前 2일 전

- [ ] おととし うまれた 재작년에 태어났다
    - ≒ にねんまえに うまれた 2년 전에 태어났다

- [ ] おばさん 이모
    - ≒ おかあさんの いもうとさん 어머니의 여동생

- [ ] おもしろく なかった 재미있지 않았다
    - ≒ つまらなかった 따분했다, 재미없었다

- [ ] おやすみなさい 안녕히 주무세요
    - ≒ いまから ねます 지금부터 잡니다

- [ ] かして ください 빌려 주세요
    - ≒ かりたいです 빌리고 싶습니다

- [ ] 学校を やすみました 학교를 쉬었습니다
    - ≒ 学校へ 行きませんでした 학교에 가지 않았습니다

- [ ] かない 아내
    - ≒ おくさん 부인

- [ ] かるいです 가볍습니다
    - ≒ おもく ありません 무겁지 않습니다

- ☐ きたないです 더럽습니다
    - ≒ きれいじゃ ありません 깨끗하지 않습니다
- ☐ きっさてんに 行きました 찻집에 갔습니다
    - ≒ コーヒーを 飲みに 行きました 커피를 마시러 갔습니다
- ☐ きらいです 싫습니다
    - ≒ すきでは ありません 좋아하지 않습니다
- ☐ きれいです 깨끗합니다
    - ≒ きたなく ないです 더럽지 않습니다
- ☐ ぎんこう 은행
    - ≒ ここで お金を だします 이곳에서 돈을 냅니다
- ☐ くだもの 과일
    - ≒ りんごや バナナなど 사과나 바나나 등
- ☐ くだものを たべる 과일을 먹다
    - ≒ みかんを たべる 귤을 먹다
- ☐ くらいです 어둡습니다
    - ≒ あかるく ないです 밝지 않습니다
- ☐ けいかん 경관
    - ≒ おまわりさん 순경
- ☐ けさ 오늘 아침
    - ≒ きょうの あさ 오늘 아침
- ☐ げんかん 현관
    - ≒ いえの いりぐち 집 입구
- ☐ 公園を さんぽしました 공원을 산책했습니다
    - ≒ 公園を あるきました 공원을 걸었습니다
- ☐ ごぜんちゅう 오전 내내
    - ≒ あさから ひるまで 아침부터 점심까지
- ☐ 午前も 午後も 오전도 오후도
    - ≒ 朝から 夕方まで 아침부터 저녁까지

- □ コピーを たのむ 복사를 부탁하다
  - ≒ コピーして ください 복사해 주세요
- □ さんぽして います 산책하고 있습니다
  - ≒ あるいて います 걷고 있습니다
- □ しごとを やすみます 일을 쉽니다
  - ≒ しごとを しません 일을 하지 않습니다
- □ じしょを ひきました 사전을 찾았습니다
  - ≒ 言葉の 意味が わかりました 말의 의미를 알았습니다
- □ しょくどうが やすみです 식당이 쉽니다
  - ≒ しょくどうが しまって います 식당이 닫혀 있습니다
- □ ストーブ 스토브
  - ≒ へやを あたたかく する 방을 따뜻하게 하다
- □ せが たかい 키가 크다
  - ≒ おおきい 크다
- □ せっけん 비누
  - ≒ なにかを あらう 무언가를 씻다
- □ せんたくする 세탁하다
  - ≒ ようふくを あらう 양복을 빨다
- □ そうじを する 청소를 하다
  - ≒ きれいに する 깨끗하게 하다
- □ そふ 조부, 할아버지
  - ≒ ちちの ちち 아버지의 아버지
- □ そぼ 조모, 할머니
  - ≒ おばあさん 할머니
- □ だいどころ 부엌
  - ≒ ごはんを 作る ところ 밥을 만드는 곳
- □ たてもの 건물
  - ≒ ビル 빌딩

- 誕生日は 7月5日です 생일은 7월 5일입니다
  ≒ 7月5日に うまれました 7월 5일에 태어났습니다

- ちょっと 조금
  ≒ すこし 조금

- つとめる 근무하다
  ≒ はたらく 일하다

- つまらない 시시하다
  ≒ おもしろく ありません 재미있지 않습니다

- テーブルに ならべる 테이블에 늘어놓다
  ≒ テーブルに おく 테이블에 놓다

- でかける 외출하다
  ≒ 家に いない 집에 없다

- テニスが 好きです 테니스를 좋아합니다
  ≒ テニスが したいです 테니스를 하고 싶습니다

- 天気が いい 날씨가 좋다
  ≒ はれて いる 개어 있다

- でんきを けす 전기를 끄다
  ≒ へやを くらく する 방을 어둡게 하다

- ドアは あいて います 문은 열려 있습니다
  ≒ ドアは しまって いません 문은 닫혀 있지 않습니다

- どうぶつ 동물
  ≒ いぬや ねこ 개나 고양이

- としょかんに 行きました 도서관에 갔습니다
  ≒ 本を かりました 책을 빌렸습니다

- なぜ 왜
  ≒ どうして 왜

- ならいました 배웠습니다
  ≒ べんきょうしました 공부했습니다

- にぎやかです 떠들썩합니다
  ≒ 人が おおぜい います 사람이 많이 있습니다

- 日本語を ならう 일본어를 배우다
  ≒ 日本語を 勉強して いる 일본어를 공부하고 있다

- はじめて 行きます 처음 갑니다
  ≒ まだ 行って いません 아직 가지 않았습니다

- はたらいて いる 일하고 있다
  ≒ しごとを して いる 일을 하고 있다

- ひまでした 한가했습니다
  ≒ いそがしく なかったです 바쁘지 않았습니다

- ふるいです 낡았습니다
  ≒ あたらしく ないです 새롭지 않습니다

- へたです 서툽니다
  ≒ じょうずでは ありません 능숙하지 않습니다

- ボールペン 볼펜
  ≒ これで てがみを かきます 이것으로 편지를 씁니다

- まいばん 매일 밤, 밤마다
  ≒ まいにち よる 매일 밤

- まずい 맛없다
  ≒ おいしくない 맛있지 않다

- むずかしく ありません 어렵지 않습니다
  ≒ やさしいです 쉽습니다

- むずかしく なかったです 어렵지 않았습니다
  ≒ かんたんでした 간단했습니다

- もう すぐ おわります 이제 곧 끝납니다
  ≒ まだ おわって いません 아직 끝나지 않았습니다

- 野菜や 果物を うって いる 야채나 과일을 팔고 있다
  ≒ ここは やおやです 이곳은 야채가게입니다

- やさしいです 쉽습니다
  - ≒ かんたんです 간단합니다

- ゆうびんきょく 우체국
  - ≒ きって などを うって います 우표 따위를 팔고 있습니다

- ゆうべ 어젯밤
  - ≒ きのうの よる 어젯밤

- ゆうめいだ 유명하다
  - ≒ みんな しって いる 모두 알고 있다

- りゅうがくせいです 유학생입니다
  - ≒ べんきょうを しに きました 공부를 하러 왔습니다

- 両親(りょうしん)は でかけて います 부모님은 외출했습니다
  - ≒ 父(ちち)も 母(はは)も 家(いえ)に いません 아빠도 엄마도 집에 없습니다

- れいぞうこ 냉장고
  - ≒ ぎゅうにゅうを 入(い)れる 우유를 넣다

- Aは Bと けっこんする A는 B와 결혼한다
  - ≒ Bは Aの おくさんに なる B는 A의 부인이 되다

- Aは Bに 漢字(かんじ)を ならいました A는 B에게 한자를 배웠습니다
  - ≒ Bは Aに 漢字(かんじ)を おしえました B는 A에게 한자를 가르쳤습니다

- Aは Bに 車(くるま)を かりる A는 B에게 차를 빌리다
  - ≒ Bは Aに 車(くるま)を かす B는 A에게 차를 빌려주다

3 합격 어휘

명사

- 間 (あいだ) — 사이
- 朝 (あさ) — 아침
- 足 (あし) — 발, 다리
- 兄 (あに) — 오빠, 형
- 後 (あと) — 후, 나중
- 雨 (あめ) — 비
- いくら — 얼마
- いちど — 한 번
- 五日 (いつか) — 5일
- 一週間 (いっしゅうかん) — 일주일
- 五つ (いつつ) — 다섯 개
- 入り口 (いりぐち) — 입구
- 上 (うえ) — 위
- 駅 (えき) — 역
- 英語 (えいご) — 영어
- 円 (えん) — 엔(일본의 화폐 단위)
- お母さん (おかあさん) — 어머니
- お金 (おかね) — 돈
- 男 (おとこ) — 남자
- 男の人 (おとこのひと) — 남자
- 大人 (おとな) — 어른, 성인
- 女 (おんな) — 여자
- 女の子 (おんなのこ) — 여자아이
- 外国 (がいこく) — 외국
- 会社 (かいしゃ) — 회사
- 風 (かぜ) — 바람
- 風邪 (かぜ) — 감기
- 学校 (がっこう) — 학교
- かど — 모퉁이
- 火よう日 (かようび) — 화요일
- 川 (かわ) — 강
- 木 (き) — 나무
- 北 (きた) — 북(쪽)
- 北がわ (きたがわ) — 북쪽
- きっぷ — 표, 티켓
- 教室 (きょうしつ) — 교실
- 銀行 (ぎんこう) — 은행
- 金よう日 (きんようび) — 금요일
- 九時半 (くじはん) — 9시 반
- 口 (くち) — 입
- 国 (くに) — 나라, 고국
- 車 (くるま) — 자동차

☐	けっこん	결혼	☐	七月(しちがつ)	7월
☐	公園(こうえん)	공원	☐	質問(しつもん)	질문
☐	こうちゃ	홍차	☐	写真(しゃしん)	사진
☐	五回(ごかい)	5회, 5번	☐	宿題(しゅくだい)	숙제
☐	午後(ごご)	오후	☐	食堂(しょくどう)	식당
☐	九つ(ここの)	9개	☐	新聞(しんぶん)	신문
☐	午前(ごぜん)	오전	☐	千円(せんえん)	천 엔
☐	午前中(ごぜんちゅう)	오전 중	☐	先週(せんしゅう)	지난주
☐	こちら	이쪽, 여기, 나(스스로를 칭함)	☐	先生(せんせい)	선생님
☐	今年(ことし)	올해	☐	そうじ	청소
☐	子ども(こ)	아이, 어린이	☐	外(そと)	밖
☐	今月(こんげつ)	이번 달	☐	そば	옆, 곁
☐	今週(こんしゅう)	이번 주	☐	空(そら)	하늘
☐	魚(さかな)	생선, 물고기	☐	地図(ちず)	지도
☐	先(さき)	앞, 먼저, 나중	☐	父(ちち)	아빠, 아버지
☐	昨年(さくねん)	작년	☐	つま	(나의) 아내, 처
☐	三千円(さんぜんえん)	3천 엔	☐	手(て)	손
☐	三分(さんぷん)	3분	☐	手紙(てがみ)	편지
☐	さんぽ	산책	☐	出口(でぐち)	출구
☐	三本(さんぼん)	3송이, 3자루 등	☐	天気(てんき)	날씨
☐	三万円(さんまんえん)	3만 엔	☐	電気(でんき)	전기
☐	試合(しあい)	시합	☐	電車(でんしゃ)	전차
☐	時間(じかん)	시간	☐	電話(でんわ)	전화
☐	四月(しがつ)	4월	☐	十日(とおか)	10일
☐	辞書(じしょ)	사전	☐	時計(とけい)	시계
☐	下(した)	아래, 밑	☐	図書館(としょかん)	도서관

☐	どちら	어느 쪽		☐	百人	100명
☐	友だち	친구		☐	百本	100송이, 100자루 등
☐	土よう日	토요일		☐	二つ	두 개
☐	中	안, 가운데		☐	二日	2일
☐	七千円	7천 엔		☐	ぼうし	모자
☐	何	무엇/몇		☐	本	책
☐	七日	7일		☐	毎朝	매일 아침
☐	名前	이름		☐	毎週	매주
☐	二冊	2권		☐	毎日	매일
☐	日本語	일본어		☐	前	앞
☐	西	서(쪽)		☐	窓	창문
☐	西がわ	서쪽		☐	右	오른쪽
☐	二時間半	2시간 반		☐	水	물
☐	二百回	200회, 200번		☐	店	가게, 상점
☐	二万円	2만 엔		☐	道	길
☐	飲み物	마실 것, 음료수		☐	南	남쪽
☐	花	꽃		☐	耳	귀
☐	母	엄마, 어머니		☐	六日	6일
☐	半分	절반		☐	目	눈
☐	東	동(쪽)		☐	木よう日	목요일
☐	東がわ	동쪽		☐	やさい	야채
☐	左	왼쪽		☐	休み	휴일, 휴가, 방학
☐	人	사람/~명(사람 수)/~인		☐	山	산
☐	一つ	한 개		☐	夕べ	어젯밤
☐	一人	한 명		☐	雪	눈
☐	百	100		☐	八日	8일

☐ 来週(らいしゅう)	다음 주		☐ 長い(なが)	길다
☐ 来年(らいねん)	내년		☐ 古い(ふる)	낡다, 오래되다
☐ 料理(りょうり)	요리		☐ ほしい	원하다, 갖고 싶다
☐ 六時(ろくじ)	6시		☐ 安い(やす)	싸다
☐ 六本(ろっぽん)	6자루		☐ わかい	젊다

い형용사

☐ あたたかい	따뜻하다
☐ 新しい(あたら)	새롭다
☐ あぶない	위험하다
☐ 甘い(あま)	달다
☐ うすい	얇다(두께), 연하다(농도), 싱겁다
☐ 多い(おお)	많다
☐ おもい	무겁다
☐ おもしろい	재미있다
☐ 辛い(から)	맵다
☐ くらい	어둡다
☐ 白い(しろ)	희다
☐ 少ない(すく)	적다
☐ 高い(たか)	높다, 비싸다
☐ 楽しい(たの)	즐겁다
☐ 小さい(ちい)	작다
☐ 近い(ちか)	가깝다
☐ つめたい	차갑다
☐ つよい	강하다

な형용사

☐ 色々だ(いろいろ)	다양하다, 여러 가지다
☐ 同じだ(おな)	같다
☐ きれいだ	예쁘다, 깨끗하다
☐ けっこうだ	훌륭하다/ ~해도 좋다 더 이상 괜찮다(사양)
☐ 元気だ(げんき)	건강하다
☐ 上手だ(じょうず)	잘하다, 능숙하다
☐ 丈夫だ(じょうぶ)	튼튼하다, 견고하다
☐ 好きだ(す)	좋아하다
☐ 大丈夫だ(だいじょうぶ)	괜찮다, 거뜬하다
☐ 大切だ(たいせつ)	소중하다, 중요하다
☐ 下手だ(へた)	못하다, 서투르다
☐ 便利だ(べんり)	편리하다
☐ 有名だ(ゆうめい)	유명하다

동사

☐ 会う(あ)	만나다
☐ 遊ぶ(あそ)	놀다
☐ あびる	샤워하다, 끼얹다, 뒤집어쓰다

☐ あらう	씻다, (세탁물) 빨다		☐ ちがう	다르다, 틀리다
☐ 言う	말하다, 언급하다		☐ 出る	나가(오)다
☐ 行く	가다		☐ 飛ぶ	날다
☐ 入れる	넣다		☐ ならべる	늘어놓다
☐ 生まれる	태어나다		☐ 登る	오르다
☐ 起きる	일어나다		☐ 飲む	마시다
☐ おく	두다, 놓다		☐ 入る	들어가(오)다
☐ 覚える	기억하다, 외우다		☐ はく	신다, (하의) 입다
☐ 泳ぐ	헤엄치다		☐ 話す	이야기하다
☐ おりる	(탈것) 내리다		☐ はる	붙이다
☐ 買う	사다		☐ 引く	끌다, 당기다
☐ かえす	갚다, 반납하다		☐ ふく	불다
☐ かかる	걸리다		☐ みがく	(문질러) 닦다
☐ 書く	쓰다		☐ 見せる	보여주다
☐ かぶる	(모자 등을) 쓰다		☐ 見られる	볼 수 있다
☐ 聞く	듣다, 물어보다		☐ 見る	보다
☐ 切る	자르다, 끊다		☐ 休む	쉬다
☐ 来る	오다		☐ 読む	읽다
☐ けす	끄다, 지우다		☐ わすれる	잊다
☐ こたえる	대답하다		☐ わたる	건너다
☐ こまる	곤란하다, 난처하다			
☐ しめる	닫다, 잠그다		## 부사	
☐ すう	(담배) 피우다, (숨) 들이키다		☐ おおぜい	많이
☐ 進む	나아가다		☐ すぐに	곧, 금방
☐ 立つ	서다		☐ 少し	조금, 약간
☐ 食べる	먹다		☐ だんだん	점점

☐	時々(ときどき)	때때로, 가끔	☐	デパート	백화점
☐	初(はじ)めて	처음으로	☐	ナイフ	나이프, 칼
☐	また	또	☐	バス	버스
☐	まっすぐ	쭉, 곧장	☐	パーティー	파티
☐	もっと	좀 더	☐	パスポート	패스포트, 여권
☐	ゆっくり	느긋하게, 천천히	☐	ハンカチ	손수건
			☐	ページ	페이지
			☐	メートル	미터
			☐	ラジオ	라디오
			☐	ワイシャツ	와이셔츠

접속사

☐	それで	그래서
☐	それでは	그럼
☐	でも	하지만, 그러나

가타카나

☐	アパート	아파트
☐	エスカレーター	에스컬레이터
☐	エレベーター	엘리베이터
☐	カメラ	카메라
☐	カレンダー	캘린더, 달력
☐	キロ	킬로그램
☐	グラム	그램
☐	シャワー	샤워
☐	スカート	스커트
☐	スペイン	스페인
☐	スポーツ	스포츠
☐	チケット	티켓
☐	テキスト	텍스트, 교과서

연체사

☐	大(おお)きな~	커다란~
☐	この~	이~
☐	小(ちい)さな~	작은~
☐	どんな~	어떤~

조수사

☐ ~月　　　　~월

いちがつ 一月	にがつ 二月	さんがつ 三月	しがつ 四月	ごがつ 五月	ろくがつ 六月
しちがつ 七月	はちがつ 八月	くがつ 九月	じゅうがつ 十月	じゅういちがつ 十一月	じゅうにがつ 十二月

☐ ~個　　　　~개

いっこ 一個	にこ 二個	さんこ 三個	よんこ 四個	ごこ 五個
ろっこ 六個	ななこ 七個	はっこ 八個	きゅうこ 九個	じゅっこ 十個

☐ ~歳　　　　~살, ~세

いっさい 一歳	にさい 二歳	さんさい 三歳	よんさい 四歳	ごさい 五歳
ろくさい 六歳	ななさい 七歳	はっさい 八歳	きゅうさい 九歳	じゅっさい 十歳

☐ ~冊　　　　~권

いっさつ 一冊	にさつ 二冊	さんさつ 三冊	よんさつ 四冊	ごさつ 五冊
ろくさつ 六冊	ななさつ 七冊	はっさつ 八冊	きゅうさつ 九冊	じゅっさつ 十冊

☐ ~時　　　　~시

いちじ 一時	にじ 二時	さんじ 三時	よじ 四時	ごじ 五時	ろくじ 六時
しちじ 七時	はちじ 八時	くじ 九時	じゅうじ 十時	じゅういちじ 十一時	じゅうにじ 十二時

☐ ~台　　　　~대(자동차, 기계)

いちだい 一台	にだい 二台	さんだい 三台	よんだい 四台	ごだい 五台
ろくだい 六台	ななだい 七台	はちだい 八台	きゅうだい 九台	じゅうだい 十台

☐ ~つ　　　　~개

ひとつ 一つ	ふたつ 二つ	みっつ 三つ	よっつ 四つ	いつつ 五つ
むっつ 六つ	なな 七つ	やっつ 八つ	ここの 九つ	とお 十

☐ ～本 ほん/ぽん/ぽん	～송이, ～자루, ～병 등 (긴 것을 세는 단위)			
一本 いっぽん	二本 にほん	三本 さんぼん	四本 よんほん	五本 ごほん
六本 ろっぽん	七本 ななほん	八本 はっぽん	九本 きゅうほん	十本 じゅっぽん

의사소통 표현

☐ ありがとうございます	감사합니다
☐ いただきます	잘 먹겠습니다
☐ おげんきで	건강하세요
☐ おだいじに	몸조리 잘 하세요
☐ おねがいします	부탁합니다
☐ おやすみなさい	안녕히 주무세요
☐ けっこうです	더 이상은 괜찮습니다, 이제 됐습니다(충분합니다)
☐ ごちそうさまでした	잘 먹었습니다
☐ こちらこそ	저야말로
☐ ごめんなさい	미안해요
☐ こんにちは	안녕하세요
☐ さようなら	안녕히 계세요/안녕히 가세요
☐ しつれいします	실례합니다
☐ すみません	미안합니다/감사합니다
☐ ちがいます	아닙니다/틀립니다
☐ どういたしまして	천만에요
☐ どうぞよろしく	잘 부탁합니다
☐ どうも	(만날 때/헤어질 때/감사/사과) 표현

합격 어휘 확인 문제 ❶   [/ 36]

다음 단어의 읽기로 가장 알맞은 것을 a, b 중에서 고르시오.

1	間	(a あいた	b あいだ)	19	女	(a おんな	b おとこ)
2	朝	(a あし	b あさ)	20	外国	(a かいこく	b がいこく)
3	足	(a はし	b あし)	21	会社	(a がいしゃ	b かいしゃ)
4	兄	(a おに	b あに)	22	風	(a かぜ	b がぜ)
5	後	(a あと	b あど)	23	学校	(a がっこ	b がっこう)
6	雨	(a あぬ	b あめ)	24	お金	(a おかね	b おきん)
7	五日	(a いつか	b ごにち)	25	川	(a がわ	b かわ)
8	一週間	(a いっしゅかん	b いっしゅうかん)	26	木	(a き	b きく)
9	五つ	(a いつつ	b いっつ)	27	北	(a きた	b みなみ)
10	入り口	(a いりくち	b いりぐち)	28	教室	(a きょしつ	b きょうしつ)
11	上	(a いえ	b うえ)	29	銀行	(a きんこう	b ぎんこう)
12	駅	(a えっき	b えき)	30	金よう日	(a きんようび	b ぎんようび)
13	英語	(a ええご	b えいご)	31	口	(a ぐち	b くち)
14	一冊	(a いちさつ	b いっさつ)	32	国	(a ぐに	b くに)
15	お母さん	(a おかさん	b おかあさん)	33	車	(a ぐるま	b くるま)
16	火よう日	(a かようび	b かようひ)	34	公園	(a こおえん	b こうえん)
17	男	(a おんな	b おとこ)	35	午後	(a ごご	b ここ)
18	大人	(a おっとな	b おとな)	36	九つ	(a きゅうつ	b ここのつ)

정답 1 b   2 b   3 b   4 b   5 a   6 b   7 a   8 b   9 a   10 b   11 b   12 b
　　 13 b   14 b   15 b   16 a   17 b   18 b   19 a   20 b   21 b   22 a   23 b   24 a
　　 25 b   26 a   27 a   28 b   29 b   30 a   31 b   32 b   33 b   34 b   35 a   36 b

합격 어휘 확인 문제 ❷　　　　　　　　　　[　／36]

다음 단어의 읽기로 가장 알맞은 것을 a, b 중에서 고르시오.

1. 午前　（a ごぜん　　b こぜん）
2. 今年　（a ごとし　　b ことし）
3. 子ども（a ごども　　b こども）
4. 今月　（a こんがつ　b こんげつ）
5. 今週　（a こんしゅ　b こんしゅう）
6. 魚　　（a ちかな　　b さかな）
7. 先　　（a ちき　　　b さき）
8. 三千円（a さんぜんえん　b さんせんえん）
9. 三分　（a さんぶん　b さんぷん）
10. 三本　（a さんぼん　b さんほん）
11. 試合　（a しはい　　b しあい）
12. 時間　（a しがん　　b じかん）
13. 四月　（a しがつ　　b よんがつ）
14. 辞書　（a じしょ　　b じしょう）
15. 下　　（a した　　　b しだ）
16. 質問　（a しっつもん　b しつもん）
17. 写真　（a さしん　　b しゃしん）
18. 新聞　（a しんもん　b しんぶん）
19. 先週　（a せんしゅ　b せんしゅう）
20. 先生　（a せんせえ　b せんせい）
21. 地図　（a ちづ　　　b ちず）
22. 手　　（a て　　　　b め）
23. 出口　（a でくち　　b でぐち）
24. 電気　（a てんき　　b でんき）
25. 電車　（a でんしゃ　b でんちゃ）
26. 時計　（a どけい　　b とけい）
27. 図書館（a としょうかん　b としょかん）
28. 友だち（a ともだち　b どもだち）
29. 土よう日（a どようび　b とようび）
30. 名前　（a なまへ　　b なまえ）
31. 西　　（a ひがし　　b にし）
32. 半分　（a ばんぶん　b はんぶん）
33. 左　　（a ひだり　　b みぎ）
34. 一つ　（a ひたつ　　b ひとつ）
35. 毎朝　（a まいにち　b まいあさ）
36. 窓　　（a まえ　　　b まど）

정답　1 a　2 b　3 b　4 b　5 b　6 b　7 b　8 a　9 b　10 a　11 b　12 b
　　　13 a　14 a　15 a　16 b　17 b　18 b　19 b　20 b　21 b　22 a　23 b　24 b
　　　25 a　26 b　27 b　28 a　29 a　30 b　31 b　32 b　33 a　34 b　35 b　36 b

합격 어휘 확인 문제 ❸   [/ 36]

다음 단어의 읽기로 가장 알맞은 것을 a, b 중에서 고르시오.

1 午前中 （a ごぜんじゅう b ごぜんちゅう）
2 手紙　（a てかみ　　b てがみ）
3 天気　（a てんき　　b でんき）
4 電話　（a でんは　　b でんわ）
5 東　　（a ひがし　　b ひだり）
6 二つ　（a ひとつ　　b ふたつ）
7 毎週　（a まいしゅ　b まいしゅう）
8 右　　（a ひだり　　b みぎ）
9 水　　（a みづ　　　b みず）
10 道　　（a まち　　　b みち）
11 六日　（a むっか　　b むいか）
12 目　　（a ぬ　　　　b め）
13 雪　　（a ゆうき　　b ゆき）
14 来年　（a らいれん　b らいねん）
15 料理　（a りょうり　b りょり）
16 六本　（a ろっぽん　b ろっぽん）
17 新しい（a たのしい　b あたらしい）
18 多い　（a おおきい　b おおい）

19 白い　（a しろい　　b しるい）
20 少ない（a すこない　b すくない）
21 高い　（a だかい　　b たかい）
22 楽しい（a やさしい　b たのしい）
23 小さい（a さいちい　b ちいさい）
24 近い　（a ぢかい　　b ちかい）
25 安い　（a やさしい　b やすい）
26 長い　（a ながい　　b なかい）
27 古い　（a ふろい　　b ふるい）
28 同じだ（a おんなじだ b おなじだ）
29 元気だ（a でんきだ　b げんきだ）
30 上手だ（a ぞうずだ　b じょうずだ）
31 好きだ（a すきだ　　b つきだ）
32 下手だ（a べただ　　b へただ）
33 大丈夫だ（a だいぞうぶだ b だいじょうぶだ）
34 大切だ（a だいせつだ　b たいせつだ）
35 便利だ（a ぺんりだ　b べんりだ）
36 有名だ（a ゆうめいだ b ゆうめえだ）

정답 1 b　2 b　3 a　4 b　5 a　6 b　7 b　8 b　9 b　10 b　11 b　12 b
13 b　14 b　15 a　16 b　17 b　18 b　19 a　20 b　21 b　22 b　23 b　24 b
25 b　26 a　27 b　28 b　29 b　30 b　31 a　32 b　33 b　34 b　35 b　36 a

합격 어휘 확인 문제 ❹ [/ 36]

다음 단어의 읽기로 가장 알맞은 것을 a, b 중에서 고르시오.

1 一人	(a ひだり	b ひとり)	19 起きる	(a おきる	b あきる)
2 毎日	(a まいいち	b まいにち)	20 少し	(a しかし	b すこし)
3 南	(a みなみ	b ひがし)	21 初めて	(a はしめて	b はじめて)
4 来週	(a らいしゅ	b らいしゅう)	22 大きな	(a だいきな	b おおきな)
5 会う	(a あう	b かう)	23 四月	(a よんがつ	b しがつ)
6 言う	(a あう	b いう)	24 一個	(a いちこ	b いっこ)
7 買う	(a まいう	b かう)	25 六歳	(a ろっさい	b ろくさい)
8 書く	(a しょく	b かく)	26 四時	(a よんじ	b よじ)
9 聞く	(a かく	b きく)	27 三つ	(a みつつ	b みっつ)
10 切る	(a のる	b きる)	28 十本	(a じゅうほん	b じゅっぽん)
11 来る	(a きる	b くる)	29 四台	(a しだい	b よんだい)
12 食べる	(a ならべる	b たべる)	30 本	(a ぼん	b ほん)
13 出る	(a でる	b でかける)	31 風邪	(a かぜ	b かせ)
14 飲む	(a よむ	b のむ)	32 母	(a はは	b ちち)
15 入る	(a いれる	b はいる)	33 男の子	(a おとこのこ	b おんなのこ)
16 見る	(a みる	b けんる)	34 丈夫だ	(a ぞうぶだ	b じょうぶだ)
17 休む	(a やむ	b やすむ)	35 時々	(a ときどき	b しじ)
18 読む	(a のむ	b よむ)	36 百	(a びゃく	b ひゃく)

정답 1 b 2 b 3 a 4 b 5 a 6 b 7 b 8 b 9 b 10 b 11 b 12 b
13 a 14 b 15 b 16 a 17 b 18 b 19 a 20 b 21 b 22 b 23 b 24 b
25 b 26 b 27 b 28 b 29 b 30 b 31 a 32 a 33 a 34 b 35 a 36 b

합격 어휘 확인 문제 ❺ [/ 36]

다음 단어의 읽기로 가장 알맞은 것을 a, b 중에서 고르시오.

1. 遊ぶ （a とぶ　　b あそぶ）
2. 泳ぐ （a およぐ　　b およぐ）
3. 登る （a のぼる　　b のる）
4. 立つ （a りつ　　b たつ）
5. 話す （a わす　　b はなす）
6. 辛い （a きらい　　b からい）
7. 店 （a みち　　b みせ）
8. 夕べ （a ゆべ　　b ゆうべ）
9. 耳 （a みみ　　b め）
10. 飲み物 （a のみぶつ　　b のみもの）
11. 七日 （a ななか　　b なのか）
12. 近く （a さかく　　b ちかく）
13. 引く （a ひく　　b いく）
14. 十 （a とう　　b とお）
15. 外 （a ふと　　b そと）
16. 新聞 （a しんむん　　b しんぶん）
17. 花 （a はんな　　b はな）
18. 西がわ （a にしがわ　　b ひがしがわ）
19. 木よう日 （a ぼくようび　　b もくようび）
20. 十日 （a とうか　　b とおか）
21. 食堂 （a しょくど　　b しょくどう）
22. 色々だ （a いろいろだ　　b しょくしょくだ）
23. 安い （a やすい　　b やさしい）
24. 長い （a なかい　　b ながい）
25. 写真 （a しゃじん　　b しゃしん）
26. 小さな （a ちさな　　b ちいさな）
27. 空 （a まど　　b そら）
28. 七月 （a ななががつ　　b しちがつ）
29. 進む （a すすむ　　b すむ）
30. 甘い （a からい　　b あまい）
31. 八日 （a ようか　　b はつか）
32. 宿題 （a しゅっくだい　　b しゅくだい）
33. 昨年 （a さくねん　　b きょねん）
34. 二日 （a ふっか　　b ふつか）
35. 覚える （a かんがえる　　b おぼえる）
36. 飛ぶ （a とぶ　　b あそぶ）

정답　1 b　2 a　3 a　4 b　5 b　6 b　7 b　8 b　9 a　10 b　11 b　12 b
　　　13 a　14 b　15 b　16 b　17 b　18 a　19 b　20 b　21 b　22 a　23 a　24 b
　　　25 b　26 b　27 b　28 b　29 a　30 b　31 a　32 b　33 a　34 b　35 b　36 a

합격 어휘 확인 문제 ❻   [/ 18]

다음 단어의 표기로 가장 알맞은 것을 a, b 중에서 고르시오.

1. 엔(えん)　　　　　　（ a 元　　　　b 円 ）
2. 형, 오빠(あに)　　　　（ a 兄　　　　b 祝 ）
3. 회사(かいしゃ)　　　 （ a 会社　　　b 合社 ）
4. 북쪽(きた)　　　　　 （ a 比　　　　b 北 ）
5. 사다(かう)　　　　　 （ a 買う　　　b 員う ）
6. 학교(がっこう)　　　 （ a 学枚　　　b 学校 ）
7. 태어나다(うまれる)　 （ a 住まれる　b 生まれる ）
8. 날씨(てんき)　　　　 （ a 天気　　　b 失気 ）
9. 매일(まいにち)　　　 （ a 毎日　　　b 海日 ）
10. 보다(みる)　　　　　（ a 貝る　　　b 見る ）
11. 작다(ちいさい)　　　（ a 少さい　　b 小さい ）
12. 내년(らいねん)　　　（ a 来年　　　b 未年 ）
13. 신문(しんぶん)　　　（ a 新問　　　b 新聞 ）
14. 외출하다(でかける)　（ a 外かける　b 出かける ）
15. 새롭다(あたらしい)　（ a 親しい　　b 新しい ）
16. 왼쪽(ひだり)　　　　（ a 左　　　　b 在 ）
17. 쉬다(やすむ)　　　　（ a 体む　　　b 休む ）
18. 비(あめ)　　　　　　（ a 両　　　　b 雨 ）

정답　1 b　2 a　3 a　4 b　5 a　6 b　7 b　8 a　9 a
　　　10 b　11 b　12 a　13 b　14 b　15 b　16 a　17 b　18 b

합격 어휘 확인 문제 ❼　　　　　　　　　　　　　　[　　/ 18]

다음 단어의 표기로 가장 알맞은 것을 a, b 중에서 고르시오.

1. 만나다(あう)　　　　（ a 今う　　　　b 会う ）
2. 이야기하다(はなす)　（ a 話す　　　　b 言す ）
3. 일본어(にほんご)　　（ a 日本語　　　b 日本話 ）
4. 어린이(こども)　　　（ a 予ども　　　b 子ども ）
5. 무엇(なん)　　　　　（ a 何　　　　　b 司 ）
6. 사진(しゃしん)　　　（ a 与真　　　　b 写真 ）
7. 건물(たてもの)　　　（ a 建物　　　　b 健物 ）
8. 소중함(たいせつ)　　（ a 太切　　　　b 大切 ）
9. 자기자신(じぶん)　　（ a 自分　　　　b 目分 ）
10. 물(みず)　　　　　　（ a 氷　　　　　b 水 ）
11. 눈(め)　　　　　　　（ a 耳　　　　　b 目 ）
12. 길(みち)　　　　　　（ a 首　　　　　b 道 ）
13. 화요일(かようび)　　（ a 火よう日　　b 月よう日 ）
14. 바람(かぜ)　　　　　（ a 風　　　　　b 嵐 ）
15. 곧, 금방　　　　　　（ a すぐに　　　b すこし ）
16. 쭉, 곧장　　　　　　（ a たいてい　　b まっすぐ ）
17. 하지만　　　　　　　（ a でも　　　　b また ）
18. 어떤　　　　　　　　（ a どれ　　　　b どんな ）

정답　1 b　2 a　3 a　4 b　5 a　6 b　7 a　8 b　9 a
　　　10 b　11 b　12 b　13 a　14 a　15 a　16 b　17 a　18 b

합격 어휘 확인 문제 ❽   [/ 18]

다음 단어의 표기로 가장 알맞은 것을 a, b 중에서 고르시오.

1. 오전(ごせん)　　　　（ a 午前　　　　b 午後 ）
2. 질문(しつもん)　　　（ a 質聞　　　　b 質問 ）
3. 올해(ことし)　　　　（ a 去年　　　　b 今年 ）
4. 하늘(そら)　　　　　（ a 空　　　　　b 究 ）
5. 전화(でんわ)　　　　（ a 電語　　　　b 電話 ）
6. 시합(しあい)　　　　（ a 試会　　　　b 試合 ）
7. 헤엄치다(およぐ)　　（ a 泳ぐ　　　　b 永ぐ ）
8. 희다(しろい)　　　　（ a 白い　　　　b 自い ）
9. 듣다(きく)　　　　　（ a 開く　　　　b 聞く ）
10. 이~　　　　　　　　（ a この　　　　b あの ）
11. 작은　　　　　　　　（ a きれいな　　b ちいなさ ）
12. 커다란　　　　　　　（ a おおきな　　b だいじな ）
13. 느긋하게, 천천히　　（ a やっぱり　　b ゆっくり ）
14. 점점　　　　　　　　（ a だんだん　　b ときどき ）
15. 그럼　　　　　　　　（ a それでも　　b それでは ）
16. 그래서　　　　　　　（ a そして　　　b それで ）
17. 또　　　　　　　　　（ a まだ　　　　b また ）
18. 좀 더　　　　　　　（ a もっと　　　b まっすぐ ）

정답　1 a　2 b　3 b　4 a　5 b　6 b　7 a　8 a　9 b
　　　　10 a　11 b　12 a　13 b　14 a　15 b　16 b　17 b　18 a

4 고득점 어휘

명사

- 朝(あさ) 아침
- あさって 모레
- 足(あし) 발, 다리
- 明日(あした) 내일
- 頭(あたま) 머리
- 後(あと) 후, 나중
- 兄(あに) 오빠, 형
- 姉(あね) 언니, 누나
- 雨(あめ) 비
- 家(いえ/うち) 집
- 医者(いしゃ) 의사
- 一日(いちにち) 하루
- 五日(いつか) 5일
- 五つ(いつつ) 다섯 개
- 一分(いっぷん) 1분
- 犬(いぬ) 개
- 入り口(いりぐち) 입구
- 上(うえ) 위
- 後ろ(うしろ) 뒤, 뒤쪽
- 海(うみ) 바다
- 上着(うわぎ) 상의, 겉옷
- 映画館(えいがかん) 영화관
- 駅(えき) 역
- 円(えん) 엔(일본의 화폐 단위)
- お母さん(おかあさん) 어머니
- お金(おかね) 돈
- おじいさん 할아버지
- おじさん 삼촌, 아저씨
- お父さん(おとうさん) 아버지
- 男(おとこ) 남자
- 男の子(おとこのこ) 남자아이
- おととし 재작년
- 大人(おとな) 어른, 성인
- お風呂(おふろ) 목욕탕
- 女の子(おんなのこ) 여자아이
- 外国(がいこく) 외국
- 外国人(がいこくじん) 외국인
- 会社(かいしゃ) 회사
- 顔(かお) 얼굴
- 学生(がくせい) 학생
- 家族(かぞく) 가족
- 学校(がっこう) 학교

☐	火_かよう日_び	화요일		☐	七月_{しちがつ}	7월
☐	川_{かわ}	강		☐	七時_{しちじ}	7시
☐	漢字_{かんじ}	한자		☐	しつれい	실례
☐	木_き	나무		☐	新聞_{しんぶん}	신문
☐	北_{きた}	북쪽		☐	水_{すい}よう日_び	수요일
☐	切手_{きって}	우표		☐	千円_{せんえん}	천 엔
☐	切符_{きっぷ}	표, 티켓		☐	先月_{せんげつ}	지난달
☐	九本_{きゅうほん}	9송이, 9자루 등		☐	先週_{せんしゅう}	지난주
☐	銀行_{ぎんこう}	은행		☐	先生_{せんせい}	선생님
☐	金_{きん}よう日_び	금요일		☐	外_{そと}	밖
☐	九月_{くがつ}	9월		☐	そば	옆, 곁
☐	九時_{くじ}	9시		☐	空_{そら}	하늘
☐	車_{くるま}	자동차		☐	大学_{だいがく}	대학
☐	月_{げつ}よう日_び	월요일		☐	近_{ちか}く	근처
☐	こうちゃ	홍차		☐	地図_{ちず}	지도
☐	午後_{ごご}	오후		☐	父_{ちち}	아빠, 아버지
☐	午前中_{ごぜんちゅう}	오전 중		☐	手_て	손
☐	今年_{ことし}	올해		☐	手紙_{てがみ}	편지
☐	子_こども	아이, 어린이		☐	天気_{てんき}	날씨
☐	今月_{こんげつ}	이번 달		☐	電気_{でんき}	전기
☐	今週_{こんしゅう}	이번 주		☐	電車_{でんしゃ}	전차
☐	三万円_{さんまんえん}	3만 엔		☐	電話_{でんわ}	전화
☐	~時_じ	~시		☐	十日_{とおか}	10일
☐	四月_{しがつ}	4월		☐	図書館_{としょかん}	도서관
☐	仕事_{しごと}	일, 업무, 직업		☐	友_{とも}だち	친구
☐	下_{した}	아래, 밑		☐	土_どよう日_び	토요일

고득점 어휘

	漢字	意味		漢字	意味
☐	中 (なか)	안, 가운데	☐	左 (ひだり)	왼쪽
☐	夏休み (なつやすみ)	여름방학	☐	左がわ (ひだりがわ)	왼쪽, 좌측
☐	何 (なに/なん)	무엇/몇	☐	人 (ひと/にん/じん)	사람, ~명(사람 수)/~인
☐	何語 (なにご)	어느 나라 말	☐	一つ (ひとつ)	한 개
☐	七日 (なのか)	7일	☐	人々 (ひとびと)	사람들
☐	名前 (なまえ)	이름	☐	一人 (ひとり)	1명
☐	何人 (なんにん)	몇 명	☐	ひま	짬, 시간
☐	西 (にし)	서쪽	☐	百 (ひゃく)	100
☐	西口 (にしぐち)	서쪽 출입구	☐	百本 (ひゃっぽん)	100송이, 100자루 등
☐	二時間 (にじかん)	2시간	☐	二日 (ふつか)	2일
☐	二十四時間 (にじゅうよじかん)	24시간	☐	本 (ほん)	책
☐	日よう日 (にちようび)	일요일	☐	毎週 (まいしゅう)	매주
☐	歯 (は)	이, 치아	☐	毎日 (まいにち)	매일
☐	箱 (はこ)	상자	☐	前 (まえ)	앞
☐	はし	다리, 교각	☐	右 (みぎ)	오른쪽
☐	二十歳 (はたち)	스무 살	☐	水 (みず)	물
☐	八万円 (はちまんえん)	8만 엔	☐	道 (みち)	길
☐	二十日 (はつか)	20일	☐	三つ (みっつ)	3개
☐	八百人 (はっぴゃくにん)	800명	☐	三つ目 (みっつめ)	세 번째
☐	花 (はな)	꽃	☐	南 (みなみ)	남쪽
☐	話 (はなし)	이야기	☐	六日 (むいか)	6일
☐	花見 (はなみ)	꽃구경	☐	木よう日 (もくようび)	목요일
☐	母 (はは)	엄마, 어머니	☐	休み (やすみ)	휴일, 휴가, 방학
☐	春 (はる)	봄	☐	八つ (やっつ)	8개
☐	半分 (はんぶん)	절반	☐	山 (やま)	산
☐	東 (ひがし)	동쪽	☐	八日 (ようか)	8일

四人(よにん)	네 명
来月(らいげつ)	다음 달
来週(らいしゅう)	다음 주
来年(らいねん)	내년
六千円(ろくせんえん)	6천 엔
六年間(ろくねんかん)	6년 간

い형용사

青(あお)い	파랗다
赤(あか)い	빨갛다
明(あか)るい	밝다
温(あたた)かい	따뜻하다
新(あたら)しい	새롭다
甘(あま)い	달다
忙(いそが)しい	바쁘다
痛(いた)い	아프다
おいしい	맛있다
大(おお)きい	크다
きたない	더럽다
くらい	어둡다
黒(くろ)い	검다
白(しろ)い	희다
せまい	좁다
少(すく)ない	적다
高(たか)い	높다, 비싸다
小(ちい)さい	작다
近(ちか)い	가깝다
つめたい	차갑다
とおい	멀다
長(なが)い	길다
広(ひろ)い	넓다
古(ふる)い	낡다, 오래되다
ほそい	가늘다, 날씬하다
安(やす)い	싸다

な형용사

きらいだ	싫어하다
きれいだ	예쁘다, 깨끗하다
元気(げんき)だ	건강하다
しずかだ	조용하다
上手(じょうず)だ	잘하다, 능숙하다
丈夫(じょうぶ)だ	튼튼하다, 견고하다
好(す)きだ	좋아하다
大丈夫(だいじょうぶ)だ	괜찮다, 거뜬하다
大好(だいす)きだ	매우 좋아하다
大切(たいせつ)だ	소중하다, 중요하다
大変(たいへん)だ	힘들다, 큰일이다
ひまだ	한가하다
便利(べんり)だ	편리하다
有名(ゆうめい)だ	유명하다
りっぱだ	훌륭하다, 위대하다

동사

☐ 会う	만나다		☐ 立つ	서다
☐ 上げる	올리다		☐ 食べる	먹다
☐ あらう	씻다, (세탁물) 빨다		☐ つかれる	지치다
☐ あるく	걷다		☐ 着く	도착하다
☐ 言う	말하다, 언급하다		☐ つく	켜지다
☐ 行く	가다		☐ 出かける	외출하다
☐ 入れる	넣다		☐ 出る	나가(오)다
☐ 生まれる	태어나다		☐ 飛ぶ	날다
☐ おく	두다, 놓다		☐ 止まる	서다, 정지하다
☐ おしえる	가르치다		☐ 取る	잡다, 쥐다, 취하다(get)
☐ おす	누르다, 밀다		☐ 撮る	사진 찍다, 촬영하다
☐ おぼえる	기억하다, 외우다		☐ ならう	배우다, 익히다
☐ およぐ	헤엄치다		☐ ならべる	늘어놓다
☐ 買う	사다		☐ 飲む	마시다
☐ 帰る	돌아가(오)다, 귀가하다		☐ 乗る	(탈 것) 타다, 탑승하다
☐ かかる	걸리다		☐ 入る	들어가(오)다
☐ 書く	쓰다		☐ はく	신다, (하의) 입다
☐ かける	걸다		☐ はたらく	일하다
☐ かぶる	(모자 등을) 쓰다		☐ 話す	이야기하다
☐ 聞く	듣다, 물어보다		☐ はる	붙이다
☐ 来る	오다		☐ 引く	끌다, 당기다 / (감기) 걸리다
☐ 着る	입다		☐ ふく	불다
☐ さす	(우산) 쓰다		☐ まがる	돌다, 굽다, 꺾다
☐ 出す	꺼내다, 제출하다		☐ 待つ	기다리다
			☐ みがく	(문질러) 닦다
			☐ 見せる	보여주다

☐ 見る	보다		☐ そして	그리고
☐ 持つ	가지다, 들다		☐ それで	그래서
☐ 休む	쉬다		☐ それに	게다가
☐ 読む	읽다		☐ でも	하지만, 그러나
☐ わたす	건네다		☐ また	또
☐ わたる	건너다		☐ または	또는

부사

☐ 先に	먼저
☐ すぐに	곧, 금방
☐ 少し	조금, 약간
☐ たいてい	거의, 대부분
☐ たくさん	많이
☐ たぶん	아마도
☐ だんだん	점점
☐ ちょうど	딱, 마침, 정확히
☐ とても	매우, 굉장히
☐ はじめに	처음에
☐ はやく	빨리, 일찍
☐ また	또
☐ まだ	아직
☐ もう	이미, 벌써, 더
☐ もっと	좀 더

가타카나

☐ アパート	아파트
☐ エスカレーター	에스컬레이터
☐ カメラ	카메라
☐ ギター	기타(악기)
☐ キロ	킬로
☐ シャツ	셔츠
☐ スイッチ	스위치
☐ スカート	스커트
☐ スキー	스키
☐ ストーブ	스토브, 난로
☐ セーター	스웨터
☐ タクシー	택시
☐ テーブル	테이블
☐ ナイフ	나이프, 칼
☐ ネクタイ	넥타이
☐ パーティー	파티
☐ ハンカチ	손수건
☐ ピアノ	피아노

접속사

☐ しかし	그러나

☐	プール	수영장
☐	ポケット	포켓, 주머니
☐	ホテル	호텔
☐	ラジオ	라디오
☐	レストラン	레스토랑
☐	ワイシャツ	와이셔츠

연체사

☐	あの～	저～
☐	大(おお)きな～	커다란～
☐	この～	이～
☐	すべての～	모든～
☐	その～	그～
☐	そんな～	그런～
☐	小(ちい)さな～	작은～
☐	どんな～	어떤～

조수사

☐ 〜回　　〜회, 〜번

いっかい 一回	にかい 二回	さんかい 三回	よんかい 四回	ごかい 五回
ろっかい 六回	ななかい 七回	はっかい 八回	きゅうかい 九回	じゅっかい 十回

☐ 〜階　　〜층 (かい/がい)

いっかい 一階	にかい 二階	さんがい 三階	よんかい 四階	ごかい 五階
ろっかい 六階	ななかい 七階	はちかい・はっかい 八階・八階	きゅうかい 九階	じゅっかい 十階

☐ 〜月　　〜월

いちがつ 一月	にがつ 二月	さんがつ 三月	しがつ 四月	ごがつ 五月	ろくがつ 六月
しちがつ 七月	はちがつ 八月	くがつ 九月	じゅうがつ 十月	じゅういちがつ 十一月	じゅうにがつ 十二月

☐ 〜個　　〜개

いっこ 一個	にこ 二個	さんこ 三個	よんこ 四個	ごこ 五個
ろっこ 六個	ななこ 七個	はっこ 八個	きゅうこ 九個	じゅっこ 十個

☐ 〜冊　　〜권

いっさつ 一冊	にさつ 二冊	さんさつ 三冊	よんさつ 四冊	ごさつ 五冊
ろくさつ 六冊	ななさつ 七冊	はっさつ 八冊	きゅうさつ 九冊	じゅっさつ 十冊

☐ 〜時　　〜시

いちじ 一時	にじ 二時	さんじ 三時	よじ 四時	ごじ 五時	ろくじ 六時
しちじ 七時	はちじ 八時	くじ 九時	じゅうじ 十時	じゅういちじ 十一時	じゅうにじ 十二時

☐ 〜台 (だい)　〜대(자동차, 기계)

一台 (いちだい)	二台 (にだい)	三台 (さんだい)	四台 (よんだい)	五台 (ごだい)
六台 (ろくだい)	七台 (ななだい)	八台 (はちだい)	九台 (きゅうだい)	十台 (じゅうだい)

☐ 〜つ　〜개

一つ (ひと)	二つ (ふた)	三つ (みっ)	四つ (よっ)	五つ (いつ)
六つ (むっ)	七つ (なな)	八つ (やっ)	九つ (ここの)	十 (とお)

☐ 〜日 (にち)　〜일

一日 (ついたち)	二日 (ふつか)	三日 (みっか)	四日 (よっか)	五日 (いつか)
六日 (むいか)	七日 (なのか)	八日 (ようか)	九日 (ここのか)	十日 (とおか)
十四日 (じゅうよっか)	二十四日 (にじゅうよっか)	二十日 (はつか)		

☐ 〜人 (にん)　〜명

一人 (ひとり)	二人 (ふたり)	三人 (さんにん)	四人 (よにん)	五人 (ごにん)
六人 (ろくにん)	七人 (ななにん)	八人 (はちにん)	九人 (きゅうにん)	十人 (じゅうにん)

☐ 〜匹 (ひき/びき/ぴき)　〜마리

一匹 (いっぴき)	二匹 (にひき)	三匹 (さんびき)	四匹 (よんひき)	五匹 (ごひき)
六匹 (ろっぴき)	七匹 (ななひき)	八匹 (はっぴき)	九匹 (きゅうひき)	十匹 (じゅっぴき)

☐ 〜分 (ふん/ぷん)　〜분

一分 (いっぷん)	二分 (にふん)	三分 (さんぷん)	四分 (よんぷん)	五分 (ごふん)
六分 (ろっぷん)	七分 (ななふん)	八分 (はっぷん)	九分 (きゅうふん)	十分 (じゅっぷん)

☐ 〜本 (ほん/ぼん/ぽん)　〜송이, 〜자루, 〜병 등(긴 것을 세는 단위)

一本 (いっぽん)	二本 (にほん)	三本 (さんぼん)	四本 (よんほん)	五本 (ごほん)
六本 (ろっぽん)	七本 (ななほん)	八本 (はっぽん)	九本 (きゅうほん)	十本 (じゅっぽん)

의사소통 표현

- いただきます — 잘 먹겠습니다
- いってきます — 다녀오겠습니다
- いってらっしゃい — 다녀오세요
- おねがいします — 부탁합니다
- おやすみなさい — 안녕히 주무세요
- ごちそうさまでした — 잘 먹었습니다
- こちらこそ — 저야말로
- ごめんなさい — 미안해요
- さようなら — 안녕히 계세요/안녕히 가세요
- しつれいします — 실례합니다
- すみません — 미안합니다/감사합니다
- そうです — 그렇습니다
- では、また — 그럼(또 만나요)
- どういたしまして — 천만에요
- どうぞよろしく — 잘 부탁합니다

고득점 어휘 확인 문제 ❶   [/ 36]

다음 단어의 읽기로 가장 알맞은 것을 a, b 중에서 고르시오.

1. 朝　　　（ a あさ　　　b あじ ）
2. 足　　　（ a はし　　　b あし ）
3. 明日　　（ a きのう　　b あした ）
4. 頭　　　（ a かお　　　b あたま ）
5. 後ろ　　（ a おふろ　　b うしろ ）
6. 雨　　　（ a あめ　　　b ゆき ）
7. 家　　　（ a いぬ　　　b いえ ）
8. 一日　　（ a いちがつ　b いちにち ）
9. 五日　　（ a いっか　　b いつか ）
10. 三本　 （ a さんほん　b さんぼん ）
11. 一分　 （ a いっぶん　b いっぷん ）
12. 犬　　 （ a ねこ　　　b いぬ ）
13. 入り口 （ a いりくち　b いりぐち ）
14. 上　　 （ a うえ　　　b した ）
15. 後　　 （ a おと　　　b あと ）
16. 海　　 （ a うみ　　　b そら ）
17. 上着　 （ a うえぎ　　b うわぎ ）
18. 駅　　 （ a えき　　　b みち ）
19. 円　　 （ a えん　　　b えき ）
20. お金　 （ a おかね　　b おかし ）
21. お父さん（ a おとうとさん　b おとうさん ）
22. 男　　 （ a おんな　　b おとこ ）
23. お風呂 （ a おふろ　　b おふる ）
24. 女の子 （ a おんなのひと　b おんなのこ ）
25. 外国　 （ a がいこく　b かいこく ）
26. 顔　　 （ a あたま　　b かお ）
27. 家族　 （ a かぞく　　b がぞく ）
28. 火よう日（ a かようび　b かようひ ）
29. 川　　 （ a かみ　　　b かわ ）
30. 木　　 （ a き　　　　b ひ ）
31. 北　　 （ a きた　　　b みなみ ）
32. 切手　 （ a きっぷ　　b きって ）
33. 九本　 （ a くほん　　b きゅうほん ）
34. 銀行　 （ a きんこう　b ぎんこう ）
35. 九月　 （ a くがつ　　b きゅうがつ ）
36. 車　　 （ a ぐるま　　b くるま ）

정답　1 a　2 b　3 b　4 b　5 b　6 a　7 b　8 b　9 b　10 b　11 b　12 b
　　　13 b　14 a　15 b　16 a　17 b　18 a　19 a　20 a　21 b　22 b　23 a　24 b
　　　25 a　26 b　27 a　28 a　29 b　30 a　31 a　32 b　33 b　34 b　35 a　36 b

고득점 어휘 확인 문제 ❷ [/ 36]

다음 단어의 읽기로 가장 알맞은 것을 a, b 중에서 고르시오.

1. 男の子 (a おとこのこ   b おとうとのこ)
2. 七時 (a ななじ   b しちじ)
3. 外国人 (a がいこくにん   b がいこくじん)
4. 金よう日 (a きんようび   b ぎんようび)
5. 九時 (a くじ   b きゅうじ)
6. 午後 (a ここ   b ごご)
7. 今年 (a ごとし   b ことし)
8. 子ども (a こども   b ごども)
9. 今月 (a こんがつ   b こんげつ)
10. 五つ (a いっつ   b いつつ)
11. 下 (a うえ   b した)
12. 七月 (a ななmy   b しちがつ)
13. 新聞 (a しんもん   b しんぶん)
14. 先週 (a せんしゅう   b せんしゅ)
15. 外 (a そと   b そこ)
16. 空 (a そら   b かぜ)
17. 大学 (a だいがく   b たいがく)
18. 木よう日 (a すいようび   b もくようび)
19. 地図 (a ちず   b ぢず)
20. 父 (a はは   b ちち)
21. 手 (a て   b あし)
22. 電気 (a てんき   b でんき)
23. 兄 (a あね   b あに)
24. 医者 (a いさ   b いしゃ)
25. 手紙 (a てかみ   b てがみ)
26. 天気 (a てんき   b でんき)
27. 近く (a ちかく   b ちがく)
28. 夏 (a ふゆ   b なつ)
29. 何人 (a なんにん   b なんじん)
30. 六時 (a ろっじ   b ろくじ)
31. 道 (a みず   b みち)
32. 六つ (a むっつ   b むいつ)
33. 先に (a せんに   b さきに)
34. 少し (a ちいさし   b すこし)
35. 待つ (a たつ   b まつ)
36. 止まる (a どまる   b とまる)

정답 1 a   2 b   3 b   4 a   5 a   6 b   7 b   8 a   9 b   10 b   11 b   12 b
      13 b   14 a   15 a   16 a   17 a   18 b   19 a   20 b   21 a   22 b   23 b   24 b
      25 b   26 a   27 a   28 b   29 a   30 b   31 b   32 a   33 b   34 b   35 b   36 b

고득점 어휘 확인 문제 ❸   [/ 36]

다음 단어의 읽기로 가장 알맞은 것을 a, b 중에서 고르시오.

1. 今週　　（ a せんしゅう　b こんしゅう ）
2. 女　　　（ a おとこ　　　b おんな ）
3. 水よう日（ a もくようび　b すいようび ）
4. 先生　　（ a せんせい　　b せんせえ ）
5. 仕事　　（ a しこと　　　b しごと ）
6. 先月　　（ a せんげつ　　b せんがつ ）
7. 電車　　（ a でんしゃ　　b でんちゃ ）
8. 十日　　（ a じゅうにち　b とおか ）
9. 図書館　（ a どしょかん　b としょかん ）
10. 土よう日（ a どようび　　b とようび ）
11. 中　　　（ a なか　　　　b そと ）
12. 夏休み　（ a なつやすみ　b なすやすみ ）
13. 何　　　（ a はん　　　　b なん ）
14. 西　　　（ a ひがし　　　b にし ）
15. 四時　　（ a よんじ　　　b よじ ）
16. 歯　　　（ a せ　　　　　b は ）
17. 箱　　　（ a ばこ　　　　b はこ ）
18. 二十歳　（ a はつか　　　b はたち ）
19. 話　　　（ a はなし　　　b おかし ）
20. 花見　　（ a ななび　　　b はなみ ）
21. 母　　　（ a はは　　　　b ちち ）
22. 春　　　（ a はる　　　　b ふゆ ）
23. 半分　　（ a ばんぶん　　b はんぶん ）
24. 東　　　（ a にし　　　　b ひがし ）
25. 左　　　（ a みぎ　　　　b ひだり ）
26. 人　　　（ a ひと　　　　b ひど ）
27. 百　　　（ a ひゃく　　　b ひゅく ）
28. 二日　　（ a ふたつ　　　b ふつか ）
29. 本　　　（ a ほん　　　　b き ）
30. 毎日　　（ a まいじつ　　b まいにち ）
31. 前　　　（ a まえ　　　　b うしろ ）
32. 水　　　（ a みづ　　　　b みず ）
33. 三つ目　（ a みっつめ　　b みつめ ）
34. 八つ　　（ a はっつ　　　b やっつ ）
35. 山　　　（ a やま　　　　b うみ ）
36. 八日　　（ a よっか　　　b ようか ）

정답 1 b　2 b　3 b　4 a　5 b　6 a　7 a　8 b　9 b　10 a　11 a　12 a
　　　13 b　14 b　15 b　16 b　17 b　18 b　19 a　20 b　21 a　22 a　23 b　24 b
　　　25 b　26 a　27 a　28 b　29 a　30 b　31 a　32 b　33 a　34 b　35 a　36 b

고득점 어휘 확인 문제 ❹ [/ 36]

다음 단어의 읽기로 가장 알맞은 것을 a, b 중에서 고르시오.

1. 電話　（a でんは　　b でんわ）
2. 友だち（a ともだち　b どもだち）
3. 何語　（a なんご　　b なにご）
4. 西口　（a にしくち　b にしぐち）
5. 二十日（a はたち　　b はつか）
6. 毎週　（a せんしゅう　b まいしゅう）
7. 右　　（a ひだり　　b みぎ）
8. 三つ　（a みつ　　　b みっつ）
9. 南　　（a みなみ　　b ひがし）
10. 休み　（a みなみ　　b やすみ）
11. 四人　（a よんにん　b よにん）
12. 来年　（a らいねん　b らいれん）
13. 六千　（a ろくせん　b ろっせん）
14. 青い　（a あかい　　b あおい）
15. 明るい（a まるい　　b あかるい）
16. 温かい（a あたたかい　b たかい）
17. 忙しい（a いそがしい　b いしょがしい）
18. 白い　（a くろい　　b しろい）
19. 小さい（a ちさい　　b ちいさい）
20. 古い　（a ふるい　　b あまい）
21. 元気だ（a けんきだ　b げんきだ）
22. 大変だ（a たいへんだ　b だいへんだ）
23. 便利だ（a ぺんりだ　b べんりだ）
24. 会う　（a あう　　　b かう）
25. 行く　（a かく　　　b いく）
26. 生まれる（a うまれる　b よまれる）
27. 書く　（a きく　　　b かく）
28. 食べる（a だべる　　b たべる）
29. 出す　（a です　　　b だす）
30. 出かける（a でかける　b だかける）
31. 飲む　（a よむ　　　b のむ）
32. 入る　（a いれる　　b はいる）
33. 話す　（a さがす　　b はなす）
34. 見る　（a みせる　　b みる）
35. 読む　（a よむ　　　b のむ）
36. 持つ　（a まつ　　　b もつ）

정답　1 b　2 a　3 b　4 b　5 b　6 b　7 b　8 b　9 a　10 b　11 b　12 a
　　　13 a　14 b　15 b　16 a　17 a　18 b　19 b　20 a　21 b　22 a　23 b　24 a
　　　25 b　26 a　27 b　28 b　29 b　30 a　31 b　32 b　33 b　34 b　35 a　36 b

고득점 어휘 확인 문제 ❺

[/ 36]

다음 단어의 읽기로 가장 알맞은 것을 a, b 중에서 고르시오.

1. 六日　（a むっか　　b むいか）
2. 赤い　（a あかい　　b あおい）
3. 新しい（a したしい　b あたらしい）
4. 大きい（a おおきい　b おおい）
5. 高い　（a やすい　　b たかい）
6. 長い　（a なかい　　b ながい）
7. 痛い　（a いたい　　b ふるい）
8. 丈夫だ（a じょうずだ b じょうぶだ）
9. 大切だ（a だいせつだ b たいせつだ）
10. 有名だ（a ゆめいだ　b ゆうめいだ）
11. 上げる（a あげる　　b おげる）
12. 入れる（a はれる　　b いれる）
13. 買う　（a あう　　　b かう）
14. 来る　（a きる　　　b くる）
15. 聞く　（a かく　　　b きく）
16. 出る　（a だる　　　b でる）
17. 乗る　（a すくる　　b のる）
18. 見せる（a みせる　　b けんせる）
19. 休む　（a やつむ　　b やすむ）
20. 着く　（a つく　　　b きく）
21. 立つ　（a たつ　　　b りつ）
22. 大きな（a だいきな　b おおきな）
23. 六回　（a ろくかい　b ろっかい）
24. 三日　（a みつか　　b みっか）
25. 四月　（a しがつ　　b よんがつ）
26. 八分　（a はちふん　b はっぷん）
27. 六冊　（a ろくさつ　b ろっさつ）
28. 四回　（a よんがい　b よんかい）
29. 十台　（a じゅうだい b じゅっだい）
30. 七つ　（a ななつ　　b なのつ）
31. 八百人（a はっぴゃくじん b はっぴゃくにん）
32. 二人　（a ひとり　　b ふたり）
33. 九匹　（a くひき　　b きゅうひき）
34. 三分　（a さんぶん　b さんぷん）
35. 一本　（a いっぽん　b いっぽん）
36. 百本　（a ひゃっほん b ひゃっぽん）

정답　1 b　2 a　3 b　4 a　5 b　6 b　7 a　8 b　9 b　10 b　11 a　12 b
　　　13 b　14 b　15 b　16 b　17 b　18 a　19 b　20 a　21 a　22 b　23 b　24 b
　　　25 a　26 b　27 a　28 b　29 a　30 a　31 b　32 b　33 b　34 b　35 b　36 b

고득점 어휘 확인 문제 ❻   [/ 18]

다음 단어의 표기로 가장 알맞은 것을 a, b 중에서 고르시오.

1 듣다(きく)   (a 聞く   b 耳く)
2 매일(まいにち)   (a 梅日   b 毎日)
3 길다(ながい)   (a 長い   b 張い)
4 작다(ちいさい)   (a 少さい   b 小さい)
5 먹다(たべる)   (a 食べる   b 飲べる)
6 비(あめ)   (a 両   b 雨)
7 학교(がっこう)   (a 学校   b 学交)
8 비싸다(たかい)   (a 高い   b 豪い)
9 이번 주(こんしゅう) (a 今週   b 合週)
10 뒤(うしろ)   (a 復ろ   b 後ろ)
11 회사(かいしゃ)   (a 会社   b 会祝)
12 또는   (a または   b まだは)
13 그러나   (a ても   b でも)
14 그리고   (a そして   b それで)
15 그~   (a そんな   b その)
16 커다란   (a おおきな b ちいさな)
17 그런   (a それ   b そんな)
18 모든   (a まっすぐ b すべての)

정답 1 a   2 b   3 a   4 b   5 a   6 b   7 a   8 a   9 a
     10 b 11 a 12 a 13 b 14 a 15 b 16 a 17 b 18 b

고득점 어휘 확인 문제 ❼ [/ 18]

다음 단어의 표기로 가장 알맞은 것을 a, b 중에서 고르시오.

1. 새롭다(あたらしい)　　(a 新しい　　b 親しい)
2. 어린이(こども)　　　　(a 子ども　　b 予ども)
3. 오다(くる)　　　　　　(a 乗る　　　b 来る)
4. 북쪽(きた)　　　　　　(a 比　　　　b 北)
5. 오후(ごご)　　　　　　(a 午後　　　b 牛後)
6. 앞(まえ)　　　　　　　(a 先　　　　b 前)
7. 전차(でんしゃ)　　　　(a 電車　　　b 雷車)
8. 하늘(そら)　　　　　　(a 空　　　　b 公)
9. 날씨(てんき)　　　　　(a 天汽　　　b 天気)
10. 사다(かう)　　　　　　(a 買う　　　b 貝う)
11. 신문(しんぶん)　　　　(a 新聞　　　b 新問)
12. 또　　　　　　　　　　(a まだ　　　b また)
13. 게다가　　　　　　　　(a そこで　　b それに)
14. 그래서　　　　　　　　(a それで　　b そして)
15. 그러나　　　　　　　　(a しかも　　b しかし)
16. 저~　　　　　　　　　(a あんな　　b あの)
17. 작은　　　　　　　　　(a 小さな　　b 少し)
18. 어떤　　　　　　　　　(a どの　　　b どんな)

정답　1 a　2 a　3 b　4 b　5 a　6 b　7 a　8 a　9 b
　　　10 a　11 a　12 b　13 b　14 a　15 b　16 b　17 a　18 b

고득점 어휘 확인 문제 ❽ [/ 18]

다음 단어의 표기로 가장 알맞은 것을 a, b 중에서 고르시오.

1. 언니(あね)　　　　　　　(a 妹　　　　　b 姉)
2. 엄마(おかあさん)　　　　(a お母さん　　 b お兄さん)
3. 어른, 성인(おとな)　　　 (a 太人　　　　 b 大人)
4. 한자(かんじ)　　　　　　(a 漢字　　　　 b 漢子)
5. 사람들(ひとびと)　　　　(a 人夕　　　　 b 人々)
6. 꽃(はな)　　　　　　　　(a 花　　　　　 b 草)
7. 왼쪽, 좌측(ひだりがわ)　(a 左がわ　　　 b 右がわ)
8. 한 명(ひとり)　　　　　 (a 二人　　　　 b 一人)
9. 재작년　　　　　　　　　(a おととし　　 b おととい)
10. 모레　　　　　　　　　 (a あさって　　 b あした)
11. 옆, 곁　　　　　　　　 (a した　　　　 b そば)
12. 다리　　　　　　　　　 (a はし　　　　 b なし)
13. 희다(しろい)　　　　　 (a 百い　　　　 b 白い)
14. 날다(とぶ)　　　　　　 (a 忍ぶ　　　　 b 飛ぶ)
15. 검다(くろい)　　　　　 (a 黒い　　　　 b 青い)
16. 싸다(やすい)　　　　　 (a 案い　　　　 b 安い)
17. 사진 찍다(とる)　　　　(a 最る　　　　 b 撮る)
18. 돌아가(오)다(かえる)　 (a 帰る　　　　 b 寝る)

정답　1 b　2 a　3 b　4 a　5 b　6 a　7 a　8 b　9 a
　　　10 a　11 b　12 a　13 b　14 b　15 a　16 b　17 b　18 a

문자 · 어휘 완전 정복을 위한 꿀팁!

풀어 본 문제를 다시 한번 복습하는 것이 중요합니다. 특히 틀렸던 문제의 단어, 그리고 맞혔지만 혼동되기 쉬운 단어를 색깔별로 정리해 두면 시험 직전 파이널 복습에 효과적입니다.

● もんだい 1 한자 읽기
탁음, 장음, 촉음 등으로 혼동을 주는 선택지에 휘말리지 않는 것이 중요합니다. 따라서 선택지를 보기 전에 문제에 제시된 한자를 먼저 히라가나로 써 본 후 선택지에서 고르는 연습을 하는 것이 좋습니다.

● もんだい 2 표기
비슷한 한자와 가타카나가 선택지에 나열되면, 혼동되어 좀처럼 명확하게 하나를 고르기가 쉽지 않습니다. 때문에 한자의 획이나 가타카나의 형태가 어색한 것부터 하나씩 제외시켜 가는 순으로 푸는 것도 큰 효과가 있습니다.

● もんだい 3 문맥 구성
문맥상 가장 적합하고 어울리는 어휘를 고르는 문제이니만큼 독해력도 필요합니다. 혹시 문장의 의미를 모르는 경우 일러스트를 보고 떠오르는 상태(형용사), 움직임(동사), 물건의 개수(조수사)를 여백에 써 보고 선택지와 비교해 보는 것도 효과적인 풀이 방법이 됩니다.

● もんだい 4 유의 표현
제시된 단문을 제대로 이해했는지를 물어보는 문항이며, 주로 누가 누구에게 주었는지(수수동사), 날짜나 요일(수의 이해), 상황 설명(형용사의 긍정과 부정)을 이용하여 물어보는 경우가 많습니다. 때문에 위와 같은 요소에 밑줄을 그어가며 파악하면 혼동을 예방할 수 있습니다.

유형별 실전 문제

**1교시
문자·어휘**

- **한자 읽기** ………… p.66
- **표기** ………………… p.71
- **문맥 구성** …………… p.76
- **유의 표현** …………… p.80

もんだい1

한자 읽기 실전 연습 ❶   [/ 10]

もんだい1 _____ の ことばは ひらがなで どう かきますか。1・2・3・4から いちばん いい ものを ひとつ えらんで ください。

1 じゅぎょうは 九時からです。
　　1 しちじ　　2 ななじ　　3 くじ　　4 きゅうじ

2 お金を ポケットの なかに いれました。
　　1 おきん　　2 おちゃ　　3 おかし　　4 おかね

3 らいしゅう さとうさんと 花見に いきます。
　　1 はなし　　2 はなび　　3 はなみ　　4 はなや

4 きょうは ほんとうに いい 天気ですね。
　　1 でんわ　　2 でんは　　3 でんき　　4 てんき

5 先生に きいて みましょうか。
　　1 せんせ　　2 せいせ　　3 せんせい　　4 せいせい

6 ゆうびんきょくの 左に こうばんが あります。
　　1 ひだり　　2 みぎ　　3 ひがし　　4 みなみ

7 あの くろい 上着は いくらですか。
　　1 うわぎ　　2 うえぎ　　3 うわき　　4 うえき

8 この みせは 安くて おいしいですよ。
　　1 たかくて　　2 やさしくて　　3 かたくて　　4 やすくて

9 先週の どようびは やすみでした。
　　1 せんしゅ　　2 ぜんしゅ　　3 せんしゅう　　4 ぜんしゅう

10 ボールペン 三本を ください。
　　1 さんかい　　2 さんだい　　3 さんぼん　　4 さんまい

정답　1 ③　2 ④　3 ③　4 ④　5 ③　6 ①　7 ①　8 ④　9 ③　10 ③　　정답&해설 p.282

한자 읽기 실전 연습 ❷

[/ 10]

もんだい1 ＿＿＿の ことばは ひらがなで どう かきますか。1・2・3・4から いちばん いい ものを ひとつ えらんで ください。

1　今月の　ゴールデンウィークに　どこか　いきますか。
　　1　ことし　　　2　きょう　　　3　こんがつ　　　4　こんげつ

2　お父さん、こちらは　ともだちの　ひろきです。
　　1　おとうとさん　2　おとこさん　3　おとうさん　4　おとおさん

3　あそこには　一人で　いかない　ほうが　いいよ。
　　1　いちにんで　2　いちじんで　3　ひとつで　　4　ひとりで

4　あねは　毎日　6じごろ　おきます。
　　1　まいにち　　2　まえにち　　3　いちにち　　4　なんにち

5　こちらの　ほんは　一冊　ひゃくえんです。
　　1　いっぽん　　2　いっかい　　3　いっさい　　4　いっさつ

6　ひとりで　外国に　いった　ことが　ありますか。
　　1　がいこく　　2　がいごく　　3　かいこく　　4　かいごく

7　いえから　会社まで　あるいて　30ぷんぐらいです。
　　1　がいしゃ　　2　かいしゃ　　3　がいっしゃ　4　かいっしゃ

8　レポートは　すいようびまでに　出して　ください。
　　1　でして　　　2　てして　　　3　だして　　　4　たして

9　らいしゅう　国へ　かえる　つもりです。
　　1　こく　　　　2　ごく　　　　3　くに　　　　4　ぐに

10　すみませんが、外で　まって　ください。
　　1　うち　　　　2　そこ　　　　3　そと　　　　4　あと

정답　1 ④　2 ③　3 ④　4 ①　5 ④　6 ①　7 ②　8 ③　9 ③　10 ③　　정답&해설 p.282

한자 읽기 실전 연습 ❸　　　　　　　　　　　[　　/ 10]

もんだい1 ＿＿＿の ことばは ひらがなで どう かきますか。1・2・3・4から いちばん いい もの を ひとつ えらんで ください。

1　デパートの 前に ひとが たくさん います。
　　1　うしろ　　2　さき　　3　まえ　　4　みぎ

2　コップに みずが 半分しか ありません。
　　1　ばんぶん　　2　ばんふん　　3　はんぶん　　4　はんぷん

3　とうきょう駅は どちらですか。
　　1　みち　　2　まち　　3　ゆき　　4　えき

4　この 本は とても むずかしいです。
　　1　ほん　　2　ぼん　　3　はん　　4　ばん

5　この 道を わたって ください。
　　1　まち　　2　えき　　3　みち　　4　かど

6　みんな せんせいの はなしを 聞いて います。
　　1　かいて　　2　きいて　　3　おいて　　4　はいて

7　4じに 電話して ください。
　　1　でんき　　2　てんき　　3　でんは　　4　でんわ

8　いつも あさ 7時に おきます。
　　1　ななじ　　2　しちじ　　3　しっちじ　　4　しじ

9　この みせは きれいで ひとも 多いですね。
　　1　おおきい　　2　おきい　　3　おおい　　4　あおい

10　ちかくに 有名な しょくどうが あります。
　　1　ゆうめな　　2　ゆめいな　　3　ゆうめいな　　4　ゆめな

정답　1 ③　2 ③　3 ④　4 ①　5 ③　6 ②　7 ④　8 ②　9 ③　10 ③　　정답&해설 p.282

한자 읽기 실전 연습 ❹　　　　　　　　　　　　　　　　　[　　/ 10　]

もんだい1　＿＿＿の ことばは ひらがなで どう かきますか。1・2・3・4から いちばん いい ものを ひとつ えらんで ください。

1　きのう あかちゃんが 生まれました。
　　1　うまれました　2　ふまれました　3　こまれました　4　ほまれました

2　いっしょに プレゼントを 買いに いきませんか。
　　1　かいに　　　　2　いいに　　　　3　あいに　　　　4　すいに

3　あの こうさてんで 右に まがって ください。
　　1　みぎ　　　　　2　ひだり　　　　3　みち　　　　　4　ひがし

4　店の まえに くるまを とめては いけません。
　　1　えき　　　　　2　みち　　　　　3　いえ　　　　　4　みせ

5　しけんは こんしゅうの 水よう日からです。
　　1　もくようび　　2　すいようび　　3　きんようび　　4　どようび

6　この ちかくに 銀行は ありますか。
　　1　きんこう　　　2　きんこ　　　　3　ぎんこう　　　4　ぎんこ

7　じが 小さくて よむ ことが できません。
　　1　ちいさくて　　2　しょうさくて　3　すくさくて　　4　ちっさくて

8　お先に しつれいします。
　　1　すぐに　　　　2　せんに　　　　3　さきに　　　　4　つぎに

9　この しょくどうは 魚りょうりが ゆうめいです。
　　1　やさい　　　　2　さかな　　　　3　たまご　　　　4　にく

10　この とりは 空を とぶ ことが できません。
　　1　そら　　　　　2　そと　　　　　3　うみ　　　　　4　やま

정답　1 ①　2 ①　3 ①　4 ④　5 ②　6 ③　7 ①　8 ③　9 ②　10 ①　　정답&해설 p.282

한자 읽기 실전 연습 ❺   [/ 10]

もんだい1 ＿＿＿の ことばは ひらがなで どう かきますか。1・2・3・4から いちばん いい ものを ひとつ えらんで ください。

1 いえの まえに <u>車</u>が あります。
　　1　ぐるま　　　2　くるま　　　3　しゃ　　　　4　ちゃ

2 <u>今日</u>は なんがつ なんにちですか。
　　1　きょ　　　　2　きょう　　　3　ことし　　　4　こんじつ

3 <u>学校</u>の まえで まちます。
　　1　かっこ　　　2　がっこ　　　3　かっこう　　4　がっこう

4 もっと <u>大きい</u>のは ありませんか。
　　1　ちさい　　　2　ちいさい　　3　おきい　　　4　おおきい

5 にほんごで てがみを <u>書きました</u>。
　　1　ききました　2　おきました　3　かきました　4　いきました

6 あしたは <u>母</u>の たんじょうびです。
　　1　ちち　　　　2　あに　　　　3　はは　　　　4　あね

7 しあいは <u>4時半</u>からです。
　　1　しちじはん　2　よんじはん　3　しじはん　　4　よじはん

8 もう <u>二十歳</u>に なりました。
　　1　にじゅうさい　2　にじゅっさい　3　はつか　　4　はたち

9 いつも <u>電車</u>に のって がっこうに いきます。
　　1　てんちゃ　　2　でんちゃ　　3　てんしゃ　　4　でんしゃ

10 かおが すぐ <u>赤く</u> なりました。
　　1　あおく　　　2　あまく　　　3　あかく　　　4　あかるく

정답　1② 2② 3④ 4④ 5③ 6③ 7④ 8④ 9④ 10③　　　정답&해설 p.283

もんだい 2

표기 실전 연습 ❶   [/ 10]

もんだい2 ＿＿＿の ことばは どう かきますか。1・2・3・4から いちばん いい ものを ひとつ えらんで ください。

1 そとは さむいですよ。
　　1 前　　　2 外　　　3 後ろ　　　4 中

2 あした えいごの しけんが あります。
　　1 英語　　2 映語　　3 英話　　4 映話

3 えきの みなみぐちを でて すぐです。
　　1 東　　　2 南　　　3 西　　　4 北

4 もっと おおきい かばんが ほしいです。
　　1 高きい　2 多きい　3 大きい　4 広きい

5 コーヒーを のみながら しんぶんを よみます。
　　1 親聞　　2 親問　　3 新聞　　4 新文

6 まいにち としょかんで べんきょうして います。
　　1 図書管　2 図所館　3 図書館　4 図読館

7 でんしゃの なかに ひとが たくさん います。
　　1 電車　　2 電運　　3 雷車　　4 雷運

8 おんがくを ききながら ほんを よみます。
　　1 開きながら　2 閉きながら　3 問きながら　4 聞きながら

9 いっしょに えいがを みに いきませんか。
　　1 見に　　2 貝に　　3 具に　　4 自に

10 わたしは かんこくから きました。
　　1 末ました　2 来ました　3 未ました　4 乗ました

정답 1② 2① 3② 4③ 5③ 6③ 7① 8④ 9① 10②　　정답&해설 p.283

표기 실전 연습 ❷   [/ 10]

もんだい2　＿＿＿＿の ことばは どう かきますか。1・2・3・4から いちばん いい ものを ひとつ えらんで ください。

1 ここから　がっこうまで　20ぷんです。
　1　学校　　　2　学交　　　3　文校　　　4　文交

2 テストは　なんじからですか。
　1　何寺　　　2　何持　　　3　何待　　　4　何時

3 あかるくて　きれいな　へやですね。
　1　明るくて　2　赤るくて　3　明くて　　4　赤くて

4 でんきを　つけましょうか。
　1　電気　　　2　雲気　　　3　雷気　　　4　霜気

5 ほっかいどうは　とうきょうより　きたの　ほうです。
　1　化　　　　2　非　　　　3　比　　　　4　北

6 あたらしい　くるまですね。
　1　親しい　　2　新しい　　3　親い　　　4　新い

7 ことしの　ちちの　ひは　なんがつ　なんにちですか。
　1　母　　　　2　兄　　　　3　父　　　　4　姉

8 さくらの　はなが　きれいですね。
　1　化　　　　2　草　　　　3　北　　　　4　花

9 これから　にほんごで　はなして　ください。
　1　日木話　　2　日木語　　3　日本話　　4　日本語

10 まっすぐ　いくと　ひだりがわに　ぎんこうが　みえます。
　1　左がわ　　2　右がわ　　3　存がわ　　4　在がわ

정답　1 ①　2 ④　3 ①　4 ①　5 ④　6 ②　7 ③　8 ④　9 ④　10 ①　　정답&해설 p.283

표기 실전 연습 ❸　　　　　　　　　　　　　　　　[　　/ 10]

もんだい2 ＿＿＿の ことばは どう かきますか。1・2・3・4から いちばん いい ものを ひとつ えらんで ください。

1　かわいくて ふたつも <u>かいました</u>。
　　1　売いました　　2　店いました　　3　買いました　　4　見いました

2　この くすりは <u>みず</u>と いっしょに のんで ください。
　　1　泳　　　　　　2　氷　　　　　　3　水　　　　　　4　永

3　なまえは カタカナで <u>かいて</u> ください。
　　1　書いて　　　　2　建いて　　　　3　律いて　　　　4　津いて

4　えきの <u>まえ</u>で あいましょう。
　　1　後　　　　　　2　前　　　　　　3　先　　　　　　4　間

5　タクシーに <u>のって</u> いきましょう。
　　1　乗って　　　　2　来って　　　　3　集って　　　　4　帰って

6　かぞく みんなで <u>でかけます</u>。
　　1　外かけます　　2　出かけます　　3　行かけます　　4　来かけます

7　<u>ひがし</u>の そらが あかるく なって きた。
　　1　京　　　　　　2　東　　　　　　3　車　　　　　　4　果

8　そとは いま <u>あめ</u>が ふって います。
　　1　両　　　　　　2　雲　　　　　　3　雨　　　　　　4　電

9　<u>ながい</u> スカートを かいたいです。
　　1　張い　　　　　2　長い　　　　　3　帳い　　　　　4　堰い

10　ぎんこうは ほんやの <u>うしろ</u>に あります。
　　1　孫ろ　　　　　2　系ろ　　　　　3　係ろ　　　　　4　後ろ

정답　1 ③　2 ③　3 ①　4 ②　5 ①　6 ②　7 ②　8 ③　9 ②　10 ④　　　정답&해설 p.284

표기 실전 연습 ❹   [/ 10]

もんだい2 ＿＿＿の ことばは どう かきますか。1・2・3・4から いちばん いい ものを ひとつ えらんで ください。

1 きょうは いえで やすみます。
　1 体みます　　2 休みます　　3 安みます　　4 案みます

2 おなまえは なんですか。
　1 各前　　2 名前　　3 各則　　4 名則

3 とりが そらを とんで います。
　1 窓　　2 案　　3 空　　4 穴

4 ふたりは にほんごで はなして います。
　1 語して　　2 話して　　3 言して　　4 活して

5 なつやすみに うみへ いきたいです。
　1 海　　2 毎　　3 梅　　4 悔

6 いもうとは らいねん はたちに なります。
　1 本年　　2 末年　　3 末年　　4 来年

7 ソウルだいがくに はいりたいです。
　1 人りたい　　2 入りたい　　3 八りたい　　4 込りたい

8 あした かさを もって きて ください。
　1 特って　　2 待って　　3 持って　　4 寺って

9 がっこうの まえで あいましょうか。
　1 合いましょうか　　2 今いましょうか
　3 会いましょうか　　4 拾いましょうか

10 ここは とても ゆうめいな みせですよ。
　1 圧　　2 床　　3 店　　4 庫

정답 1② 2② 3③ 4② 5① 6④ 7② 8③ 9③ 10③　　정답&해설 p.284

표기 실전 연습 ❺   [/ 10]

もんだい2 ＿＿＿の ことばは どう かきますか。1・2・3・4から いちばん いい ものを ひとつ えらんで ください。

1 えいがかんは えきの まえに あります。
1　英画館　　　2　英画管　　　3　映画館　　　4　映画管

2 もっと ちいさい かばんが ほしいです。
1　少さい　　　2　小さい　　　3　少い　　　4　小い

3 この くすりを のんで ください。
1　飲んで　　　2　飯んで　　　3　食んで　　　4　館んで

4 きょうは いい てんきですね。
1　失気　　　2　大気　　　3　夫気　　　4　天気

5 くるまの うんてんは できません。
1　車　　　2　束　　　3　東　　　4　軍

6 あまり たかく ないですね。
1　高く　　　2　安く　　　3　低く　　　4　甘く

7 この だいがくで べんきょうして います。
1　大学　　　2　大字　　　3　太学　　　4　太字

8 ひとりでも だいじょうぶですか。
1　太丈夫　　　2　大丈失　　　3　大丈夫　　　4　丈大夫

9 ごご 5じに でんわします。
1　午後　　　2　牛後　　　3　午係　　　4　牛係

10 さとうさんに でんわを かけました。
1　電和　　　2　電話　　　3　雷和　　　4　雷話

정답　1 ③　2 ②　3 ①　4 ④　5 ①　6 ①　7 ①　8 ③　9 ①　10 ②　　정답&해설 p.284

もんだい 3

문맥 구성 실전 연습 ❶　　　　　　　　　　　　　　　　[　／10]

もんだい3 （　　　）に なにを いれますか。1・2・3・4から いちばん いい ものを ひとつ えらんで ください。

1　じが（　　　）みえません。
　　1　たかくて　　2　やすくて　　3　おおきくて　　4　ちいさくて

2　さむいですね。（　　　）を つけましょうか。
　　1　スリッパ　　2　テレビ　　3　ストーブ　　4　スカート

3　A「どうも、ありがとうございます。」
　　B「いいえ、（　　　）。」
　　1　けっこうです　　　　　2　ただいま
　　3　こんにちは　　　　　　4　どういたしまして

4　いえの まえに くるまが（　　　）います。
　　1　のって　　2　たって　　3　とまって　　4　うまれて

5　（　　　）の なつは とても あつかったです。
　　1　おととい　　2　まいねん　　3　らいねん　　4　おととし

6　めがねを（　　　）いる ひとが たなかさんです。
　　1　かぶって　　2　のって　　3　かけて　　4　かいて

7　こおりが（　　　）小さく なって いく。
　　1　いろいろ　　2　だんだん　　3　まっすぐ　　4　さきに

8　この みせの カレーは とても（　　　）。
　　1　おもしろい　　2　やさしい　　3　おいしい　　4　あおい

9　A「ケーキ もっと どうですか。」
　　B「（　　　）。もう おなかが いっぱいです。」
　　1　いただきます　　2　どうぞ　　3　よろしく　　4　けっこうです

10　ねる まえに シャワーを（　　　）。
　　1　あらいます　　2　あそびます　　3　あびます　　4　かいます

정답　1 ④　2 ③　3 ④　4 ③　5 ④　6 ③　7 ②　8 ③　9 ④　10 ③　　　　정답&해설 p.285

문맥 구성 실전 연습 ❷   [/ 10]

もんだい3 (   )に なにを いれますか。1・2・3・4から いちばん いい ものを ひとつ えらんで ください。

1 あの かどを ひだりに (   )。
   1 ききます   2 まちます   3 まがります   4 かきます

2 まだ (   )で およぐのは むりです。
   1 やま   2 みせ   3 うみ   4 いえ

3 A「きれいな (   )ですね。」
   B「それは ゆうびんきょくで かいましたよ。」
   1 きっぷ   2 きって   3 ざっし   4 しんぶん

4 A「はじめまして。どうぞ よろしく おねがいします。」
   B「(   )。よろしく。」
   1 こちらこそ   2 こちらへ   3 ただいま   4 どういたしまして

5 あたたかい (   )が のみたいですね。
   1 コピー   2 コーヒー   3 コート   4 コード

6 さむくて みんな ぼうしを (   )います。
   1 かけて   2 かぶって   3 きて   4 はいて

7 ここには (   )きました。
   1 そろそろ   2 まっすぐ   3 だんだん   4 はじめて

8 テーブルの うえに おさらを (   )。
   1 ならいましょう   2 あらいましょう
   3 ならべましょう   4 ならびましょう

9 わからない ことは せんせいに (   )みます。
   1 かいて   2 かけて   3 きて   4 きいて

10 わたしは さんにん きょうだいで、(   )が ふたり います。
   1 あに   2 かぞく   3 ともだち   4 たなかさん

정답 1③ 2③ 3② 4① 5② 6② 7④ 8③ 9④ 10①   정답&해설 p.285

문맥 구성 실전 연습 ❸   [/ 10]

もんだい3 (   )に なにを いれますか。1・2・3・4から いちばん いい ものを ひとつ えらんで ください。

1 あしたの パーティーには (   ) くるでしょう。
　1 ちょっと　　2 すこし　　3 だんだん　　4 たぶん

2 (   ) は とても さむかったです。
　1 ゆうべ　　2 あした　　3 あさって　　4 らいしゅう

3 しんかんせんの (   ) を さんまい かいました。
　1 スリッパ　　2 ノート　　3 チケット　　4 けいたい

4 えきの まえに (   ) の ひとが あつまって います。
　1 おおぜい　　2 おおい　　3 たいへん　　4 はじめて

5 バスで (   ) ぐらい かかります。
　1 ごさつ　　2 ごじ　　3 ごふん　　4 ごだい

6 りんご ふたつと みかん ひとつ、ぜんぶで (   ) です。
　1 みっつ　　2 よっつ　　3 むっつ　　4 やっつ

7 A「(   )。」
　B「いってらっしゃい。」
　1 ただいま　　2 いってきます　　3 こちらへ　　4 しつれいします

8 もう (   ) かえりましょう。
　1 そろそろ　　2 よく　　3 とても　　4 おおぜい

9 A「(   )。」
　B「いいえ、だいじょうぶです。」
　1 ただいま　　2 いらっしゃい　　3 ごめんなさい　　4 おやすみなさい

10 A「としょかんは どこですか。」
　B「この みちを (   ) いって ください。」
　1 まえに　　2 ちょうど　　3 はじめに　　4 まっすぐ

정답 1 ④ 2 ① 3 ③ 4 ① 5 ③ 6 ① 7 ② 8 ① 9 ③ 10 ④   정답&해설 p.285

문맥 구성 실전 연습 ❹   [/ 10]

もんだい3 (　　　)に なにを いれますか。1・2・3・4から いちばん いい ものを ひとつ えらんで ください。

1　かれは (　　　) こないでしょう。
　　1　だんだん　　2　たぶん　　3　そろそろ　　4　いろいろ

2　(　　　) の ひとの まえで うたいました。
　　1　おおきい　　2　おおい　　3　おおぜい　　4　たいへん

3　あしたは つよい かぜが (　　　) でしょう。
　　1　ひく　　2　ふく　　3　かく　　4　いく

4　まいにち あさ 8じに いえを (　　　)。
　　1　でます　　2　だします　　3　はいります　　4　いれます

5　(　　　) いく みせは どこですか。
　　1　よく　　2　そろそろ　　3　とても　　4　おおぜい

6　タクシーに (　　　) いきましょう。
　　1　のんで　　2　のって　　3　よんで　　4　よって

7　A「がくせいですか。」
　　B「いいえ、(　　　)。」
　　1　ないです　　2　ありません　　3　ちがいます　　4　ちがいません

8　もう いちど でんわ (　　　)。
　　1　いらっしゃい　　2　すみません　　3　だいじに　　4　おねがいします

9　きょうしつの なかに ひとが (　　　) います。
　　1　ふたつ　　2　ふたり　　3　ふつか　　4　とおか

10　ビールを (　　　) かって きました。
　　1　さんぼん　　2　さんまい　　3　さんだい　　4　さんびき

정답　1 ②　2 ③　3 ②　4 ①　5 ①　6 ②　7 ③　8 ④　9 ②　10 ①　　정답&해설 p.286

もんだい 4

유의 표현 실전 연습 ❶   [/ 10]

もんだい4 ＿＿＿の ぶんと だいたい おなじ いみの ぶんが あります。1・2・3・4から いちばん いい ものを ひとつ えらんで ください。

1　おとといいもうとが うまれました。
　1　いちにち まえに いもうとが うまれました。
　2　ふつか まえに いもうとが うまれました。
　3　いちねん まえに いもうとが うまれました。
　4　にねん まえに いもうとが うまれました。

2　わたし、りょうりは うまく ないです。
　1　わたしの りょうりは あまいです。
　2　わたしの りょうりは からいです。
　3　わたしの りょうりは まずいです。
　4　わたしの りょうりは おいしいです。

3　ここは だいどころです。
　1　ここで せんたくを します。
　2　ここで たべものを かいます。
　3　ここで ほんを かります。
　4　ここで りょうりを つくります。

4　あの みせの なかには おおぜいの ひとが います。
　1　あの みせは きれいです。
　2　あの みせは あたたかいです。
　3　あの みせは ひまです。
　4　あの みせは にぎやかです。

5　A「その ラーメンやは どようびに やすみます。」
　　B「じゃ、おとといやすみでしたね。」
　1　きょうは にちようびです。
　2　きょうは げつようびです。
　3　きょうは もくようびです。
　4　きょうは きんようびです。

[6] たなかさんは 「おやすみなさい」と いいました。
   1 たなかさんは これから ねます。
   2 たなかさんは これから ごはんを たべます。
   3 たなかさんは いま いえを でます。
   4 たなかさんは いま いえに かえりました。

[7] わたしは じしょを ひいて みました。
   1 わたしは いま でぐちが わかります。
   2 わたしは いま かんじを よむ ことが できます。
   3 わたしは いま でんわばんごうが わかります。
   4 わたしは いま でかける ことが できます。

[8] あしたは いえで やすみます。
   1 あしたは いえで はたらきます。
   2 あしたは いえで しごとを します。
   3 あしたは いえで ねません。
   4 あしたは いえで なにも しません。

[9] あねは りえさんに えいごを ならいます。
   1 あねは えいごを おしえます。
   2 あねは えいごを べんきょうします。
   3 りえさんに えいごを おしえます。
   4 りえさんは えいごを べんきょうします。

[10] すずきさんは たなかさんに でんわを かりました。
   1 たなかさんは すずきさんに でんわを あげました。
   2 たなかさんは すずきさんに でんわを かえしました。
   3 たなかさんは すずきさんに でんわを かしました。
   4 たなかさんは すずきさんに でんわを もらいました。

정답 1 ② 2 ③ 3 ④ 4 ④ 5 ② 6 ① 7 ② 8 ④ 9 ② 10 ③   정답&해설 p.286

유의 표현 실전 연습 ❷　　　　　　　　　　　　　　[　　／ 10　]

もんだい4 　　　　の ぶんと だいたい おなじ いみの ぶんが あります。1・2・3・4から いちばん
　　　　　いい ものを ひとつ えらんで ください。

1　たなかさんは　せが　たかいです。
　　1　たなかさんは　せが　やすく　ないです。
　　2　たなかさんは　せが　やさしく　ないです。
　　3　たなかさんは　せが　ひくく　ないです。
　　4　たなかさんは　せが　ちいさく　ないです。

2　だれでも　すずきさんを　しって　います。
　　1　すずきさんは　せが　たかいです。
　　2　すずきさんは　とても　いそがしいです。
　　3　すずきさんは　とても　ゆうめいです。
　　4　すずきさんは　やさしいです。

3　げんかんに　だれか　います。
　　1　いえの　いりぐちに　ひとが　います。
　　2　まどに　ひとが　います。
　　3　だいどころに　ひとが　います。
　　4　へやの　なかに　ひとが　います。

4　がいこくに　いった　ことが　ありません。
　　1　にほんには　あまり　いきません。
　　2　にほんには　よく　いきます。
　　3　にほんに　いきたいです。
　　4　にほんに　いく　のは　はじめてです。

5　テーブルの　うえは　きたないです。
　　1　テーブルの　うえは　よく　ないです。
　　2　テーブルの　うえは　きれいじゃ　ないです。
　　3　テーブルの　うえは　やさしく　ないです。
　　4　テーブルの　うえは　きらいじゃ　ないです。

6 この ほんは つまらなかった。
1 この ほんは むずかしく なかった。
2 この ほんは わるく なかった。
3 この ほんは おもしろく なかった。
4 この ほんは おもく なかった。

7 わたしは この がっこうに つとめて います。
1 わたしは この がっこうで はたらいて います。
2 わたしは この がっこうで ならって います。
3 わたしは この がっこうに すんで います。
4 わたしは この がっこうに はいって います。

8 ごぜんも ごごも いそがしくて、れんらく できません。
1 よるから あさまで いそがしいです。
2 あさから ゆうがたまで いそがしいです。
3 ひるから ゆうがたまで いそがしいです。
4 ゆうがたから あさまで いそがしいです。

9 あさって がっこうを やすみます。
1 あさって がっこうが はじまります。
2 あさって がっこうに はいります。
3 あさって がっこうで あそびます。
4 あさって がっこうに いきません。

10 りょうしんは いま でかけて います。
1 あにも あねも いえに いません。
2 おじも おばも いえに いません。
3 だれも いま いえに いません。
4 ちちも ははも いえに いません。

정답 1 ③ 2 ③ 3 ① 4 ④ 5 ② 6 ③ 7 ① 8 ② 9 ④ 10 ④   정답&해설 p.287

유의 표현 실전 연습 ❸   [/ 10]

もんだい4 _____の ぶんと だいたい おなじ いみの ぶんが あります。1・2・3・4から いちばん いい ものを ひとつ えらんで ください。

1 きのうの じゅぎょうに どうして きませんでしたか。
　1 きのうの じゅぎょうに なぜ きませんでしたか。
　2 きのうの じゅぎょうに どうやって きませんでしたか。
　3 きのうの じゅぎょうに どんな きませんでしたか。
　4 きのうの じゅぎょうに なにか きませんでしたか。

2 A「じゅぎょうは いつも くじからですか。」
　B「きょうは はちじ よんじゅっぷんです。」
　1 きょうの じゅぎょうは にじゅっぷん おそく はじまります。
　2 きょうの じゅぎょうは にじゅっぷん はやく はじまります。
　3 きょうの じゅぎょうは よんじゅっぷん おそく はじまります。
　4 きょうの じゅぎょうは よんじゅっぷん はやく はじまります。

3 かれは にほんごが じょうずです。
　1 かれは にほんごが へたでは ありません。
　2 かれは にほんごが まずいです。
　3 かれは にほんごが べんりでは ありません。
　4 かれは にほんごが すきです。

4 すずきさんは わたしの あねと けっこんしました。
　1 あねは すずきさんの しゅじんに なりました。
　2 あねは すずきさんの おくさんに なりました。
　3 あねは すずきさんの おきゃくさんに なりました。
　4 あねは すずきさんの おねえさんに なりました。

5 A「この とけい ちちに もらいましたよ。」
　B「いいですね。」
　1 ちちが とけいを くれました。
　2 わたしが とけいを あげました。
　3 ちちが とけいを もらいました。
　4 わたしが とけいを くれました。

6 たなかさんは そうじを しました。
　1 たなかさんは シャツや ハンカチを きれいに しました。
　2 たなかさんは コップや おさらを きれいに しました。
　3 たなかさんは にわや へやを きれいに しました。
　4 たなかさんは かおや てを きれいに しました。

7 その みせは くじから あいて います。
　1 みせは くじから しまって いません。
　2 みせは くじから しめて あります。
　3 みせは くじから あけて ありません。
　4 みせは くじから あきません。

8 わたしは うたが じょうずじゃ ないです。
　1 わたしは よく うたを うたいます。
　2 わたしは うたが きらいです。
　3 わたしは うたが うまく ないです。
　4 わたしは うたを うたいませんでした。

9 その パソコンは おととし にほんで かいました。
　1 いちねん まえ にほんで パソコンを かいました。
　2 ふつか まえ にほんで パソコンを かいました。
　3 にねん まえ にほんで パソコンを かいました。
　4 みっか まえ にほんで パソコンを かいました。

10 ちち 「おじいさんは ことし 80さいですよ。」
　けんた「そうですか。」
　1 ちちの ははは 80さいです。
　2 ちちの ちちは 80さいです。
　3 ちちの あには 80さいです。
　4 ちちの あねは 80さいです。

정답 1 ① 2 ② 3 ① 4 ② 5 ① 6 ③ 7 ① 8 ③ 9 ③ 10 ②   정답&해설 p.288

유의 표현 실전 연습 ❹　　　　　　　　　　　　　　　　　　[　　 / 10]

もんだい4　_____の ぶんと だいたい おなじ いみの ぶんが あります。1・2・3・4から いちばん いい ものを ひとつ えらんで ください。

1　ゆうべ やまださんに でんわを しました。
　1　おとといの あさ やまださんに でんわを しました。
　2　おとといの よる やまださんに でんわを しました。
　3　きのうの あさ やまださんに でんわを しました。
　4　きのうの よる やまださんに でんわを しました。

2　その みせは いま あいて います。
　1　その みせは いま しまって いません。
　2　その みせは いま しまって います。
　3　その みせは いま あけて ありません。
　4　その みせは いま しめて あります。

3　きのう くだものを かいました。
　1　いぬや ねこなどを かいました。
　2　すしや うどんなどを かいました。
　3　りんごや オレンジなどを かいました。
　4　ほんや ざっしなどを かいました。

4　すずきさんは わたしの あねの せんせいです。
　1　あねは すずきさんの せんせいです。
　2　すずきさんは あねの がくせいです。
　3　あねは すずきさんの がくせいです。
　4　すずきさんは せんせいの あねです。

5　おととい 英語の テストが ありました。
　1　英語の テストは よっか まえです。
　2　英語の テストは みっか まえです。
　3　英語の テストは ふつか まえです。
　4　英語の テストは いちにち まえです。

[6] この 本 かして ください。
1 この 本 かえしても いいですか。
2 この 本 かしたいです。
3 この 本 かしても いいですか。
4 この 本 かりたいです。

[7] おとうとは あたらしい パソコンを かいました。
1 おとうとの パソコンは おもく ありません。
2 おとうとの パソコンは ふるく ありません。
3 おとうとの パソコンは きれいじゃ ありません。
4 おとうとの パソコンは べんりじゃ ありません。

[8] すずきさんは へやの でんきを けして ねて います。
1 いま へやは くろいです。
2 いま へやは くるしく ないです。
3 いま へやは くらいです。
4 いま へやは くろく ないです。

[9] いそがしくて テレビは あまり みません。
1 テレビは すきでは ないです。
2 テレビは よく ないです。
3 テレビを かう じかんが ないです。
4 テレビは みる じかんが ないです。

[10] ここは としょかんです。
1 ここで ほんを かう ことが できます。
2 ここで ざっしを つくる ことが できます。
3 ここで えいがを みる ことが できます。
4 ここで しんぶんを よむ ことが できます。

정답 1 ④ 2 ① 3 ③ 4 ③ 5 ③ 6 ④ 7 ② 8 ③ 9 ④ 10 ④

정답&해설 p.288

유의 표현 실전 연습 ❺   [/ 10]

もんだい4 ＿＿＿の ぶんと だいたい おなじ いみの ぶんが あります。1・2・3・4から いちばん いい ものを ひとつ えらんで ください。

1 かれは ペットと すんで います。
  1 かれの うちには ねこが います。
  2 かれの うちには かぞくが います。
  3 かれの うちには はなが あります。
  4 かれの うちには にわが あります。

2 おとといは かいしゃを やすみました。
  1 みっか まえに かいしゃに いきました。
  2 みっか まえに かいしゃに いきませんでした。
  3 ふつか まえに かいしゃに いきました。
  4 ふつか まえに かいしゃに いきませんでした。

3 つくえの うえに 本を ならべて ください。
  1 つくえの うえに 本を おして ください。
  2 つくえの うえに 本を おしえて ください。
  3 つくえの うえに 本を おいて ください。
  4 つくえの うえに 本を おきて ください。

4 かれの じは きれいです。
  1 かれの じは おおきく ありません。
  2 かれは じが じょうずでは ありません。
  3 かれの じは すきじゃ ありません。
  4 かれは じが へたでは ありません。

5 へやの そうじを しました。
  1 へやが あかるく なりました。
  2 へやが じょうずに なりました。
  3 へやが きらいに なりました。
  4 へやが きれいに なりました。

6　この　もんだい、わたしには　むりです。
　　1　この　もんだいは　やさしいです。
　　2　この　もんだいは　じょうずです。
　　3　この　もんだいは　むずかしいです。
　　4　この　もんだいは　かきません。

7　ひろとは　「いってきます」と　いいました。
　　1　ひろとは　いま　かえりました。
　　2　ひろとは　いまから　でかけます。
　　3　ひろとは　いま　おきました。
　　4　ひろとは　いまから　ねます。

8　ズボンを　せんたくして　ください。
　　1　ズボンを　はいて　ください。
　　2　ズボンを　きて　ください。
　　3　ズボンを　あらって　ください。
　　4　ズボンを　かって　ください。

9　これは　うわぎです。
　　1　これで　へやを　そうじします。
　　2　これを　きて　がっこうに　いきます。
　　3　これで　ひとと　はなします。
　　4　これに　のって　がっこうに　いきます。

10　あそこで　きってを　かう　ことが　できます。
　　1　あそこは　としょかんです。
　　2　あそこは　デパートです。
　　3　あそこは　ゆうびんきょくです。
　　4　あそこは　コンビニです。

정답　1①　2④　3③　4④　5④　6③　7②　8③　9②　10③

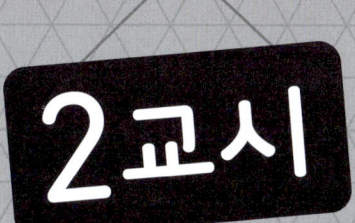

もんだい 1 문법 형식 판단
もんだい 2 문장 만들기
もんだい 3 글의 문법

1 문제 유형 공략법

もんだい 1 문법 형식 판단

●● 유형 분석

1 9문제가 출제된다.
2 8분 이내로 푸는 것이 좋다.
3 가장 기본적인 출제 유형으로 문법 내용에 맞는 표현 형식을 묻는다.
4 괄호 안에 들어갈 알맞은 표현을 묻는 문제 형태이다.
5 조사, 명사, 동사, 형용사, 부사, 의문사 등 전체적인 품사의 기본 지식을 다룬다.
6 특히 서술어인 동사, 형용사는 다양한 접속 형태(어미 활용)를 다룬다.
7 출제 유형
   (1) 문장의 괄호 안에 알맞은 조사 넣기
   (2) 서술어(동사, 형용사)의 어미 활용 형태

✓ 특정 동사와 조사의 관용적인 쓰임을 암기하는 것이 필수!
✓ 서술어의 다양한 변형 및 응용을 이해. 단순 암기는 No!
✓ 동사의 ます・て・ない 정리가 필수.

예시 문제

わたしには　きょうだいが　二人(ふたり)　います。弟(おとうと)（　　）　妹(いもうと)です。
1 は　　　　　2 も　　　　　3 と　　　　　4 か

정답 3

해석　나에게는 형제가 두 명 있습니다. 남동생(과) 여동생입니다.

해설　'~과/와/랑'의 열거의 의미로 쓰이는 조사는 と이다. 제시한 것을 빠짐없이 명확하게 열거하는 조사이기 때문에, や와는 구별해야 한다. 참고로 や는 열거한 것 이외에도 다른 것도 더 있을 수 있다는 의미를 담고 있기 때문에, 위 문장에서는 정답이 될 수 없다.

もんだい2 문장 만들기

●● 유형 분석

1 4문제가 출제된다.
2 3분 이내로 푸는 것이 좋다.
3 문장의 전체적인 구조와 흐름을 파악할 수 있어야 한다.
4 선택지 1, 2, 3, 4의 표현들을 재구성하여 문장을 완성하는 유형이다.
5 문장 완성 후 ★ 부분에 들어갈 표현을 선택하여 답을 체크한다.

✓ 조사와 동사의 결합 관계에 주의한다!
✓ 문장의 주어와 술어를 먼저 파악하면 나머지의 배열이 쉬워진다.

예시 문제

(店<ruby>で</ruby>)
田中 「すみません。くだもの ＿＿＿ ＿＿＿ ★ ＿＿＿か。」
店の人「こちらです。」

1　どこ　　　　2　あります　　3　は　　　　4　に

정답 4

해석 (가게에서)
다나카: 실례합니다. 과일은 어디 ★에 있습니까?
가게 사람: 이쪽입니다.

해설 문제로 제시된 문장에서 주어는 **くだもの**이므로, 주격조사 **は**(~은/는)가 제일 먼저 와야 한다. 서술어는 **あります**(있습니다)이므로 맨 나중이고, 그 앞에는 장소를 나타내는 조사인 **に**(~에)가 자리하게 된다. に의 앞에는 장소 의문사인 **どこ**(어디)가 오면 쉽게 문장이 완성된다.(3-1-4-2)

もんだい3　글의 문법

1 4문제가 출제된다.
2 5분 이내로 푸는 것이 좋다.
3 글의 흐름이 자연스럽게 완성되도록 공란에 들어갈 적합한 어휘를 고르는 문제이다.
4 문장과 문장을 연결하는 접속사가 반드시 출제된다.
5 단순히 문법 기능을 넘어서서, 전체적인 흐름을 완성할 수 있는 어휘력과 독해력을 테스트한다.
6 출제 유형
　(1) 적절한 접속사(인과/첨가/역접/순접 등) 넣기
　(2) 알맞은 부사(빈도/정도/추측/비교 등) 넣기
　(3) 문장의 흐름상 서술어(동사/형용사)의 시제 파악하기

- 부사와 접속사를 평소에 자주 반복하여 말해 본다.
- 부사는 동사와 함께 숙어처럼 붙여 문장의 형태로 외우면 효과적이다.
- 평소 전체적인 글의 흐름을 파악하는 연습을 하자.
- 독해 중 막히는 부분이 있어도 끝까지 통독하는 습관을 갖자.

예시 문제

日本で　べんきょうして　いる　学生が　「すきな　店」の　ぶんしょうを　書いて、クラスの　みんなの　前で　読みました。

(ケンさんの　ぶんしょう)

わたしは　すしが　すきです。日本には　すし屋が　たくさん　ありますね。わたしの　国には　すし屋が　ありませんから、今　とても　うれしいです。日本に　　1　　、いろいろな　店で　食べました。学校の　前の　店は、安くて　おいしいです。すしが　すきな　人は　いっしょに　　2　　。

（ミンジさんの　ぶんしょう）

わたしは　えきの　ちかくの　本屋が　すきです。えきの　ちかくの　本屋は　大きい　お店です。外国の　本も　売って　います。わたしの　国のも　　3　　。そして、わたしが　すきな　りょうりの　本も　多いです。　4　　、本は　いつも　えきの　ちかくの　本屋で　買います。みなさんは　すきな　本屋が　ありますか。

1
1　行くから　　2　行ってから　　3　来るから　　4　来てから

2
1　行きましたか　　　　　　2　行きませんか
3　行って　いますか　　　　4　行って　いませんか

3
1　います　　2　読みます　　3　あります　　4　します

4
1　だから　　2　では　　3　それから　　4　でも

정답　1 4　2 2　3 3　4 1

해석　일본에서 공부하고 있는 학생이 '좋아하는 가게' 문장을 써서, 학급 모두의 앞에서 읽었습니다.
(겐 씨의 문장)
나는 초밥을 좋아합니다. 일본에는 초밥집이 많이 있네요. 나의 나라에는 초밥집이 없기 때문에, 지금 매우 기쁩니다. 일본에 **오고 나서**, 여러 가게에서 먹었습니다. 학교 앞의 가게는 싸고 맛있습니다. 초밥을 좋아하는 사람은 함께 **가지 않겠습니까?**
(민지 씨의 문장)
나는 역 근처의 책방을 좋아합니다. 역 근처의 책방은 큰 가게입니다. 외국 책도 팔고 있습니다. 나의 나라 것도 **있습니다**. 그리고 내가 좋아하는 요리 책도 많습니다. **때문에**, 책은 항상 역 근처 책방에서 삽니다. 여러분은 좋아하는 책방이 있습니까?

해설

1 '~하고 나서', 즉 순차적인 시간의 순서를 뜻하는 표현으로 ~てから가 있다. 현재 일본에 사는 겐 씨의 입장에서는 동사 来る(오다)라고 말하는 것이 옳으므로, 来てから라고 말하는 것이 정답이다.

2 빈칸 앞에 いっしょに(함께)라는 부사로 미루어 보아 '함께 가지 않겠습니까?'라는 청유형의 말투를 골라야 한다. 일본어의 청유형은 ~ませんか(~하지 않겠습니까?)라고 말한다. 참고로 각 선택지의 해석은 다음과 같다. 1. 갔습니까? 2. 가지 않겠습니까? 3. 가 있습니까? 4. 가 있지 않습니까?

3 앞 문장 '외국 책도 팔고 있습니다'에 이어 わたしの国のも(내 나라의 것도)라고 나와 있는 부분에서 の는 책을 의미하고, 첨가의 조사 も도 있는 것으로 보아 '내 나라 책도 있다/팔고 있다'라는 의미가 이어져야 자연스러우므로, あります가 적합하다.

4 역 근처 책방을 좋아한다는 사실은 뒤 문장의 '책은 항상 이 책방에서 삽니다'라는 결과의 이유가 된다. 때문에 인과관계를 나타내는 だから(때문에/따라서)가 정답이다. 참고로 나머지 선택지의 의미는 다음과 같다. 2. 그러면(화제 전환), 3. 그러고 나서(순서), 4. 하지만, 그러나(역접).

2 기출 문법

문법·문형

- [ ] あの~ 저~ • あの レストラン 저 레스토랑
- [ ] あまり ~ない 별로 ~지 않다 • あまり あまくない 별로 달지 않다
- [ ] ~か ~인가(불특정) • だれか 누군가
- [ ] ~か ~이나(불확정) • 今日か 明日 오늘이나 내일
- [ ] ~が ~이, ~가(주격 조사) • 田中さんが しました 다나카 씨가 했습니다
- [ ] ~が ~지만(역접 조사) • 待ったが、来なかった 기다렸지만 오지 않았다
- [ ] ~が 好きだ ~을 좋아하다 • りんごが 好きだ 사과를 좋아하다
- [ ] ~が ほしい ~을 갖고 싶다 • ぼうしが ほしい 모자를 갖고 싶다
- [ ] ~がた ~분들, ~님들(존칭) • あなたがた 당신들, 여러분들
- [ ] ~から ~이기 때문에, ~하므로(이유) • ひまだから 한가하니까
- [ ] ~から ~에서, ~로부터(기점) • いえから 집에서
- [ ] ~から ~에게서, ~한테서(출처) • 母から 엄마한테서
- [ ] ~く する ~하게 하다(イ형용사 활용) • 明るく する 밝게 하다
- [ ] ~く ない ~지 않다(イ형용사 부정) • 高く ない 비싸지 않다
- [ ] ~く なかった ~지 않았다(イ형용사 과거부정) • 高く なかった 비싸지 않았다
- [ ] ~く なる ~해지다, ~하게 되다(イ형용사 활용) • 高く なる 비싸지다
- [ ] ~くらい ~정도, ~쯤 • どれくらい 어느 정도
- [ ] ~ぐらい ~정도, ~쯤(~くらい와 같음) • どれぐらい 어느 정도
- [ ] ~ごろ ~쯤, ~경 • 何時ごろ 몇 시쯤, 몇 시경
- [ ] ~しか ~밖에(뒤에는 부정 표현이 옴) • これしか ない 이것밖에 없다

☐	じぶんで 자기 스스로, 자신이 직접	・じぶんで 作った 내가(직접) 만들었다
☐	～じゅう ～내내	・1年じゅう 1년 내내
☐	(동사 과거)～た あとで ～한 후에	・食べた あとで 먹은 후에
☐	(동사 ます형)～たい ～하고 싶다	・食べたい 먹고 싶다
☐	～だけ ～만(한정)	・これだけ します 이것만 하겠습니다
☐	～たり ～たり する ～하거나 ～하거나 하다	・飲んだり 食べたり する 마시거나 먹거나 한다
☐	～で ～(으)로(계기)	・仕事で 京都に 行く 일로(업무 차) 교토에 간다
☐	～で ～때문에(원인)	・びょうきで 병 때문에
☐	～で ～(으)로(수단, 방법)	・ナイフで きる 나이프로 자르다
☐	～で ～에서(장소)	・いえで 집에서
☐	～で ～에(수량)	・一つで 100円 하나에 100엔
☐	～てから ～하고 나서	・食べてから 먹고 나서
☐	～て ください ～해 주세요	・待って ください 기다려 주세요
☐	～で ～이고(열거)	・Aは 19さいで、Bは～ A는 19세이고 B는～
☐	～では ありませんでした ～지 않았습니다 (ナ형용사의 과거 부정)	・かんたんでは ありませんでした。 간단하지 않았습니다.
☐	～と ～와, ～과	・友だちと 친구와
☐	～という ～라고 하는	・田中という 人 다나카라는 사람
☐	どの～ 어느	・どの 人 어느 사람
☐	どんな～ 어떤(연체사)	・どんな 音楽 어떤 음악
☐	～ないで ～하지 않고	・さとうを 入れないで 설탕을 넣지 않고
☐	～ないで ください ～하지 말아 주세요	・行かないで ください 가지 말아 주세요
☐	～ながら ～하면서	・聞きながら 들으면서
☐	～など ～등, ～따위(열거)	・ネクタイなど 넥타이 등
☐	～に ～에(존재 장소, 도착 장소)	・うしろに 뒤에
☐	～に ～에(시간, 시점)	・9時に 9시에

☐ ~に	~에(시간 또는 기간의 범위)	1週間に 1回 일주일에 한 번
☐ ~に	~에게(대상)	友だちに 친구에게
☐ ~に	~하러(목적)	買い物に 물건을 사러, 쇼핑하러
☐ ~に 会う	~을(를) 만나다	友だちに 会う 친구를 만나다
☐ ~に する	~하게 하다(ナ형용사 활용)	しずかに する 조용히 하다
☐ ~に する	~로 하다	半分に する 반으로 하다
☐ ~に なる	~이 되다	先生に なる 선생님이 되다
☐ ~に 乗る	~을(를) 타다(승차하다)	バスに 乗る 버스를 타다
☐ ~にも	~에도(장소)	どこにも 어디에도
☐ ~の	~것(물건)	安いのを ください 싼 것을 주세요
☐ ~の	~의 것	私のです 저의 것입니다
☐ ~の	~의(수식)	へやの 電気 방의 전기
☐ ~は	~은, ~는(서술어의 주체)	この りんごは おいしい 이 사과는 맛있다
☐ ~へ	~으로, ~에	どこへ 行きますか 어디로(어디에) 갑니까?
☐ ~へも ~へも	~에도 ~에도	Aへも Bへも 行かない A에도 B에도 가지 않는다
☐ ~まえに	~(하기) 전에	行く まえに 가기 전에
☐ ~ませんでした	~하지 않았습니다(과거 부정)	食べませんでした 먹지 않았습니다
☐ まだ ~て いない	아직 ~않았다(행위의 미완성)	まだ 食べて いない 아직 먹지 않았다
☐ ~まで	~까지(도착점)	家から 学校まで 집에서 학교까지
☐ ~も	~이나	3時間も 歩いた 세 시간이나 걸었다
☐ ~も ~も	~도 ~도 (열거)	バナナも りんごも 바나나도 사과도
☐ ~や	~이나, ~이랑	シャツや ネクタイなど 셔츠나 넥타이 등
☐ ~を	~을, ~를(목적)	りんごを 買う 사과를 사다
☐ ~を	~을, ~를(기준점, 통과 지점)	信号を 右に まがる 신호를 오른쪽으로 돌다

문장의 흐름 및 구성

☐ あさは いそがしくて しんぶんは 読まない。
아침은 바쁘니까 신문은 읽지 않는다.(행위 및 습관의 이유)

☐ あしたの パーティーは たぶん にぎやかでしょう。
내일 파티는 필시 북적거리겠죠.(ナ형용사의 미래 추측)

☐ あしたは かぜが つよいでしょう。　내일은 바람이 강하겠죠.(イ형용사의 미래 추측)

☐ あしたは ゆきが ふるでしょう。　내일은 눈이 내리겠죠.(동사의 미래 추측)

☐ おすしを 食べました。それから、てんぷらも 食べました。
초밥을 먹었습니다. 그러고 나서 튀김도 먹었습니다.(추가)

☐ あつい とき、つめたい コーヒーを 飲みます。
더울 때 차가운 커피를 마십니다.(시제의 일치)

☐ あにの 新しい カメラは 小さくて かるい。　오빠(형)의 새 카메라는 작고 가볍다.(형용사의 열거)

☐ あには いま 35さいで、けっこんして います。
오빠(형)는 지금 35세이고, 결혼했습니다.(사항의 열거)

☐ あの たてものは エレベーターが あって、べんりです。
저 건물은 엘리베이터가 있어서 편리합니다.(이유, 원인)

☐ あの たてものは エレベーターが なくて、ふべんです。
저 건물은 엘리베이터가 없어서 불편합니다.(이유, 원인)

☐ いもうとが 生まれた とき、父は 外国に いました。
여동생이 태어났을 때, 아버지는 외국에 있었습니다.(과거 시제의 일치)

☐ えんぴつが いっぽん あります。　연필이 한 자루 있습니다.(조수사)

☐ 会社へ 行く まえに、ぎんこうへ 行きました。　회사에 가기 전에 은행에 갔습니다.(시간의 순서)

☐ きのう、テレビは 見ませんでした。　어제 TV는 안 보았습니다.(대상의 한정)

☐ きのう 友だちに 電話を しましたが、いませんでした。
어제 친구에게 전화를 했습니다만, 없었습니다.(역접 및 시제)

☐ きのうの よるは 6時に かえって、ごはんを つくりました。
어젯밤은 6시에 돌아와 밥을 지었습니다.(순차적 시간)

☐ きのうは 天気が よかったです。　어제는 날씨가 좋았습니다.(과거 시제 및 いい → よかった)

- きのうは どうして 早(はや)く かえりましたか。　어제는 왜 일찍 돌아갔습니까?(이유를 묻는 의문사)
- ぎゅうにゅうは ぜんぶ 飲(の)みました。もう ありません。
  우유는 전부 마셨습니다. 더 이상 없습니다.(행위의 결과)
- きょうは とても あついですね。　오늘은 아주 덥군요.(문말 표현 ね. 상대의 동의를 구함)
- ほっかいどうは とても さむいですよ。　홋카이도는 아주 추워요.(문말 표현 よ. 상대가 모르는 정보 제공)
- こどもたちは もう こうえんに 行(い)ったから、うちには いません。
  아이들은 이미 공원에 갔기 때문에, 집에는 없습니다.(もう와 연결되는 시제)
- この りょうりは ぎゅうにくか ぶたにくを つかいます。
  이 요리는 소고기나 돼지고기를 사용합니다.(선택)
- この レストランは いつも たくさん 人(ひと)が ならんで いますね。
  이 레스토랑은 언제나 사람이 많이 줄 서 있네요.(자동사 타동사의 구분)
- これは きのう わたしが とった しゃしんです。
  이것은 어제 제가 찍은 사진입니다.(과거 시제 및 とる → とった)
- さいふを なくして こまりました。　지갑을 잃어버려서 난처했습니다.(동사의 이유, 원인. なくす + て)
- 魚(さかな)が たくさん およいで います。　물고기가 많이 헤엄치고 있습니다.(동사의 い음편)
- ジュースは もう ありませんが、コーヒーは まだ あります。
  주스는 이제 없습니다만, 커피는 아직 있습니다.(もう와 まだ의 대비)
- 12時(じ)に なりましたね。これで じゅぎょうを おわりましょう。
  12시가 되었네요. 이것으로 수업을 마치겠습니다.(행위 및 결말의 조건)
- すみません、さとうを とって くださいませんか。
  실례합니다. 설탕을 집어 주시지 않겠습니까?(부탁)
- 先週(せんしゅう)は しゅくだいが 多(おお)くて たいへんでした。
  지난주는 숙제가 많아서 힘들었습니다.(형용사의 이유, 원인)
- 先生(せんせい)の へやは こちらです。　선생님의 방은 이쪽입니다.(대명사의 구분)
- 先生(せんせい)は げんきで おもしろい 人(ひと)です。　선생님은 건강하고 재미있는 사람입니다.(성격, 성질, 특징의 열거)
- そうじを してから でかけます。　청소를 하고 나서 외출합니다.(시간의 순서. ～てから)
- その 公園(こうえん)は とても きれいだった。　그 공원은 아주 깨끗했다.(ナ형용사 과거. イ형용사가 아님에 주의)
- それは どこの 国(くに)の 車(くるま)ですか。　그것은 어느 나라 자동차입니까?(どの国가 아님에 주의)
- 田中(たなか)さんの 来(く)る 日(ひ)は 火(か)よう日(び)です。　다나카 씨가 오는 날은 화요일입니다.(の의 쓰임)

- 電車が とまりました。ゆきが たくさん ふったからです。
  전철이 멈췄습니다. 눈이 많이 내렸기 때문입니다.(이유, 원인)

- ドアが しまって います。　문이 닫혀 있습니다.(자동사 + ている)

- ドアに カレンダーが はって あります。　문에 캘린더가 붙여 있습니다.(타동사 + てある)

- としょかんで 3時間 べんきょうしました。でも、うちでは しませんでした。
  도서관에서 3시간 공부했습니다. 하지만 집에서는 하지 않았습니다.(역접)

- としょかんへ 本を かえしに 行きます。　도서관에 책을 돌려주러 갑니다.(행위의 목적. かえす 돌려주다)

- 母は せが 高いですが、父は ひくいです。　엄마는 키가 큽니다만, 아빠는 작습니다.(역접)

- はる休みは どのぐらい ありますか。
  봄방학은 어느 정도 있습니까?(기간이 얼마나 되는지를 물음. ありますか에 주의)

- びょうきに なった 時は、びょういんへ 行きます。　병에 걸렸을 때는 병원에 갑니다.(원인의 결과)

- へやには だれか いますか。　방에는 누군가 있습니까?(존재의 유무)

- へやには だれも いません。　방에는 아무도 없습니다.(존재의 유무)

- まだ ゆうびんきょくは あいて います。早く 行きましょう。
  아직 우체국은 열려 있습니다. 빨리 갑시다.(상황/행동의 지속)

- みんなが たくさん 飲みましたから、もう おさけは ありません。
  모두들 많이 마셨기 때문에 이제 술은 없습니다.(원인의 결과)

- もしもし、山本ですが、木下さんは いますか。
  여보세요. 야마모토입니다만, 기노시타 씨는 있습니까?(전화 기본 표현, 전제 조건)

- ゆうびんきょくは、レストランの みぎか、ひだりですよ。
  우체국은 레스토랑의 오른쪽이나 왼쪽이에요.(불확실한 사실의 진술)

- ゆきが たくさん ふったから、一人しか 来ませんでした。
  눈이 많이 내렸기 때문에 한 명밖에 오지 않았습니다.(부정을 이끄는 しか)

- 来週 休む 人は だれですか。　다음 주에 쉴 사람은 누구입니까?(시제. 미래)

- りんごは いくつ ありますか。　사과는 몇 개 있습니까?(숫자나 수량을 묻는 의문사)

- わたしは いつも シャワーを あびてから ねます。
  저는 항상 샤워를 하고 나서 잡니다.(시간의 순서 및 シャワーをあびる)

- わたしは きょう 6時に 会社を 出ます。　저는 오늘 6시에 회사를 나섭니다.(출발점)

3 합격 문법

◆ **조사**

일본어에도 우리말과 같이 '조사'가 있다. 조사는 어떠한 어휘를 문장의 특정 요소로 만들어 주거나, 특정 의미를 부여해 주는 역할 등을 한다. 이러한 조사의 종류에는 격조사, 부조사, 접속조사, 종조사가 있다.

격조사 체언에 접속하여 문장성분을 결정짓는다. (주격, 목적격, 소유격 등)
부조사 체언, 용언 등에 접속하여 부사와 같은 의미를 가진다.
접속조사 용언, 조동사 등에 접속하여 앞뒤 문장의 연결 역할을 한다. (역접, 순접 등)
종조사 문장, 말끝에 접속하여 말투와 말의 분위기를 이끌어낸다.

☐ 01　～か

종조사

－ ～까?: 문장 끝에 접속하여 의문을 나타낸다.

● あれは　あなたの　かばんですか。 저것은 당신의 가방입니까?

－ ～인가: 감탄 감동을 나타낸다.

● ああ、きょうも 雨(あめ)か。 아~, 오늘도 비인가.

부조사

－ ～인가: [의문사+か] 불확실한 의문점을 나타낸다.

● 何(なに)か (무언가)　● だれか (누군가)　● いつか (언젠가)
● どこか (어딘가)　● どれか (어느 것인가)　● なぜか (왠지)

－ ～인지: 아직 정해지지 않았거나, 여부를 나타내는 말

● 行(い)くか どうか まだ わかりません。 갈지 어쩔지 아직 모릅니다.

02 ～が

격조사

- ～이, ～가: 주어를 나타낸다.

• あれが 63ビルです。 저것이 63빌딩입니다.

- ～을, ～를: 목적어를 나타낸다. (뒤에는 기호, 능력, 가능 서술어가 온다.)

• わたしは すしが 好きです。 나는 초밥을 좋아합니다.

> **중요!** 목적격 조사로 「が」를 사용하는 서술어
> - ～が ほしい ～을 갖고 싶다   ～が 好きだ ～을 좋아하다
>   ～が きらいだ ～을 싫어하다   ～が 上手だ ～을 잘한다
>   ～が 下手だ ～을 못한다

• カタカナが 読めますか。 가타카나를 읽을 수 있습니까?

접속조사

- ～다만: 앞의 내용과 역접을 이루는 문장을 접속한다.

• すこし あついですが、いい 天気ですね。 조금 덥습니다만, 좋은 날씨네요.

• きのう、学校に 行きましたが、だれも いませんでした。
  어제 학교에 갔습니다만, 아무도 없었습니다.

종조사

- ～인데, ～다만: 말의 여운을 남기거나, 화두 제시를 할 때 쓰인다.

• しつもんが ありますが…。 질문이 있습니다만….

03 ～から

격조사

- ～에서, ～부터: 시작, 출발점, 출처 등을 나타낸다.

• テストは 2時からです。 시험은 2시부터입니다.

• 韓国から 来ました。 한국에서 왔습니다.

- ~(으)로: 원료, 재료를 설명한다.

• チーズは　ぎゅうにゅうから　つくります。 치즈는 우유로 만듭니다.

접속조사

- ~(이)어서, ~(이)니까: 원인, 이유를 설명한다.

• お金(かね)は　たくさん　あるから、しんぱいないです。
돈은 많이 있으니까 걱정 없습니다.

☐ 04　～くらい（ぐらい）

부조사

- ~정도, ~가량, ~쯤, ~만큼: 수나 양, 정도를 나타낸다.

• バスで　どのくらい　かかりますか。 버스로 어느 정도 걸립니까?

☐ 05　～しか

부조사

- ~밖에: 오직, 유일무이함을 설명한다. 뒤에 부정 표현을 동반하여 '~밖에 (~지 않다)'라는 뜻을 나타낸다.

• あの　先生(せんせい)は　ラーメンしか　食(た)べない。 저 선생님은 라면밖에 안 먹는다.

• ひとつしか　ありません。 한 개밖에 없습니다.

☐ 06　～だけ

부조사

- ~만, ~만큼: '오로지 그것만'의 의미로 수, 양, 정도, 범위를 지정한다. 뒤에는 긍정문이 온다.

• 日(にち)よう日(び)だけ　やすみます。 일요일만 쉽니다.

• これ　一(ひと)つだけ　かいました。 이것 하나만 샀어요.

• できるだけ　はやく　来(き)ます。 가능한 만큼(한) 빨리 오겠습니다.

07　～で

격조사

– ～(으)로: 교통, 언어, 지불 등의 수단을 나타낸다.

- きょうは　タクシーで　行きます。 오늘은 택시로 갈 겁니다.
- きょうしつでは　日本語で　はなします。 교실에서는 일본어로 이야기합니다.

– ～로(인해): 원인을 나타낸다.

- 風邪で　けっせきしました。 감기로(인해) 결석했습니다.

– ～에서: 동작이 일어나는 장소, 범위를 지정한다.

- 図書館で　べんきょうを　しました。 도서관에서 공부를 했습니다.

– ～에: 값이나 단위를 만든다.

- 三つで　いくらですか。 3개에(3개 해서) 얼마입니까?

기타 용법

- 一人で 혼자서
- 自分で 스스로
- これで 이것으로

08　～と

격조사

– ～과, ～와, ～랑: 열거 용법, 비교 대상 등을 나타낸다.

- コンビニで　ジュースと　パンを　買いました。 편의점에서 주스와 빵을 샀습니다.
- やきゅうと　バスケと　どちらが　好きですか。
  야구랑 농구랑 어느 쪽을 좋아합니까?

– ～과, ～와(함께): 동반자를 나타낸다.

- 友だちと　いっしょに　べんきょうを　しました。 친구와 함께 공부를 했습니다.

– ～(라)고: 전달 용법으로 인용문에 쓰인다.

- さとうさんは　頭が　痛いと　いって　います。 사토 씨는 머리가 아프다고 합니다.

접속조사

- ~면: '~하면 (반드시)'라는 의미로 뒤 문장의 사실이 이어진다는 필연의 용법으로 사용된다.

• まっすぐ 行くと、コンビニが あります。
곧장 가면, 편의점이 있습니다.

09 ～な

종조사

- ~(하지)마라: 금지를 나타낸다.

• それは わたしが するから、しんぱいするな。
그것은 내가 할 테니까, 걱정하지 마.

- ~구나, ~네: 감탄, 소망 등을 나타낸다.

• けっこんするの？ いいな。 결혼하니? 좋겠네.

10 ～ながら

접속조사

- ~(하)면서: 동시 동작을 나타낸다.

• ビールを 飲みながら 話します。 맥주를 마시면서 이야기합니다.

11 ～など

부조사

- ~따위, ~등(等), ~등속: 예를 들 때 사용한다.

• デパートで スカートや くつなどを 買いました。
백화점에서 스커트랑 구두 등을 샀습니다.

• へやの 中に つくえや テレビなどが あります。
방 안에 책상이나 텔레비전 등이 있습니다.

- ~따위: 부정적인 태도로 제시한다.

• うそなど 言うな。 거짓말 따위 말하지 마.

12 〜に

격조사

— 〜에: 장소(도착하는 장소/존재하는 장소)

- やまもとさんは あした、東京に 行きます。 야마모토 씨는 내일, 도쿄에 갑니다.
- やまもとさんは 今、東京に います。 야마모토 씨는 지금, 도쿄에 있습니다.

— 〜에: 시간

- 毎日、7時に 起きます。 매일, 7시에 일어납니다.
- 日よう日に パーティーへ 行きます。 일요일에 파티에 갑니다.

— 〜에, 〜한테, 〜에게, 〜을, 〜를: 대상

- 先生に もらいました。 선생님한테 받았습니다.
- 母に 電話を かけました。 엄마한테 전화를 걸었습니다.
- きょう、山本さんに 会います。 오늘, 야마모토 씨를 만납니다.

— 〜(하)러: 목표

- コーヒーを 飲みに 行きませんか。 커피를 마시러 가지 않겠습니까?
- 毎日、こうえんに さんぽに 行きます。 매일, 공원에 산책하러 갑니다.

— 〜(하)게, 〜이, 〜가: 「〜に なる」의 형태로 변화를 설명한다.

- 彼は 先生に なりました。 그는 선생님이 되었습니다.
- もう、7時に なりました。 벌써 7시가 되었습니다.

— 〜(으)로: 「〜に する」의 형태로 선택의 대상을 말한다.

- わたしは カレーに します。 나는 카레로 하겠습니다.
- 何に しますか。 무엇으로 하겠습니까?

— 〜에, 〜당: 「기간+に+횟수」의 형태로 빈도수의 단위를 말한다.

- 週に 一回は かれに 会います。 일주일에 한 번은 그를 만납니다.

> **중요!** 반드시 「に」와 함께 써야 하는 동사
> - ～に 乗る : ～을(를) 타다　　～に 会う : ～을(를) 만나다　　～に 通う : ～을(를) 다니다
>   ～に かつ : ～을(를) 이기다　　～に 住む : ～에(서) 살다

13 ～ね

종조사

- ～군(요), ～네요: 감탄, 동조를 나타낸다.

- きょうは ほんとうに いい 天気ですね。 오늘은 정말 좋은 날씨네요.

- これ、かわいいですね。 이거, 귀엽네요.

14 ～の

격조사

- ～의: 소유격 조사

- これは 私の 車です。 이것은 나의 자동차입니다.

- ～의: 소유격 대명사

- これは 私のです。 이것은 나의 것입니다.

- ～의: 소속을 나타낸다.

- はじめまして、日本ぶっさんの 田中です。
  처음 뵙겠습니다. 일본 물산의 다나카입니다.

- ～인: 동격을 나타낸다.

- こちらは 私の 妹の スジンです。 이쪽은 나의 여동생인 수진입니다.

- ～이, ～가: 주격 조사의 쓰임으로 대체될 수 있다. (단, 연체 수식절 안에서)

- お金の 多い 人。 돈이 많은 사람

- あの せの 高い 人が 田中さんですか。 저 키가 큰 사람이 다나카 씨 입니까?

종조사

— 부드러운 어조를 만든다.

- あさごはんは 食べたの？ 아침밥은 먹었니?
- いま、どこに 行くの？ 지금, 어디에 가니?

15 ～ので

접속조사

— ～이므로, ～때문에: 이유나 원인을 설명.

- あの 店は おいしいので いつも にぎやかだ。
  저 가게는 맛있기 때문에 항상 붐빈다.

16 ～は

부조사

— ～은, ～는: 서술어의 주체를 나타낸다. (발음이 [wa:와]임에 주의)

- ウサギは 耳が 長い。 토끼는 귀가 길다.
- 田中さんは かいしゃいんです。 다나카 씨는 회사원입니다.

— ～은, ～는: 강조하거나, 단정을 지어 말한다.

- たまごは あまり 食べません。 계란은 그다지 먹지 않습니다.
- 日本語は できます。 일본어는 가능합니다.

17 ～へ

격조사

— ～에, ～으로: 장소나 상대방에 붙어 방향성, 귀착점을 나타낸다. (발음이 [e:에]임에 주의)

- どうぞ、こちらへ。 자, 이쪽으로(오세요).
- なつやすみに アメリカへ 行きます。 여름방학에 미국으로 갑니다.

□ 18 ～まで

격조사

− ～까지: 동작 작용이 미치는 시점, 장소, 그리고 기간을 나타낸다.

- 9時から 6時まで はたらきます。 9시부터 6시까지 일합니다.
- どこまで 行きますか。 어디까지 갑니까?
- テストは 水よう日までです。 시험은 수요일까지입니다.

□ 19 ～も

부조사

− ～도: 첨가를 나타낸다.

- すみません。うどんも ください。 여기요. 우동도 주세요.
- 学生ですか。わたしも 学生です。 학생이세요? 저도 학생이에요.

*「なに」「どれ」「だれ」 등의 의문사에 붙어 전면적 부정을 나타낸다.

- 何も ありません。 아무것도 없습니다.
- だれも 行きません。 아무도 가지 않습니다.

− ～(이)나: 강조를 나타낸다.

- りんごを 3つも 食べました。 사과를 3개나 먹었습니다.

−「～も～も+긍정문」「～も～も+부정문」의 형태를 이룬다.

- うどんも ラーメンも 好きです。 우동도 라면도 좋아합니다.
- 日本語も 英語も できません。 일본어도 영어도 못합니다.

20 〜や

부조사

— 〜랑, 〜과, 〜와, 〜(이)나, 〜(라)든가: 병렬, 열거, 예시를 나타낸다.

- うどんや　ラーメンなど、あたたかい　ものが　食べたいです。
  우동이나 라면 등, 따뜻한 것을 먹고 싶습니다.

- やおやには　やさいや　りんごなどが　たくさん　あります。
  야채 가게에는 채소나 사과 등이 많이 있습니다.

21 〜よ

종조사

— 〜란 말이야, 〜예요: 상대가 모르는 것을 알릴 때나 이유를 설명한다.

- いま、外は　雨が　ふって　いますよ。 지금, 밖에 비가 내리고 있단 말이에요.

— 강조하여 말하거나 주장, 결심을 말할 때

- それは　わたしが　するよ。 그건 내가 하지.

22 〜より

격조사

— 〜보다: 비교의 대상

- 木村さんより　田中さんの　ほうが　せが　高い。
  기무라 씨보다 다나카 씨 쪽이 키가 크다.

23 〜を

격조사

— 〜을, 〜를: 목적격 조사

- いつも　3時まで　アルバイトを　します。 항상 3시까지 아르바이트를 합니다.
- 本を　かいました。 책을 샀습니다.

> ◆ 명사
> 명사란 문장을 이루는 품사 중에서 사람이나 물건, 어떤 사건, 개념 등 모든 것의 명칭을 지정해 말하는 품사이다. 보통명사, 고유명사, 대명사(지시대명사, 인칭대명사), 형식명사 등이 있다.

01 보통체 활용 (현재 시제)

(1) 긍정 활용: ～だ ～(이)다

- わたしは 大学生(だいがくせい)だ。 나는 대학생이다.
- これは オレンジジュースだ。 이것은 오렌지 주스이다.

(2) 부정 활용: ～では ない(～じゃ ない) ～이(가) 아니다

- わたしは 大学生(だいがくせい)では ない。 나는 대학생이 아니다.
- これは オレンジジュースじゃ ない。 이것은 오렌지 주스가 아니다.

02 정중체 활용 (현재 시제)

(1) 긍정 활용: ～です ～입니다

- かれは いしゃです。 그는 의사입니다.
- これは わたしの 本(ほん)です。 이것은 나의 책입니다.

(2) 부정 활용: ～じゃ ないです ～이(가) 아닙니다
　　　　　　　 ～では ないです
　　　　　　　 ～じゃ ありません
　　　　　　　 ～では ありません

- かれは いしゃじゃ ないです。 그는 의사가 아닙니다.
- これは わたしの 本(ほん)では ありません。 이것은 나의 책이 아닙니다.

(3) 정중체 의문문: 맨 뒤에 か를 붙인다.

- あなたは、学生(がくせい)ですか。 당신은 학생입니까?
- それは オレンジジュースじゃ ありませんか。 그것은 오렌지 주스가 아닙니까?

03 보통체 활용(과거 시제)

(1) 긍정 활용: ～だった ～(이)었다

- かれは いい 学(がくせい)生だった。 그는 좋은 학생이었다.
- きのうは やすみだった。 어제는 휴일이었다.

(2) 부정 활용: ～じゃ なかった ～이(가) 아니었다
　　　　　　　　 ～では なかった

- かれは いい 学(がくせい)生じゃ なかった。 그는 좋은 학생이 아니었다.
- きのうは やすみでは なかった。 어제는 휴일이 아니었다.

04 정중체 활용(과거 시제)

(1) 긍정 활용: ～でした ～(이)었습니다

- きのうは わたしの たんじょうびでした。 어제는 내 생일이었습니다.
- それは いい アイデアでした。 그것은 좋은 아이디어였습니다.

(2) 부정 활용: ～じゃ なかったです ～이(가) 아니었습니다
　　　　　　　　 ～では なかったです
　　　　　　　　 ～じゃ ありませんでした
　　　　　　　　 ～では ありませんでした

- きのうは わたしの たんじょうびでは なかったです。
  어제는 내 생일이 아니었습니다.
- それは いい アイデアじゃ ありませんでした。
  그것은 좋은 아이디어가 아니었습니다.

05 문장 연결형

– ～で ～이고

- 父(ちち)は いしゃで、母(はは)は せんせいです。 아빠는 의사이고 엄마는 선생님입니다.

◆ **い형용사**

형용사란 형태, 상태, 성질 등을 나타내는 서술어로, 일본어에서는 **い**형용사와 **な**형용사의 두 종류로 나뉜다. **い**형용사의 사전형은 어미가 ~**い**로 끝나며, 어미만이 활용을 한다.

01 보통체 활용 (현재 시제)

(1) 긍정 활용: ~い

- きょうは 寒い。 오늘은 춥다.
- この かばんは 高い。 이 가방은 비싸다.

(2) 부정 활용: ~い → く ない

- 今日は 寒く ない。 오늘은 춥지 않다.
- この かばんは 高く ない。 이 가방은 비싸지 않다.

02 정중체 활용 (현재 시제)

(1) 긍정 활용: ~い + です

- この みせは おいしいです。 이 가게는 맛있습니다.
- 図書館は ひろいです。 도서관은 넓습니다.

(2) 부정 활용: ~い → く ないです
　　　　　　　~い → く ありません

- この みせは おいしく ないです。 이 가게는 맛있지 않습니다.
- 図書館は ひろく ないです。 도서관은 넓지 않습니다.
- 図書館は ひろく ありません。 도서관은 넓지 않습니다.

03 보통체 활용 (과거 시제)

(1) 긍정 활용: ~い → かった

- その 映画(えいが)は おもしろかった。 그 영화는 재미있었다.
- きのうは たのしかった。 어제는 즐거웠다.

(2) 부정 활용: ~い → く なかった

- その 映画(えいが)は おもしろく なかった。 그 영화는 재미있지 않았다.
- きのうは たのしく なかった。 어제는 즐겁지 않았다.

04 정중체 활용 (과거 시제)

(1) 긍정 활용: ~い → かったです

- テストは むずかしかったです。 시험은 어려웠습니다.
- せが 高(たか)かったです。 키가 컸습니다.

(2) 부정 활용: ~い → く なかったです
　　　　　　　~い → く ありませんでした

- テストは むずかしく なかったです。 시험은 어렵지 않았습니다.
- せが 高(たか)く なかったです。 키가 크지 않았습니다.
- せが 高(たか)く ありませんでした。 키가 크지 않았습니다.

05 명사 수식형: ~い + 명사

사전형 그대로 뒤의 명사를 수식한다.

- ほんとうに おもしろい 本(ほん)ですね。 정말로 재미있는 책이네요.
- 大(おお)きい かばんが ほしいです。 큰 가방을 갖고 싶습니다.

06　て 연결형: ～い → ～くて

문장을 연결해 말할 때 쓰이는 형태로, 흔히 '～하고(열거), ～해서(이유)' 정도로 해석된다.

- この　かばんは　大（おお）きくて、べんりです。 이 가방은 커서 편리합니다.
- この　かばんは　高（たか）くて、大（おお）きいです。 이 가방은 비싸고 큽니다.
- この　かばんは　大（おお）きくて、高（たか）いです。 이 가방은 크고 비쌉니다.

07　부사형: ～い → ～く

부사적 용법으로 쓰일 수 있다. 해석은 '～(하)게, ～(하)도록, ～이(히)' 정도로 한다.

- せが　高（たか）く　なりました。 키가 커졌습니다.
- かれは　あさ　はやく　おきます。 그는 아침 일찍 일어납니다.

* 어미 활용 시 주의해야 할 예외 い형용사

기본형	いい	좋다
수식형	いい 天気	좋은 날씨
정중형	いいです	좋습니다
부정형	よく ない	좋지 않다
	よく ないです よく ありません	좋지 않습니다
	よく なかったです よく ありませんでした	좋지 않았습니다
연결형	よくて	좋고, 좋아서, 좋으니
부사형	よく + 동사	좋게
과거형	よかった	좋았다
	よかったです	좋았습니다

◆ な형용사

な형용사 사전형은 ~だ로 끝나는 형태이다. 어미를 な로 활용하여 명사를 수식한다.

01 보통체 활용 (현재 시제)

(1) 긍정 활용: ~だ

- 今日は　ひまだ。 오늘은 한가하다.
- この　人は　ゆうめいだ。 이 사람은 유명하다.

(2) 부정 활용: ~だ → では ない(=じゃ ない)

- 今日は　ひまでは　ない。 오늘은 한가하지 않다.
- この　人は　ゆうめいじゃ　ない。 이 사람은 유명하지 않다.

02 정중체 활용 (현재 시제)

(1) 긍정 활용: ~だ → です

- 図書館は　しずかです。 도서관은 조용합니다.
- 先生は　しんせつです。 선생님은 친절합니다.

(2) 부정 활용: ~だ → じゃ ないです
　　　　　　　　　では ないです
　　　　　　　　　じゃ ありません
　　　　　　　　　では ありません

- 図書館は　しずかじゃ　ないです。 도서관은 조용하지 않습니다.
- 先生は　しんせつでは　ありません。 선생님은 친절하지 않습니다.

03 보통체 활용 (과거 시제)

(1) 긍정 활용: ~だ → だった

- へやは きれいだった。 방은 깨끗했다.

(2) 부정활용: ~だ → じゃ なかった
　　　　　　　　　では なかった

- テストは かんたんじゃ なかった。 시험은 간단하지 않았다.

- へやは きれいでは なかった。 방은 깨끗하지 않았다.

04 정중체 활용 (과거 시제)

(1) 긍정 활용: ~だ → でした

- わたしは すしが すきでした。 나는 초밥을 좋아했습니다.

(2) 부정 활용: ~だ → じゃ なかったです
　　　　　　　　　では なかったです
　　　　　　　　　じゃ ありませんでした
　　　　　　　　　では ありませんでした

- わたしは すしが すきじゃ なかったです。
  나는 초밥을 좋아하지 않았습니다.

- わたしは すしが すきでは ありませんでした。
  나는 초밥을 좋아하지 않았습니다.

05 명사 수식형: ~だ → ~な + 명사

~だ를 ~な로 바꾸어 명사에 접속한다. *주의: 同じだ는 な를 빼고 접속한다

- かれは ゆうめいな かしゅです。 그는 유명한 가수입니다.
- ここは しずかな ところです。 이곳은 조용한 곳입니다.

06 て 연결형: ～だ → ～で

문장을 연결해 말할 때 쓰이는 형태로, 흔히 '～하고(열거), ～해서(이유)' 정도로 해석된다.

- かのじょは　きれいで、しんせつです。　그녀는 예쁘고, 친절합니다.
- かのじょは　しんせつで、きれいです。　그녀는 친절하고, 예쁩니다.
- ここは　ゆうめいで、人が　多いです。　이곳은 유명해서, 사람이 많습니다.

07 부사형: ～だ → ～に

부사적 용법으로 쓰일 수 있다. 해석은 '～(하)게, ～(하)도록, ～이(히)' 정도로 한다.

- 日本語が　じょうずに　なりました。　일본어가 능숙해졌습니다.
- しずかに　して　ください。　조용히 해 주세요.

* 명사 수식 시 주의해야 할 예외 な형용사

기본형	同じだ		같다
수식형	同じだ クラス		같은 반
정중형	同じだです		같습니다
부정형	同じじゃ/では ない		같지 않다
	同じじゃ/では ないです 同じじゃ/では ありません		같지 않습니다
	同じじゃ/では なかったです 同じじゃ/では ありませんでした		같지 않았습니다
연결형	同じだで		같고, 같아서, 같으니
부사형	同じだに + 동사		똑같게
과거형	同じだった		같았다
	同じだでした		같았습니다

> ◆ **동사**
> 사람이나 사물의 동작이나 작용을 나타내는 품사이다. 활용을 하며, 그 뜻과 쓰임에 따라 본동사와 조동사, 성질에 따라 자동사와 타동사, 어미의 변화 여하에 따라 규칙 동사와 불규칙 동사로 나뉜다.

01 동사의 종류

동사의 사전형은 어미가 ウ단(〜う・〜く・〜ぐ・〜す・〜つ・〜ぬ・〜ぶ・〜む・〜る)으로 끝난다. 어미의 활용 형태에 따라 세 종류로 나뉜다.

(1) 1그룹 동사: '〜ウ단'으로 끝나며, 어미가 [ア・イ・ウ・エ・オ]의 다섯 단에 걸쳐 활용한다.

かう(買う) 사다	あう(会う) 만나다	かく(書く) 쓰다
およぐ(泳ぐ) 헤엄치다	はなす(話す) 이야기하다	かす(貸す) 빌려주다
まつ(待つ) 기다리다	たつ(立つ) 서다	しぬ(死ぬ) 죽다
あそぶ(遊ぶ) 놀다	のむ(飲む) 마시다	よむ(読む) 읽다
のる(乗る) (탈것) 타다	つくる(作る) 만들다	

(2) 2그룹 동사: 어미가 る로 끝나며, 어미 앞의 글자가 'イ단・エ단'인 동사이다.

おきる(起きる) 일어나다	あける(開ける) 열다	かける 걸다
しめる(閉める) 닫다	たべる(食べる) 먹다	ねる(寝る) 자다

(3) 3그룹 동사: 단 두 개뿐으로, 불규칙활용 동사이다.

する 하다   くる(来る) 오다

형태는 2그룹 동사이지만, 1그룹 동사 활용을 하는 예외 동사가 있다. 암기 필수!

帰(かえ)る 돌아가(오)다, 귀가하다	入(はい)る 들어가(오)다	切(き)る 자르다	知(し)る 알다
走(はし)る 달리다	要(い)る 필요하다	しゃべる 수다 떨다	

02 〜ます(정중) 활용

(1) 1그룹 동사: 〜ウ단 → 〜イ단 + ます

か**う** → か**います**	か**く** → か**きます**
사다 삽니다	쓰다 씁니다

およ**ぐ** → およ**ぎます**	はな**す** → はな**します**
수영하다 수영합니다	이야기하다 이야기합니다

ま**つ** → ま**ちます**	し**ぬ** → し**にます**
기다리다 기다립니다	죽다 죽습니다

あそ**ぶ** → あそ**びます**	の**む** → の**みます**
놀다 놉니다	마시다 마십니다

の**る** → の**ります**
타다   탑니다

(2) 2그룹 동사: 〜る → 〜る + ます

おき**る** → おき**ます**	み**る** → み**ます**
일어나다 일어납니다	보다 봅니다

たべ**る** → たべ**ます**	ね**る** → ね**ます**
먹다 먹습니다	자다 잡니다

(3) 3그룹 동사: 불규칙하게 변하며, 다음의 두 단어만 있다.

する → **します**	**くる** → **きます**
하다 합니다	오다 옵니다

- 友だちと 公園で 遊びます。 친구와 공원에서 놉니다.
- まいにち、7時に 起きます。 매일 7시에 일어납니다.
- 9時まで アルバイトを します。 9시까지 아르바이트를 합니다.
- パーティーに 山田さんも 来ます。 파티에 야마다 씨도 옵니다.

03 ます의 다양한 모습

ます는 다음과 같은 다양한 모습을 가진다.

현재	〜ます	〜(하)ㅂ니다
	〜ません	〜(하)지 않습니다.
과거	〜ました	〜(하)였습니다
	〜ませんでした	〜(하)지 않았습니다
청유	〜ませんか	〜(하)지 않겠습니까?
	〜ましょう	〜(하)ㅂ시다
	〜ましょうか	〜(하)ㄹ래요?

- ここでは 遊びません。 여기에서는 놀지 않습니다.
- きょうは 7時に 起きました。 오늘은 7시에 일어났습니다.
- きのうは アルバイトを しませんでした。 어제는 아르바이트를 하지 않았습니다.
- パーティーに 行きましょう。 파티에 갑시다.

04 〜ない(부정) 활용

(1) 1그룹 동사: 〜ウ단 → 〜ア단 + ない

かう → かわない
사다   사지 않다

かく → かかない
쓰다   쓰지 않다

*주의: 어미가 う인 동사는 あ가 아니라 わ로 활용한다.

およぐ → およがない
수영하다 수영하지 않다

はなす → はなさない
이야기하다 이야기하지 않다

まつ → またない
기다리다 기다리지 않다

しぬ → しなない
죽다   죽지 않다

あそぶ → あそばない
놀다   놀지 않다

のむ → のまない
마시다   마시지 않다

のる → のらない
타다   타지 않다

(2) 2그룹 동사: ～る → ～る + ない

おき**る** → おき**ない**
일어나다　　일어나지 않다

お**りる** → お**りない**
내리다　　내리지 않다

かけ**る** → かけ**ない**
걸다　　걸지 않다

たべ**る** → たべ**ない**
먹다　　먹지 않다

(3) 3그룹 동사

する → **しない**
하다　　하지 않다

くる → **こない**
오다　　오지 않다

- コーヒーは 飲まない。 커피는 마시지 않는다.
- 山田さんは にくを 食べない。 야마다 씨는 고기를 먹지 않는다.
- むりな ダイエットは しない。 무리한 다이어트는 하지 않는다.
- だれも 来ない。 아무도 오지 않는다.

□ 05　～て(연결)/～た(과거) 활용

(1) 1그룹 동사: 음의 변화를 일으키는 음편 현상이 나타난다.

～く	～いて	～いた	※ [い음편]
～ぐ	～いで	～いだ	※ [い음편], 탁점이 붙는 점에 주의
～う ～つ ～る	～って	～った	※ [촉음편], 작은 っ 임에 주의
～ぬ ～む ～ぶ	～んで	～んだ	※ [발음편], 탁점이 붙는 점에 주의
～す	して	した	※ウ단이 イ단으로 바뀌고 て/た가 붙음

か**く**
쓰다

か**いて**
쓰고, 써서, 쓰니

か**いた**
썼다

およ**ぐ**
수영하다

およ**いで**
수영하고, 수영해서, 수영하니

およ**いだ**
수영했다

かう 사다	かって 사고, 사서, 사니	かった 샀다
まつ 기다리다	まって 기다리고, 기다려서, 기다리니	まった 기다렸다
のる 타다	のって 타고, 타서, 타니	のった 탔다
しぬ 죽다	しんで 죽고, 죽어서, 죽으니	しんだ 죽었다
のむ 마시다	のんで 마시고, 마셔서, 마시니	のんだ 마셨다
あそぶ 놀다	あそんで 놀고, 놀아서, 노니	あそんだ 놀았다
はなす 이야기하다	はなして 이야기하고, 이야기해서, 이야기하니	はなした 이야기했다

- 友だちに 会って、映画を 見ます。 친구를 만나서 영화를 봅니다.
- よく 聞いて、答えます。 잘 듣고 대답합니다.
- くすりを 飲んで、寝ます。 약을 먹고 잡니다.
- 友だちと はなして、きめます。 친구와 이야기해서 정합니다.

(2) 2그룹 동사: ～る → ～る + て / た

おきる 일어나다	おきて 일어나고, 일어나서, 일어나니	おきた 일어났다
おりる 내리다	おりて 내리고, 내려서, 내리니	おりた 내렸다
たべる 먹다	たべて 먹고, 먹어서, 먹으니	たべた 먹었다
ねる 자다	ねて 자고, 자서, 자니	ねた 잤다

- あさ、起きて、うんどうを します。 아침에 일어나서 운동을 합니다.
- はやく 寝て、はやく 起きます。 일찍 자고 일찍 일어납니다.

(3) 3그룹 동사

する	して	した
하다	하고, 해서, 하니	했다

くる	きて	きた
오다	오고, 와서, 오니	왔다

- しゅくだいを して、友だちと 遊びます。 숙제를 하고 친구와 놉니다.
- 図書館に 来て、レポートを 書きます。 도서관에 와서 리포트를 씁니다.

(4) 예외

위의 규칙을 따르지 않고 다른 음편을 사용하는 동사들이 있는데, 다음과 같다.

いく	いって	いった
가다	가고, 가서, 가니	갔다

* 원칙대로 하면 い음편을 해야 하지만, 예외적으로 촉음편을 한다.

かえる	かえって	かえった
돌아오다, 돌아가다	돌아오고, 돌아와서, 돌아오니 돌아가고, 돌아가서, 돌아가니	돌아왔다, 돌아갔다

* 원칙대로 하면 2그룹 동사의 활용을 해야 하지만, 예외적으로 촉음편을 한다.

+ 그 밖에 예외 동사들

> 入る 들어가(오)다   切る 자르다   知る 알다
> 走る 달리다   要る 필요하다   しゃべる 수다 떨다
>
> * 원칙대로 하면 2그룹 동사의 활용을 해야 하지만, 예외적으로 촉음편을 한다.

- 学校に 行って、べんきょうを します。 학교에 가서 공부를 합니다.
- 家に かえって しゅくだいを します。 집에 돌아가서 숙제를 합니다.

06 명사 수식형: ～ウ단・～た + 명사

사전형 그대로 명사를 수식한다. 단, 과거일 때는 ～た로 수식한다.

- ここは わたしが よく 行(い)く 店(みせ)です。 이곳은 내가 자주 가는 가게입니다.
- きのう 買(か)った 本(ほん)は どこに ありますか。 어제 산 책은 어디에 있습니까?

합격 문법 확인 문제 ❶   [/ 16]

다음 문장의 괄호 안에 들어갈 가장 알맞은 말을 a, b 중에서 고르시오.

1 海（ｕみ）（ a で b に ）およぎたいです。

2 すしは おいしいです（ a か b が ）すこし 高（たか）いですね。

3 きょねん、韓国（かんこく）（ a で b から ）来（き）ました。

4 きょうしつに 学生（がくせい）が 二人（ふたり）（ a だけ b しか ）いません。

5 タクシー（ a に b で ）行（い）きましょう。

6 ぎゅうにゅう（ a と b や ）ジュースなどを 買（か）いました。

7 そろそろ 家（いえ）（ a に b で ）かえりましょう。

8 さとうさんは いま どこ（ a に b へ ）いますか。

9 いっしょに さんぽ（ a を b に ）行（い）きませんか。

10 日本語（にほんご）（ a を b の ）べんきょうを します。

11 お金（かね）（ a の b を ）多（おお）い 人（ひと）が います。

12 たかい（ a から b まで ）買（か）いません。

13 かばんの 上（うえ）には 何（なに）（ a が b も ）ありません。

14 私（わたし）は 三人（さんにん）きょうだいで、おとうと（ a や b と ）いもうとが います。

15 日本（にほん）（ a に b の ）えいがを 見（み）ました。

16 先生（せんせい）（ a から b に ）てがみを 書（か）きました。

정답 1 a 2 b 3 b 4 b 5 b 6 b 7 a 8 a
9 b 10 b 11 a 12 a 13 b 14 b 15 b 16 b

정답&해설 p.291

합격 문법 확인 문제 ❷ [/ 16]

다음 문장의 괄호 안에 들어갈 가장 알맞은 말을 a, b 중에서 고르시오.

1. おなかが いたくて、何 (a を b も) 食べませんでした。
2. きょうしつに だれ (a か b に) いますか。
3. これは 父 (a に b へ) もらった 時計です。
4. かぜ (a から b で) 会社を やすみました。
5. あした 友だちと 海 (a で b へ) 行きます。
6. おいしくて 三つ (a も b が) 食べました。
7. かれが 来るか 来ない (a が b か) わかりません。
8. 何 (a が b か) 飲みましょうか。
9. きょうは どこ (a にも b でも) 行きませんでした。
10. もっと おおきい かばん (a を b が) ほしいです。
11. かぜ (a に b を) ひきました。
12. 時間が なくて タクシー (a に b を) のりました。
13. えきの 前で 友だち (a を b に) 会います。
14. ねる まえに、おふろ (a に b を) 入ります。
15. かれは 日本語 (a が b に) 上手です。
16. 三つ (a に b で) 700円です。

정답 1 b   2 a   3 a   4 b   5 b   6 a   7 b   8 b
     9 a   10 b   11 b   12 a   13 b   14 a   15 a   16 b

정답&해설 p.291

합격 문법 확인 문제 ❸ [/ 16]

다음 문장의 괄호 안에 들어갈 가장 알맞은 말을 a, b 중에서 고르시오.

1 テーブルの うえは (a きれく   b きれいでは) ないです。

2 あの 店(みせ)の カレーは ほんとうに (a おいしいでした   b おいしかったです)。

3 かれは (a ゆうめいな   b ゆうめい) 人(ひと)ですよ。

4 それは ほんとうに (a いいでしたね   b よかったですね)。

5 つくえの 上(うえ)を (a きれいで   b きれいに) して ください。

6 りんごが (a 赤(あか)くて   b 赤(あか)く) なりました。

7 りえさんは (a かわいくて   b かわよくて) しんせつです。

8 なにか (a あたたかく   b あたたかい) ものが 飲(の)みたいです。

9 ながい スカートが (a ほしかったでした   b ほしかったです)。

10 この かばんは (a 重(おも)く   b 重(おも)くて) 大(おお)きいですね。

11 漢字(かんじ)は (a やさしくて   b やさしく) ありません。

12 なにか (a ほしいな   b ほしい) ものは ありますか。

13 せが (a ひくくて   b ひくて) 見(み)えません。

14 まえは (a たかかった   b たかった) ですが、いまは 安(やす)いですね。

15 さとうさんは あたまも (a いくて   b よくて) きれいです。

16 きのうの パーティーは (a たのしくて   b たのしく) ありませんでした。

정답 1 b   2 b   3 a   4 b   5 b   6 b   7 a   8 b
      9 b   10 b   11 b   12 b   13 a   14 a   15 b   16 b

정답&해설 p.291

합격 문법 확인 문제 ❹　　　　　　　　　　　　　　[　　/ 16]

다음 문장의 괄호 안에 들어갈 가장 알맞은 말을 a, b 중에서 고르시오.

1 前は トマトが (a きらかったです　b きらいでした)。

2 かのじょは いつも (a げんきで　b げんきて) あかるいです。

3 えきが ちかくて (a べんりの　b べんりな) ところです。

4 この かばんは (a じょうぶくて　b じょうぶで) いいですね。

5 きょうは (a ひまに　b ひまで) テレビを みました。

6 日本語が (a じょうずに　b じょうずな) なりました。

7 かのじょと (a おなじな　b おなじ) クラスです。

8 わたしは (a いしゃが　b いしゃじゃ) ないです。

9 ちょっと (a まって　b まて) ください。

10 あした ここに (a 来って　b 来て) ください。

11 デパートで かばんを (a 買い　b 買き) ました。

12 そろそろ 家に (a かえましょう　b かえりましょう)。

13 それは (a 買あ　b 買わ) ない ほうが いいです。

14 あの バスに (a 乗って　b 乗んで) ください。

15 友だちに (a 会いて　b 会って) 映画を みました。

16 こうえんを (a 走って　b 走りて) います。

정답　1 b　2 a　3 b　4 b　5 a　6 a　7 b　8 b
　　　9 a　10 b　11 a　12 b　13 b　14 a　15 b　16 a

정답&해설 p.292

합격 문법 확인 문제 ❺   [/ 16]

다음 문장의 괄호 안에 들어갈 가장 알맞은 말을 a, b 중에서 고르시오.

1 図書館へ 本を (a 読み b 読む) に いきます。

2 あまり たくさん (a 食べら b 食べ) ないで ください。

3 この ボタンを (a おしても b おしっても) いいですか。

4 私は 銀行で (a はたらきて b はたらいて) います。

5 山本さんは パーティーに (a 来 b 来) ない。

6 名前は カタカナで (a 書いて b 書きて) ください。

7 とりが 空を (a とんで b とびて) います。

8 大阪に (a 行いた b 行った) ことが ありますか。

9 ここから 30分ぐらい (a かかります b かかます)。

10 先生は あまり おさけを (a 飲み b 飲ま) ない。

11 かぜを (a ひきて b ひいて) けっせきしました。

12 そうじを (a しって b して) きれいに なりました。

13 図書館に (a 来って b 来て) べんきょうを します。

14 漢字を (a おぼえて b おぼえって) ください。

15 家に (a かえて b かえって) しゅくだいを します。

16 へやに (a 入って b 入りって) ください。

정답 1 a   2 b   3 a   4 b   5 b   6 a   7 a   8 b
　　　9 a   10 b   11 b   12 b   13 b   14 a   15 b   16 a

정답&해설 p.292

4 고득점 문법

01 〜から ~(이)기 때문에

이유나 원인을 설명하는 표현으로, 동사와 い형용사의 사전형, 명사와 な형용사는 〜だから의 형태로 접속한다.

- もう 6時だから、かえりましょう。 벌써 6시이니까, 귀가합시다.
- いまは ひまだから、大丈夫だよ。 지금은 한가하니까 괜찮아.
- お金は たくさん あるから、しんぱい ない。 돈은 많이 있으니까 걱정 없다.

02 〜く(に) なる ~(해)지다

자연스러운 변화 혹은 변화의 완성된 결과를 나타낸다. い형용사는 '〜い → 〜く なる', な형용사는 '〜だ → 〜に なる', 명사는 '명사 + 〜に なる'의 형태로 접속한다.

- このごろ、さむく なりました。 요즘, 추워졌습니다.
- かれは ゆうめいに なりました。 그는 유명해졌습니다.
- いしゃに なりたいです。 의사가 되고 싶습니다.

03 〜く(に) する ~(하)게 하다(변화 표현)

대상을 변화시키는 표현으로, 목적어를 가진다. い형용사는 '〜い → 〜く する', な형용사는 '〜だ → 〜に する', 명사는 '명사 + 〜に する'의 형태로 접속한다.

- まえがみを みじかく しました。 앞머리를 짧게 했습니다.
- へやを きれいに する。 방을 깨끗하게 하다.

04 　～ころ(ごろ) ~경, ~무렵

정확하지는 않아도 '시점'을 말하는 표현이므로, 앞에는 '소요 시간'을 나타내는 명사가 올 수 없다.

- 毎日、10時ごろ ねます。 매일, 10시경에 잡니다.
- 子どもの ころ よく ここで あそんで いました。
  어린 시절 자주 이곳에서 놀았습니다.

05 　～じゅう／～ちゅう（～中） ~내내, ~도중/온통~

시간 명사에 붙어서 '~내내, ~도중'을 나타내거나, 공간 명사에 붙어 '통째로, 온통'의 의미를 가진다.

- 一日じゅう ねました。 하루 종일(내내) 잤습니다.
- 家じゅうを そうじ しました。 온 집안을 청소했습니다
- いま、しごとちゅうです。 지금, 업무 중입니다.

06 　～た あとで ~(한) 후에

행동의 시간적 순서를 나타내는 표현으로, 동사의 た형에 접속한다.

- しゅくだいを した あとで、テレビを 見ます。
  숙제를 한 후에 텔레비전을 봅니다.
- よく 聞いた あとで、メモを します。 잘 듣고 난 후에, 메모를 합니다.

07 　～たい ~(하)고 싶다

희망 표현으로 동사의 ます형에 접속된다. 목적어가 있는 경우 조사 '을(를)'에는 が와 を를 모두 쓸 수 있다.

- きょうは ラーメンが(を) 食べたいです。 오늘은 라면을 먹고 싶어요.
- なにか 読みたい 本が ありますか。 무언가 읽고 싶은 책이 있습니까?

08 〜たち ~들

복수 접미어로 명사에 그대로 접속한다. 단, 물건을 나타내는 명사에는 붙을 수 없다.

- あの 人たちは どこに いきますか。 저 사람들은 어디에 갑니까?
- 学生たちが あつまって います。 학생들이 모여 있습니다.

09 〜た ほうが いい ~(하는) 편이 좋다

권유나 조언을 할 때 쓰는 표현으로, 동사의 た형에 접속한다.

- きょうは はやく 帰った ほうが いいですね。
  오늘은 일찍 귀가하는 것이 좋겠네요.
- その 本は 読んだ ほうが いいです。 그 책은 읽는 게 좋습니다.

10 〜たり 〜たり する ~(하)거나 ~(하)기도 하다

행동을 열거하는 표현으로, 동사의 て형에 접속한다.

- 友だちに 会ったり、さんぽを したり します。
  친구를 만나거나 산책을 하기도 합니다.

11 〜つもり ~(할) 생각(작정)

의지를 나타내는 표현으로, 동사의 사전형에 접속한다.

- 日よう日、何を する つもりですか。 일요일에 무엇을 할 생각입니까?
- いつか 日本に 行く つもりです。 언젠가 일본에 갈 작정입니다.

12 〜て いる ~(하)고 있다.

현재까지 일어나고 있는 행동의 진행이나 반복 동작을 나타낸다. 동사의 て형에 접속한다.

- いま、テレビを 見て います。 지금 텔레비전을 보고 있습니다.

- 毎朝、新聞を 読んで います。 매일 아침, 신문을 읽고 있습니다.

* 순간동사 知る(알다)와 似る(닮다) 등은 [〜ている]의 형태로 진행이 아니라 이미 이루어진 상태를 나타낸다.

しります(×) → しって います(○) 알고 있습니다 / にます(×) → にて います(○) 닮아 있습니다

13 자동사 + て いる／타동사 + て ある ~되어 있다.

행동이 일어나 있는 결과 상태를 나타낸다. 동사의 て형에 접속한다.

開く 열리다(자동사) ・まどが 開いて います。 창문이 열려 있습니다.
立つ 서다(자동사) ・人が 立って います。 사람이 서 있습니다.
書く 쓰다(타동사) ・メモが 書いて あります。 메모가 쓰여 있습니다.
閉める 닫다(타동사) ・まどが 閉めて あります。 창문이 닫혀 있습니다.

* 헷갈리기 쉬운 필수 자동사와 타동사

자동사	타동사
入る 들어가(오)다	入れる 넣다
開く 열리다	開ける 열다
閉まる 닫히다	閉める 닫다
消える 꺼지다	消す 끄다
出る 나가(오)다	出す 꺼내다, 제출하다
止まる 정지하다, 서다	止める 세우다
ならぶ 늘어서다	ならべる 늘어놓다

14 〜てから ~(하)고 나서

행동의 순서를 나타내는 표현으로, 동사의 て형에 접속한다.

・はを みがいてから かおを 洗いますか、かおを 洗ってから はを みがきますか。
이를 닦고 나서 얼굴을 씻습니까, 얼굴을 씻고 나서 이를 닦습니까?

15 ～て ください ~(해) 주세요

상대에게 행위를 요구하는 표현으로, 동사의 て형에 접속한다.

- いちばん いいものを 一つ えらんで ください。
  가장 좋은 것을 하나 고르세요.
- きょうしつでは しずかに して ください。 교실에서는 조용히 해 주세요.

16 ～て くださいませんか ~(해) 주시지 않겠습니까?

정중하게 상대의 행위를 바라는 표현으로, 동사의 て형에 접속한다.

- 教えて くださいませんか。 가르쳐 주시지 않겠습니까?
- 写真を とって くださいませんか。 사진을 찍어 주시지 않겠습니까?

17 ～て くる ~(해) 오다, ~(하고) 오다

동사의 て형에 접속한다.

- 写真を たくさん とって きました。 사진을 많이 찍어 왔어요.
- さらを 持って きて ください。 접시를 가지고 와 주세요.

18 ～て しまう ~(해) 버리다, ~(하고) 말다

이미 완료된 상태를 나타내며 유감의 뜻이 포함되는 경우가 많다. 동사의 て형에 접속한다.

- 人の 話を 聞いて しまいました。 다른 사람의 이야기를 듣고 말았습니다.
- レポートは ぜんぶ 書いて しまいました。 리포트는 전부 다 써 버렸습니다.

19　～でしょう　~겠죠, ~겠습니다.

추측이나 어느 정도의 확신을 나타내는 표현으로 동사, い형용사의 종지형, な형용사의 어간, 명사에 접속한다. 일기 예보 등에 자주 등장하는 표현이다.

- 明日は　雨が　ふるでしょう。 내일은 비가 내리겠습니다.
- 山本さんは　きっと　来るでしょう。 야마모토 씨는 분명 오겠죠.
- そとは　さむいでしょう。 밖은 춥겠죠.

20　～ては いけない　~(해)서는 안 된다

금지 표현으로, 동사의 て형에 접속한다.

- たばこを　すっては　いけないです。 담배를 피워서는 안 됩니다.
- ここで　本を　読んでは　いけない。 여기에서 책을 읽어서는 안 된다.

21　～て みる　~(해) 보다

도전이나 시도를 나타내는 표현으로, 동사의 て형에 접속한다.

- 食べて　みたいです。 먹어 보고 싶습니다.
- 行って　みる？ 가 볼래?

22　～ても　~(해)도, ~(이)어도

앞의 상황에 대해 극복하거나 반대되는 상황이 이어짐을 나타내는 표현이다. '동사 + ～ても', 'い형용사 어간 + ～くても', 'な형용사 어간 + ～でも', '명사 + ～でも'의 형태로 접속한다.

- くすりを　飲んでも　なおりません。 약을 먹어도 낫지 않습니다.
- とおくても　行きたいです。 멀어도 가고 싶습니다.
- たいへんでも　して　みます。 힘들어도 해 보겠습니다.
- この　アルバイトは　学生でも　できる。 이 아르바이트는 학생이어도 할 수 있다.

23 〜ても いい ~(해)도 좋다, ~(해)도 괜찮다

허가 표현으로, '동사 + 〜ても', 'い형용사 어간 + 〜くても', 'な형용사 어간 + 〜でも', '명사 + 〜でも'의 형태로 접속한다.

- これ、食べても いいですか。 이거, 먹어도 됩니까?
- ねだんは たかくても いいです。 가격은 비싸도 괜찮아요.

24 〜と いう ~(이)라고 하는, ~(이)라는

고유 명사나 단어의 의미를 소개하기 위한 표현으로, 뒤에는 명사가 접속된다.

- ふじさんと いう 山が あります。 후지산이라고 하는 산이 있습니다.
- これは サムゲタンと いう 韓国料理です。
  이것은 삼계탕이라는 한국 요리입니다.

25 〜とき ~(할) 때

어떠한 행동이 일어나는 시점을 가리키는 말로, 연체사 혹은 모든 품사의 명사 수식형에 이어진다.

- 本を 読む とき、めがねを かけます。 책을 읽을 때, 안경을 씁니다.
- その とき、かれが 入りました。 그때, 그가 들어왔습니다.

26 〜ない ほうが いい ~(하)지 않는 편이 좋다

어떤 행동을 하지 말 것을 권하거나 조언할 때 쓰는 표현으로, 동사의 ない형에 접속한다.

- よるは 食べない ほうが いいです。 밤엔 먹지 않는 것이 좋습니다.
- 一人で 行かない ほうが いいです。 혼자서 가지 않는 편이 좋겠습니다.

27 〜ないで 〜(하)지 않고, 〜(하)지 말고

행동을 하지 않는 상태를 표현한다. 동사의 **ない**형에 접속한다.

- ごはんも 食べないで、出かけました。 밥도 먹지 않고, 외출했습니다.
- 高い ものは 買わないで、ちょきんします。 비싼 것은 사지 말고, 저금합니다.

28 〜ないで ください 〜(하)지 마세요

상대에게 행위를 하지 말 것을 요구하는 표현이다. 동사의 **ない**형에 접속한다.

- そんな 本は 読まないで ください。 그런 책은 읽지 마세요.
- 何も 言わないで ください。 아무것도 말하지 마세요.

29 〜ながら 〜(하)면서

두 가지 행동의 동시 동작을 표현한다. 동사의 **ます**형에 접속한다.

- ビールを 飲みながら、友だちと 話します。
  맥주를 마시면서 친구와 이야기합니다.
- おかしを 食べながら、テレビを 見ます。
  과자를 먹으면서 텔레비전을 봅니다.

30 〜なくて 〜(하)지 않아서

앞의 행위나 상태가 원인이 되어 뒤의 결과가 따른다는 내용을 표현한다. 동사의 **ない**형에 접속한다.

- うんどうを しなくて ふとりました。 운동을 하지 않아서 살쪘습니다.
- 山田さんが 来なくて しんぱいです。 야마다 씨가 오지 않아서 걱정입니다.

31　～に 行く(来る)　~(하)러 가다(오다)

앞에 오는 행위를 목적으로 가거나 온다는 뜻을 나타낸다. 동작이 포함된 명사(동작성 명사)에 붙거나, 동사의 ます형에 접속한다.

- ドライブに 行きましょう。 드라이브하러 갑시다.
- 本を 買いに 来ました。 책을 사러 왔습니다.

32　～に する　~(으)로 하다

선택 또는 결정을 나타내는 표현이다. 명사에 붙거나 '동사 사전형 + こと'의 형태로도 접속될 수 있다.

- 何に しますか。 무엇으로 하겠습니까?
- わたしは コーヒーに します。 저는 커피로 하겠습니다.
- これから、はやく 起きる ことに します。 앞으로, 일찍 일어나기로 하겠습니다.

33　～ので　~(이)기 때문에, ~(이)므로

이유나 원인을 나타내는 표현이다. ～から보다는 좀더 객관적인 이유를 말하는 느낌이 있다. 동사와 い형용사의 사전형, 'な형용사 어간 + な', '명사 + な'에 접속한다.

- かれは 学生なので この アルバイトは できません。
  그는 학생이므로 이 아르바이트는 할 수 없습니다.
- ここは ゆうめいなので いつも 人が 多いです。
  여기는 유명하기 때문에 항상 사람이 많습니다.

34　～まえに　~(하)기 전에

행동이나 시점의 순서를 표현한다. '동사 사전형 + まえに', '명사 + の + まえに'의 형태로 접속한다.

- 寝る まえに 電気を けします。 자기 전에 전기를 끕니다.
- 食事の まえに 手を 洗って ください。 식사 전에 손을 씻으세요.

35 〜ませんか／〜ましょう　〜(하)지 않겠습니까?/〜(합)시다

권유 표현으로, 화자와 행동을 같이 할 것을 권하는 표현이다. 동사의 **ます**형에 접속한다.

- いっしょに　デパートに　行きません**か**。함께 백화점에 가지 않을래요?
- あした、3時に　会いましょう。내일 3시에 만납시다.

36 もう　(긍정문에서) 이미, 벌써 / (부정문에서) 이제, 더 이상

- もう　知って　います。이미 알고 있습니다.
- レポートは　もう　書きました。리포트는 벌써 썼습니다.
- もう　時間が　ないです。더 이상 시간이 없습니다.
- もう　だめだ。이젠 틀렸다.

◆ 지시어와 의문사

37 こ・そ・あ・ど

こ(근칭)		そ(중칭)		あ(원칭)		ど(부정칭)	
これ	이것	それ	그것	あれ	저것	どれ	어느 것
ここ	여기	そこ	거기	あそこ	저기	どこ	어디
この〜	이〜	その〜	그〜	あの〜	저〜	どの〜	어느〜
こんな	이런	そんな	그런	あんな	저런	どんな	어떤
こちら こっち	이쪽	そちら そっち	그쪽	あちら あっち	저쪽	どちら どっち	어느 쪽

[물건]　● これは　なんですか。이것은 무엇입니까?
[명사 수식]　● その　本は　だれのですか。그 책은 누구의 것입니까?
[장소]　● あそこに　図書館が　見えます。저기에 도서관이 보입니다.
[방향]　● 入り口は　どちらですか。입구는 어느 쪽입니까?
[연체사]　● どんな　本が　好きですか。어떤 책을 좋아합니까?

* **주의!** 상대와 내가 함께 알고 있는 '공통 지식'의 경우, 우리말에서 '그~'로 지칭하는 지시어가 일본어로는 [あ~]의 형태로 나타난다.

- A: 田中さんを 知って いますか。 다나카 씨를 아시나요?

  B: もちろんです。あの 人は とても やさしいですね。
  물론이죠. 그 사람은 매우 상냥하죠.

38 なん・なに 무엇, 몇

- のみものは 何に なさいますか。 음료는 무엇으로 하시겠습니까?
- ぜんぶで 何冊ですか。 전부 몇 권입니까?

39 どこ 어디

- どこで 会いましょうか。 어디에서 만날까요?

40 どれ 어느 것

- あなたの 本は どれですか。 당신의 책은 어느 것입니까?

41 いつ 언제

- いつ 行きますか。 언제 갑니까?

42 だれ・どなた 누구, どなた는 존칭

- だれに もらいましたか。 누구한테서 받았나요?
- どなたですか。 누구십니까?

- [ ] 43 **どちら** 어느 쪽

  - Aと Bと どちらが いいですか。 A랑 B랑 어느 쪽이 좋습니까?
  - えきは どちらですか。 역은 어느 쪽입니까?

- [ ] 44 **どうして・なぜ** 어째서

  - どうして けっせきしましたか。 왜 결석했습니까?

- [ ] 45 **いくら** 얼마

  - ぜんぶで いくらですか。 전부 해서 얼마입니까?

- [ ] 46 **いくつ** 몇 개

  - いくつ 買いましたか。 몇 개 샀나요?

- [ ] 47 **どう** 어떻게

  - 学校まで どう 行きますか。 학교까지 어떻게 갑니까?

- [ ] 48 **どんな** 어떤

  - どんな スポーツが 好きですか。 어떤 스포츠를 좋아합니까?

- [ ] 49 **どのくらい(どのぐらい)** 어느 정도

  - ここから どのくらい かかりますか。 여기에서 어느 정도 걸립니까?

◆ 접속사/부사

- あまり — 그다지, 별로
- いまから — 지금부터, 이제부터
- じゃ(あ) — 그럼
- すこし — 조금, 약간
- そして — 그리고
- それでは・では — 그럼, 그러면
- たいてい — 대개, 거의
- たいへん — 매우
- たぶん — 아마도
- だから・ですから — 때문에, 그래서
- ちょうど — 딱, 마침, 정각
- でも — 하지만
- はじめて — 처음으로
- まだ — 아직
- もちろん — 물론
- ゆっくり — 천천히, 느긋하게
- いつも — 항상, 언제나
- しかし — 그러나
- すぐに — 곧, 바로
- ぜんぜん — 전혀
- それから — 그리고, 그리고 나서
- それに — 게다가
- それで — 그래서
- たくさん — 많이
- だいぶ — 꽤, 상당히
- だんだん — 점점
- ちょっと — 잠시, 조금
- ときどき — 때때로
- また — 또
- もう — 이미, 벌써
- もっと — 좀 더
- よく — 자주, 잘

◆ 조수사

(1) 발음에 변화가 없는 조수사

	だい(台)	ばん(番)	まい(枚)	ねん(年)	えん(円)	にん(人)
	~대: 기계류	~번	~장: 얇은 것	~년	~엔	~명
1	いちだい	いちばん	いちまい	いちねん	いちえん	ひとり
2	にだい	にばん	にまい	にねん	にえん	ふたり
3	さんだい	さんばん	さんまい	さんねん	さんえん	さんにん
4	よんだい	よんばん	よんまい	よねん	よえん	よにん
5	ごだい	ごばん	ごまい	ごねん	ごえん	ごにん
6	ろくだい	ろくばん	ろくまい	ろくねん	ろくえん	ろくにん
7	ななだい	ななばん	ななまい	ななねん	ななえん	ななにん
8	はちだい	はちばん	はちまい	はちねん	はちえん	はちにん
9	きゅうだい	きゅうばん	きゅうまい	きゅうねん	きゅうえん	きゅうにん
10	じゅうだい	じゅうばん	じゅうまい	じゅうねん	じゅうえん	じゅうにん
?	何(なん)だい	何(なん)ばん	何(なん)まい	何(なん)ねん	いくら	何(なん)にん

(2) 발음에 변화가 있는 조수사

	つ	こ(個)	かい(回)	ほん(本)	かい(階)	さい(歳)	さつ(冊)
		~개	~회: 횟수	긴 것을 셈	~층	~살	~권
1	ひとつ	いっこ	いっかい	いっぽん	いっかい	いっさい	いっさつ
2	ふたつ	にこ	にかい	にほん	にかい	にさい	にさつ
3	みっつ	さんこ	さんかい	さんぼん	さんがい	さんさい	さんさつ
4	よっつ	よんこ	よんかい	よんほん	よんかい	よんさい	よんさつ
5	いつつ	ごこ	ごかい	ごほん	ごかい	ごさい	ごさつ
6	むっつ	ろっこ	ろっかい	ろっぽん	ろっかい	ろくさい	ろくさつ
7	ななつ	ななこ	ななかい	ななほん	ななかい	ななさい	ななさつ
8	やっつ	はっこ	はっかい	はっぽん	はっかい はちかい	はっさい	はっさつ
9	ここのつ	きゅうこ	きゅうかい	きゅうほん	きゅうかい	きゅうさい	きゅうさつ
10	とお	じゅっこ じっこ	じゅっかい じっかい	じゅっぽん じっぽん	じゅっかい じっかい	じゅっさい じっさい	じゅっさつ じっさつ
?	いくつ	なんこ	なんかい	なんぼん	なんがい	なんさい おいくつ	なんさつ

(3) 시간

시(時) – 何時ですか。					
1時	いちじ	5時	ごじ	9時	くじ
2時	にじ	6時	ろくじ	10時	じゅうじ
3時	さんじ	7時	しちじ	11時	じゅういちじ
4時	よじ	8時	はちじ	12時	じゅうにじ

분(分) – 何分ですか。					
1分	いっぷん	5分	ごふん	9分	きゅうふん
2分	にふん	6分	ろっぷん	10分	じゅっぷん
3分	さんぷん	7分	ななふん		じっぷん
4分	よんぷん	8分	はっぷん		

15分	じゅうごふん	10分	じ(ゅ)っぷん
25分	にじゅうごふん	20分	にじ(ゅ)っぷん
35分	さんじゅうごふん	30分	さんじ(ゅ)っぷん
45分	よんじゅうごふん	40分	よんじ(ゅ)っぷん
55分	ごじゅうごふん	50分	ごじ(ゅ)っぷん

(4) 날짜

月(月) – 何月ですか。					
1月	いちがつ	5月	ごがつ	9月	くがつ
2月	にがつ	6月	ろくがつ	10月	じゅうがつ
3月	さんがつ	7月	しちがつ	11月	じゅういちがつ
4月	しがつ	8月	はちがつ	12月	じゅうにがつ

요일(曜日) – 何曜日ですか。					
월요일	月曜日 (げつようび)	화요일	火曜日 (かようび)	수요일	水曜日 (すいようび)
목요일	木曜日 (もくようび)	금요일	金曜日 (きんようび)	토요일	土曜日 (どようび)
일요일	日曜日 (にちようび)				

		1日	2日	3日	4日	5日
		ついたち	ふつか	みっか	よっか	いつか
6日	7日	8日	9日	10日	11日	12日
むいか	なのか	ようか	ここのか	とおか	じゅう いちにち	じゅう ににち
13日	14日	15日	16日	17日	18日	19日
じゅう さんにち	じゅう よっか	じゅう ごにち	じゅう ろくにち	じゅう しちにち	じゅう はちにち	じゅう くにち
20日	21日	22日	23日	24日	25日	26日
はつか	にじゅう いちにち	にじゅう ににち	にじゅう さんにち	にじゅう よっか	にじゅう ごにち	にじゅう ろくにち
27日	28日	29日	30日	31日		
にじゅう しちにち	にじゅう はちにち	にじゅう くにち	さんじゅう にち	さんじゅう いちにち		

일(日) — 何日ですか。

(5) 큰 수

	백:百	천:千	만:万
1	ひゃく	せん	いちまん
2	にひゃく	にせん	にまん
3	さんびゃく	さんぜん	さんまん
4	よんひゃく	よんせん	よんまん
5	ごひゃく	ごせん	ごまん
6	ろっぴゃく	ろくせん	ろくまん
7	ななひゃく	ななせん	ななまん
8	はっぴゃく	はっせん	はちまん
9	きゅうひゃく	きゅうせん	きゅうまん
10	じゅうひゃく せん	じゅうせん いちまん	じゅうまん
?	何びゃく	何ぜん	何まん

고득점 문법 확인 문제 ❶　　　　　　　　　　　[　　/ 16]

다음 문장의 괄호 안에 들어갈 가장 알맞은 말을 a, b 중에서 고르시오.

1 ドアが 開いて (a います　b あります)。

2 何も (a 買わなくて　b 買わないで) 店を 出ました。

3 一日 (a ちゅう　b じゅう) 家で やすみました。

4 はやく 家に (a かえり　b かえ) たいです。

5 私にも (a はなしって　b はなして) ください。

6 コーヒーでも (a 飲みに　b 飲まに) 行きましょう。

7 ご飯を (a 食べた まえに　b 食べる まえに) 手を 洗います。

8 あの 部屋には (a 入らなくて　b 入らないで) ください。

9 そうじを (a した　b して) あとで 何を しますか。

10 はやく (a 行って　b 行った) ほうが いいです。

11 図書館へ 本を (a 返す　b 返し) に 行きます。

12 道が (a 広く　b 広くて) なりました。

13 宿題を (a する　b した) から、あそんでも いい。

14 新しい 車を (a 買う　b 買い) つもりです。

15 メモが 書いて (a います　b あります)。

16 ねだんが (a 高いでも　b 高くても) 買います。

정답　1 a　2 b　3 b　4 a　5 b　6 a　7 b　8 b
　　　9 a　10 b　11 b　12 a　13 b　14 a　15 b　16 b

정답&해설 p.292

고득점 문법 확인 문제 ❷ [/ 16]

다음 문장의 괄호 안에 들어갈 가장 알맞은 말을 a, b 중에서 고르시오.

1. バスが (a 来なくて　b 来ないで) 歩いて きました。

2. 今日は 何を (a 食べる　b 食べ) に 行きましょうか。

3. かれは 歌が 上手で (a ゆうめいに　b ゆうめいな) なりました。

4. じゅぎょう (a ちゅう　b じゅう) には しずかに して ください。

5. 春に なって、あたたかく (a なりました　b しました)。

6. 新しい パソコンが 買い (a たい　b ながら) です。

7. 学生 (a たち　b だち) は もう 知って います。

8. この 部屋は いつも 電気が つけて (a います　b あります)。

9. きょうしつの 中で (a はしっても　b はしっては) いけません。

10. きのう、山田さんには (a あいません　b あいました) か。

11. 音楽を きいたり、本を (a 読みに　b 読んだり) しました。

12. きのう (a 見た　b 見る) えいがは どうでしたか。

13. 先生は (a どこでも　b どこにも) いません。

14. きのうより ねだんが (a 安いに　b 安く) なりましたね。

15. おととしの 冬は (a 寒いでした　b 寒かったです)。

16. いまは だれにも (a あいたく　b あいたり) ありません。

정답　1 a　2 b　3 a　4 a　5 a　6 a　7 a　8 b
　　　9 b　10 b　11 b　12 a　13 b　14 b　15 b　16 a

정답&해설 p.292

고득점 문법 확인 문제 ❸

[/ 16]

다음 문장의 괄호 안에 들어갈 가장 알맞은 말을 a, b 중에서 고르시오.

1. ここでは しゃしんを（a とらなくて　b とらないで）ください。
2. 日本語が（a じょうずに　b じょうず）なりましたね。
3. ここに（a 座っても　b 座っては）いいですか。
4. だれにも（a 言わなくて　b 言わない）ほうが いいですよ。
5. いっしょに コーヒーを（a 飲ま　b 飲み）に 行きませんか。
6. のみものは 何（a に　b を）しますか。
7. この くすりは ごはんを（a 食べ　b 食べる）まえに 飲みます。
8. 会社まで（a 歩いて　b 歩く）30分ぐらいです。
9. スマホを 見（a ながら　b だから）歩くのは あぶないです。
10. たくさんの 人が（a ならんで　b ならべて）います。
11. わたしには 何も（a 聞かなくて　b 聞かないで）ください。
12. この まちは（a にぎやかで　b にぎやかに）なりました。
13. かれの へやは（a きれいかったです　b きれいでした）。
14. いっしょに（a うんどうで　b うんどうに）行きませんか。
15. そんなに 高い ものは（a 買わない　b 聞わなかった）ほうが いいです。
16. しゅくだいも（a しなくて　b しないで）学校に 行きました。

정답 1 b　2 a　3 a　4 b　5 b　6 a　7 b　8 a
　　　 9 a　10 a　11 b　12 b　13 b　14 b　15 a　16 b

정답&해설 p.293

고득점 문법 확인 문제 ❹   [/ 16]

다음 문장의 괄호 안에 들어갈 가장 알맞은 말을 a, b 중에서 고르시오.

1. (a これ   b ここ) で 待って ください。

2. りんごと オレンジと (a どちら   b どんな) が 好きですか。

3. きのう 買った 本は (a だれ   b どれ) ですか。

4. 先生、この 漢字は (a どの   b どう) 読みますか。

5. みっつで (a いくつ   b いくら) ですか。

6. いま (a ちょうど   b ちょっと) 3時です。

7. しあいは (a とても   b たぶん) たいへんでした。

8. この ラーメン からいですね。(a ても   b でも) 食べたいです。

9. ひるごはんは (a まだ   b また) 食べて いません。

10. はい、(a すこし   b すぐに) 電話します。

11. あの 映画は (a もう   b まだ) 見ました。

12. あまい ものは (a あまり   b そして) 好きじゃ ないです。

13. きのうは 家で (a はじめて   b ゆっくり) 休みました。

14. きのうは (a どうして   b どんな) けっせきしましたか。

15. かのじょは あたまが いい。(a それで   b それに) せいかくも いい。

16. こんな ものは (a どこへも   b どこにも) ありません。

정답 1 b   2 a   3 b   4 b   5 b   6 a   7 a   8 b
      9 a   10 b   11 a   12 a   13 b   14 a   15 b   16 b

정답&해설 p.293

고득점 문법 확인 문제 ❺   [/ 16]

다음 문장의 괄호 안에 들어갈 가장 알맞은 말을 a, b 중에서 고르시오.

1️⃣ これは あね (a まで　b から) もらった 本です。

2️⃣ 歩いて 30分 (a ごろ　b ぐらい) です。

3️⃣ (a たいへんでも　b たいへんくても) うんどうに 行きます。

4️⃣ この 店は (a やすいから　b やすいだから) 人気が あります。

5️⃣ 有名な かしゅに (a なりたい　b なったり) です。

6️⃣ ノートに 何かを 書いて (a います　b あります)。

7️⃣ きょうしつでは (a しずかに　b しずかで) して ください。

8️⃣ やくそくの 時間に おくれて (a しまい　b あり) ました。

9️⃣ デザートは アイスクリーム (a で　b に) します。

🔟 カラオケには (a あまり　b とても) 行きません。

1️⃣1️⃣ 時間が ある (a から　b だから)、ゆっくり 歩きましょう。

1️⃣2️⃣ ゆうべ、本を (a 2さつ　b 2さい) も 読みました。

1️⃣3️⃣ ゆうびんきょくで 切手を (a 10さつ　b 10まい) かいました。

1️⃣4️⃣ わたしは けいたいを (a 2だい　b 2まい) 使って います。

1️⃣5️⃣ トイレは (a 5かい　b 5さい) に あります。

1️⃣6️⃣ この かさ (a 7だい　b 7ほん) で いくらですか。

정답 1 b   2 b   3 a   4 a   5 a   6 a   7 a   8 a
　　　9 b   10 a   11 a   12 a   13 b   14 a   15 a   16 b
정답&해설 p.293

문법 완전 정복을 위한 꿀팁!

N5에서는 모든 품사에 걸쳐 가장 기본이 되는 지식을 물어봅니다. 때문에 문항에서 물어보는 문장 요소가 어떤 품사에 해당하는지를 파악하는 것이 우선입니다. 그리고 합격 문법과 고득점 문법에 정리된 활용에 응용하면 좋은 결과를 얻을 수 있을 것입니다.

● もんだい1 문법 형식 판단
동사, い형용사, な형용사를 물어보는 문항은 하나의 단어를 4개의 선택지에 여러 가지 형태로 어미 변형하여 제시하는 형식을 취합니다. 따라서 긍정, 부정, 시제, 수식 등 전체적인 문장 구조를 파악하여 답을 고르도록 합니다.

● もんだい2 문장 만들기
제시된 문항의 문장에서 먼저 주어와 서술어를 찾아 체크하고, 선택지의 단어를 읽어 보면, 목적어나 부사 등의 나머지 문장 요소들을 파악하기 쉽습니다. 특히, 동사는 특정의 조사와 함께 숙어를 이루는 경우가 많으므로 조사가 힌트가 되는 경우가 많습니다.

● もんだい3 글의 문법
다소 장문의 글을 읽기 때문에, 시험지 여백에 요점을 메모하며 읽으면 좋습니다. 특히 지시어 こ・そ・あ・ど가 무엇을 가리키는지 물어보는 문항이 많습니다.

유형별 실전 문제

2교시 문법

- 문법 형식 판단 ········· p.156
- 문장 만들기 ············ p.166
- 글의 문법 ··············· p.172

もんだい1

문법 형식 판단 실전 연습 ❶　　　　　　　　　　　　　　　　[　　/ 8]

もんだい1　（　　）に 何を 入れますか。1・2・3・4から いちばん いい ものを 一つ えらんで ください。

1　かさは どこ（　　）ありませんでした。
　　1　に　　　　2　で　　　　3　にも　　　　4　でも

2　きのう、山田さん（　　）会いませんでした。
　　1　を　　　　2　は　　　　3　へ　　　　　4　には

3　いつ はじまる（　　）わかりません。
　　1　も　　　　2　で　　　　3　か　　　　　4　と

4　私は 3人きょうだいで あに（　　）あねが います。
　　1　と　　　　2　や　　　　3　も　　　　　4　の

5　会社に（　　）まえに、銀行に 行きました。
　　1　行った　　2　行き　　　3　行か　　　　4　行く

6　A「なにか ほしい（　　）は ありませんか。」
　　B「そうですね。ちいさい かばんが ほしいです。」
　　1　なに　　　2　こと　　　3　もの　　　　4　ところ

7　A「すみません。この りんご ぜんぶで いくらですか。」
　　B「はい、（　　）。」
　　1　これは りんごです　　　　2　ここのつです
　　3　3000円です　　　　　　　 4　いくつです

8　A「ここで すこし やすみましょうか。」
　　B「（　　）。」
　　1　そうです　　　　　　　　2　どういたしまして
　　3　いただきます　　　　　　4　そうしましょう

정답　1 ③　2 ④　3 ③　4 ①　5 ④　6 ③　7 ③　8 ④　　　　　　　정답&해설 p.294

문법 형식 판단 실전 연습 ❷　　　　　　　　　　　　[　　/ 8]

もんだい1 （　）に 何を 入れますか。1・2・3・4から いちばん いい ものを 一つ えらんで ください。

1　時間が ないから タクシー（　　）行きましょう。
　　1　を　　　　2　に　　　　3　が　　　　4　で

2　A「先生の かさは どれですか。」
　　B「あの くろい（　　）ですよ。」
　　1　の　　　　2　に　　　　3　か　　　　4　と

3　いっしょに ごはんを 食べ（　　）行きませんか。
　　1　が　　　　2　に　　　　3　を　　　　4　で

4　としょかん（　　）どこですか。
　　1　で　　　　2　が　　　　3　は　　　　4　を

5　A「テストは（　　）でしたか。」
　　B「とても むずかしかったです。」
　　1　どう　　　2　いつ　　　3　なぜ　　　4　だれ

6　A「（　　）ごはんを 食べませんか。」
　　B「おなかが いたいからです。」
　　1　どこの　　2　どなたが　3　どうして　4　どのぐらい

7　A「かばんの なかに なにか ありますか。」
　　B「（　　）。」
　　1　はい、かばんです　　　　2　いいえ、なかは ありません
　　3　はい、なにも あります　　4　いいえ、ありません

8　A「きのうは ありがとうございました。」
　　B「いいえ、（　　）。」
　　1　わかりました　　　　　　2　どういたしまして
　　3　まだまだです　　　　　　4　けっこうです

정답　1 ④　2 ①　3 ②　4 ③　5 ①　6 ③　7 ④　8 ②

문법 형식 판단 실전 연습 ❸ [/ 8]

もんだい1　（　）に 何を 入れますか。1・2・3・4から いちばん いい ものを 一つ えらんで ください。

1 あした 休みなので どこ（　　）行きません。
　1　へも　　　2　も　　　3　でも　　　4　か

2 えき（　　）あるいて 来ました。
　1　で　　　2　だけ　　　3　から　　　4　でも

3 かれは テニス（　　）とても 上手です。
　1　と　　　2　を　　　3　が　　　4　か

4 （　　）いいですから、作って みて ください。
　1　なにも　　　2　なにが　　　3　なんで　　　4　なんでも

5 きょうしつに 学生が 一人（　　）いませんでした。
　1　だけ　　　2　で　　　3　も　　　4　しか

6 パンを（　　）切りました。
　1　うすい　　　2　うすく　　　3　うすくて　　　4　うすくて

7 ここに かばんを（　　）ないで ください。
　1　おか　　　2　おき　　　3　おく　　　4　おい

8 A「おかし、もう ひとつ どうぞ。」
　B「（　　）。」
　1　ただいま　　　　　　　2　どういたしまして
　3　もう けっこうです　　　4　おだいじに

정답　1 ②　2 ③　3 ③　4 ④　5 ④　6 ②　7 ①　8 ③　　정답&해설 p.294

문법 형식 판단 실전 연습 ❹   [　　/ 8]

もんだい1 （　）に 何を 入れますか。1・2・3・4から いちばん いい ものを 一つ えらんで ください。

1 きのう おとうとは かぜ（　　）学校を 休みました。
　1　に　　　　2　を　　　　3　や　　　　4　で

2 たぶん 30分（　　）かかるでしょう。
　1　ごろ　　　2　ぐらい　　3　ながら　　4　しか

3 きょうしつには 学生が 三人（　　）でした。
　1　しか　　　2　など　　　3　では　　　4　だけ

4 ホテルの へやは（　　）。
　1　きれいじゃ ないでした
　2　きれいじゃ なかったです
　3　きれく なかったです
　4　きれいく ありませんでした

5 きのうの テストは（　　）。
　1　むずかしくて ないです
　2　むずかしいでは ないです
　3　むずかしく なかったです
　4　むずかしく ないでした

6 いつも おふろに（　　）ねます。
　1　入る　　2　入った　　3　入りに　　4　入ってから

7 漢字を たくさん（　　）ほうが いいです。
　1　おぼえて　2　おぼえ　3　おぼえた　4　おぼえら

8 A「きのう、さいふを わすれて しまいました。」
　B「そうですか。（　　）。」
　1　たいへんでしたね　　　2　けっこうですね
　3　だいじょうぶです　　　4　どういたしまして

정답　1 ④　2 ②　3 ④　4 ②　5 ③　6 ④　7 ③　8 ①　　정답&해설 p.294

문법 형식 판단 실전 연습 ❺　　　　　　　　　　　　　　[　　/ 8]

もんだい1 （　　）に 何を 入れますか。1・2・3・4から いちばん いい ものを 一つ えらんで ください。

1　えいがは 何時（　　）おわりますか。
　　1　から　　　2　まで　　　3　ぐらい　　　4　に

2　（　　）うんどうを して いますか。
　　1　どれ　　　2　だれ　　　3　どこが　　　4　なにか

3　（　　）へやが おんがくしつです。
　　1　あの　　　2　あちら　　　3　あそこ　　　4　あれ

4　どれが いい（　　）思いますか。
　　1　か　　　2　は　　　3　で　　　4　と

5　山田くんは いつも （　　）しごとを します。
　　1　まじめな　　　2　まじめだ　　　3　まじめに　　　4　まじめ

6　もう すこし （　　）書いて ください。
　　1　おおきい　　　2　おおきく　　　3　おおきくて　　　4　おおきに

7　A「どうして 電車が とまりましたか。」
　　B「ゆきが たくさん （　　）。」
　　1　ふったでした　　　　　　2　ふってからです
　　3　ふりませんでした　　　　4　ふったからです

8　A「おとうとさんは おげんきですか。」
　　B「（　　）。」
　　1　はい、おかげさまで　　　2　あ、どういたしまして
　　3　いいえ、ありがとう　　　4　はい、いただきました

정답　1 ④　2 ④　3 ①　4 ④　5 ③　6 ②　7 ④　8 ①　　　정답&해설 p.295

문법 형식 판단 실전 연습 ❻   [　　/ 8]

もんだい1 （　　）に 何を 入れますか。1・2・3・4から いちばん いい ものを 一つ えらんで ください。

[1] 日ようびに そうじ（　　）せんたく などを します。
　　1　と　　　2　も　　　3　や　　　4　を

[2] この くにでは 一年（　　）雪が ふります。
　　1　なか　　2　じゅう　　3　ちゅう　　4　ごろ

[3] わたしの 家は ここから（　　）とおく ないです。
　　1　とても　　2　あまり　　3　たぶん　　4　すぐ

[4] ボールペン（　　）書いて ください。
　　1　や　　　2　に　　　3　か　　　4　で

[5] 忙しくて 本を（　　）時間が ありません。
　　1　よみに　　2　よんで　　3　よむ　　4　よんだ

[6] デパートへ かいものを（　　）行きます。
　　1　し　　　2　しって　　3　しに　　4　した

[7] A「さとうさんは もう 来ましたか。」
　　B「（　　）。」
　　1　いいえ、来ました　　　　2　いいえ、まだです
　　3　はい、そうですね　　　　4　いいえ、まだ 来ませんでした

[8] あした 雨が（　　）でしょうか。
　　1　ふり　　2　ふら　　3　ふる　　4　ふっ

정답　1 ③　2 ②　3 ②　4 ④　5 ③　6 ③　7 ②　8 ③　　정답&해설 p.295

문법 형식 판단 실전 연습 ❼ [/ 8]

もんだい1 （　）に 何を 入れますか。1・2・3・4から いちばん いい ものを 一つ えらんで ください。

1　山田さん（　　）来る 日は 月よう日です。
　　1　が　　　　2　に　　　　3　を　　　　4　と

2　しゅう（　　）1かいは 山に のぼります。
　　1　が　　　　2　に　　　　3　を　　　　4　と

3　えきの 近く（　　）店で これを かいました。
　　1　の　　　　2　で　　　　3　に　　　　4　も

4　大阪まで バス（　　）のって いきました。
　　1　を　　　　2　で　　　　3　に　　　　4　へ

5　きのう テレビを（　　）から しゅくだいを しました。
　　1　見て　　　2　見ます　　3　見　　　　4　見る

6　いつか じぶんで しゃぶしゃぶを（　　）たいです。
　　1　つくる　　2　つくっ　　3　つく　　　4　つくり

7　A「テストの まえに まず なまえを かいて ください。」
　　B「先生、どこに（　　）。」
　　1　かきませんか　　　　　2　かきましたか
　　3　かきますか　　　　　　4　かきたいですか

8　A「あの 人が 日本語の 先生ですか。」
　　B「いいえ、（　　）。」
　　1　そうです　　2　ありません　　3　ちがいます　　4　わかりました

정답　1 ①　2 ②　3 ①　4 ③　5 ①　6 ④　7 ③　8 ③　　　　정답&해설 p.295

문법 형식 판단 실전 연습 ❽   [　　/ 8]

もんだい1 （　　）に 何を 入れますか。1・2・3・4から いちばん いい ものを 一つ えらんで ください。

1 「ジホン」（　　）いう 人を 知って いますか。
　　1　も　　　2　の　　　3　や　　　4　と

2 あっ、もう 1時 （　　）なりましたね。
　　1　が　　　2　へ　　　3　に　　　4　まで

3 母は しごと （　　）いそがしいです。
　　1　か　　　2　で　　　3　でも　　4　しか

4 かいしゃは えき （　　）30分ぐらい かかります。
　　1　で　　　2　だから　3　から　　4　へ

5 ここで たばこを （　　）いけません。
　　1　すわないで　2　すわなくて　3　すって　4　すっては

6 ノートは あさ 友だちに （　　）とき、かえしました。
　　1　会い　　2　会う　　3　会って　4　会った

7 A「いっしょに 映画を 見に 行きましょうか。」
　　B「そうじを （　　）から 行きましょう。」
　　1　した　　2　して　　3　する　　4　し

8 この 店は いつも 人が （　　）ね。
　　1　ならんで います　　　2　ならんで あります
　　3　ならべて います　　　4　ならべて おきます

정답　1 ④　2 ③　3 ②　4 ③　5 ④　6 ④　7 ②　8 ①　　정답&해설 p.295

문법 형식 판단 실전 연습 ❾   [/ 8]

もんだい1 （　　）に 何を 入れますか。1·2·3·4から いちばん いい ものを 一つ えらんで ください。

① きょうは がっこう（　　）うんどう（　　）行きません。
　1　へも　　　2　とも　　　3　にも　　　4　でも

② しんかんせんで（　　）ですか。
　1　なんじ　　2　どこ　　　3　いくつ　　4　どれぐらい

③ 山本さんは まいにち 韓国語1（　　）べんきょうを します。
　1　を　　　　2　の　　　　3　や　　　　4　と

④ A「へやの 中に 何が ありますか。」
　B「つくえ（　　）ベッド などが あります。」
　1　と　　　　2　や　　　　3　へ　　　　4　が

⑤ いもうとは スマホを（　　）はを みがきます。
　1　見たい　　2　見たり　　3　見ながら　4　見た

⑥ かばんの なかに 本が たくさん 入れて（　　）。
　1　います　　2　いません　3　あります　4　ありません

⑦ A「あしたまでに、レポートを だして ください。」
　B「はい。（　　）。」
　1　そうでしょう　　　　　　2　ちがいます
　3　おねがいします　　　　　4　わかりました

⑧ A「かれの 名前を しって いますか。」
　B「ええ、（　　）。」
　1　しります　　　　　　　　2　しって います
　3　しりました　　　　　　　4　しって あります

정답　1 ③　2 ④　3 ②　4 ②　5 ③　6 ③　7 ④　8 ②

문법 형식 판단 실전 연습 ⑩ [　　/ 8]

もんだい1 (　　) に 何を 入れますか。1・2・3・4から いちばん いい ものを 一つ えらんで ください。

1　レポートは　Eメール（　　）出して　ください。
　　1　の　　　　2　を　　　　3　で　　　　4　に

2　あなたの　家は　えき（　　）どれくらいですか。
　　1　で　　　　2　へ　　　　3　から　　　4　に

3　はを（　　）ながら、おんがくを　聞きます。
　　1　みがか　　2　みがき　　3　みがいて　4　みがく

4　名前は　かんじで（　　）かいて　ください。
　　1　おおきい　2　おおきくて　3　おおきな　4　おおきく

5　かぜを（　　）時は、この　くすりを　のみます。
　　1　ひき　　　2　ひく　　　3　ひいて　　4　ひいた

6　ここに（　　）いけません。
　　1　入りては　2　入いりては　3　入っては　4　入いては

7　きのうは（　　）。
　　1　さむいでした　　　　　2　さむく　ないでした
　　3　さむかったです　　　　4　さむく　なかったでした

8　A「パーティーは　もう　はじまりましたか。」
　　B「（　　）。」
　　1　いいえ、まだです　　　2　はい、まだです
　　3　いいえ、もうです　　　4　はい、もうです

정답　1③　2③　3②　4④　5④　6③　7③　8①　　정답&해설 p.296

もんだい 2

문장 만들기 실전 연습 ❶　　　　　　　　　　　　　　[　　／ 8]

もんだい2　＿★＿に 入る ものは どれですか。1・2・3・4から いちばん いい ものを 一つ えらんで ください。

1　じゅぎょう ＿＿＿ ＿＿＿ ＿★＿ ＿＿＿ ください。
　　1　で　　　　2　では　　　　3　はなして　　　4　にほんご

2　なつ休み ＿＿＿ ＿＿＿ ＿＿＿ ＿★＿ か。
　　1　から　　　2　は　　　　　3　はじまります　4　なんにち

3　いっしょに ＿＿＿ ＿＿＿ ＿＿＿ ＿★＿ 行きませんか。
　　1　に　　　　2　コーヒー　　3　買い　　　　　4　を

4　まず ＿＿＿ ＿＿＿ ＿★＿ ＿＿＿ 遊びましょう。
　　1　を　　　　2　しゅくだい　3　から　　　　　4　して

5　こちらの ＿＿＿ ＿★＿ ＿＿＿ ＿＿＿ が いいですよ。
　　1　買った　　2　店　　　　　3　ほう　　　　　4　で

6　テーブル ＿＿＿ ＿＿＿ ＿★＿ ＿＿＿ ありません。
　　1　上　　　　2　の　　　　　3　何も　　　　　4　には

7　おんがくを ＿＿＿ ＿＿＿ ＿★＿ ＿＿＿ します。
　　1　さんぽ　　2　きき　　　　3　を　　　　　　4　ながら

8　やくそく ＿＿＿ ＿★＿ ＿＿＿ です。
　　1　じかん　　2　の　　　　　3　3時　　　　　 4　は

정답　1 ②-④-①-③　2 ②-④-①-③　3 ②-④-③-①　4 ②-①-④-③
　　　5 ②-④-①-③　6 ②-①-④-③　7 ②-④-①-③　8 ②-①-④-③　　정답&해설 p.296

문장 만들기 실전 연습 ❷ [/ 8]

もんだい2 ___ ★ ___ に 入る ものは どれですか。1・2・3・4から いちばん いい ものを 一つ えらんで ください。

1 パーティーに ___ ___ ★ ___ わかりません。
　1　か　　　　2　かれが　　　3　くる　　　　4　こないか

2 その ___ ___ ★ ___ か。
　1　どう　　　2　漢字　　　　3　よみます　　4　は

3 がっこうの ___ ★ ___ ___ できました。
　1　あたらしい　2　ちかく　　3　に　　　　　4　すしやが

4 らいしゅう ___ ___ ★ ___ あります。
　1　サッカーの　2　で　　　　3　がっこう　　4　しあいが

5 ジホくんの ___ ___ ___ ★ いいですね。
　1　スマホ　　　2　あたらしい　3　かるくて　　4　は

6 まだ ___ ___ ★ ___ 。
　1　しか　　　　2　きて　　　　3　いません　　4　ひとり

7 その ___ ___ ★ ___ 買いましたか。
　1　は　　　　　2　にんぎょう　3　どこで　　　4　かわいい

8 いつも この ___ ___ ★ ___ あります。
　1　つけて　　　2　が　　　　　3　でんき　　　4　へやは

정답　1 ②-③-①-④　2 ②-④-①-③　3 ②-③-①-④　4 ③-②-①-④
　　　5 ②-①-④-③　6 ④-①-②-③　7 ④-②-①-③　8 ④-③-②-①　정답&해설 p.296

문장 만들기 실전 연습 ❸   [/ 8]

もんだい2　___★___ に 入る ものは どれですか。1·2·3·4から いちばん いい ものを 一つ えらんで ください。

1 うたが へたでしたが、____ ____ ★ ____ 。
　　1 に　　　　2 なりました　　3 いまは　　　4 じょうず

2 しゅくだいが ____ ____ ____ ★ が ありません。
　　1 そうじを　　2 おおくて　　3 じかん　　　4 する

3 もっと ____ ____ ____ ★ ください。
　　1 あたたかく　2 を　　　　　3 して　　　　4 へや

4 ここで ____ ____ ★ ____ 。
　　1 すっては　　2 を　　　　　3 いけません　4 たばこ

5 ____ ____ ★ ____ ホテルを よやく しましょう。
　　1 に　　　　2 まえに　　　3 りょこう　　4 行く

6 こちら ____ ____ ★ ____ どうですか。
　　1 の　　　　2 スカート　　3 ながい　　　4 は

7 えきの 前 ____ ____ ____ ★ 。
　　1 に　　　　2 たなかさん　3 で　　　　　4 会いました

8 あぶないから ____ ____ ★ ____ ください。
　　1 ないで　　2 で　　　　　3 ここ　　　　4 あそば

정답　1 ③-④-①-②　2 ②-①-④-③　3 ④-②-①-③　4 ④-②-①-③
　　　5 ③-①-④-②　6 ①-③-②-④　7 ③-②-①-④　8 ③-②-④-①　정답&해설 p.297

문장 만들기 실전 연습 ❹

[/ 8]

もんだい2 ___★___ に 入(はい)る ものは どれですか。1・2・3・4から いちばん いい ものを 一(ひと)つ えらんで ください。

1 ストーブを ____ ____ _★_ ____ なりました。
   1 つけて   2 あたたかく   3 へや   4 が

2 はなやは ____ ____ _★_ ____ あります。
   1 ほんや   2 に   3 の   4 うしろ

3 ____ ____ _★_ ____ ましょう。
   1 よんで   2 この   3 み   4 漢字(かんじ)を

4 かいしゃ ____ _★_ ____ 。
   1 どの   2 まで   3 くらい   4 かかりますか

5 この かばんは ____ ____ ____ _★_ ありません。
   1 買(か)い   2 やすくても   3 たく   4 あまり

6 ごはんも ____ ____ _★_ 飲(の)んで います。
   1 みず   2 食(た)べ   3 だけ   4 ないで

7 ノートに 名前(なまえ)が ____ ____ _★_ ____ ください。
   1 か   2 ある   3 書(か)いて   4 みて

8 かれは しんぶんを ____ ____ _★_ ____ のんで います。
   1 ながら   2 を   3 コーヒー   4 よみ

정답   **1** ①-③-④-②   **2** ①-③-④-②   **3** ②-④-①-③   **4** ②-①-③-④
        5 ②-④-①-③   **6** ②-④-①-③   **7** ③-②-①-④   **8** ④-①-③-②

정답&해설 p.297

문장 만들기 실전 연습 ❺ [/ 8]

もんだい2 ＿★＿ に 入る ものは どれですか。1・2・3・4から いちばん いい ものを 一つ えらんで ください。

1 きょうは ＿＿＿ ＿＿＿ ★ ＿＿＿ いいです。
   1 かえった   2 はやく   3 が   4 ほう

2 せんせい ＿＿＿ ＿＿＿ ★ ＿＿＿ もう よみましたか。
   1 本   2 から   3 は   4 もらった

3 ＿＿＿ ＿＿＿ ＿＿＿ ★ ですか。
   1 かばんを   2 つもり   3 どんな   4 買う

4 まだ ＿＿＿ ＿＿＿ ★ ＿＿＿ いません。
   1 きまって   2 どこに   3 か   4 行く

5 田中さん ＿＿＿ ＿＿＿ ★ ＿＿＿ きて います。
   1 いう   2 と   3 ひと   4 が

6 あそこまで でんしゃ ＿＿＿ ＿＿＿ ＿＿＿ ★ のりましょうか。
   1 行きましょうか   2 に
   3 で   4 バス

7 かんこく ＿＿＿ ＿＿＿ ＿＿＿ ★ ですか。
   1 から   2 に   3 きて   4 どのくらい

8 あちらの ＿＿＿ ＿＿＿ ★ ＿＿＿ だれですか。
   1 ひとは   2 ぼうしを   3 いる   4 かぶって

정답 1 ②-①-④-③   2 ②-④-①-③   3 ③-①-④-②   4 ②-④-③-①
        5 ②-①-③-④   6 ③-①-④-②   7 ②-③-①-④   8 ②-④-③-①

정답&해설 p.297

문장 만들기 실전 연습 ❻   [/ 8]

もんだい2 ___★___ に 入る ものは どれですか。1・2・3・4から いちばん いい ものを 一つ えらんで ください。

1 がっこう ____ ____ ____ ★ と いいます。
　　1 まえに　　　2 に　　　　3 いってきます　4 行く

2 パーティーに ____ ____ ★ ____ あいました。
　　1 とき　　　　2 に　　　　3 かれ　　　　4 行った

3 あには いま ____ ____ ★ ____ 三つ 上です。
　　1 わたし　　　2 で　　　　3 30さい　　　4 より

4 ぼくは ____ ____ ____ ★ 好きです。
　　1 あかるくて　2 人　　　　3 が　　　　　4 おもしろい

5 もうすぐ たんじょうびですね。____ ____ ★ ____ ありますか。
　　1 もの　　　　2 ほしい　　3 は　　　　　4 なにか

6 いっしょに ____ ____ ★ ____ ましょう。
　　1 しながら　　2 さんぽ　　3 はなし　　　4 を

7 ちょっと ____ ____ ★ ____ 手伝って ください。
　　1 に　　　　　2 しごとを　3 きて　　　　4 こちら

8 おとうとは あさ、____ ____ ★ ____ 家を でました。
　　1 も　　　　　2 なに　　　3 ないで　　　4 たべ

정답 1 ②-④-①-③　2 ④-①-③-②　3 ③-②-①-④　4 ①-④-②-③
　　　 5 ④-②-①-③　6 ②-④-①-③　7 ④-①-③-②　8 ②-①-④-③

정답&해설 p.297

もんだい 3

글의 문법 실전 연습 ❶   [/ 4]

もんだい3　`1`から`4`に 何を 入れますか。ぶんしょうの いみを かんがえて、1・2・3・4から いちばん いい ものを 一つ えらんで ください。

　わたしの　名前は　ジョイです。きょねん　アメリカ　`1`　来ました。日本に　来て　いちばん　びっくり　したのは、きょうしつや　うんどうじょうの　そうじを　こどもたちが　して　いる　ことです。私の　国では　そうじの　会社の　人が　して　くれます。`2`、日本の　こどもたちは　たいへんだなと　思いました。`3`、自分の　学校を　自分で　きれいに　すると、もっと　たいせつに　しようと　するから、とても　いい　ことだと　思いました。日本の　こどもたちは　この　ような　学校での　せいかつから　たくさんの　ことを　`4`　いると　思います。

`1`
1　がって　　2　に　　3　から　　4　まで

`2`
1　それで　　2　でも　　3　しかし　　4　けど

`3`
1　それに　　2　そして　　3　それから　　4　でも

`4`
1　ならう　　2　ならい　　3　ならって　　4　ならわない

정답　`1` ③　`2` ①　`3` ④　`4` ③　　　　정답&해설 p.297

글의 문법 실전 연습 ❷ [/ 4]

もんだい3 ┌1┐から ┌4┐に 何を 入れますか。ぶんしょうの いみを かんがえて、1·2·3·4から いちばん いい ものを 一つ えらんで ください。

私は いつも はやく 起きて 公園を さんぽします。 ┌1┐、今日の あさは 雪が たくさん ふって いました。 ┌2┐、さんぽを やめて、家の ちかくに ある パンやに 行きました。あさごはんは そこから 買って きた サンドイッチを 食べました。食事を ┌3┐、新聞を 読んで、7時に 家を 出ました。電車の 中には たくさんの 人が いました。今日は 一日中、雪ですから、はやく ┌4┐ と 思います。

1
1　そして　　　2　それで　　　3　でも　　　4　では

2
1　しかし　　　2　それで　　　3　では　　　4　けど

3
1　するから　　2　しに　　　　3　してから　　4　したくて

4
1　かえっては いい　　　　　2　かえらなくて よかった
3　かえった ほうが いい　　 4　かえらないで よかった

정답　1 ③　2 ②　3 ③　4 ③　　　　정답&해설 p.298

글의 문법 실전 연습 ❸   [/ 4]

もんだい3　1から4に 何を 入れますか。ぶんしょうの いみを かんがえて、1・2・3・4から いちばん いい ものを 一つ えらんで ください。

　日よう日は 日本の 友だちと 二人で えいがを 見に いきました。えいがは 2時間ぐらいで、ながかったです。 1 、ひるごはんを 食べに いきました。みせが たくさん あって 何を 2 友だちと はなしました。さむいから うどん 3 ラーメンなど あたたかい ものが 食べたかったですが、友だちは 韓国りょうりが 食べたいと いって いました。それで、わたしたちは サンゲタンを 食べました。サンゲタンは すこし 4 、とても おいしかったです。ひるごはんを 食べたあと、家へ かえりました。

1
1　それで　　　2　それから　　　3　これから　　　4　それでは

2
1　食べ　　　　2　食べに　　　　3　食べるか　　　4　食べるが

3
1　を　　　　　2　と　　　　　　3　や　　　　　　4　で

4
1　たかくても　　　　　　　　　2　たかいでしたが
3　たかったですが　　　　　　　4　たかく

정답　1 ②　2 ③　3 ③　4 ③　　　　　　　　정답&해설 p.298

글의 문법 실전 연습 ❹

[　 / 4]

もんだい3　1 から 4 に 何を 入れますか。ぶんしょうの いみを かんがえて、1・2・3・4から いちばん いい ものを 一つ えらんで ください。

「どうも」は 「ありがとう」や 「すみません」などの 前に つけて 使います。けど、「どうも」 1 使う ことが できます。となりの おばさん 2 会った 時、「 3 」も いいけど、「どうも」でも いいです。 4 、「どうも おかしい」とか 「どうも わからない」の ように 何かを ふかく 考えて みた という 意味も あります。「どうも」は いろいろな 意味を 持って いて ほんとうに おもしろいですね。

・～のように：～처럼

1
1　しか　　　2　にも　　　3　だけでも　　4　まで

2
1　を　　　　2　に　　　　3　が　　　　　4　へ

3
1　おだいじに　2　こんにちは　3　さようなら　4　ただいま

4
1　でも　　　2　それで　　3　また　　　　4　だから

정답　1 ③　2 ②　3 ②　4 ③　　　　　　　　정답&해설 p.298

글의 문법 실전 연습 ❺   [/ 4]

もんだい3 ①から④に 何を 入れますか。ぶんしょうの いみを かんがえて、1・2・3・4から いちばん いい ものを 一つ えらんで ください。

日本には 「こたつ」 という ものが あります。冬に 家の 中で 使う ものです。テーブルの 上に ふとんが かけて あります。そこに すわって 足を 入れると 体が ① なります。② 家族 みんな 家に 帰って くると ここに あつまります。こたつの 上には おかしや くだもの などを おいて、みんなで テレビを 見ながら 食べたり します。こたつでの 時間は いつも たのしいです。

・ふとん: 이불

日本には 「七五三」 という 日が あります。こどもが 元気に ③ ことを いわう 日です。男の子は 3さいと 5さい、女の子は 3さいと 7さいに なった 時、きものを きて しゃしんを とったり、おてら ④ じんじゃに 行ったり します。「七五三」 は 11月 15日です。

・いわう: 축하하다   ・おてら: 절   ・じんじゃ: 신사

①
1 あたたかくて   2 あたたかい   3 あたたかく   4 あたたかくに

②
1 でも   2 ところで   3 それで   4 それに

③
1 おおきくて   2 おおきく なった
3 おおきな   4 おおきく なって

④
1 に   2 で   3 や   4 での

정답 1 ③ 2 ③ 3 ② 4 ③   정답&해설 p.298

글의 문법 실전 연습 ❻ [/ 4]

もんだい3 　1 から 4 に 何を 入れますか。ぶんしょうの いみを かんがえて、1・2・3・4から いちばん いい ものを 一つ えらんで ください。

　　せんしゅうの 日ようびに 友だちの 吉田くんと 九州へ 行きました。バス 1 1時間ぐらい かかりましたが、とても 2 ところでした。ふたりで さんぽを しながら、しゃしんを たくさん とりました。吉田くんが 作って きた おべんとうを いっしょに 食べました。ほんとうに 3 。おべんとうを 食べた あと、おんせんにも 入りました。「くまモン」と いう 九州の マスコットも かわいかったです。とても たのしい 一日でした。いつか また 4 です。

・九州: 규슈(지명)　・マスコット: 마스코트

1
1　に　　　　2　で　　　　3　は　　　　4　から

2
1　きれい　　2　きれいな　3　きれいで　4　きれくて

3
1　おいしかったでした　　　2　おいしいでした
3　おいしかったです　　　　4　おいしいだったです

4
1　行かない　2　行ったり　3　行きたい　4　行った

정답　1 ②　2 ②　3 ③　4 ③　　　정답&해설 p.298

ー
2교시

독해

もんだい4 내용 이해(단문)
もんだい5 내용 이해(중문)
もんだい6 정보 검색

1 문제 유형 공략법

もんだい 4　내용 이해(단문)

● ● **유형 분석**

1 2지문 2문제가 출제된다.
2 주로 일상생활, 즉 일기나 생활, 간단한 정보, 소개 글 등을 주제로 한 80~100자 정도의 짧은 글을 읽고 내용을 이해하고 있는지 묻는 문제이다.
3 문제당 3분 내외로 푸는 것이 좋다.
4 출제 유형
　(1) 필자의 주장을 묻는 문제
　　　필자의 주장을 찾는 문제는 주로 마지막 부분에 결정적인 힌트가 주어지는 경우가 많다.
　(2) 밑줄 친 부분의 의미 파악 문제
　(3) 내용 파악 문제

- ✓ 문제를 먼저 읽고 지문을 읽자!
- ✓ 문장의 전체적인 흐름을 파악할 것!
- ✓ 어려운 문법 지식에 고민하기보다는 기본 어휘에 충실할 것!
- ✓ 정답이 아닌 선택지를 삭제해 가는 방법이 실수를 줄일 수 있다.

예시 문제

つぎの　ぶんしょうを　読んで　しつもんに　こたえて　ください。こたえは 1・2・3・4から　いちばん　いい　ものを　一つ　えらんで　ください。

> わたしは　今日、友だちと　買い物に　行きました。3か月前に　見た　映画の　DVDが　ほしかったからです。買った　DVDは、友だちや　姉と　いっしょに　見ます。

2교시 독해

「わたし」は 今日(きょう)、何(なに)を しましたか。

1 友(とも)だちと えいがを 見(み)に 行(い)きました。
2 友(とも)だちと DVDを 買(か)いに 行(い)きました。
3 姉(あね)と えいがを 見(み)に 行(い)きました。
4 姉(あね)と DVDを 買(か)いに 行(い)きました。

정답 2

해석 다음의 문장을 읽고 질문에 답하시오. 답은 1·2·3·4에서 가장 알맞은 것을 하나 고르시오.

> 나는 오늘 **친구와 쇼핑하러 갔습니다**. 3개월 전에 본 영화 **DVD를 갖고 싶었기 때문입니다**. 산 DVD는 친구나 누나(언니)와 함께 볼 겁니다.

질문 '나'는 오늘 무엇을 했습니까?

1 친구와 영화를 보러 갔습니다.
2 친구와 DVD를 사러 갔습니다.
3 누나(언니)와 영화를 보러 갔습니다.
4 누나(언니)와 DVD를 사러 갔습니다.

해설 내용 파악을 묻는 질문으로, 본문과 일치하는 내용을 찾는 형식의 문제이다. 첫 문장에 「買(か)い物(もの)に 行(い)く」라는 표현은 '쇼핑하러 가다' 즉 무언가를 사러 가다는 의미가 되고, 이어 'DVD를 갖고 싶었기 때문입니다'라는 표현이 결정적 힌트가 된다.

단어 わたし 나 | ~には ~에게는 | 今日(きょう) 오늘 | 友(とも)だち 친구 | ~と ~와(과) | 買(か)い物(もの) 쇼핑, 장보기 | ~に 行(い)く ~하러 가다 | 3か月(げつ) 3개월 | 前(まえ) 전에 | 見(み)る 보다 | 映画(えいが) 영화 | ~が ほしい ~을 갖고 싶다 | ~からです ~(이기) 때문입니다 | 買(か)う 사다 | ~や ~(이)나, 와(과)

もんだい5　내용 이해(중문)

● ● 유형 분석

1 1지문 2문제가 출제된다.
2 주로 250자 정도의 일상적인 화제에 관한 글을 읽고 내용을 이해했는지를 묻는 문제이다.
3 약 8분 내외로 푸는 것이 좋다.
4 출제 유형
　(1) 필자의 주장을 묻는 문제
　　　필자의 주장이나 문장의 결론을 찾는 문제는 주로 마지막 부분에 결정적인 힌트가 주어지는 경우가 많다.
　(2) 밑줄 친 부분의 의미 파악 문제
　　　중문 독해에서 가장 자주 출제되는 유형이 바로 밑줄 친 부분에 대해 묻는 것이다. 밑줄 부분과 관련된 문제는 밑줄 앞뒤의 문장에 대부분 답이 있다.

✓ 마지막 1~2줄에 결정적 힌트가 나오는 경우가 많다!
✓ 문제를 먼저 읽고, 단락과 단락 사이의 인과관계를 파악하자.
✓ '누가, 언제, 어디에서, 무엇을, 어떻게, 왜'에 주의하여 글을 읽자.
✓ 글의 흐름을 파악하기 위해서는 접속사(순접, 역접, 이유, 원인, 예시 등)에 주의하자.
✓ 질문에서 제시되는 의문사(だれ・どこ・なに・どう・どうして・いつ)에 주의하자.

예시 문제

つぎの　ぶんしょうを　読んで　しつもんに　こたえて　ください。こたえは、1・2・3・4から　いちばん　いい　ものを　一つ　えらんで　ください。

きのうの　夜は　おそくまで　しごとを　しました。とても　つかれました。しごとの　あと、電車で　帰りました。

家の　近くの　駅で　電車を　おりました。外は　雨でしたが、わたしは　かさが　ありませんでした。とても　こまりました。

　駅の　人が　わたしを　見て、「あの　はこの　中の　かさを　使って　ください。」と　言いました。はこの　中には　かさが　3本　ありました。

　わたしは　「えっ、いいですか。」と　聞きました。

　駅の　人は「あれは『みんなの　かさ』です。お金が　いりません。あした、あの　はこに　かえして　ください。」と　言いました。

　わたしは　「わかりました。ありがとうございます。」と　言って　かさを　かりて　帰りました。

1　どうして　こまりましたか。
　1　おそい　時間に　駅に　着いたから
　2　しごとが　たくさん　あったから
　3　とても　つかれたから
　4　かさが　なかったから

2　「わたし」は、あした　どうしますか。
　1　かさを　はこの　中に　入れます。
　2　かさを　駅の　人に　わたします。
　3　お金を　はこの　中に　入れます。
　4　お金を　駅の　人に　わたします。

해석 다음 문장을 읽고 질문에 답하시오. 답은 1·2·3·4에서 가장 알맞은 것을 하나 고르시오.

> 어젯밤은 늦게까지 일을 했습니다. 매우 피곤했습니다. 업무 후 전차로 귀가했습니다.
> 집 근처 역에서 전차를 내렸습니다. ⓐ밖은 비가 오고 있었습니다만, 나는 우산이 없었습니다. 매우 곤란했습니다.
> 역무원이 나를 보고 "저 상자 안의 우산을 사용하세요."라고 말했습니다. 상자 안에는 우산이 세 개 있었습니다.
> 나는 "아, 괜찮나요?" 하고 물었습니다.
> 역 사람(역무원)은 "저것은 '모두의 우산'입니다. 돈은 필요하지 않습니다. ⓑ내일, 저 상자에 반납해 주세요."라고 말했습니다.
> 나는 "알겠습니다. 감사합니다."라고 말하고, 우산을 빌려 귀가했습니다.

1 왜 곤란했습니까?

1 늦은 시간에 역에 도착했기 때문에
2 일이 많이 있었기 때문에
3 매우 지쳤기 때문에
4 우산이 없었기 때문에

2 '나'는 내일 어떻게 합니까?

1 우산을 상자 안에 넣습니다.
2 우산을 역무원에게 건넵니다.
3 돈을 상자 안에 넣습니다.
4 돈을 역무원에게 건넵니다.

풀이 **1** 의문사 どうして의 가장 직접적인 원인을 찾아내는 것이 포인트이다. 밑줄 친 문장이 속한 단락에서 답을 찾을 수 있다. ⓐ밖은 비가 오고 있었지만, 우산이 없었기 때문에 곤란했다고 한 선택지 4가 정답이다. 역에 늦게 도착했다거나 일이 많았다거나 지쳐 있었다는 등의 내용을 나열한 선택지 1, 2, 3은 문제 풀이의 함정이고, 곤란한 직접적인 원인은 우산이 없었기 때문이다.

2 질문의 핵심은 지금 빌려 가는 우산을 '나'는 내일 어떻게(どう) 해야 하는가이므로, 동사로 설명해야 한다. 역무원이 ⓑ내일, 저 상자에 반납해 달라고 했으므로, 정답은 우산을 상자 안에 넣는다는 선택지 1번이 정답이다.

단어 きのう 어제 | 夜 밤 | おそくまで 늦게까지 | しごと 일 | とても 매우 | つかれる 지치다 | ~の あと ~(의) 이후 | 電車で 전차로 | 帰る 귀가하다, 돌아가(오)다 | 家 집 | 近く 근처 | 駅 역 | ~まで ~까지 | 電車を おりる 전차를 내리다 | 外 밖 | 雨 비 | かさ 우산 | こまる 곤란해하다 | 駅の 人 역무원 | 見る 보다 | はこ 상자 | ~の 中 ~의 안 | 使う 사용하다 | ~て ください ~하세요 | ~と 言う ~라고 말하다 | ~本 ~자루, 그루, 병 등 (긴 것을 세는 단위) | 聞く 물어보다, 듣다 | みんな 모두 | お金 돈 | いる 필요하다 | あした 내일 | かえす 갚다 | かりる 빌리다 | どうして 왜, 어째서 | おそい 늦다, 느리다 | 時間 시간 | 着く 도착하다 | どう 어떻게 | 入れる 넣다 | わたす 건네(주)다

もんだい6 정보 검색

● ● 유형 분석

1 1지문 1문제가 출제된다.
2 약 250자 정도로 구성된다. 주로 일상생활과 관련된 정보성 글(부동산 정보, 모집 광고, 행사 안내, 수업 및 스케줄, 주의 사항 등)에서 필요한 정보를 찾을 수 있는지를 묻는다.
3 약 8분 내외로 푸는 것이 좋다.
4 출제 유형
   (1) 내용 파악 문제
   (2) 정보 검색 문제

✓ 날짜, 시간 등의 숫자 및 조수사 관련 어휘력이 중요!
✓ 주의(※), 참고(☞) 등의 예외 조건에 의한 함정에 주의한다.
✓ 질문을 먼저 읽고 질문의 요지에 맞는 내용을 찾아보자.

예시 문제

右の ページを 見て、下の しつもんに こたえて ください。こたえは、1・2・3・4から いちばん いい ものを 一つ えらんで ください。

あらきやで トイレットペーパーと にくと やさいを 同じ 日に 買いたいです。いつが 安いですか。

1　6月11日(月)と 12日(火)
2　6月13日(水)と 14日(木)
3　6月15日(金)と 16日(土)
4　6月17日(日)と 18日(月)

あらきや

朝8：00～夜9：00

（電話：012-34-5678）

6月11日（月）～14日（木）
さとう128円　トイレットペーパー490円

6月15日（金）～18日（月）
しょうゆ198円　ティッシュペーパー290円

月・火　くだもの・魚・ジュース
水・木　とうふ・にく・やさい
金・土　パン・ぎゅうにゅう・魚・やさい

해석 오른쪽 페이지를 보고 다음 질문에 답하시오. 답은 1·2·3·4에서 가장 알맞은 것을 하나 고르시오.

아라키야 상점에서 화장실 휴지와 고기와 채소를 같은 날에 사고 싶습니다. 언제가 쌉니까?

1 6월 11일(월)과 12일(화)
2 **6월 13일(수)과 14일(목)**
3 6월 15일(금)과 16일(토)
4 6월 17일(일)과 18일(월)

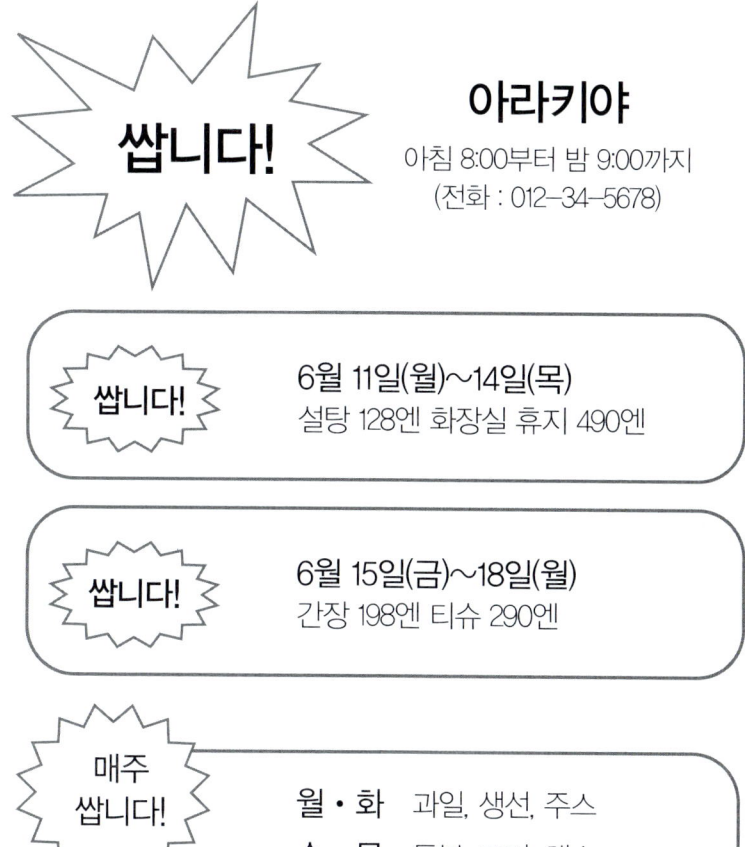

풀이 문제에서 同じ日(같은 날)라고 명시되어 있으므로, 3가지(화장실 휴지, 고기, 채소)를 한 번에 할인된 가격으로 살 수 있는 날짜를 고르는 문제이다. 범위가 좁은 항목부터 우선적으로 살펴보는 것이 유리하다. 먼저, 고기와 채소가 동시에 쓰여 있는 날은 수요일과 목요일이고 그 날짜가 11일(월)~14일(목)의 화장실 휴지의 범위에 포함되므로 선택지 2번이 정답이다.

2 독해 필수 어휘&문법

명사

朝日 (あさひ)	아침 해
味 (あじ)	맛
明日 (あした)	내일
あそこ	저기
あちら	저쪽, 저기
あなた	당신
いくつ	몇 개
いくら	얼마
いす	의자
一番 (いちばん)	최고, 제일, 가장
いつ	언제
一緒 (いっしょ)	동시, 함께
妹 (いもうと)	여동생
入り口 (いりぐち)	입구
色 (いろ)	색깔
歌 (うた)	노래
運転 (うんてん)	운전
映画 (えいが)	영화
映画館 (えいがかん)	영화관
鉛筆 (えんぴつ)	연필
お菓子 (おかし)	과자
お金 (おかね)	돈
奥さん (おくさん)	(남의) 부인
お酒 (おさけ)	술
お茶 (おちゃ)	(마시는) 차
お手洗い (おてあらい)	화장실
弟 (おとうと)	남동생
男 (おとこ)	남자
男の人 (おとこのひと)	남자
男の子 (おとこのこ)	남자 아이
おととい	그저께
大人 (おとな)	어른
お腹 (おなか)	배(신체)
お兄さん (おにいさん)	오빠, 형
お姉さん (おねえさん)	언니, 누나
おばあさん	할머니
お弁当 (おべんとう)	도시락
お巡りさん (おまわりさん)	경찰, 순경
音楽 (おんがく)	음악
女の人 (おんなのひと)	여자
外国 (がいこく)	외국

	일본어	한국어		일본어	한국어
☐	会社(かいしゃ)	회사	☐	交番(こうばん)	파출소
☐	階段(かいだん)	계단	☐	公務員(こうむいん)	공무원
☐	買い物(かいもの)	장보기, 쇼핑	☐	声(こえ)	목소리
☐	鍵(かぎ)	열쇠	☐	国際(こくさい)	국제
☐	学生(がくせい)	학생	☐	国内(こくない)	국내
☐	傘(かさ)	우산	☐	ここ	여기, 이곳
☐	方(かた)	~분(윗사람), ~하는 법	☐	言葉(ことば)	말, 언어, 단어
☐	課長(かちょう)	과장	☐	頃(ころ)	경, 때, 즈음
☐	家内(かない)	집안, 아내	☐	今晩(こんばん)	오늘 밤
☐	かばん	가방	☐	雑誌(ざっし)	잡지
☐	考え方(かんがえかた)	사고방식	☐	さとう	설탕
☐	韓国(かんこく)	한국	☐	皿(さら)	접시, 그릇
☐	休日(きゅうじつ)	휴일	☐	さんぽ	산책
☐	牛肉(ぎゅうにく)	소고기	☐	字(じ)	글자
☐	牛乳(ぎゅうにゅう)	우유	☐	試合(しあい)	시합
☐	去年(きょねん)(＝昨年(さくねん))	작년	☐	塩(しお)	소금
☐	薬(くすり)	약	☐	辞書(じしょ)	사전
☐	果物(くだもの)	과일	☐	自然(しぜん)	자연
☐	靴(くつ)	구두, 신발	☐	自転車(じてんしゃ)	자전거
☐	靴下(くつした)	양말	☐	自動車(じどうしゃ)	자동차
☐	今朝(けさ)	오늘 아침	☐	市内(しない)	시내
☐	月よう日(げつようび)	월요일	☐	字引(じびき)	사전
☐	県(けん)	현(일본의 행정 단위)	☐	自分(じぶん)	나 자신, 스스로
☐	玄関(げんかん)	현관	☐	事務所(じむしょ)	사무소
☐	高校生(こうこうせい)	고등학생	☐	社員(しゃいん)	사원
☐	校長(こうちょう)	교장	☐	社長(しゃちょう)	사장

☐	自由 (じゆう)	자유	☐	中学生 (ちゅうがくせい)	중학생
☐	習慣 (しゅうかん)	습관	☐	中国 (ちゅうごく)	중국
☐	授業 (じゅぎょう)	수업	☐	駐車場 (ちゅうしゃじょう)	주차장
☐	主人 (しゅじん)	남편, 주인	☐	次 (つぎ)	다음
☐	準備 (じゅんび)	준비	☐	机 (つくえ)	책상
☐	しょうゆ	간장	☐	妻 (つま)	(나의) 아내, 처
☐	女子 (じょし)	여자	☐	動物 (どうぶつ)	동물
☐	女性 (じょせい)	여성	☐	所 (ところ)	곳, 장소
☐	数学 (すうがく)	수학	☐	隣 (となり)	옆, 이웃
☐	背 (せ)	등, 키	☐	鳥 (とり)	새
☐	生徒 (せいと)	학생	☐	鶏肉 (とりにく)	닭고기
☐	先日 (せんじつ)	얼마 전, 며칠 전	☐	夏 (なつ)	여름
☐	全部 (ぜんぶ)	전부	☐	何度 (なんど)	몇 번
☐	専門家 (せんもんか)	전문가	☐	肉 (にく)	고기, 살
☐	そうじ	청소	☐	日よう日 (にちようび)	일요일
☐	そちら	그쪽, 거기, 당신(상대방을 칭할 때)	☐	日本語 (にほんご)	일본어
			☐	西側 (にしがわ)	서쪽
☐	大学生 (だいがくせい)	대학생	☐	庭 (にわ)	정원
☐	大使館 (たいしかん)	대사관	☐	年 (ねん/とし)	년, 해, 나이
☐	台所 (だいどころ)	부엌	☐	年末 (ねんまつ)	연말
☐	建物 (たてもの)	건물	☐	乗り物 (のりもの)	탈 것, 교통수단
☐	食べ物 (たべもの)	먹을 것, 음식	☐	灰皿 (はいざら)	재떨이
☐	卵 (たまご)	계란, 알	☐	葉書 (はがき)	엽서
☐	だれ	누구	☐	箸 (はし)	젓가락
☐	誕生日 (たんじょうび)	생일	☐	始め (はじめ)	처음, 시초
☐	地下鉄 (ちかてつ)	지하철	☐	花火 (はなび)	불꽃

☐	晴れ (は)	맑음	☐	毎年 (まいとし)	매해, 매년
☐	番号 (ばんごう)	번호	☐	毎晩 (まいばん)	매일 밤
☐	晩ご飯 (ばんごはん)	저녁밥	☐	街 (まち)	거리
☐	反対 (はんたい)	반대	☐	町 (まち)	마을
☐	半年 (はんとし)	반 년	☐	みかん	귤
☐	飛行機 (ひこうき)	비행기	☐	緑 (みどり)	초록
☐	美術館 (びじゅつかん)	미술관	☐	皆さん (みなさん)	여러분
☐	百貨店 (ひゃっかてん)	백화점	☐	未来 (みらい)	미래
☐	病院 (びょういん)	병원	☐	魅力 (みりょく)	매력
☐	病気 (びょうき)	병, 질병	☐	皆 (みんな)	모두
☐	昼 (ひる)	낮	☐	門 (もん)	문
☐	昼ご飯 (ひるごはん)	점심밥	☐	問題 (もんだい)	문제
☐	封筒 (ふうとう)	봉투	☐	~屋 (や)	~(영업)집, ~가게
☐	豚肉 (ぶたにく)	돼지고기	☐	八百屋 (やおや)	야채가게
☐	部長 (ぶちょう)	부장	☐	野球 (やきゅう)	야구
☐	冬 (ふゆ)	겨울	☐	役員 (やくいん)	역원, 임원
☐	風呂 (ふろ)	목욕	☐	夕方 (ゆうがた)	저녁
☐	文化 (ぶんか)	문화	☐	郵便局 (ゆうびんきょく)	우체국
☐	文章 (ぶんしょう)	문장	☐	横 (よこ)	옆, 가로
☐	部屋 (へや)	방, 집	☐	留学 (りゅうがく)	유학
☐	勉強 (べんきょう)	공부	☐	留学生 (りゅうがくせい)	유학생
☐	僕 (ぼく)	나(남성어 1인칭)	☐	両親 (りょうしん)	부모님
☐	本社 (ほんしゃ)	본사	☐	両方 (りょうほう)	양쪽, 양쪽 모두
☐	本棚 (ほんだな)	책장	☐	旅行 (りょこう)	여행
☐	本当 (ほんとう)	정말, 진실	☐	りんご	사과
☐	本屋 (ほんや)	책방, 서점	☐	冷蔵庫 (れいぞうこ)	냉장고

☐ 廊下(ろうか)	복도	
☐ 若者(わかもの)	젊은이	
☐ 私(わたし/わたくし)	나, 저	

い형용사

☐ 青(あお)い	파랗다	
☐ 赤(あか)い	빨갛다	
☐ 明(あか)るい	밝다	
☐ 温(あたた)かい	따뜻하다	
☐ 暑(あつ)い	덥다	
☐ 熱(あつ)い	뜨겁다	
☐ 厚(あつ)い	두껍다	
☐ あぶない	위험하다	
☐ いい	좋다	
☐ 忙(いそが)しい	바쁘다	
☐ 痛(いた)い	아프다	
☐ うすい	(두께) 얇다/ (농도) 연하다, 싱겁다	
☐ 美(うつく)しい	아름답다	
☐ おいしい	맛있다	
☐ 多(おお)い	많다	
☐ 大(おお)きい	크다	
☐ 遅(おそ)い	(시기) 늦다/ (속도) 느리다	
☐ おもい	무겁다	
☐ おもしろい	재미있다	
☐ 辛(から)い	맵다	
☐ 軽(かる)い	가볍다	
☐ かわいい	귀엽다	
☐ 黄色(きいろ)い	노랗다	
☐ 汚(きたな)い	더럽다	

☐ くらい	어둡다		
☐ 黒い (くろ)	검다		
☐ 寒い (さむ)	춥다		
☐ 少ない (すく)	적다		
☐ 涼しい (すず)	시원하다		
☐ 狭い (せま)	좁다		
☐ つめたい	차갑다		
☐ つよい	강하다		
☐ 遠い (とお)	멀다		
☐ ない	없다		
☐ 早い (はや)	(시기) 이르다		
☐ 速い (はや)	(속도) 빠르다		
☐ 低い (ひく)	낮다		
☐ 広い (ひろ)	넓다		
☐ 太い (ふと)	굵다, 뚱뚱하다		
☐ ほしい	원하다, 갖고 싶다		
☐ 細い (ほそ)	가늘다, 날씬하다		
☐ まずい	맛없다, 서툴다, 곤란하다		
☐ 丸い (まる)	둥글다		
☐ 短い (みじか)	짧다		
☐ 難しい (むずか)	어렵다		
☐ 易しい (やさ)	쉽다		
☐ 優しい (やさ)	상냥하다		
☐ 安い (やす)	싸다		
☐ わかい	젊다		
☐ 悪い (わる)	나쁘다		

な형용사

☐ 安全だ (あんぜん)	안전하다
☐ いやだ	싫다, 이상하다, 불쾌하다
☐ 色々だ (いろいろ)	다양하다, 여러 가지다
☐ 同じだ (おな)	같다
☐ 可能だ (かのう)	가능하다
☐ 急だ (きゅう)	급하다, 급작스럽다
☐ きらいだ	싫어하다
☐ きれいだ	예쁘다, 깨끗하다
☐ けっこうだ	훌륭하다/~해도 좋다/더 이상 괜찮다(사양)
☐ 静かだ (しず)	조용하다
☐ 十分(充分)だ (じゅうぶん)	충분하다
☐ 大好きだ (だいす)	매우 좋아하다
☐ 大変だ (たいへん)	힘들다, 큰일이다
☐ 特別だ (とくべつ)	특별하다
☐ 賑やかだ (にぎ)	번화하다, 북적거리다
☐ 暇だ (ひま)	한가하다
☐ 不便だ (ふべん)	불편하다
☐ 変だ (へん)	이상하다
☐ 下手だ (へた)	못하다, 서툴다
☐ 楽だ (らく)	편하다, 안락하다
☐ 立派だ (りっぱ)	훌륭하다, 위대하다

동사

- 開く — 열리다
- 遊ぶ — 놀다
- 開ける — 열다
- 上げる — 올리다
- あびる — 샤워하다, 끼얹다, 뒤집어쓰다
- ある — (물건, 사물이) 있다, 존재하다
- 歩く — 걷다
- いる — (사람, 동물) 있다
- 要る — 필요하다
- 入れる — 넣다
- 動く — 움직이다
- 歌う — (노래) 부르다
- 生まれる — 태어나다
- 売る — 팔다
- おく — 두다, 놓다
- 送る — 보내다
- 怒る — 화내다
- 教える — 가르치다
- 押す — 누르다, 밀다
- 降りる — (탈것) 내리다
- 終わる — 끝나다
- 返す — 갚다, 반납하다
- かける — 걸다
- 貸す — 빌려주다
- 借りる — 빌리다
- 消える — 꺼지다, 지워지다
- 切る — 자르다, 끊다
- けす — 끄다, 지우다
- こたえる — 대답하다
- こまる — 곤란하다, 난처하다
- 咲く — (꽃이) 피다
- 死ぬ — 죽다
- 閉まる — 닫히다
- 知る — 알다
- すう — (담배) 피우다, (숨) 들이키다
- 進む — 진행하다
- 住む — 살다, 거주하다
- 座る — 앉다
- 出す — 꺼내다, 제출하다
- 頼む — 부탁하다, 의뢰하다
- ちがう — 다르다
- 使う — 사용하다
- 疲れる — 지치다
- 着く — 도착하다
- つける — 붙이다, 달다, (전기 등) 켜다
- 作る — 만들다
- 勤める — 근무하다
- 出かける — 외출하다
- できる — 할 수 있다
- 通る — 지나가다, 다니다

☐	止まる	서다, 정지하다
☐	取る	잡다, 쥐다
☐	撮る	사진 찍다, 촬영하다
☐	泣く	울다
☐	なくす	잃다, 분실하다
☐	習う	배우다
☐	並ぶ	늘어서다, 줄 서다
☐	並べる	늘어놓다
☐	脱ぐ	벗다
☐	のぼる	오르다
☐	乗る	(탈 것) 타다, 탑승하다
☐	始める	시작하다
☐	走る	달리다
☐	働く	일하다
☐	曲がる	돌다, 굽다, 꺾다
☐	待つ	기다리다
☐	見られる	볼 수 있다
☐	持つ	가지다, 들다
☐	焼く	굽다
☐	やる	하다
☐	呼ぶ	부르다
☐	分かる	알다, 이해하다
☐	わすれる	잊다
☐	わたる	건너다

부사

☐	あちこち	여기저기
☐	一番	제일, 가장
☐	いつも	늘, 항상
☐	多く	많이
☐	おおぜい	많이
☐	主に	주로
☐	先に	먼저
☐	すぐに	곧, 금방
☐	たいてい	거의, 대부분
☐	だいぶ	꽤, 상당히
☐	たくさん	많이
☐	たぶん	십중팔구, 다분히
☐	ちょうど	딱, 마침, 정확히
☐	ちょっと	잠시, 조금, 좀……(거절)
☐	つねに	늘, 항상
☐	どうして	왜, 어째서
☐	どうぞ	모쪼록, 부디(권유의 말투)
☐	どうも	대단히, 아무래도, (여러 가지 뜻의 인사말)
☐	ときどき	때때로, 가끔
☐	とても	매우, 굉장히
☐	なぜ	왜, 어째서
☐	初めて	처음으로
☐	まだ	아직

☐ まっすぐ	쭉, 곧장	
☐ もう	이미, 벌써, 더	
☐ もちろん	물론	
☐ もっと	좀 더	
☐ ゆっくり	느긋하게, 천천히	
☐ よく	잘, 자주, 종종	

접속사

☐ けれども・けど	하지만, 그러나
☐ しかし	그러나
☐ すると	그러자, 그러면
☐ そして	그리고
☐ それから	그리고, 그 다음에
☐ それで	그래서
☐ それでは	그럼
☐ それとも	그렇지 않으면
☐ それに	게다가
☐ そのうえ	게다가, 더욱이
☐ だから	때문에
☐ でも	하지만, 그러나
☐ または	또는

가타카나

- アパート — 아파트
- カメラ — 카메라
- カレンダー — 캘린더, 달력
- クラス — 클래스, 학급
- グラム — 그램
- コップ — 컵
- コート — 코트
- コーヒー — 커피
- コピー — 카피, 복사
- シャツ — 셔츠
- シャワー — 샤워
- スカート — 스커트, 치마
- ストーブ — 스토브, 난로
- スプーン — 스푼
- スポーツ — 스포츠
- ズボン — 바지
- スリッパ — 슬리퍼
- セーター — 스웨터
- タイプ — 타입, 형태
- チケット — 티켓
- テキスト — 텍스트, 교과서
- テスト — 테스트, 시험
- デパート — 백화점
- ドア — 문
- トイレ — 화장실
- ニュース — 뉴스
- パーティー — 파티
- ハンカチ — 손수건
- フォーク — 포크
- プール — 수영장
- ペン — 펜
- ベッド — 침대
- ペット — 애완동물
- ポイント — 포인트
- ポケット — 주머니
- ホテル — 호텔
- ボール — 공, 볼
- ボールペン — 볼펜
- マスコミ — 매스컴
- メートル — 미터
- メニュー — 메뉴
- レストラン — 레스토랑

연체사

- あの～ 저~
- 大きな～ 큰~, 커다란~
- こういう～ 이런~, 이러한
- この～ 이~
- こんな～ 이런~, 이러한~
- そういう～ 그런~, 그러한~
- その～ 그~
- そんな～ 그런~, 그러한~
- すべての～ 모든~
- 小さな～ 작은~
- どういう～ 어떤~, 어떠한~
- どの～ 어느~
- どんな～ 어떤~, 어떠한~

문법/표현

- いつか 언젠가
- ～か どうか ～(할)지 어떨지
- ～ことが できる ～하는 경우가 있다
- ～ことが ある ～할 수 있다
- ～た あとで ～한 후에
- ～た ほうが いい ～하는 편이 좋다
- ～つもり ～(할) 생각(작정)
- 타동사＋て ある ～해져 있다
- ～てから ～하고 나서
- できるだけ 가능한 한
- ～て しまう ～해 버리다, ～하고 말다
- ～ては いけない ～해서는 안 된다
- ～ても いい ～해도 좋다
- ～な ～(하지) 마라
- ～ないで ～하지 않고(말고)
- ～ない ほうが いい ～하지 않는 편이 좋다
- ～ながら ～하면서
- ～なくて ～하지 않아서
- なぜか 왠지
- なにか 무언가, 뭔가
- ～も ～이나(강조)
- ～や～など ～랑 ～등(따위)

독해 어휘&문법 확인 문제 ❶

[/ 18]

다음 단어의 일본어 표현으로 가장 알맞은 것을 a, b 중에서 고르시오.

1. 사이　　　　　　(a あした　　b あいだ)
2. 외국　　　　　　(a 外国(がいこく)　　b 海外(かいがい))
3. 내일　　　　　　(a 来日(らいにち)　　b 明日(あした))
4. 감기　　　　　　(a 風(かぜ)　　b 風邪(かぜ))
5. 언니(누나)　　　(a 妹(いもうと)　　b 姉(あね))
6. 오전　　　　　　(a 午前(ごぜん)　　b 午後(ごご))
7. 바다　　　　　　(a 梅(うめ)　　b 海(うみ))
8. 시합　　　　　　(a 試合(しあい)　　b 試験(しけん))
9. 영화　　　　　　(a 映画(えいが)　　b 英語(えいご))
10. 사전　　　　　　(a 辞書(じしょ)　　b 雑誌(ざっし))
11. 운전　　　　　　(a 運転(うんてん)　　b 運動(うんどう))
12. 딸　　　　　　　(a むすめ　　b むすこ)
13. 전기　　　　　　(a 天気(てんき)　　b 電気(でんき))
14. 식당　　　　　　(a 食事(しょくじ)　　b 食堂(しょくどう))
15. 역　　　　　　　(a 駅(えき)　　b 店(みせ))
16. 생일　　　　　　(a 曜日(ようび)　　b 誕生日(たんじょうび))
17. 과자　　　　　　(a 菓子(かし)　　b 果物(くだもの))
18. 편지　　　　　　(a 手紙(てがみ)　　b 切手(きって))

정답　1 b　2 a　3 b　4 b　5 b　6 a　7 b　8 a　9 a
　　　10 a　11 a　12 a　13 b　14 b　15 a　16 b　17 a　18 a

독해 어휘&문법 확인 문제 ❷

[/ 18]

다음 단어의 일본어 표현으로 가장 알맞은 것을 a, b 중에서 고르시오.

1. 건강, 기력　　　（ a 元気(げんき)　　b 天気(てんき) ）
2. 요리　　　　　　（ a 理解(りかい)　　b 料理(りょうり) ）
3. 전화　　　　　　（ a 電話(でんわ)　　b 電気(でんき) ）
4. 가게　　　　　　（ a 家(いえ)　　　　b 店(みせ) ）
5. 방학　　　　　　（ a 休(やす)み　　　b 体(からだ) ）
6. 서점　　　　　　（ a 本店(ほんてん)　b 本屋(ほんや) ）
7. 음식　　　　　　（ a 飲(の)み物(もの)　b 食(た)べ物(もの) ）
8. 학생　　　　　　（ a 学生(がくせい)　b 大学(だいがく) ）
9. 말, 단어　　　　（ a 葉書(はがき)　　b 言葉(ことば) ）
10. 질문　　　　　　（ a 新聞(しんぶん)　b 質問(しつもん) ）
11. 오른쪽　　　　　（ a 右(みぎ)　　　　b 左(ひだり) ）
12. 하루　　　　　　（ a 一日(ついたち)　b 一日(いちにち) ）
13. 공부　　　　　　（ a 工夫(くふう)　　b 勉強(べんきょう) ）
14. 자전거　　　　　（ a 自動車(じどうしゃ)　b 自転車(じてんしゃ) ）
15. 부모님　　　　　（ a 両親(りょうしん)　b 家族(かぞく) ）
16. 아주머니　　　　（ a おばさん　　　b おばあさん ）
17. 회사　　　　　　（ a 社会(しゃかい)　b 会社(かいしゃ) ）
18. 학교　　　　　　（ a 学校(がっこう)　b 高校(こうこう) ）

정답　1 a　2 b　3 a　4 b　5 a　6 b　7 b　8 a　9 b
　　　10 b　11 a　12 b　13 b　14 b　15 a　16 a　17 b　18 a

독해 어휘&문법 확인 문제 ❸ [/ 18]

다음 단어의 일본어 표현으로 가장 알맞은 것을 a, b 중에서 고르시오.

1. 파랗다 　　　　(a あおい　　b あかい)
2. 적다 　　　　　(a 少(すく)ない　b 小(ちい)さい)
3. 밝다 　　　　　(a あかい　　b あかるい)
4. 굵다 　　　　　(a 広(ひろ)い　　b 太(ふと)い)
5. 덥다 　　　　　(a 熱(あつ)い　　b 暑(あつ)い)
6. 쉽다 　　　　　(a やすい　　b やさしい)
7. 바쁘다 　　　　(a いそがしい　b うれしい)
8. 많다 　　　　　(a おおきい　b おおい)
9. 맛있다 　　　　(a おもしろい　b おいしい)
10. 크다 　　　　 (a 大(おお)きい　b 大(おお)い)
11. 따뜻하다 　　 (a あたらしい　b あたたかい)
12. 희다 　　　　 (a しろい　　b くろい)
13. 춥다 　　　　 (a さむい　　b さびしい)
14. 작다 　　　　 (a ちいさい　b ちかい)
15. 즐겁다 　　　 (a たのしい　b つめたい)
16. 싸다 　　　　 (a やさしい　b やすい)
17. 가깝다 　　　 (a 近(ちか)い　　b 遠(とお)い)
18. 빠르다/이르다　(a はやい　　b つめたい)

정답 1 a　2 a　3 b　4 b　5 b　6 b　7 a　8 b　9 b
10 a　11 b　12 a　13 a　14 a　15 a　16 b　17 a　18 a

독해 어휘&문법 확인 문제 ❹   [/ 18]

다음 단어의 일본어 표현으로 가장 알맞은 것을 a, b 중에서 고르시오.

1. 예쁘다 　　　（ a きれいだ　　b きらいだ ）
2. 튼튼하다 　　（ a じょうぶだ　b じょうずだ ）
3. 좋아하다 　　（ a 好きだ　　　b いい ）
4. 편리하다 　　（ a 便利だ　　　b 不便だ ）
5. 힘들다 　　　（ a たいせつだ　b たいへんだ ）
6. 충분(히) 　 　（ a 十分(じゅうぶん)　b 十分(じゅっぷん) ）
7. 번화하다 　　（ a にぎやかだ　b ゆうめいだ ）
8. 만나다 　　　（ a いう　　　　b あう ）
9. 주다 　　　　（ a あげる　　　b もらう ）
10. 열다 　　　　（ a 開ける　　　b 開く ）
11. 노래하다 　　（ a うたう　　　b ならう ）
12. 빌려주다 　　（ a 借りる　　　b 貸す ）
13. 가다 　　　　（ a 行く　　　　b 来る ）
14. 자르다 　　　（ a 切る　　　　b 着る ）
15. 나가다 　　　（ a 出す　　　　b 出る ）
16. 읽다 　　　　（ a よむ　　　　b のむ ）
17. 사용하다 　　（ a つかう　　　b うたう ）
18. 들다 　　　　（ a もつ　　　　b まつ ）

정답　1 a　2 a　3 a　4 a　5 b　6 a　7 a　8 b　9 a
　　　10 a　11 a　12 b　13 a　14 a　15 b　16 a　17 a　18 a

독해 어휘&문법 확인 문제 ❺   [/ 18]

다음 단어의 일본어 표현으로 가장 알맞은 것을 a, b 중에서 고르시오.

1. 주다 　　　　　　(a あげる　　b あける)
2. (물건이) 있다 　　(a いる　　　b ある)
3. 듣다 　　　　　　(a きく　　　b かく)
4. 빌려주다 　　　　(a 貸す　　　b 返す)
5. 배우다 　　　　　(a 習う　　　b 教える)
6. (탈것) 타다 　　　(a のる　　　b のむ)
7. 걷다 　　　　　　(a 歩く　　　b 走る)
8. 기다리다 　　　　(a 待つ　　　b 持つ)
9. 보다 　　　　　　(a 見る　　　b 見せる)
10. 들어가다 　　　　(a 入れる　　b 入る)
11. 열다 　　　　　　(a あげる　　b あける)
12. 곤란하다 　　　　(a こまる　　b しまる)
13. 만들다 　　　　　(a つくる　　b つける)
14. 일하다 　　　　　(a 働く　　　b 動く)
15. (비가) 내리다 　　(a 降りる　　b 降る)
16. 귀가하다 　　　　(a かえる　　b かえす)
17. 도착하다 　　　　(a 咲く　　　b 着く)
18. 말하다 　　　　　(a はなす　　b さがす)

정답　1 a　2 b　3 a　4 a　5 a　6 a　7 a　8 a　9 a
　　　10 b　11 b　12 a　13 a　14 a　15 b　16 a　17 b　18 a

독해 완전 정복을 위한 꿀팁!

장문을 읽으며 자칫 집중력이 흐트러질 수 있습니다. 때문에, 시험지의 여백에 중간중간 요점 정리를 해 가며 읽는 것이 효과적입니다. 또, 필자의 의도와 주장을 묻는 문항은 반드시 제시되므로, 글 주제가 집중되어 있는 마지막 후반부를 꼼꼼히 읽어야 합니다.

● もんだい 4 내용 이해(단문)
짧은 글이기 때문에, 문장 액면 그대로의 사실만 이해할 수 있으면 됩니다. 따라서 4개의 선택지를 먼저 읽어 보면, 독해 지문의 내용이 쉽게 파악되는 경우도 많아서 문제를 푸는 데 도움이 될 수 있습니다.

● もんだい 5 내용 이해(중문)
지문을 읽기 전에 먼저 문제의 질문을 읽으면 집중도를 높일 수 있습니다. 한 지문당 두 개의 질문이 있습니다. 흔히 필자의 생각, 인과관계, 이유 등을 묻는 문제가 주를 이룹니다. 따라서 각 단락별로 요점을 적어가면서 읽고, '따라서, 왜냐하면, 즉, 그러나' 등의 접속사가 있는 문장에 밑줄을 그으며 읽으면 힌트를 얻기 쉽습니다.

● もんだい 6 정보 검색
날짜, 기간, 기한, 요금, 할인 조건 등을 물어보는 형태가 주를 이룹니다. 역시 질문을 먼저 보고 이에 필요한 정보만을 항목별로 찾아냅니다. 이때 주의할 것은 '! / ※ / ☞ / 注意' 등의 예외나 특수한 조건을 알리는 표시는 정답과 직결되는 힌트가 숨어 있는 경우가 많으므로, 특히 주의하기 바랍니다.

유형별 실전 문제

2교시 독해

- 내용 이해(단문) ········· p.206
- 내용 이해(중문) ········· p.218
- 정보 검색 ··············· p.226

もんだい 4

내용 이해(단문) 실전 연습 ❶   [/ 3]

もんだい4 つぎの ぶんしょうを 読んで、しつもんに こたえて ください。こたえは、1・2・3・4から
いちばん いい ものを 一ひとつ えらんで ください。

(1)

> 学校の 前に 公園が あります。公園から 家まで とても 近いです。家の 前には スーパーも あります。スーパーが 近くて とても べんりです。スーパーの 中には ケーキ屋と 本屋が あって よく 行きます。

1　ぶんに ついて ただしいのは どれですか。
　　1　スーパーは 公園の まえに あります。
　　2　公園の なかに スーパーが あります。
　　3　私は 公園に よく 行きます。
　　4　本屋は 私の 家から ちかいです。

(2)

> 9月　4日　水ようび
>
> 　今日は　韓国の　友だちの　ソヒョンちゃんの　たんじょうび　パーティーだった。たんじょうびは　おとといだったけど、今日　パーティーを　した。　とても　楽しくて、お母さんの　料理も　おいしかった。あさっては　ひろとくんの　たんじょうびだ。また、みんなで　パーティーを　したい。

2 ぶんに　ついて　ただしいのは　どれですか。

1　ソヒョンちゃんの　たんじょうびは　9月　3日です。
2　ソヒョンちゃんは　とても　料理が　上手です。
3　ひろとくんの　たんじょうびは　9月　6日です。
4　9月　6日に　また　パーティーが　あります。

(3)

トーマスさんへ

　きのうは　ありがとう。おととい　かぜで　じゅぎょうに　けっせきして、こまって　いましたが、トーマスさんに　ノートを　かりて　よかったです。ノートは　あしたの　あさ、つくえの　上(うえ)に　おきます。おかしも　いっしょに　おきます。どうぞ　食(た)べて　ください。

　では　また。

－10月(がつ)　3日(みっか)　木村(きむら)より－

3　ぶんに　ついて　ただしいのは　どれですか。
　1　木村(きむら)さんは　10月(がつ)　3日(みっか)に　けっせきしました。
　2　木村(きむら)さんは　おととい　ノートを　かりました。
　3　木村(きむら)さんは　10月(がつ)　4日(よっか)に　ノートを　かえします。
　4　木村(きむら)さんは　トーマスさんに　おかしを　もらいました。

정답　1 ④　2 ③　3 ③

내용 이해(단문) 실전 연습 ❷   [/ 3]

もんだい4 つぎの ぶんしょうを 読んで、しつもんに こたえて ください。こたえは 1・2・3・4から いちばん いい ものを 一つ えらんで ください。

(1)

> たかきくん、こんにちは。
>
> しゅうまつ、家族と 北海道に 旅行に 行って 来ました。夏の 北海道は すずしくて よかったです。さっぽろ ラーメンや チョコレートも とても おいしかったです。お土産も 買って きたから、あした 学校で あげますね。
>
> －ソヒョン－

・北海道: 홋카이도(지명)   ・さっぽろ: 삿포로(지명)   ・お土産: 기념품선물

1 ぶんに ついて ただしいのは どれですか。
1 北海道は とても さむかった。
2 ソヒョンは たかきくんに 北海道の ものを もらう。
3 つぎの 日、ソヒョンは たかきくんに 何かを あげる。
4 たかきくんは 北海道に 行った ことが ない。

(2)

> 私は 3人兄弟です。私が いちばん 上で 二番目の 弟は 一歳下です。三番目の 妹は おととし 小学生に なりました。かわいくて たくさん 遊んで あげたいですが、私は もう 高校 3年生だから、勉強で 忙しくて あまり 遊ぶ 時間が ありません。

2 ぶんに ついて ただしいのは どれですか。
1 妹は いそがしくて 遊ぶ 時間が ありません。
2 できるだけ 弟と いっしょに 遊んでいる。
3 弟は いま 高校 2年生です。
4 妹は 1年 まえに 小学生に なりました。

(3)

> 私は いつも 朝 5時に 起きる。そして、公園を さんぽしてから、パンを 買って 帰る。パンを 食べる まえに シャワーを あびる。でも、かぜを ひいて、きょうは かおだけ あらった。それから、新聞を 読みながら パンを 食べた 後で、会社に 行った。

3 うえの ぶんの 人は きょう 新聞を 読む 前に 何を しましたか。

1 シャワーを あびた。
2 パンを 食べた。
3 かおを あらった。
4 会社に 行った。

정답 1 ③ 2 ③ 3 ③

정답&해설 p.301

내용 이해(단문) 실전 연습 ❸   [/ 3]

もんだい4　つぎの　ぶんしょうを　読んで、しつもんに　こたえて　ください。こたえは 1・2・3・4から いちばん いい ものを 一つ えらんで ください。

(1)

> 私は　2年前から　ひとりで　アパートに　住んで　います。へやは　広いですが、駅から　とおくて　便利じゃ　ないです。もっと　駅から　ちかい　ところに　住みたいですが、そんな　へやは　とても　高いです。

1　そんな　へやは　どんな　へやですか。

　　1　学校から　ちかい　アパート
　　2　もっと　広い　へや
　　3　駅から　ちかい　へや
　　4　駅から　とおくて　便利じゃ　ない　へや

(2)

> ミナミ高校の　みなさんへ。
>
> 　来月、マラソンの　大会と　サッカーの　しあいが　あります。大会に　出たい　人は　きょう　木村さんに　名前を　いって　ください。電話でも　メールでも　いいです。サッカーの　しあいに　出たい　人は　来週の　月ようびに　おねがいします。
>
> 　　　　　　　　　　　　　　　　　　　　　　　　　－山下－

2　大会に　出たい　人は　どうしますか。
1　来週　電話で　名前を　言う。
2　きょう　木村さんに　メールを　おくる。
3　山下さんに　電話を　かける。
4　来週から　木村さんに　電話する。

(3)

佐藤さんは よにん家族です。こどもは ひとりで、男の子です。まだ 中学生です。おくさんは 学校の 先生で、おくさんの いもうとさんも いっしょに すんで います。かのじょは 銀行員で いつも いそがしい です。

3 ぶんに ついて ただしいのは どれですか。
1 佐藤さんの おくさんは 銀行員で いつも いそがしいです。
2 佐藤さんの むすめさんは 中学生です。
3 佐藤さんの 家には 大人が 三人います。
4 佐藤さんは がっこうで おしえて います。

내용 이해(단문) 실전 연습 ❹   [/ 3]

もんだい4 つぎの ぶんしょうを 読んで、しつもんに こたえて ください。こたえは 1・2・3・4から いちばん いい ものを 一つ えらんで ください。

(1)

> こんにちは。らいしゅうの ボランティアは あさ 10時 30分からです。30分 まえに 駅の 前で 待って います。友だちや 家族と いっしょに 来ても いいです。べんとうは 持って こなくても いいです。でも、飲み物は 持って きて ください。

1 らいしゅう、ボランティアに 行く 人は どうしますか。

1　学校の 友だちと いっしょに べんとうを 作って いく。
2　いもうとと おべんとうを もって いく。
3　10時半に 駅の 前に 行く。
4　お水や ジュースなどを 持って いく。

(2)

　私が　アルバイトを　して　いる　パン屋は　家から　とおいです。まず　自転車で　駅まで　行きます。自転車では　5分ですが、歩くと　30分も　かかるからです。それから、駅で　電車に　のって　30分ぐらいです。

2 上の　人は　家から　アルバイトに　行く　時、どのくらい　かかりますか。

1　30分
2　35分
3　45分
4　50分

(3)

> ミナ：あした　お正月ですね。あけまして　おめでとうございます。
>
> ゆき：えっ、ミナちゃん、それは　お正月に　なってから　する　あいさつですよ。その　前は　「よい　お年を　おむかえ　ください」と　言います。
>
> ミナ：あ、そうですか。

3　ぶんに　ついて　ただしいのは　どれですか。
 1　ゆきは　お正月の　あいさつを　知らなかった。
 2　きょうは　12月　31日だ。
 3　ミナは　ゆきに　あいさつを　おしえました。
 4　ゆきは　はじめて　お正月の　あいさつを　聞いた。

정답　1 ④　2 ②　3 ②

もんだい 5

내용 이해(중문) 실전 연습 ❶　　　　　　　　　　　　　　　　[　／2　]

もんだい5　つぎの ぶんしょうを 読んで、しつもんに こたえて ください。こたえは 1・2・3・4から いちばん いい ものを 一つ えらんで ください。

　サンウォンくん、こんにちは。
　金よう日から 日よう日まで、花火大会が あります。日本の 花火は はじめてでしょう。とても きれいで、そこでは おいしい ものも たくさん 売って います。金よう日に いっしょに 見に 行きませんか。花火を 見ながら、ゆうごはんも 食べましょう。私は 何よう日でも いいですから、へんじ おねがいします。

　ひろとくん、こんにちは。
　メール ありがとう。日本の 花火は 聞いた ことが あります。ざんねんですが、金ようびには サッカーの 試合が あります。でも、つぎの 日は だいじょうぶです。その日、会いましょう。

・花火大会: 불꽃축제　・へんじ: 답장

[1] ぶんに ついて ただしいのは どれですか。
1 ひろとは 花火大会に 初めて 行く。
2 花火大会は ふつか間 行く ことが できる。
3 サンウォンは 日本の 花火大会に 行った ことが ない。
4 しゅうまつは サッカーの 試合で、花火大会に 行く ことが できない。

[2] その日と 書いて ありますが いつですか。
1 しあいの 日
2 金よう日
3 土よう日
4 日よう日

정답 1 ③ 2 ③

내용 이해(중문) 실전 연습 ❷　　　　　　　　　　　　　[　　/ 2]

もんだい5 つぎの ぶんしょうを 読んで、しつもんに こたえて ください。こたえは 1·2·3·4から いちばん いい ものを 一つ えらんで ください。

おばあさん。お元気ですか。

アメリカに 留学に 来てから、友だちが たくさん できました。きのうは スミスという 人の 家で、パーティーを しました。インドの カレーや 韓国の キムチチゲ など、みんな 料理を 作って きて 一緒に 食べました。私は おばあさんから 習った お好み焼きを 作りました。みんな「おいしいね」と いって うれしかったです。おいしい ものを 食べたり、話したり して ほんとうに 楽しかったです。

冬休みに 会いに 行きますね。その日まで 元気で いて ください。

ようこより

1 ぶんに ついて ただしいのは どれですか。

1 ようこは はじめて インド カレーを 食べた。
2 スミスは 料理を 作って パーティーに きた。
3 ようこは いま アメリカで 学校に かよって いる。
4 パーティで おばあさんが お好み焼きを つくった。

2 楽しかったですと 言った 理由は なぜですか。

1 おばあさんに 料理を 習ったから。
2 パーティーに 行く ことが できたから。
3 おいしい ものを 食べながら、いろいろ 話したから。
4 みんなが おいしいと 言って くれたから。

정답 1 ③ 2 ③

정답&해설 p.311

내용 이해(중문) 실전 연습 ❸

[　　/ 2]

もんだい5 つぎの ぶんしょうを 読んで、しつもんに こたえて ください。こたえは 1・2・3・4から いちばん いい ものを 一つ えらんで ください。

　先月、家の 近くに 新しい たこやきの 店が できました。「たこばんざい」と いう 店ですが、とても おいしくて よく 行って います。たこやきは 小さくて まるい 食べ物です。中には たこが 入って います。味は おこのみやきと にて います。駅から 近くて いつも 人が 多いです。おじさんと おばさんが 二人で 作って 売って います。店の 前を 通ると いい においが します。水曜日は 30円 安くなるので、人が もっと 多くなります。みなさんも ぜひ 行って みて ください。

1 ぶんに ついて ただしいのは どれですか。

1 たこやきは 30円で 安い。

2 おじさんが たこやきを 作って おばさんが 売って いる。

3 たこやきの 中には おこのみやきが 入って いる。

4 この 店は 駅の 近くに ある。

2 水曜日は どうして 人が 多くなりますか。

1 この 店の たこやきは とても おいしいから。

2 駅から 近いから。

3 ねだんが 安く なるから。

4 この 店の 前を 通ると いい においが するから。

정답 1 ④　2 ③

내용 이해(중문) 실전 연습 ❹   [/ 2]

もんだい5 つぎの ぶんしょうを 読んで、しつもんに こたえて ください。こたえは 1・2・3・4から いちばん いい ものを 一つ えらんで ください。

　イヤホンで 音楽を 聞きながら 歩いて いる 人を 見ると、だいじょうぶかなと 思う ことが ある。そばに いる 人に 聞こえる ぐらい 大きい 音で 聞いて いる 人が いるからだ。そうすると 外の 音が 聞こえないので、後ろから 車が 来ても、だれか 話を かけても わからないだろう。それに 大きい 音で ずっと 聞いて いると、小さい 音が 聞きにくく なったり する。自分の からだと ほかの 人の ことを かんがえて、小さい 音で 音楽を 楽しんで ほしい。

- **イヤホン**: 이어폰
- **ちゃんと**: 제대로

1 ぶんに ついて ただしいのは どれですか。
1 道で 人に はなしを かけては いけない。
2 イヤホンで 音楽を 聞く 人が 多く なって いる。
3 イヤホンで 音楽を 聞く ときは 音を 小さく した ほうが いい。
4 音楽を 聞くのは 体に よく ない。

2 そうすると と あるが どんな ことを いって いますか。
1 音楽を 聞く とき イヤホンを 使う こと。
2 後ろから 車が 来る こと。
3 話を かけても わからない こと。
4 イヤホンを 使って 大きい 音で 音楽を 聞く こと。

もんだい 6

정보 검색 실전 연습 ❶   [　　/ 1]

もんだい6　右の ページを 見て、下の しつもんに こたえて ください。こたえは 1・2・3・4から いちばん いい ものを 一つ えらんで ください。

1　ユさんは 韓国人です。ことし 日本の 大学に 入学しました。まいにち 授業は 5時に 終わります。土よう日は 3時から 7時まで 韓国語を おしえる ボランティアを して います。この 人は どうして パン屋の アルバイトが できませんでしたか。

1　日本語が 上手では ないから。

2　パンを つくる ことが できないから。

3　学校が 5時に 終わるから。

4　週末は ボランティアで はたらく ことが できないから。

ヤマモト パン屋
いっしょに はたらきませんか。

- 高校生でも 外国人でも いいです。
- 日本語は 上手では なくても いいです。
- ながく はたらく ことが できる 人。

仕事 そうじを する。近くの 店に パンを はこぶ。

時間 月・水・金ようび・週末
午後 7時から ～ 10時まで

＊週末は 午後 5時からです。

정보 검색 실전 연습 ❷　　　　　　　　　　　　　[　　／ 1]

もんだい6　右の ページを 見て、下の しつもんに こたえて ください。こたえは 1・2・3・4から いちばん いい ものを 一つ えらんで ください。

1　鈴木さんは スーパーで はたらいて います。いつも 4時に 家に 帰ります。むすめの りえちゃんは 小学校 4年生です。学校は 毎日 3時に 終わります。毎週 金よう日の 午後と 土よう日の 午前、ピアノ きょうしつに 通って います。二人が いっしょに 行く ことが できる クラスは どれですか。そして 授業料は ぜんぶで いくらですか。

1　月・水・金の　午後(2)　／　12,500円
2　火・木の　午後(1)　／　7,500円
3　火・木の　午後(2)　／　15,000円
4　土・日の　午前　／　20,000円

おかあさんと いっしょに 料理きょうしつ

〔一人 1カ月の 授業料〕

	午前 (9:00～11:00)	午後(1) (13:00～14:30)	午後(2) (15:00～18:30)
月・水・金	14,500円	12,500円	12,500円
火・木	8,500円	7,500円	7,500円

	午前 (9:00～11:30)		
		×	×
土・日	10,000円		

ところ:さくら 文化 センター

정보 검색 실전 연습 ❸ [/ 1]

もんだい6 右の ページを 見て、下の しつもんに こたえて ください。こたえは 1・2・3・4から いちばん いい ものを 一つ えらんで ください。

1　田中さんは 会社から 帰ると 7かいの 家まで 歩いて いきます。でも、朝は 忙しいから エレベーターを 使います。いつも 7時半に 家を 出て 電車で 会社に 行きます。今週末は おばあさんの 家に 行く よていです。家から 近くて 自転車で 10分ぐらいで 行く ことが できます。おばあさんと いっしょに お昼ごはんを 食べる ために 12時 前には 着きたいと 思って います。田中さんは 二日間 どの エレベーターを 使いますか。

1　一日目の 1号機と 二日目の 3号機
2　一日目の 2号機と 二日目の 2号機
3　一日目の 4号機と 二日目の 3号機
4　一日目の 3号機と 二日目の 1号機

エレベーター りようの ご案内

アパートの 住民の みなさまへ
あしたから 二日間、電気工事で アパートの 電気が 切れます。
それで、エレベーターを 使う ことも できません。
下の 時間を 見て 利用して ください。

	一日目	二日目
1号機	午前 7時から 午後 1時まで 停止	午前 7時から 午後 1時まで 停止
2号機	午前 11時から 午後 5時まで 停止	午前 10時から 午後 7時まで 停止
3号機	午後 2時から 夜 7時まで 停止	午後 1時から 夜 8時まで 停止
4号機	午後 4時から 夜 10時まで 停止	午後 4時から 夜 10時まで 停止

3月 18日(木ようび)

− あさひアパート −

・住民: 주민   ・工事: 공사   ・〜号機: 〜호기

정보 검색 실전 연습 ❹　　　　　　　　　　　　　　　[　　/ 1]

もんだい6　右の ページを 見て、下の しつもんに こたえて ください。こたえは 1・2・3・4から いちばん いい ものを 一つ えらんで ください。

[1] 友だちと 二人で 温泉に 行きます。あした 東京駅で 8時に 会います。できるだけ はやく 温泉に 着きたいです。どうやって 行くのが いちばん 安いですか。

1　さくら1

2　ほたる1

3　さくら2

4　ほたる2

電車の 時間

	東京駅 ➡	みたけ駅
ほたる1	08:20	09:10
さくら1	08:50	09:20
ほたる2	09:20	10:10
さくら2	09:50	10:20

(お金：さくら 1,500円 / ほたる 2,000円)

バスの 時間

みたけ駅 ➡	もり温泉
09:30	09:40
09:50	10:00
10:30	10:40
10:50	11:00

정답 ①

3교시

청해

もんだい1 과제 이해
もんだい2 포인트 이해
もんだい3 발화 표현
もんだい4 즉시 응답

1 문제 유형 공략법

もんだい 1 과제 이해

● ● **유형 분석**

1 7문항이 출제된다.
2 대화 다음에 무엇을 해야 하는지, 어떠한 일이 일어나는지를 묻는 문제.
    학교, 회사, 집, 거리 등 실제의 일상적인 대화가 주된 내용이다.
    선택지는 그림과 텍스트의 두 가지로 시험지에 제시된다.
3 출제 유형
    (1) 어떤 행동을 할 수 있거나 해야 하는 사람이 누구인지 고르기
        질문 예) 남자(여자)는 앞으로 무엇을 합니까?
                남자(여자)는 무엇을 하지 않으면 안 됩니까?
    (2) 물건의 모양이나, 물건 혹은 장소의 위치를 묻고 안내하는 문제가 반드시 출제된다.
        질문 예) 남자(여자)는 어떤 물건을 삽니까?
                (어떤) 장소는 어디에 있습니까?

✓ 시간 단축을 위해 문제 시작 전에 선택지를 미리 읽어 두자!

✓ 어떤 상황인지 예상하고 과제를 해결해야 할 인물을 파악하자!

✓ 약속 시간이나 제출 마감 등 시간 관련 문제가 반드시 출제되므로 숫자 읽기에 주의!

✓ 그림이 제시되는 경우 모양(형용사)과 위치(위치명사와 조사)가 결정적인 힌트가 된다.

예시 문제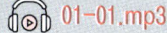

もんだい 1

　もんだい1では、はじめに　しつもんを　きいて　ください。　それから　はなしを　きいて、もんだいようしの　1から4の　なかから、いちばん　いい　ものを　ひとつ　えらんで　ください。

れい

1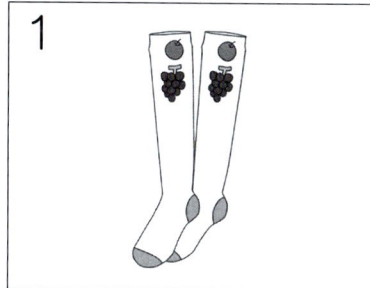

2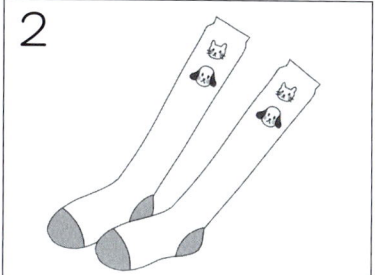

3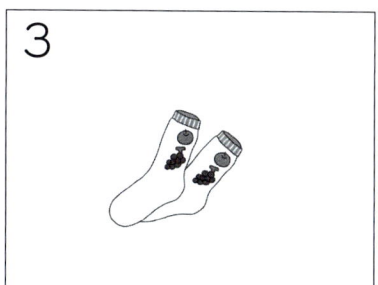

4

정답 2

스크립트와 해석

店で女の人と店の人が話しています。女の人はどの靴下を買いますか。

F　子供の靴下、ありますか。
M　はい。長いのですか、短いのですか。
F　長いのです。
M　はい。果物の絵と動物の絵があります。どちらがいいですか。
F　そうですね、動物のをください。

女の人はどの靴下を買いますか。

가게에서 여자와 점원이 이야기하고 있습니다. 여자는 어느 양말을 삽니까?

F　아이 양말 있나요?
M　네. 긴 것이요, 짧은 것이요?
F　긴 것이요.
M　네. 과일 그림과 동물 그림이 있어요. 어느 쪽이 좋으세요?
F　그렇군요, 동물 그림으로 주세요.

여자는 어느 양말을 삽니까?

풀이　과제는 '어느 양말을 삽니까?'로, 결국 선택된 물건을 고르는 문제이다. 물건의 모습을 묘사하는 형용사가 가장 큰 힌트가 되므로 長い와 短い 중 여자의 長いのです를 듣고, 1번과 2번으로 정답 범위를 좁힌 후, 양말에 있는 果物, 動物의 단어 중 여자의 動物のをください를 듣고 2번을 선택하면 된다. 이렇게 그림이 제시되는 문항의 경우, 이야기를 듣는 도중에 정답과 거리가 먼 그림들을 제외시켜 가는 것이 좋다.

단어　店 가게 | 話す 이야기하다 | 買う 사다 | 靴下 양말 | 長い 길다 | 短い 짧다 | 果物 과일 | 絵 그림 | 動物 동물 | どちら 어느 쪽 | いい 좋다

もんだい2 포인트 이해

● ● 유형 분석

1 6문항이 출제된다.
2 대화 다음에 구체적인 정보나 전체 내용의 주제를 묻는 문제.
　학교, 회사, 집, 거리, 문화, 안내 방송, 설명문 등 실제의 일상적인 대화가 주된 내용이다.
　선택지는 그림과 텍스트의 두 가지로 제시된다.
　질문을 먼저 듣고, 이야기가 전개되며, 이야기가 끝난 후 질문을 한 번 더 듣는다.
3 출제 유형
　(1) 물건의 모양이나, 물건 혹은 장소의 위치를 묻고 안내하는 문제가 반드시 출제된다.
　(2) 질문은 언제, 어디서, 누가, 무엇을, 어떻게, 왜 등 구체적인 의문사로 이루어진다.

✓ 미리 주어지는 질문을 잘 듣는 것이 중요하다.
✓ 문제 시작 전에 선택지를 미리 읽어 두자.
✓ 역접 조사(しかし・でも・けど)에 주의하자!
✓ 그림이 있는 경우 그림에 ○/×를 체크하며 듣자!

예시 문제　01-02.mp3

もんだい 2

　もんだい2では　はじめに　しつもんを　きいて　ください。それから　はなしを　きいて、もんだいようしの　1から4の　なかから、いちばん　いい　ものを　ひとつ　えらんで　ください。

れい

1　としょかん
2　えき
3　デパート
4　レストラン

정답 3

스크립트와 해석

男の人と女の人が話しています。男の人は昨日、どこへ行きましたか。男の人です。

M 山田さん、昨日どこかへ行きましたか。
F 図書館へ行きました。
M 駅のそばの図書館ですか。
F はい。
M 僕は山川デパートへ行って、買物をしました。
F え、私も昨日の夜、山川デパートのレストランへ行きましたよ。
M そうですか。

男の人は昨日、どこへ行きましたか。

남자와 여자가 이야기하고 있습니다. 남자는 어제 어디에 갔습니까? 남자입니다.

M 야마다 씨, 어제 어딘가 갔나요?
F 도서관에 갔어요.
M 역 옆의 도서관이요?
F 네.
M 저는 야마카와 백화점에 가서 쇼핑을 했어요.
F 앗, 저도 어젯밤에 야마카와 백화점의 레스토랑에 갔어요.
M 그렇습니까?

남자는 어제 어디에 갔습니까?

1 としょかん
2 えき
3 **デパート**
4 レストラン

1 도서관
2 역
3 **백화점**
4 레스토랑

풀이 질문의 포인트는 '어디'와 '남자'이다. 즉 남자가 갔던 장소에만 집중하며 대화를 들으면 된다. 그 외 여성의 일정에 대해서는 모르는 단어가 있었더라도 정답에는 중요하지 않다. 야마카와 백화점에 가서 쇼핑을 했다는 남자의 대사만으로 쉽게 정답 3번을 고를 수 있다. 비슷한 대화에서 '남자는 백화점에서 무엇을 했습니까?'라고 묻는 형식으로 활용될 수도 있으니 男の人はデパートで何をしましたか를 익혀 두는 것도 좋다.

단어 男の人 남자 | 女の人 여자 | 話す 이야기하다 | 昨日 어제 | どこ 어디 | 行く 가다 | どこか 어딘가 | 図書館 도서관 | 駅 역 | そば 옆 | 僕 나(남성어) | デパート 백화점 | 買物 쇼핑 | 夜 밤 | レストラン 레스토랑

もんだい 3　발화 표현

●● 유형 분석

1 5문항이 출제된다.
2 그림을 보면서 상황에 맞는 대답이나 질문을 즉각적으로 선택할 수 있는지를 묻는 문제이다.
  학교, 회사, 집, 거리 등 일상생활 장면이 주된 대화 내용이다.
  선택지는 3개이며, 문제지에 인쇄되어 있지 않고 음성으로 제시된다.
3 출제유형
  (1) 대화를 듣고 그림의 화살표가 표시된 사람의 발화에 해당하는 표현을 고르는 형식이다.
      모든 질문이 '화살표의 사람은 뭐라고 말합니까?' 형식이다.
  (2) 화살표가 표시된 사람의 발화는 주로 '허가, 부탁, 의뢰, 요구' 등의 표현이다.

✓ 그림을 보고 최대한 빨리 어떤 상황인지를 파악해 본다.
✓ 평소 인사 표현이나 관용적 표현을 암기해 두는 것이 중요하다.
✓ 안부, 감사, 사과, 명절, 병문안, 방문 등 상황별 기본 표현을 확실하게 익혀 둔다.

예시 문제

もんだい 3

　もんだい 3では、えを みながら しつもんを きいて ください。➡（やじるし）の ひとは なんと いいますか。1から 3の なかから、いちばん いい ものを ひとつ えらんで ください。

れい

정답 3

스크립트와 해석

レストランでお店の人を呼びます。何と言いますか。	레스토랑에서 점원을 부릅니다. 뭐라고 말합니까?
M　1 いらっしゃいませ。 　　2 失礼します。 　　3 すみません。	M　1 어서 오십시오. 　　2 실례하겠습니다. 　　3 실례합니다.

풀이　すみません은 '사과/감사/말 걸 때/(방문)실례하겠습니다'의 네 가지 표현으로 쓰이는 의사소통 표현이다. 그림에서 지나가는 점원에게 말을 걸기 위해 할 수 있는 표현으로는 3번이 적합하다.

단어　レストラン 레스토랑 | 店 가게 | 呼ぶ 부르다 | いらっしゃいませ 어서 오세요 | 失礼します 실례하겠습니다 | すみません 실례합니다

もんだい 4 즉시 응답

● ● 유형 분석

1 6문항이 출제된다.
2 선택지가 문제지에 인쇄되어 있지 않다.
3 상대방의 짧은 말이나 질문에 가장 적절한 응답을 찾는 문제이다.
4 선택지는 3개이며, 정답을 고르는 데 시간적인 여유가 충분하지는 않으니 정답을 고를 때 너무 고민하지 않도록 한다.
5 출제 유형
　⑴ 모든 문항은 A와 B의 일대일 대화의 형식이다.
　⑵ 기본적인 인사 표현과 허가, 부탁, 의뢰, 요구 등에 대한 답변이 많다.

✓ 다음 문제를 푸는 데 지장이 없도록 순발력 있게 풀기!
✓ 평소에 인사 표현이나 관용 표현의 암기를 해 둘 것!
✓ 한 문제를 놓치더라도 연연해하지 말고, 다음 문제에 집중할 것!

예시 문제 🎧 01-04.mp3

もんだい 4

もんだい４は、えなどが　ありません。ぶんを　きいて、１から３の　なかから、いちばん　いい　ものを　ひとつ　えらんで　ください。

― メモ ―

정답 3

스크립트와 해석

M 田中さん、その　荷物を　持ちましょうか。
F 1 どういたしまして。
　 2 持ちませんでした。
　 3 ありがとうございます。

M 다나카 씨, 그 짐 들어 드릴까요?
F 1 천만에요.
　 2 들지 않았습니다.
　 3 감사합니다.

풀이 〜ましょうか는 '〜(할)래요?'와 '〜(해) 드릴까요?'의 두 가지 뜻을 가진다. "짐을 들어드릴까요?" 하고 묻는 말에 감사의 표현을 전달해야 하므로 3번이 정답이다.

단어 荷物 짐 | 持つ 들다 | どういたしまして 천만에요

2 주제별 청해 필수 어휘&표현

일상생활

☐ 朝(あさ)	아침		☐ かど	모퉁이
☐ 足(あし)	발, 다리		☐ かぶる	(모자 등을) 쓰다
☐ 遊(あそ)ぶ	놀다		☐ 川(かわ)	강
☐ 後(あと)	후, 나중		☐ 木(き)	나무
☐ あぶない	위험하다		☐ 聞(き)く	듣다, 물어보다
☐ 雨(あめ)	비		☐ 切(き)る	자르다, 끊다
☐ 言(い)う	말하다, 언급하다		☐ 口(くち)	입
☐ 入(い)れる	넣다		☐ 国(くに)	나라, 고국
☐ 上(うえ)	위		☐ 暗(くら)い	어둡다
☐ うすい	(두께)얇다, (농도)연하다, 싱겁다		☐ 来(く)る	오다
☐ おく	두다, 놓다		☐ 車(くるま)	자동차
☐ 覚(おぼ)える	기억하다, 외우다		☐ 公園(こうえん)	공원
☐ おもしろい	재미있다		☐ 午後(ごご)	오후
☐ 泳(およ)ぐ	헤엄치다		☐ 午前(ごぜん)	오전
☐ 返(かえ)す	갚다, 반납하다, 돌려주다		☐ 午前中(ごぜんちゅう)	오전 중
☐ かかる	걸리다		☐ 答(こた)える	대답하다
☐ 書(か)く	(글 따위를) 쓰다		☐ こちら	이쪽, 여기, 나(스스로를 칭할 때)
☐ 会社(かいしゃ)	회사		☐ 困(こま)る	곤란하다, 난처하다
☐ 風(かぜ)	바람		☐ さんぽ	산책
☐ 風邪(かぜ)	감기		☐ 時間(じかん)	시간
			☐ 下(した)	아래, 밑

☐ 閉める	닫다, 잠그다		☐ 左	왼쪽
☐ 丈夫だ	튼튼하다, 견고하다		☐ 古い	낡다, 오래되다
☐ 白い	희다		☐ ページ	페이지
☐ 少ない	적다		☐ 本	책
☐ スポーツ	스포츠		☐ 毎朝	매일 아침
☐ 大切だ	소중하다, 중요하다		☐ 毎週	매주
☐ 立つ	서다		☐ 毎日	매일
☐ 小さい	작다		☐ 前	앞
☐ 近い	가깝다		☐ 窓	창문
☐ 違う	다르다		☐ 右	오른쪽
☐ 地図	지도		☐ 店	가게, 상점
☐ 冷たい	차갑다		☐ 見せる	보여주다
☐ つよい	강하다		☐ 道	길
☐ 手	손		☐ 南	남쪽
☐ 手紙	편지		☐ 耳	귀
☐ 天気	날씨		☐ 目	눈
☐ 電気	전기		☐ やさい	채소
☐ 飛ぶ	날다		☐ 休み	휴일, 휴가, 방학
☐ 長い	길다		☐ 山	산
☐ 名前	이름		☐ 有名だ	유명하다
☐ 登る	오르다		☐ 雪	눈
☐ パーティー	파티		☐ わかい	젊다
☐ バス	버스		☐ 忘れる	잊다
☐ 話す	이야기하다			
☐ 半分	절반			
☐ 引く	끌다, 당기다			

학교/ 사회 활동

☐	駅(えき)	역
☐	英語(えいご)	영어
☐	多い(おおい)	많다
☐	おもい	무겁다
☐	降りる(おりる)	(탈것) 내리다
☐	外国(がいこく)	외국
☐	会社(かいしゃ)	회사
☐	学校(がっこう)	학교
☐	教室(きょうしつ)	교실
☐	銀行(ぎんこう)	은행
☐	先(さき)	앞, 먼저, 나중
☐	試合(しあい)	시합
☐	辞書(じしょ)	사전
☐	質問(しつもん)	질문
☐	宿題(しゅくだい)	숙제
☐	食堂(しょくどう)	식당
☐	上手だ(じょうずだ)	잘하다, 능숙하다
☐	先生(せんせい)	선생님
☐	電車(でんしゃ)	전차
☐	電話(でんわ)	전화
☐	図書館(としょかん)	도서관
☐	友だち(ともだち)	친구
☐	便利だ(べんりだ)	편리하다
☐	休み(やすみ)	휴일, 휴가, 방학

가정

☐	温かい・暖かい(あたたかい)	따뜻하다
☐	兄(あに)	오빠, 형
☐	アパート	아파트
☐	あびる	샤워하다, 끼얹다, 뒤집어쓰다
☐	洗う(あらう)	씻다, (세탁물) 빨다
☐	生まれる(うまれる)	태어나다
☐	お母さん(おかあさん)	어머니
☐	起きる(おきる)	일어나다
☐	男(おとこ)	남자
☐	男の子(おとこのこ)	남자아이
☐	大人(おとな)	어른, 성인
☐	女(おんな)	여자
☐	女の子(おんなのこ)	여자아이
☐	辛い(からい)	맵다
☐	カレンダー	캘린더, 달력
☐	消す(けす)	끄다, 지우다
☐	元気だ(げんきだ)	건강하다
☐	子ども(こども)	아이, 어린이
☐	写真(しゃしん)	사진
☐	シャワー	샤워
☐	外(そと)	밖
☐	そば	옆, 곁
☐	楽しい(たのしい)	즐겁다
☐	食べる(たべる)	먹다

☐ 父(ちち)	아빠, 아버지	
☐ 出る(でる)	나가(오)다	
☐ 中(なか)	안, 가운데	
☐ 母(はは)	엄마, 어머니	
☐ 見る(みる)	보다	
☐ 休む(やすむ)	쉬다	
☐ 読む(よむ)	읽다	

쇼핑

☐ 会う(あう)	만나다
☐ 新しい(あたらしい)	새롭다
☐ 甘い(あまい)	달다
☐ いくら	얼마
☐ 色々だ(いろいろだ)	다양하다, 여러 가지다
☐ エスカレーター	에스컬레이터
☐ エレベーター	엘리베이터
☐ 円(えん)	엔(일본의 화폐 단위)
☐ お金(おかね)	돈
☐ 同じだ(おなじだ)	같다
☐ 買う(かう)	사다
☐ カメラ	카메라
☐ 切符(きっぷ)	표, 티켓
☐ きれいだ	예쁘다, 깨끗하다
☐ けっこうだ	훌륭하다/ 더 이상 괜찮다 (사양)/ ~해도 좋다
☐ 紅茶(こうちゃ)	홍차
☐ 魚(さかな)	생선, 물고기
☐ シャツ	셔츠
☐ スカート	스커트
☐ 好きだ(すきだ)	좋아하다
☐ 高い(たかい)	높다, 비싸다
☐ チケット	티켓
☐ 出口(でぐち)	출구
☐ デパート	백화점
☐ 時計(とけい)	시계
☐ どちら	어느 쪽
☐ 何(なに)	무엇
☐ 並べる(ならべる)	늘어놓다
☐ 何(なん)	무엇, 몇
☐ 飲み物(のみもの)	마실 것, 음료수
☐ 飲む(のむ)	마시다
☐ 入る(はいる)	들어가(오)다
☐ はく	신다, (하의) 입다
☐ 花(はな)	꽃
☐ 水(みず)	물
☐ 店(みせ)	가게, 상점
☐ ほしい	원하다, 갖고 싶다
☐ やさい	야채
☐ 安い(やすい)	싸다
☐ 料理(りょうり)	요리

음운 축약

회화에서는 짧고 말하기 쉬운 형태로 바꾸어 사용하는 경우가 많으므로, 청해에서는 특히 이 부분에 주의하여야 한다.

□ ～ている	→	～てる	かさ 持ってるの？ 우산 갖고 있어?
□ ～ていく	→	～てく	友だちも つれてく。 친구도 데려갈게.
□ ～ておく	→	～とく	名前 書いとくね。 이름 써 둘게.
□ ～てしまう	→	～ちゃう	ごめん、わすれちゃった。 미안, 깜박하고 말았어.
□ ～ては	→	～ちゃ	ここに 書いちゃ だめよ。 여기에 써서는 안 돼.
□ ～なくては	→	～なくちゃ	はやく、行かなくちゃ だめよ。 얼른 가지 않으면 안 돼.
□ ～なければ	→	～なきゃ	急がなきゃ。 서둘러야 해.

음의 변화

□ すみません	→	すいません	どうも すいません。 정말 감사합니다
□ けれども	→	けど	これ、わからないんですけど。 이거, 잘 모르겠습니다만.
□ こちら	→	こっち	こっちに する。 이쪽으로 할래.

☐ とても	→	とっても	**とっても** 高(たか)かったんだ。 너무 비쌌어.
☐ ほんとう	→	ほんと	**ほんと** うまい。 정말 맛있다.
☐ 〜でしょう	→	〜でしょ	いつも 言(い)ってる**でしょ**。 항상 말하잖아.

단축

☐ 〜て ください 〜해 주세요	→	〜て(ね)。	はやく 来(き)**て**。 얼른 와.
☐ 〜ないで ください 〜하지 말아 주세요	→	〜ないで(ね)。	気(き)に **しないで**。 신경 쓰지 마.
☐ 〜たら どうですか 〜하는 게 어떻습니까?	→	〜たら？	聞(き)いて み**たら**？ 물어보는 게 어때?
☐ 〜かも しれません 〜ㄹ지도 모릅니다	→	〜かも。	かれは 来(こ)ない**かも**。 그는 안 올지도 몰라.
☐ 〜と いいました 〜라고 했습니다	→	って	今日(きょう)、学校(がっこう) 休(やす)む**って**。 오늘 학교 쉰대
☐ 〜と いうのは 〜라는 것은	→	って	おこのみやき**って** 何(なに)？ 오코노미야키라는 건 뭐야?
☐ 〜と 聞(き)きました 〜라고 들었습니다	→	って	あの店(みせ)、おいしい**って**。 저 가게 맛있대.

인사말

おはよう。	안녕.(아침 인사)
おはようございます。	안녕하세요.(아침 인사)
こんにちは。	안녕하세요.(낮 인사)
こんばんは。	안녕하세요.(밤 인사)
おやすみ。	잘 자.(자기 전 인사)
おやすみなさい。	안녕히 주무세요.(자기 전 인사)
さようなら。	안녕. 안녕히 가세요.(헤어질 때)
じゃ(あ)ね。	그럼 (잘 가).(헤어질 때)
バイバイ。	바이 바이.(헤어질 때)
また あした。	내일 봐.(헤어질 때)
では また(=じゃ また)。	그럼 또 봐.(헤어질 때)
いって きます。	다녀오겠습니다.
いって まいります。	다녀오겠습니다.(겸양)
いってらっしゃい。	다녀오세요.
ただいま。	다녀왔습니다.
おかえり。	다녀왔니. 어서 오렴.
おかえりなさい。	다녀왔어요?
いただきます。	잘 먹겠습니다.
ごちそうさま。	잘 먹었어요.
ごちそうさまでした。	잘 먹었습니다.

방문·안부·헤어짐

☐ ごめんください。	(밖에서 불러낼 때) 실례합니다.
☐ おじゃまします。	(집 안으로 들어가며) 실례하겠습니다.
☐ いらっしゃいませ。	어서 오세요.
☐ どうぞ お入りください。	들어오세요.
☐ 元気？	잘 지내?
☐ お元気ですか。	잘 지내시죠? 건강하시죠?
☐ おかわりありませんか。	별고 없으시죠?
☐ はい、おかげさまで。	네, 덕분에요.
☐ おひさしぶり(ですね)。	오랜만이야(오랜만이네요).
☐ ごぶさたして います。	격조하였습니다.
☐ 気を つけてね。	조심해서 가.
☐ お気を つけて。	조심히 가십시오.
☐ おだいじに。	몸조리 잘 하세요.
☐ ～さんに よろしく(お伝えください)。	～씨에게 안부 전해 주세요.

연말과 새해

☐ 今年も お世話に なりました。	올해도 신세 많았습니다.
☐ 来年も よろしく お願いします。	내년에도 잘 부탁드립니다.
☐ よい お年を お迎え ください。	좋은 한 해 맞이하세요.
☐ あけまして、おめでとうございます。	새해 복 많이 받으세요.
☐ 去年は お世話に なりました。	작년에는 신세 많았습니다.
☐ 今年も よろしく おねがいします。	올해도 잘 부탁드립니다.

축하 · 감사 · 사과

おめでとう。	축하해.
おめでとうございます。	축하합니다.
どうも。	고마워요.
どうも ありがとう。	고마워.
どうも ありがとうございます。	고맙습니다.
すみません。	감사합니다. /미안합니다.
いろいろ お世話に なりました。	여러 가지로 신세 많았습니다.
いいえ、どういたしまして。	아니에요, 천만에요.
どうも すみません。	정말 죄송합니다.
わるい。	미안해.
ごめん。	미안해.
ごめんなさい。	미안합니다.
もうしわけありません。	드릴 말씀이 없습니다. 죄송합니다
もうしわけございません。	송구합니다.
いいえ、だいじょうぶです。	아니에요, 괜찮아요.

격려 · 위로

がんばれ。	힘내.
がんばってね。	힘내.
がんばって ください。	힘내세요.
元気を だして ください。	힘내세요. 기운 차리세요.
だいじょうぶですよ。	괜찮습니다.
～さんなら、できますよ。	～씨라면 할 수 있어요.
きっと うまく いくよ。	분명 잘 될 거야.

☐ はやく 元気(げんき)に なって くださいね。	얼른 건강해지세요.
☐ ごくろうさま。	수고했어요.(아랫사람에게)
☐ おつかれさまでした。	고생하셨어요.
☐ ざんねんですね。	유감이네요.
☐ それは たいへんですね。	그거 참 큰일이네요.

승낙・동의・거절・반대

☐ ええ、いいですよ。	네, 좋아요.
☐ うん、もちろん。	응, 물론.
☐ だいじょうぶですよ。	괜찮아요. 좋아요.
☐ はい、どうぞ。	네, (그렇게) 하세요.(권할 때)
☐ はい、わかりました。	네, 알겠습니다.
☐ それは いいですね。	그것 참 좋겠네요.
☐ はい、そうしましょう。	네, 그럽시다.
☐ それは ちょっと…。	그건 좀….
☐ すみませんが、〜は ちょっと…。	미안하지만 〜은(는) 좀….
☐ それは むずかしいと 思(おも)います。	그건 좀 어렵겠어요.
☐ いいえ、けっこうです。	아니요, 더 이상은 괜찮습니다.
☐ もう、いい(です)よ。	이제 됐어(요).

말 걸기・맞장구

☐ あの(う)。	저….
☐ ね(え)。	있잖아.
☐ すみません。	실례합니다.
☐ しつれいですが。	실례합니다만.

☐ ちょっと いいですか。	잠시 괜찮을까요?
☐ ちょっと よろしいですか。	잠시 괜찮으세요?
☐ あ、そうですか。	아, 그렇습니까.
☐ そうですね。	그렇군요.
☐ そうそう。	맞아 맞아.
☐ なるほど。	역시. 과연.
☐ ほんとう？	정말?

기타

☐ ええと。	음….
☐ う～ん、そうですか。	아～, 그렇습니까.
☐ そうですね。	그렇군요.
☐ いいえ、まだまだです。	아니요. 아직 멀었어요.
☐ そんな、とんでもないですよ。	그런 말씀 가당치도 않아요.
☐ そんなこと ありません(ないです)。	그렇지 않아요.
☐ それほどでも ないです。	그 정도는 아니에요.
☐ ところで、…。	그런데….
☐ さっきの 話(はなし)ですけど。	아까 하던 이야기인데요.
☐ 話(はなし)は かわりますが。	다른 이야기입니다만.

청해 유형 확인 문제 🎧 01-05~08.mp3

다음 문제를 듣고 알맞은 답을 고르시오.

1 はじめに　しつもんを　きいて　ください。それから　はなしを　きいて、もんだいようしの　1から4の　なかから、いちばん　いい　ものを　ひとつ　えらんで　ください。

2 はじめに　しつもんを　きいて　ください。それから　はなしを　きいて、もんだいようしの　1から4の　なかから、いちばん　いい　ものを　ひとつ　えらんで　ください。

1　かんこくごを　おしえる
2　ボランティアに　いく
3　ほんを　かりる
4　としょかんに　いく

3 えを みながら しつもんを きいて ください。➡(やじるし)の ひとは なんと いいますか。1から3の なかから、いちばん いい ものを ひとつ えらんで ください。

4 えなどが ありません。ぶんを きいて、1から3の なかから、いちばん いい ものを ひとつ えらんで ください。

－ メモ －

정답 1 ② 2 ④ 3 ② 4 ③
정답&해설 p.323~325

청해 완전 정복을 위한 꿀팁!

모든 파트에 걸쳐서 가장 중요한 것은 질문에서 だれ(누구)・いつ(언제)・どこ(어디)・どうして(왜)・どれ/どちら(어느 것/ 어느 쪽)・なに/なん(무엇) 등의 의문사를 정확하게 듣는 것입니다. 그 외 どんな(어떤)・どう/どうやって(어떻게) 등의 질문에 따라 정답을 고르거나 혹은 오답을 제외시켜 가는 방법이 효과적입니다.

● もんだい 1 과제 이해

문제 해결을 위해 언제까지(시간, 날짜), 어떤 물건(형용사), 몇 개(숫자) 등의 어휘에 집중하면서 듣는 것이 효과적입니다. 특히, 그림이 제시되는 경우, 네 개의 선택지에서 거리가 먼 것들을 지워 가며 듣는 것도 쉽게 정답을 고를 수 있는 방법입니다.

● もんだい 2 포인트 이해

먼저 문제를 들으면서 내용 파악을 할 수 있지만, 방송에서 후반부에 반전이 일어나는 경우가 있으므로 끝까지 방심하지 않고 들어야 합니다. 사건의 이유나 심정을 물어보는 문항이 많으므로, どうして(어째서), なぜ(왜), ～から(～이기 때문에), ～て(～해서) 같은 표현에 집중하면 큰 힌트를 얻을 수 있습니다.

● もんだい 3 발화 표현

주로 상황별 인사 표현, 의뢰, 허가, 요구 등의 대화가 주로 다루어집니다. 때문에 그림을 보고 상황이 파악되었다면, 그 상황에서 쓸 수 있는 표현들을 머릿속에 떠올리며 듣는 것이 좋습니다.

● もんだい 4 즉시 응답

짧은 대화이므로 속도가 빠르지만, N5에서는 일상생활에서의 기본적인 인사말, 대답, 맞장구 정도의 내용이 주를 이룹니다. 가령 '잘 지내세요?(お元気ですか) / 네, 덕분에요(はい、おかげさまで)'와 같이 안부 인사에 반사적으로 대응될 수 있는 말을 고르는 형태이므로, 복잡한 생각을 하게 하는 선택지들에 현혹되지 않도록 주의합니다.

유형별 실전 문제

3교시 청해

- **과제 이해** ……………… p.260
- **포인트 이해** …………… p.266
- **발화 표현** ……………… p.272
- **즉시 응답** ……………… p.276

もんだい 1

과제 이해 실전 연습 ❶ 02-01~07.mp3 [/ 7]

もんだい 1

　もんだい1では、はじめに　しつもんを　きいて　ください。それから　はなしを　きいて、もんだいようしの　1から4の　なかから、いちばん　いい　ものを　ひとつ　えらんで　ください。

1ばん

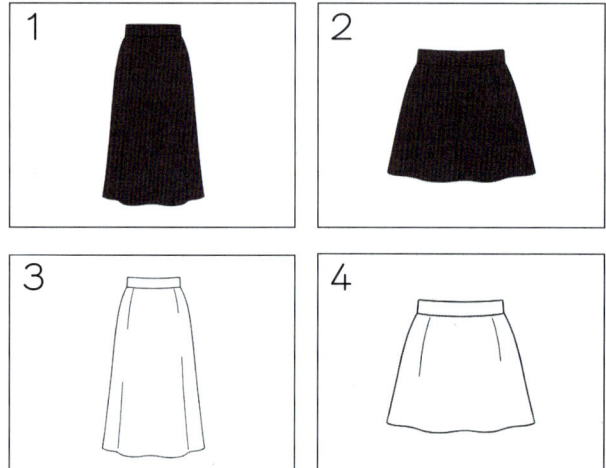

2ばん

3ばん

4ばん

1　げつようびと　すいようび
2　すいようびと　もくようび
3　もくようびと　きんようび
4　げつようびと　きんようび

5ばん

1　ほんと　おかし
2　くだものと　ほん
3　くだものと　イヤホン
4　イヤホンと　おかし

6ばん

1　かいぎしつに　いく
2　コーヒーを　のむ
3　しょるいを　コピーする
4　パンフレットを　もって　くる

7ばん

1　うみ
2　やま
3　デパート
4　かわ

정답　1② 2② 3③ 4③ 5④ 6② 7③　　정답&해설 p.326~330

もんだい 1

　もんだい 1では、はじめに　しつもんを　きいて　ください。それから　はなしを　きいて、もんだいようしの　1から4の　なかから、いちばん　いい　ものを　ひとつ　えらんで　ください。

1ばん

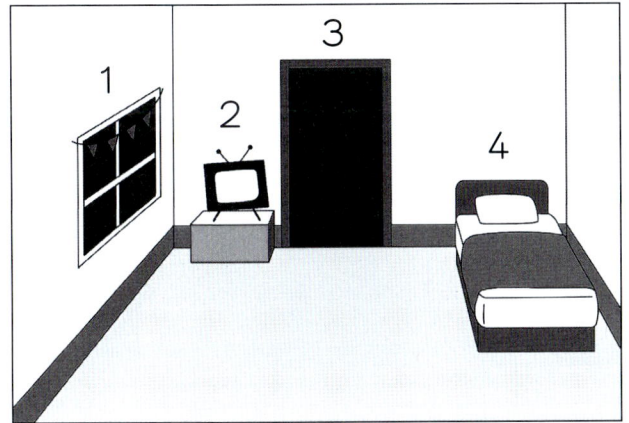

2ばん

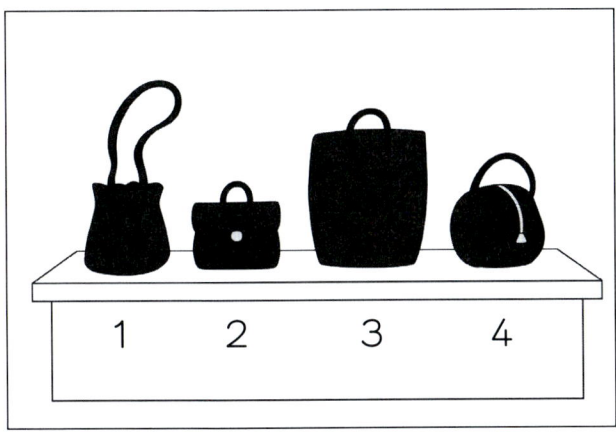

3ばん

1　すいようび

2　もくようび

3　きんようび

4　どようび

4ばん

5ばん

1　8じ　50ぷん

2　9じ　10ぷん

3　9じ　20ぷん

4　9じ　40ぷん

6ばん

1　しゃぶしゃぶと　ビール
2　アイスクリームと　ビール
3　いちごと　ビール
4　いちごと　アイスクリーム

7ばん

1　1かい
2　3がい
3　4かい
4　5かい

정답　1②　2②　3③　4②　5③　6③　7①　　정답&해설 p.331~336

もんだい 2

포인트 이해 실전 연습 ❶ 02-15~20.mp3   [/ 6]

もんだい 2

　もんだい 2では　はじめに　しつもんを　きいて　ください。それから　はなしを　きいて、もんだいようしの　1から4の　なかから、いちばん　いい　ものを　ひとつ　えらんで　ください。

1ばん

1　ビールを　のんだ
2　ともだちの　みせに　いった
3　ぎんざに　いった
4　ともだちに　あった

2ばん

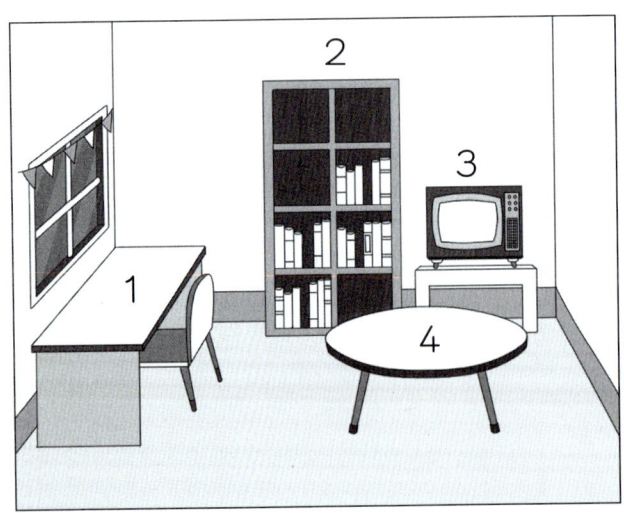

3ばん

4ばん

1　ジュースが　すきだから
2　コーヒーは　あまり　すきじゃないから
3　ジュースで　ゆうめいな　みせだから
4　コーヒーを　もう　のんだから

5ばん

1　とけい
2　はなの　え
3　にんぎょう
4　カレンダー

6ばん

1　あたたかい　おちゃを　のむ　つもりだから
2　ごはんを　たべなかったから
3　びょういんに　いく　つもりだから
4　ゆっくり　やすみたいから

もんだい 2

　もんだい 2では　はじめに　しつもんを　きいて　ください。それから　はなしを　きいて、もんだいようしの　1から4の　なかから、いちばん　いい　ものを　ひとつ　えらんで　ください。

1ばん

2ばん

1　にほんごの　じしょ
2　にほんの　おかし
3　にんぎょう
4　かんじの　じしょ

3ばん

1　3がいで　かばんを　かった
2　5かいで　うわぎを　かった
3　3がいで　くつしたを　かった
4　5かいで　シャツを　かった

4ばん

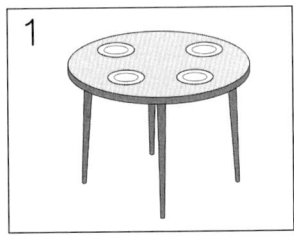
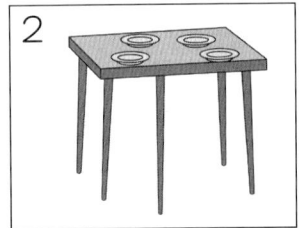

5ばん

6ばん

1　まだ　つかえるから
2　べんりで　デザインも　いいから
3　ねだんが　たかいから
4　ねだんが　やすくなるから

もんだい 3

발화 표현 실전 연습 ❶ 02-27~31.mp3   [/ 5]

もんだい 3

　もんだい 3では、えを　みながら　しつもんを　きいて　ください。➡(やじるし)の　ひとは　なんと　いいますか。1から3の　なかから、いちばん　いいものを　ひとつ　えらんで　ください。

1ばん

2ばん

3 ばん

4 ばん

5 ばん

정답 1 ③ 2 ③ 3 ① 4 ③ 5 ②

もんだい 3

　もんだい 3では、えを みながら しつもんを きいて ください。➡(やじるし)の ひとは なんと いいますか。1から3の なかから、いちばん いいものを ひとつ えらんで ください。

1ばん

2ばん

3 ばん

4 ばん

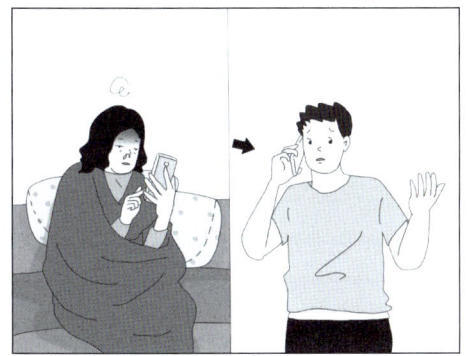

5 ばん

정답 1 ① 2 ③ 3 ① 4 ② 5 ②   정답&해설 p.347~348

もんだい 4

즉시 응답 실전 연습 ❶ 🎧 02-37~42.mp3　　　　　　　　　　　[　　/ 6]

もんだい 4

　もんだい４は、えなどが ありません。ぶんを きいて、１から３の なかから、いちばん いい ものを ひとつ えらんで ください。

— メモ —

정답　1② 　2③ 　3① 　4② 　5① 　6③　　　　　　　　　정답&해설 p.349~350

즉시 응답 실전 연습 ❷ 🎧 02-43~48.mp3   [/ 6]

もんだい 4

　もんだい４は　えなどが　ありません。ぶんを　きいて、１から３の　なかから、いちばん　いい　ものを　ひとつ　えらんで　ください。

– メモ –

정답 1 ③   2 ③   3 ③   4 ②   5 ③   6 ③   정답&해설 p.351~352

JLPT 합격 기준

일본어능력시험은 종합득점과 각 과목별 득점의 두 가지 기준에 따라 합격 여부를 판정합니다. 즉, 종합득점이 합격에 필요한 점수(합격점) 이상이며, 각 과목별 득점이 과목별로 부여된 합격에 필요한 최저점(기준점) 이상일 경우 합격입니다.

❶ N1~N3의 경우

구분	합격점	기준점		
		언어지식	독해	청해
N1	100	19	19	19
N2	90	19	19	19
N3	95	19	19	19

❷ N4~N5의 경우

구분	합격점	기준점		
		언어지식	독해	청해
N4	90	38		19
N5	80	38		19

JLPT 성적 결과 통지서

❶ N1~N3의 경우

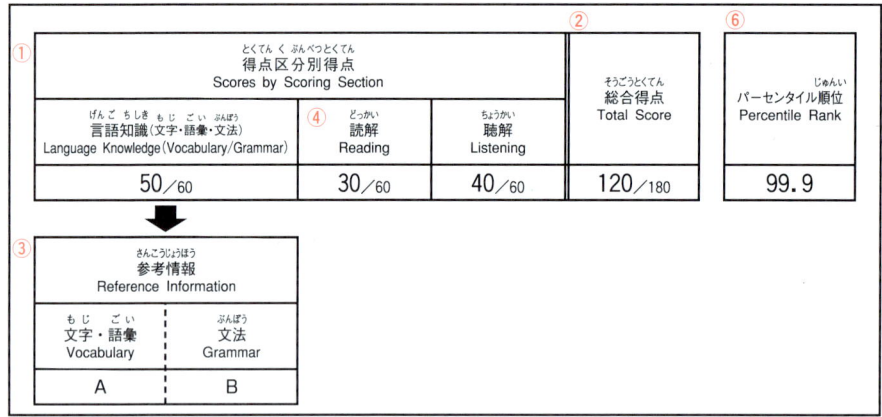

❷ N4~N5의 경우

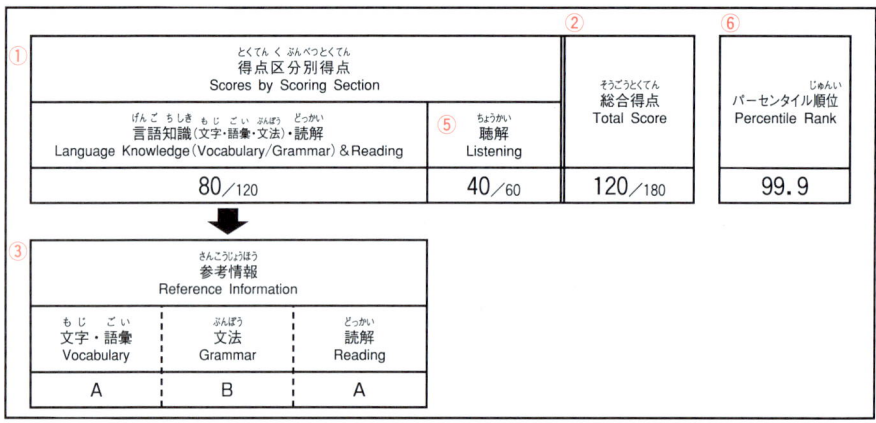

① 척도득점입니다. 합격판정의 대상이 됩니다.
② 득점구분별득점의 합계점수입니다. 합격판정의 대상이 됩니다.
③ 각 분야별로 각각 몇 문제를 맞혔는지 나타내는 정보입니다. 척도점수와는 다르며, 합격판정의 대상이 되지 않습니다. 이것에 따라 어느 분야에서 어느 정도 풀어냈는지를 알 수 있고 앞으로의 일본어 학습에 참고할 수 있습니다.

  A 매우 잘했음(정답률 67% 이상)
  B 잘했음(정답률 34%이상 67% 미만)
  C 그다지 잘하지 못했음(정답률 34% 미만)

④ [독해]와 [청해]에서는 단독으로 척도점수가 표시되기 때문에 참고 정보는 없습니다.
⑤ [청해]에서는 단독으로 척도점수가 표시되기 때문에 참고 정보는 없습니다.
⑥ 백분위 순위는 해외에서 수험한 합격자에게만 표시됩니다.

일단 합격 JLPT N5 완벽 대비

일본어능력시험

기본서 + 모의고사 + 단어장

정답 & 해설

동양북스

일본어능력시험

일단 합격 JLPT N5 완벽 대비

기본서 + 모의고사 + 단어장

정답&해설

동양북스

1교시 문자·어휘 해석과 해설

유형별 실전 문제

もんだい1

한자 읽기 실전 연습 ❶ p.66

1	2	3	4	5
③	④	③	④	③
6	7	8	9	10
①	①	④	③	③

문제 1 ___의 단어는 히라가나로 어떻게 씁니까?
1·2·3·4에서 가장 알맞은 것을 하나 고르세요.

1 수업은 9시부터입니다.
2 돈을 주머니 안에 넣었습니다.
3 다음 주 사토 씨와 꽃구경 갑니다.
4 오늘은 정말로 좋은 날씨네요.
5 선생님께 물어볼까요?
6 우체국 왼쪽에 파출소가 있습니다.
7 저 검은 상의(겉옷)는 얼마입니까?
8 이 가게는 싸고 맛있습니다.
9 지난주 토요일은 휴일이었습니다.
10 볼펜 3자루를 주세요.

한자 읽기 실전 연습 ❷ p.67

1	2	3	4	5
④	③	④	①	④
6	7	8	9	10
①	②	③	③	③

1 이번 달 골든위크에 어딘가 갑니까?
2 아빠, 이쪽은 친구인 히로키입니다.
3 그곳에는 혼자서 가지 않는 편이 좋아요.
4 언니는 매일 6시경 일어납니다.
5 이쪽의 책은 한 권에 백 엔입니다.
6 혼자서 외국에 간 적이 있습니까?
7 집에서 회사까지 걸어서 30분 정도입니다.
8 리포트는 수요일까지 제출해 주세요.
9 다음 주 고국으로 돌아갈 생각입니다.
10 죄송합니다만, 밖에서 기다려 주세요.

한자 읽기 실전 연습 ❸ p.68

1	2	3	4	5
③	③	④	①	③
6	7	8	9	10
②	④	②	③	③

1 백화점 앞에 사람이 많이 있습니다.
2 컵에 물이 절반밖에 없습니다.
3 도쿄역은 어느 쪽입니까?
4 이 책은 매우 어렵습니다.
5 이 길을 건너주세요.
6 모두 선생님의 이야기를 듣고 있습니다.
7 4시에 전화해 주세요.
8 늘 아침 7시에 일어납니다.
9 이 가게는 깨끗하고 사람도 많네요.
10 근처에 유명한 식당이 있습니다.

한자 읽기 실전 연습 ❹ p.69

1	2	3	4	5
①	①	①	④	②
6	7	8	9	10
③	①	③	②	①

1 어제 아기가 태어났습니다.
2 함께 선물을 사러 가지 않을래요?
3 저 교차로에서 오른쪽으로 꺾으세요.
4 가게 앞에 차를 세워서는 안 됩니다.
5 시험은 이번 주 수요일부터입니다.
6 이 근처에 은행은 있습니까?
7 글씨가 작아서 읽을 수 없습니다.
8 먼저 실례하겠습니다.
9 이 식당은 생선요리가 유명합니다.
10 이 새는 하늘을 날 수 없습니다.

한자 읽기 실전 연습 ❺ p.70

1	2	3	4	5
②	②	④	④	③
6	7	8	9	10
③	④	④	④	③

1 집 앞에 차가 있습니다.
2 오늘은 몇 월 며칠입니까?
3 학교 앞에서 기다립니다.
4 좀 더 큰 것은 없습니까?
5 일본어로 편지를 썼습니다.
6 내일은 엄마의 생일입니다.
7 시합은 4시 반부터입니다.
8 벌써 스무 살이 되었습니다.
9 늘 전차를 타고 학교에 갑니다.
10 얼굴이 금세 빨개졌습니다.

もんだい2

표기 실전 연습 ❶ p.71

1	2	3	4	5
②	①	②	③	③
6	7	8	9	10
③	①	④	①	②

문제 2 ____의 단어는 어떻게 씁니까?
1·2·3·4에서 가장 알맞은 것을 하나 고르세요.

1 밖은 추워요.
2 내일 영어 시험이 있습니다.
3 역 남쪽 출입구를 나가서 금방입니다.
4 조금 더 큰 가방을 갖고 싶습니다.
5 커피를 마시면서 신문을 읽습니다.
6 매일 도서관에서 공부하고 있습니다.
7 전차 안에 사람이 많이 있습니다.
8 음악을 들으면서 책을 읽습니다.
9 함께 영화를 보러 가지 않을래요?
10 저는 한국에서 왔습니다.

표기 실전 연습 ❷ p.72

1	2	3	4	5
①	④	①	①	④
6	7	8	9	10
②	③	④	④	①

1 여기에서 학교까지 20분입니다.
2 시험은 몇 시부터입니까?
3 밝고 깨끗한 방이네요.
4 전기를 켤까요?
5 홋카이도는 도쿄보다 북쪽입니다.
6 새 자동차네요.
7 올해 아버지의 날은 몇 월 며칠입니까?
8 벚꽃이 예쁘네요.
9 지금부터 일본어로 말해 주세요.
10 곧장 가면 왼편에 은행이 보입니다.

표기 실전 연습 ❸ p.73

1	2	3	4	5
③	③	①	②	①
6	7	8	9	10
②	②	③	②	④

1 귀여워서 두 개나 샀습니다.
2 이 약은 물과 함께 드세요.
3 이름은 가타카나로 적어 주세요.
4 역 앞에서 만납시다.
5 택시를 타고 갑시다.
6 가족 모두 함께 외출합니다.
7 동쪽의 하늘이 밝아지기 시작했다.
8 밖은 지금 비가 내리고 있습니다.
9 긴 스커트를 사고 싶습니다.
10 은행은 서점 뒤에 있습니다.

표기 실전 연습 ❺ p.75

1	2	3	4	5
③	②	①	④	①
6	7	8	9	10
①	①	③	①	②

1 영화관은 역 앞에 있습니다.
2 조금 더 작은 가방이 갖고 싶습니다.
3 이 약을 드세요.
4 오늘은 좋은 날씨네요.
5 차 운전은 못합니다.
6 그다지 비싸지 않네요.
7 이 대학에서 공부하고 있습니다.
8 혼자서도 괜찮습니까?
9 오후 다섯 시에 전화하겠습니다.
10 사토 씨에게 전화를 걸었습니다.

표기 실전 연습 ❹ p.74

1	2	3	4	5
②	②	③	②	①
6	7	8	9	10
④	②	③	③	③

1 오늘은 집에서 쉽니다.
2 이름은 무엇입니까?
3 새가 하늘을 날고 있습니다.
4 두 사람은 일본어로 이야기하고 있습니다.
5 여름방학에 바다에 가고 싶습니다.
6 제 여동생은 내년에 스무 살이 됩니다.
7 서울대학교에 들어가고 싶습니다.
8 내일 우산을 가지고 오세요.
9 학교 앞에서 만날까요?
10 이곳은 매우 유명한 가게예요.

もんだい 3

문맥 구성 실전 연습 ❶ p.76

1	2	3	4	5
④	③	④	③	④
6	7	8	9	10
③	②	③	④	③

문제 3 (   )에 무엇을 넣습니까?
1·2·3·4에서 가장 알맞은 것을 하나 고르세요.

1 글씨가 (작아서) 보이지 않습니다.
①높아서 ②싸서 ④커서

2 춥네요. (스토브)를 켤까요?
①슬리퍼 ②TV ④스커트, 치마

3 A: 대단히 감사합니다.
 B: 아닙니다. (천만에요).
①괜찮습니다 ②다녀왔습니다 ③안녕하세요(점심인사)

4 집 앞에 자동차가 (멈추어) 있습니다.
①타 ②서 ④태어나

5 (재작년) 여름은 매우 더웠습니다.
①그제 ②매년 ③내년

6 안경을 (쓰고) 있는 사람이 다나카 씨입니다.
①(모자 등)쓰고 ②타고 ④(글씨·글을)쓰고/그리고

7 얼음이 (점점) 작아진다.
①여러 가지 ③곧장 ④먼저

8 이 가게의 카레는 매우 (맛있다).
①재밌다 ②상냥하다 ④파랗다

9 A: 케이크 좀 더 어떠세요?
 B: (괜찮습니다). 이제 배가 부릅니다.
①잘 먹겠습니다 ②여기요 ③잘 부탁해

10 자기전에 샤워를 (합니다).
①씻습니다 ②놉니다 ④삽니다

문맥 구성 실전 연습 ❷ p.77

1	2	3	4	5
③	③	②	①	②
6	7	8	9	10
②	④	③	④	①

1 저 모퉁이를 왼쪽으로 (돕니다).
①듣습니다 ②기다립니다 ④씁니다/그립니다

2 아직 (바다)에서 헤엄치는 것은 무리입니다.
①산 ②가게 ④집

3 A: 예쁜 (우표)네요.
 B: 그것은 우체국에서 샀어요.
①표, 티켓 ③잡지 ④신문

4 A: 처음 뵙겠습니다. 모쪼록 잘 부탁드립니다.
 B: (저야말로) 잘 부탁드립니다.
②여기에 ③다녀왔습니다 ④천만에요

5 따뜻한 (커피)를 마시고 싶네요.
①카피, 사본 ③코트 ④코드

6 추워서 모두 모자를 (쓰고) 있습니다.
①(안경을) 쓰고 ③입고 ④입고/신고

7 여기에는 (처음) 왔습니다.
①슬슬 ②곧장 ③점점

8 테이블 위에 접시를 (늘어놓읍시다).
①배웁시다 ②씻읍시다 ④줄을 섭시다

9 모르는 것은 선생님에게 (물어)봅니다.
①써/그려 ②걸어/채워/뿌려 ③와

10 나는 삼 형제로, (형)이 두 명 있습니다.
②가족 ③친구 ④다나카 씨

문맥 구성 실전 연습 ❸ p.78

1	2	3	4	5
④	①	③	①	③
6	7	8	9	10
①	②	①	③	④

1 내일 파티에는 (아마도) 오겠지요.
①조금 ②약간 ③점점

2 (어젯밤)은 매우 추웠습니다.
②내일 ③모레 ④다음 주

3 신칸센 (티켓)을 세 장 샀습니다.
①슬리퍼 ②노트 ④휴대전화

4 역 앞에 (많은) 사람이 모여 있습니다.
②많은 ③힘든 ④처음

5 버스로 (5분) 정도 걸립니다.
①5권 ②5시 ④5대

6 사과 두 개와 귤 한 개, 전부 해서 (세 개)입니다.
②네 개 ③여섯 개 ④여덟 개

7 A: (다녀오겠습니다).
 B: 다녀오세요.
①다녀왔습니다 ③여기에 ④실례합니다

8 이제 (슬슬) 귀가합시다.
②잘 ③매우 ④많은

9 A: (미안합니다).
   B: 아니요, 괜찮습니다.
   ① 다녀왔습니다 ② 어서 오세요 ④ 안녕히 주무세요

10 A: 도서관은 어디입니까?
   B: 이 길을 (곧장) 가세요.
   ① 앞에 ② 딱, 정확히 ③ 처음으로

문맥 구성 실전 연습 ❹ p.79

1	2	3	4	5
②	③	②	①	①
6	7	8	9	10
②	③	④	②	①

1 그는 (아마도) 오지 않겠죠.
   ① 점점 ③ 슬슬 ④ 여러 가지

2 (많은) 사람 앞에서 노래했습니다.
   ① 큰 ② 많은 ④ 힘든

3 내일은 강한 바람이 (불)겠습니다.
   ① 걸리 ③ 쓰/그리 ④ 가

4 매일 아침 8시에 집을 (나섭니다).
   ② 냅니다 ③ 들어갑(옵)니다 ④ 넣습니다

5 (자주) 가는 가게는 어디입니까?
   ② 슬슬 ③ 매우 ④ 많은

6 택시를 (타고) 갑시다.
   ① 마시고 ③ 부르고 ④ 취해서

7 A: 학생입니까?
   B: 아니요. (아닙니다).
   ① 없습니다 ② 없습니다 ④ 틀리지 않습니다

8 한 번 더 전화 (부탁드립니다).
   ① 어서 오세요 ② 죄송합니다 ④ 소중하게

9 교실 안에 사람이 (두 명) 있습니다.
   ① 두 개 ③ 2일 ④ 10일

10 맥주를 (3병) 사 왔습니다.
   ② 3장 ③ 3대 ④ 3마리

もんだい 4

유의 표현 실전 연습 ❶ p.80

1	2	3	4	5
②	③	④	④	②
6	7	8	9	10
①	②	④	②	③

문제 4 _____ 의 문장과 대체로 같은 뜻의 문장이 있습니다.
1 · 2 · 3 · 4에서 가장 알맞은 것을 하나 고르세요.

1 그제 여동생이 태어났습니다.
   1 하루 전에 여동생이 태어났습니다.
   2 이틀 전에 여동생이 태어났습니다.
   3 1년 전에 여동생이 태어났습니다.
   4 2년 전에 여동생이 태어났습니다.

2 저, 요리는 잘하지 않습니다.
   1 저의 요리는 답니다.
   2 저의 요리는 맵습니다.
   3 저의 요리는 맛없습니다.
   4 저의 요리는 맛있습니다.

3 이곳은 부엌입니다.
   1 이곳에서 세탁을 합니다.
   2 이곳에서 음식을 삽니다.
   3 이곳에서 책을 빌립니다.
   4 이곳에서 요리를 만듭니다.

4 저 가게 안에는 많은 사람이 있습니다.
   1 저 가게는 깨끗합니다.
   2 저 가게는 따뜻합니다.
   3 저 가게는 한가합니다.
   4 저 가게는 북적입니다.

5 A: 그 라면집은 토요일에 쉽니다.
   B: 그럼 그제 휴일이었네요.
   1 오늘은 일요일입니다.
   2 오늘은 월요일입니다.
   3 오늘은 목요일입니다.
   4 오늘은 금요일입니다.

6 다나카 씨는 "안녕히 주무세요"라고 말했습니다.
   1 다나카 씨는 이제부터 잡니다.
   2 다나카 씨는 이제부터 밥을 먹습니다.
   3 다나카 씨는 지금 집을 나섭니다.
   4 다나카 씨는 지금 집에 돌아왔습니다.

| 7 | 나는 사전을 찾아보았습니다.
1 나는 지금 출구를 알 수 있습니다.
2 <u>나는 지금 한자를 읽을 수 있습니다.</u>
3 나는 지금 전화번호를 알 수 있습니다.
4 나는 지금 외출할 수 있습니다.

| 8 | 내일은 집에서 쉽니다.
1 내일은 집에서 일합니다.
2 내일은 집에서 일을 합니다.
3 내일은 집에서 자지 않습니다.
4 <u>내일은 집에서 아무것도 하지 않습니다.</u>

| 9 | 누나는 리에 씨한테 영어를 배웁니다.
1 누나는 영어를 가르칩니다.
2 <u>누나는 영어를 공부합니다.</u>
3 리에 씨한테 영어를 가르칩니다.
4 리에 씨는 영어를 공부합니다.

| 10 | 스즈키 씨는 다나카 씨에게 전화(기)를 빌렸습니다.
1 스즈키 씨는 다나카 씨에게 전화(기)를 주었습니다.
2 스즈키 씨는 다나카 씨에게 전화(기)를 돌려주었습니다.
3 <u>스즈키 씨는 다나카 씨에게 전화(기)를 빌려주었습니다.</u>
4 스즈키 씨는 다나카 씨에게 전화(기)를 받았습니다.

| 3 | 현관에 누군가 있습니다.
1 <u>집 입구에 사람이 있습니다.</u>
2 창문에 사람이 있습니다.
3 부엌에 사람이 있습니다.
4 방 안에 사람이 있습니다.

| 4 | 외국에 간 적이 없습니다.
1 일본에는 그다지 가지 않습니다.
2 일본에는 자주 갑니다.
3 일본에 가고 싶습니다.
4 <u>일본에 가는 것은 처음입니다.</u>

| 5 | 테이블 위는 더럽습니다.
1 테이블 위는 좋지 않습니다.
2 <u>테이블 위는 깨끗하지 않습니다.</u>
3 테이블 위는 쉽지(상냥하지) 않습니다.
4 테이블 위는 싫어하지 않습니다.

| 6 | 이 책은 시시했다.
1 이 책은 어렵지 않았다.
2 이 책은 나쁘지 않았다.
3 <u>이 책은 재미있지 않았다.</u>
4 이 책은 무겁지 않았다.

| 7 | 나는 이 학교에 근무하고 있습니다.
1 <u>나는 이 학교에서 일하고 있습니다.</u>
2 나는 이 학교에서 배우고 있습니다.
3 나는 이 학교에 살고 있습니다.
4 나는 이 학교에 들어와 있습니다.

| 8 | 오전도 오후도 바빠서 연락할 수 없습니다.
1 밤부터 아침까지 바쁩니다.
2 <u>아침부터 저녁까지 바쁩니다.</u>
3 낮부터 저녁까지 바쁩니다.
4 저녁부터 아침까지 바쁩니다.

| 9 | 모레 학교를 쉽니다.
1 모레 학교가 시작됩니다.
2 모레 학교에 들어갑니다.
3 모레 학교에서 놉니다.
4 <u>모레 학교에 가지 않습니다.</u>

유의 표현 실전 연습 ❷ p.82

1	2	3	4	5
③	③	①	④	②
6	7	8	9	10
③	①	②	④	④

| 1 | 다나카 씨는 키가 큽니다.
1 다나카 씨는 키가 싸지 않습니다.
2 다나카 씨는 키가 상냥하지 않습니다.
3 <u>다나카 씨는 키가 작지 않습니다.</u>
4 다나카 씨는 키가 작지 않습니다.

| 2 | 누구라도 스즈키 씨를 알고 있습니다.
1 스즈키 씨는 키가 큽니다.
2 스즈키 씨는 매우 바쁩니다.
3 <u>스즈키 씨는 매우 유명합니다.</u>
4 스즈키 씨는 상냥합니다.

| 10 | 부모님은 지금 외출해 있습니다.
1 오빠도 언니도 집에 없습니다.
2 아저씨도 아주머니도 집에 없습니다.
3 누구도 지금 집에 없습니다.
4 아빠도 엄마도 집에 없습니다.

유의 표현 실전 연습 ❸ p.84

1	2	3	4	5
①	②	①	②	①
6	7	8	9	10
③	①	③	③	②

| 1 | 어제 수업에 왜 오지 않았습니까?
1 어제 수업에 왜 오지 않았습니까?
2 어제 수업에 어떻게 오지 않았습니까?
3 어제 수업에 어떤 오지 않았습니까?
4 어제 수업에 무언가 오지 않았습니까?

| 2 | A: 수업은 항상 9시부터입니까?
B: 오늘은 8시 40분입니다.
1 오늘 수업은 20분 늦게 시작됩니다.
2 오늘 수업은 20분 일찍 시작됩니다.
3 오늘 수업은 40분 늦게 시작됩니다.
4 오늘 수업은 40분 일찍 시작됩니다.

| 3 | 그는 일본어를 잘합니다.
1 그는 일본어를 못하지 않습니다.
2 그는 일본어를 못합니다.
3 그는 일본어가 편리하지 않습니다.
4 그는 일본어를 좋아합니다.

| 4 | 스즈키 씨는 나의 언니와 결혼했습니다.
1 언니는 스즈키 씨의 남편이 되었습니다.
2 언니는 스즈키 씨의 부인이 되었습니다.
3 언니는 스즈키 씨의 손님이 되었습니다.
4 언니는 스즈키 씨의 누나가 되었습니다.

| 5 | A: 이 시계는 아빠한테 받았어요.
B: 좋네요.
1 아빠가 시계를 (나에게) 주었습니다.
2 내가 시계를 주었습니다.
3 아빠가 시계를 받았습니다.
4 내가 시계를 (나에게) 주었습니다.

| 6 | 다나카 씨는 청소를 했습니다.
1 다나카 씨는 셔츠와 손수건을 깨끗하게 했습니다.
2 다나카 씨는 컵과 접시를 깨끗하게 했습니다.
3 다나카 씨는 정원과 방을 깨끗하게 했습니다.
4 다나카 씨는 얼굴과 손을 깨끗하게 했습니다.

| 7 | 그 가게는 9시부터 열려 있습니다.
1 가게는 9시부터 닫혀 있지 않습니다.
2 가게는 9시부터 닫혀 있습니다.
3 가게는 9시부터 열려 있지 않습니다.
4 가게는 9시부터 열리지 않습니다.

| 8 | 나는 노래를 잘하지 않습니다.
1 나는 자주 노래를 부릅니다.
2 나는 노래를 싫어합니다.
3 나는 노래를 잘하지 않습니다.
4 나는 노래를 부르지 않았습니다.

| 9 | 그 컴퓨터는 재작년 일본에서 샀습니다.
1 1년 전 일본에서 컴퓨터를 샀습니다.
2 이틀 전 일본에서 컴퓨터를 샀습니다.
3 2년 전 일본에서 컴퓨터를 샀습니다.
4 사흘 전 일본에서 컴퓨터를 샀습니다.

| 10 | 아빠: 할아버지는 올해 80세란다.
겐타: 그래요?
1 아빠의 엄마는 80세입니다.
2 아빠의 아빠는 80세입니다.
3 아빠의 형은 80세입니다.
4 아빠의 누나는 80세입니다.

유의 표현 실전 연습 ❹ p.86

1	2	3	4	5
④	①	③	③	③
6	7	8	9	10
④	②	③	④	④

| 1 | 어젯밤 야마다 씨에게 전화를 했습니다.
1 그제 아침 야마다 씨에게 전화를 했습니다.
2 그제 밤 야마다 씨에게 전화를 했습니다.
3 어제 아침 야마다 씨에게 전화를 했습니다.
4 어제 밤 야마다 씨에게 전화를 했습니다.

2 그 가게는 지금 열려 있습니다.
1 그 가게는 지금 닫혀 있지 않습니다.
2 그 가게는 지금 닫혀 있습니다.
3 그 가게는 지금 열려 있지 않습니다.
4 그 가게는 지금 닫혀 있습니다.

3 어제 과일을 샀습니다.
1 개와 고양이 등을 샀습니다.
2 초밥과 우동 등을 샀습니다.
3 사과와 오렌지 등을 샀습니다.
4 책과 잡지 등을 샀습니다.

4 스즈키 씨는 내 언니의 선생님입니다.
1 언니는 스즈키 씨의 선생님입니다.
2 스즈키 씨는 언니의 학생입니다.
3 언니는 스즈키 씨의 학생입니다.
4 스즈키 씨는 선생님의 언니입니다.

5 그제 영어 시험이 있었습니다.
1 영어 시험은 나흘 전입니다.
2 영어 시험은 사흘 전입니다.
3 영어 시험은 이틀 전입니다.
4 영어 시험은 하루 전입니다.

6 이 책 빌려주세요.
1 이 책 돌려줘도 좋습니까?
2 이 책 빌려주고 싶습니다.
3 이 책 빌려줘도 좋습니까?
4 이 책 빌리고 싶습니다.

7 남동생은 새 컴퓨터를 샀습니다.
1 남동생의 컴퓨터는 무겁지 않습니다.
2 남동생의 컴퓨터는 낡지 않습니다.
3 남동생의 컴퓨터는 예쁘지 않습니다.
4 남동생의 컴퓨터는 편리하지 않습니다.

8 스즈키 씨는 방 전기를 끄고 자고 있습니다.
1 지금 방은 검습니다.
2 지금 방은 괴롭지 않습니다.
3 지금 방은 어둡습니다.
4 지금 방은 검지 않습니다.

9 바빠서 TV는 그다지 보지 않습니다.
1 TV는 좋아하지 않습니다.
2 TV는 좋지 않습니다.
3 TV를 살 시간이 없습니다.
4 TV를 볼 시간이 없습니다.

10 이곳은 도서관입니다.
1 이곳에서 책을 살 수 있습니다.
2 이곳에서 잡지를 만들 수 있습니다.
3 이곳에서 영화를 볼 수 있습니다.
4 이곳에서 신문을 읽을 수 있습니다.

유의 표현 실전 연습 ❺ p.88

1	2	3	4	5
①	④	③	④	④
6	7	8	9	10
③	②	③	②	③

1 그는 반려동물과 살고 있습니다.
1 그의 집에는 고양이가 있습니다.
2 그의 집에는 가족이 있습니다.
3 그의 집에는 꽃이 있습니다.
4 그의 집에는 정원이 있습니다

2 그제는 회사를 쉬었습니다.
1 사흘 전에 회사에 갔습니다.
2 사흘 전에 회사에 가지 않았습니다.
3 이틀 전에 회사에 갔습니다.
4 이틀 전에 회사에 가지 않았습니다.

3 책상 위에 책을 늘어놓아 주세요.
1 책상 위에 책을 눌러주세요.
2 책상 위에 책을 가르쳐 주세요.
3 책상 위에 책을 놓아주세요.
4 책상 위에 책을 일어나 주세요.

4 그의 글씨는 예쁩니다.
1 그의 글씨는 크지 않습니다.
2 그는 글씨를 잘 쓰지 않습니다.
3 그의 글씨는 좋아하지 않습니다.
4 그는 글씨를 못 쓰지 않습니다.

5 방 청소를 했습니다.
   1 방이 밝아졌습니다.
   2 방이 능숙해졌습니다.
   3 방이 싫어졌습니다.
   4 방이 깨끗해졌습니다.

6 이 문제, 저에게는 무리입니다.
   1 이 문제는 쉽습니다.
   2 이 문제는 잘합니다.
   3 이 문제는 어렵습니다.
   4 이 문제는 쓰지 않습니다.

7 히로토는 "다녀오겠습니다"라고 말했습니다.
   1 히로토는 지금 돌아왔습니다.
   2 히로토는 지금부터 외출합니다.
   3 히로토는 지금 일어났습니다.
   4 히로토는 지금부터 잡니다.

8 바지를 세탁해 주세요.
   1 바지를 입어 주세요.
   2 바지를 입어 주세요.
   3 바지를 빨아 주세요.
   4 바지를 사 주세요.

9 이것은 상의(외투)입니다.
   1 이것으로 방 청소를 합니다.
   2 이것을 입고 학교에 갑니다.
   3 이것으로 사람과 이야기합니다.
   4 이것을 타고 학교에 갑니다.

10 저곳에서 우표를 살 수 있습니다.
   1 저곳은 도서관입니다.
   2 저곳은 백화점입니다.
   3 저곳은 우체국입니다.
   4 저곳은 편의점입니다.

2교시 문법 해석과 해설

합격 문법 확인 문제 ❶ p.128

1	2	3	4	5	6
a	b	b	b	b	b
7	8	9	10	11	12
a	a	b	b	a	a
13	14	15	16		
b	b	b	b		

1 바다(에서) 헤엄치고 싶습니다.
2 초밥은 맛있습니다(만), 비쌉니다.
3 작년에 한국(에서) 왔습니다.
4 교실에 학생이 2명(밖에) 없습니다.
5 택시(로) 갑시다.
6 우유(나) 주스 등을 샀습니다.
7 슬슬 집(에) 돌아갑시다.
8 사토 씨는 지금 어디(에) 있습니까?
9 함께 산책(하러) 가지 않을래요?
10 일본어(의) 공부를 합니다.
11 돈(이) 많은 사람이 있습니다.
12 비싸(니까) 사지 않겠습니다.
13 가방 위에는 무엇(도) 없습니다.
14 나는 삼 형제로 남동생(과) 여동생이 있습니다.
15 일본(의) 영화를 봤습니다.
16 선생님(께) 편지를 썼습니다.

합격 문법 확인 문제 ❷ p.129

1	2	3	4	5	6
b	a	a	b	b	a
7	8	9	10	11	12
b	b	a	b	b	a
13	14	15	16		
b	a	a	b		

1 배가 아파서 아무것(도) 먹지 않았습니다.
2 교실에 누군(가) 있습니까?
3 이것은 아빠(께) 받은 시계입니다.
4 감기(로) 회사를 쉬었습니다.
5 내일 친구와 바다(에) 갑니다.
6 맛있어서 세 개(나) 먹었습니다.
7 그가 올지 안 올(지) 모르겠습니다.
8 무언(가) 마실까요?
9 오늘은 어디(에도) 가지 않았습니다.
10 조금 더 큰 가방(을) 갖고 싶습니다.
11 감기(에) 걸렸습니다.
12 시간이 없어서 택시(를) 탔습니다.
13 역 앞에서 친구(를) 만납니다.
14 자기 전에 목욕(을) 합니다.
15 그는 일본어(를) 잘합니다.
16 세 개(에) 700엔입니다.

합격 문법 확인 문제 ❸ p.130

1	2	3	4	5	6
b	b	a	b	b	b
7	8	9	10	11	12
a	b	b	b	b	b
13	14	15	16		
a	a	b	b		

1 테이블 위는 (깨끗하지) 않습니다.
2 저 가게의 카레는 정말 (맛있었습니다).
3 그는 (유명한) 사람입니다.
4 그것참 (잘됐네요).
5 책상 위를 (깨끗하게) 해 주세요.
6 사과가 (빨개)졌습니다.
7 리에 씨는 (귀엽고) 친절합니다.
8 뭔가 (따뜻한) 것을 마시고 싶습니다.
9 긴 스커트를 (갖고 싶었습니다).
10 이 가방은 (무겁고) 크네요.
11 한자는 (쉽지) 않습니다.
12 무언가 (갖고 싶은) 것은 있습니까?
13 키가 (작아서) 보이지 않습니다.
14 예전에는 (비쌌습)니다만, 지금은 싸네요.
15 사토 씨는 머리도 (좋고) 예쁩니다.
16 어제 파티는 (즐겁지) 않았습니다.

합격 문법 확인 문제 ❹ p.131

1	2	3	4	5	6
b	a	b	b	b	a
7	8	9	10	11	12
b	b	a	b	a	b
13	14	15	16		
b	a	b	a		

1. 예전에는 토마토를 (싫어했습니다).
2. 그녀는 항상 (건강하고) 밝습니다.
3. 역이 가까워서 (편리한) 곳입니다.
4. 이 가방은 (튼튼해서) 좋네요.
5. 오늘은 (한가해서) TV를 봤습니다.
6. 일본어가 (능숙해)졌습니다.
7. 그녀와 (같은) 반입니다.
8. 나는 (의사가) 아닙니다.
9. 잠시 (기다려) 주세요.
10. 내일 이곳에 (와) 주세요.
11. 백화점에서 가방을 (샀습)니다.
12. 슬슬 집에 (돌아갑시다).
13. 그것은 (사지) 않는 편이 좋습니다.
14. 저 버스를 (타) 주세요.
15. 친구를 (만나서) 영화를 봤습니다.
16. 공원을 (달리고) 있습니다.

합격 문법 확인 문제 ❺ p.132

1	2	3	4	5	6
a	b	a	b	b	a
7	8	9	10	11	12
a	b	a	b	b	b
13	14	15	16		
b	a	b	a		

1. 도서관에 책을 (읽으)러 갑니다.
2. 너무 많이 (먹지) 말아 주세요.
3. 이 버튼을 (눌러도) 됩니까?
4. 나는 은행에서 (일하고) 있습니다.
5. 야마모토 씨는 파티에 (오지) 않는다.
6. 이름은 가타카나로 (써) 주세요.
7. 새가 하늘을 (날고) 있습니다.
8. 오사카에 (간) 적이 있습니까?
9. 여기에서 30분 정도 (걸립니다).
10. 선생님은 그다지 술을 (마시지) 않는다.
11. 감기에 (걸려서) 결석했습니다.
12. 청소를 (해서) 깨끗해졌습니다.
13. 도서관에 (와서) 공부를 합니다.
14. 한자를 (외워) 주세요.
15. 집에 (돌아와) 숙제를 합니다.
16. 방에 (들어와) 주세요.

고득점 문법 확인 문제 ❶ p.149

1	2	3	4	5	6
a	b	b	a	b	a
7	8	9	10	11	12
b	b	a	b	b	a
13	14	15	16		
b	a	b	b		

1. 문이 열려 (있습니다).
2. 아무것도 (사지 않고) 가게를 나왔습니다.
3. 하루 (종일) 집에서 쉬었습니다.
4. 빨리 집에 (가고) 싶습니다.
5. 저에게도 (이야기해) 주세요.
6. 커피라도 (마시러) 갑시다.
7. 밥을 (먹기) 전에 손을 씻습니다.
8. 저 방에는 (들어가지 말아) 주세요.
9. 청소를 (한) 후에 무엇을 할 겁니까?
10. 빨리 (가는) 편이 좋습니다.
11. 도서관에 책을 (돌려주)러 갑니다.
12. 길이 (넓어)졌습니다.
13. 숙제를 (했으)니까 놀아도 좋다.
14. 새 차를 (살) 생각입니다.
15. 메모가 쓰여 (있습니다).
16. 가격이 (비싸도) 삽니다.

고득점 문법 확인 문제 ❷ p.150

1	2	3	4	5	6
a	b	a	a	a	a
7	8	9	10	11	12
a	b	b	b	b	a
13	14	15	16		
b	b	b	a		

1. 버스가 (오지 않아서) 걸어왔습니다.
2. 오늘은 무엇을 (먹)으러 갈까요?
3. 그는 노래를 잘해서 (유명해)졌습니다.
4. 수업 (중)에는 조용히 해주세요.
5. 봄이 되어서 따뜻해(졌습니다).
6. 새 컴퓨터를 사고 (싶습)니다.

7 학생(들)은 이미 알고 있습니다.
8 이 방은 항상 전기가 켜져 (있습니다).
9 교실 안에서 (달려서는) 안 됩니다.
10 어제 야마다 씨는 (만났습니까)?
11 음악을 듣거나 책을 (읽기도) 했습니다.
12 어제 (본) 영화는 어땠습니까?
13 선생님은 (어디에도) 없습니다.
14 어제보다 가격이 (싸)졌네요.
15 재작년 겨울은 (추웠습니다).
16 지금은 누구도 (만나고 싶지) 않습니다.

1 (여기)에서 기다려 주세요.
2 사과랑 오렌지랑 (어느 쪽)을 좋아합니까?
3 어제 산 책은 (어느 것)입니까?
4 선생님, 이 한자는 (어떻게) 읽습니까?
5 3개에 (얼마)입니까?
6 지금 (딱) 3시입니다.
7 시합은 (매우) 힘들었습니다.
8 이 라면 맵네요. (하지만) 먹고 싶습니다.
9 점심은 (아직) 먹지 않았습니다.
10 네, (곧) 전화하겠습니다.
11 저 영화는 (이미) 봤습니다.
12 단것은 (그다지) 좋아하지 않습니다.
13 어제는 집에서 (푹) 쉬었습니다.
14 어제는 (어째서) 결석했습니까?
15 그녀는 머리가 좋다. (게다가) 성격도 좋다.
16 이런 물건은 (어디에도) 없습니다.

고득점 문법 확인 문제 ❸ p.151

1	2	3	4	5	6
b	a	a	b	b	a
7	8	9	10	11	12
b	a	a	a	b	b
13	14	15	16		
b	b	a	b		

1 여기에서는 사진을 (찍지 말아) 주세요.
2 일본어가 (능숙해)졌네요.
3 여기에 (앉아도) 됩니까?
4 누구에게도 (말하지 않는) 편이 좋아요.
5 함께 커피를 (마시)러 가지 않겠습니까?
6 음료는 무엇(으로) 하겠습니까?
7 이 약은 밥을 (먹기) 전에 먹습니다.
8 회사까지 (걸어서) 30분 정도입니다.
9 스마트폰을 보(면서) 걷는 것은 위험합니다.
10 많은 사람이 (줄 서) 있습니다.
11 나에게는 아무것도 (묻지 말아) 주세요.
12 이 거리는 (변화해)졌습니다.
13 그의 방은 (깨끗했습니다).
14 함께 (운동하러) 가지 않겠습니까?
15 그렇게 비싼 것은 (사지 않는) 편이 좋습니다.
16 숙제도 (하지 않고) 학교에 갔습니다.

고득점 문법 확인 문제 ❹ p.152

1	2	3	4	5	6
b	a	b	b	b	a
7	8	9	10	11	12
a	b	a	b	a	a
13	14	15	16		
b	a	b	b		

고득점 문법 확인 문제 ❺ p.153

1	2	3	4	5	6
b	b	a	a	a	a
7	8	9	10	11	12
a	a	b	a	a	a
13	14	15	16		
b	a	a	b		

1 이것은 언니/누나(로부터) 받은 책입니다.
2 걸어서 30분 (정도)입니다.
3 (힘들어도) 매일 운동하러 갑니다.
4 이 가게는 (싸기 때문에) 인기가 있습니다.
5 유명한 가수가 (되고 싶습)니다.
6 노트에 무언가를 쓰고 (있습니다).
7 교실에서는 (조용히) 해주세요.
8 약속 시간에 늦고 (말았습)니다.
9 디저트는 아이스크림(으로) 하겠습니다.
10 노래방에는 (별로) 가지 않습니다.
11 시간이 있으(니까) 천천히 걸읍시다.
12 어젯밤, 책을 (2권)이나 읽었습니다.
13 우체국에서 우표를 (10장) 샀습니다.
14 나는 휴대폰을 (2대) 사용하고 있습니다.
15 화장실은 (5층)에 있습니다.
16 이 우산 (7개)에 얼마입니까?

유형별 실전 문제

もんだい 1

문법 형식 판단 실전 연습 ❶ p.156

1	2	3	4
③	④	③	①
5	6	7	8
④	③	③	④

문제 1 (　　)에 무엇을 넣습니까? 1·2·3·4에서 가장 알맞은 것을 하나 고르세요.

1 우산은 어디(에도) 없었습니다.
2 어제 야마다 씨(와는) 만나지 못했습니다.
3 언제 시작할(지) 모릅니다.
4 저는 3형제로 오빠(와) 언니가 있습니다.
5 회사에 (가기) 전에, 은행에 갔습니다.
6 A: 무언가 갖고 싶은 (것)은 있습니까?
　B: 글쎄요. 작은 가방을 갖고 싶습니다.
7 A: 실례합니다. 이 사과 전부 해서 얼마입니까?
　B: 네, (3,000엔입니다).
8 A: 여기에서 잠시 쉴까요?
　B: (그럽시다).

문법 형식 판단 실전 연습 ❷ p.157

1	2	3	4
④	①	②	③
5	6	7	8
①	③	④	②

1 시간이 없으니까 택시(로) 갑시다.
2 A: 선생님의 우산은 어느 것입니까?
　B: 저 검은 (것)이에요.
3 함께 밥을 먹(으러) 가지 않겠습니까?
4 도서관(은) 어디입니까?
5 A: 시험은 (어땠)습니까?
　B: 매우 어려웠습니다.
6 A: (어째서) 밥을 먹지 않습니까?
　B: 배가 아프기 때문입니다.
7 A: 가방 안에 무언가 있습니까?
　B: (아니요, 아무것도 없습니다).
8 A: 어제는 감사했습니다.
　B: 아니요, (천만에요).

문법 형식 판단 실전 연습 ❸ p.158

1	2	3	4
①	③	③	④
5	6	7	8
④	②	①	③

1 내일 휴일이기 때문에 어디(에도) 가지 않습니다.
2 역(에서) 걸어서 왔습니다.
3 그는 테니스(를) 매우 잘합니다.
4 (무엇이든) 좋으니까 만들어 보세요.
5 교실에 학생이 한 명(밖에) 없습니다.
6 빵을 (얇게) 썰었습니다.
7 여기에 가방을 (놓지) 말아 주세요.
8 A: 과자 하나 더 드세요.
　B: (이제 충분합니다(됐습니다)).

문법 형식 판단 실전 연습 ❹ p.159

1	2	3	4
④	②	④	②
5	6	7	8
③	④	③	①

1 어제 남동생은 감기(로) 학교를 쉬었습니다.
2 아마도 30분 (정도) 걸리겠죠.
3 교실에는 학생이 3명(뿐)이었습니다.
4 호텔 방은 (깨끗하지 않았습니다).
5 어제 시험은 (어렵지 않았습니다).
6 늘 목욕을 (하고 나서) 잡니다.
7 한자를 많이 (외우는) 편이 좋습니다.
8 A: 어제 지갑을 깜빡했습니다.
　B: 그렇습니까? (큰일이었네요).

문법 형식 판단 실전 연습 ❺ p.160

1	2	3	4
④	④	①	④
5	6	7	8
③	②	④	①

1 영화는 몇 시(에) 끝납니까?
2 (무언가) 운동을 하고 있습니까?
3 (저) 방이 음악실입니다.
4 어느 것이 좋다(고) 생각합니까?
5 야마다 군은 늘 (성실히) 일을 합니다.
6 조금 더 (크게) 써 주세요.
7 A: 어째서 전차가 멈추었습니까?
　B: 눈이 많이 (내렸기 때문입니다).
8 A: 남동생분은 건강하십니까?
　B: (네, 덕분에요).

문법 형식 판단 실전 연습 ❼ p.162

1	2	3	4
①	②	①	③
5	6	7	8
①	④	③	③

1 야마다 씨(가) 오는 날은 월요일입니다.
2 주(에) 1번은 산을 오릅니다.
3 역 근처(의) 가게에서 이것을 샀습니다.
4 오사카까지 버스(를) 타고 갔습니다.
5 어제 TV를 (보고) 나서 숙제를 했습니다.
6 언젠가 스스로 샤부샤부를 (만들고) 싶습니다.
7 A: 시험 전에 우선 이름을 써 주세요
　B: 선생님, 어디에 (씁니까?)
8 A: 저 사람이 일본어 선생님입니까?
　B: 아니요, (그렇지 않습니다).

문법 형식 판단 실전 연습 ❻ p.161

1	2	3	4
③	②	②	④
5	6	7	8
③	③	②	③

1 일요일에 청소(나) 세탁 등을 합니다.
2 이 나라에서는 1년 (내내) 눈이 내립니다.
3 나의 집은 여기에서 (그다지) 멀지 않습니다.
4 볼펜(으로) 써 주세요.
5 바빠서 책을 (읽을) 시간이 없습니다.
6 백화점에 쇼핑을 (하러) 갑니다.
7 A: 사토 씨는 벌써 왔습니까?
　B: (아니요, 아직입니다).
8 내일 비가 (내릴)까요?

문법 형식 판단 실전 연습 ❽ p.163

1	2	3	4
④	③	②	③
5	6	7	8
④	④	②	①

1 '지홍'(이라고) 하는 사람을 압니까?
2 아, 벌써 1시(가) 됐네요.
3 엄마는 일(로) 바쁩니다.
4 회사는 역(으로부터) 30분 정도 걸립니다.
5 이곳에서 담배를 (피워서는) 안 됩니다.
6 노트는 아침에 친구를 (만났을) 때 돌려주었습니다.
7 A: 함께 영화를 보러 갈까요?
　B: 청소를 (하고) 나서 갑시다.
8 이 가게는 늘 사람이 (줄지어 있)네요.

문법 형식 판단 실전 연습 ❾ p.164

1	2	3	4
③	④	②	②
5	6	7	8
③	③	④	②

1 오늘은 학교(에도) 운동(에도) 가지 않았습니다.
2 신칸센으로 (어느 정도)입니까?
3 야마모토 씨는 매일 아침 방(의) 청소를 합니다.
4 A: 방 안에 무엇이 있습니까?
   B: 책상(이나) 침대 등이 있습니다.
5 여동생은 스마트폰을 (보면서) 이를 닦습니다.
6 가방 안에 책이 많이 담겨 (있습니다).
7 A: 내일까지 리포트를 제출해 주세요.
   B: 네. (알겠습니다).
8 A: 그의 이름을 알고 있습니까?
   B: 네, (알고 있습니다).

문법 형식 판단 실전 연습 ❿ p.165

1	2	3	4
③	③	②	④
5	6	7	8
④	③	③	①

1 리포트는 메일(로) 제출해 주세요.
2 당신의 집은 역(으로부터) 어느 정도입니까?
3 이를 (닦으)면서 음악을 듣습니다.
4 이름은 한자로 (크게) 써 주세요.
5 감기에 (걸렸을) 때는 이 약을 먹습니다.
6 여기에 (들어와서는) 안 됩니다.
7 어제는 (추웠습니다).
8 A: 파티는 벌써 시작됐습니까?
   B: (아니요, 아직입니다).

もんだい 2

문장 만들기 실전 연습 ❶ p.166

1	2	3	4
①	③	①	④
5	6	7	8
④	④	①	①

문제 2 ★ 에 들어갈 것은 어느 것입니까? 1·2·3·4에서 가장 알맞은 것을 하나 고르세요.

1 수업에서는 일본어로 말해 주세요. (2-4-1-3)
2 여름방학은 며칠부터 시작됩니까? (2-4-1-3)
3 함께 커피를 사러 가지 않을래요? (2-4-3-1)
4 우선 숙제를 하고 나서 놉시다. (2-1-4-3)
5 이쪽 가게에서 사는 편이 좋아요. (2-4-1-3)
6 테이블(의) 위에는 아무것도 없습니다. (2-1-4-3)
7 음악을 들으면서 산책을 합니다. (2-4-1-3)
8 약속(의) 시간은 3시입니다. (2-1-4-3)

문장 만들기 실전 연습 ❷ p.167

1	2	3	4
①	①	③	①
5	6	7	8
③	②	①	②

1 파티에 그가 올지 오지 않을지 알 수 없습니다. (2-3-1-4)
2 그 한자는 어떻게 읽습니까? (2-4-1-3)
3 학교 근처에 새 초밥집이 생겼습니다. (2-3-1-4)
4 다음 주 학교에서 축구 시합이 있습니다. (3-2-1-4)
5 지훈 군의 새 스마트폰은 가벼워서 좋네요. (2-1-4-3)
6 아직 한 명 밖에 와 있지 않습니다. (4-1-2-3)
7 그 귀여운 인형은 어디에서 샀습니까? (4-2-1-3)
8 늘 이 방은 전기가 켜져 있습니다. (4-3-2-1)

문장 만들기 실전 연습 ❸ p.168

1	2	3	4
①	③	③	①
5	6	7	8
④	②	④	④

1 노래를 못했습니다만, 지금은 잘됐습니다. (3-4-1-2)
2 숙제가 많아서 청소를 할 시간이 없습니다. (2-1-4-3)
3 조금 더 방을 따뜻하게 해 주세요. (4-2-1-3)
4 여기에서 담배를 피워서는 안 됩니다. (4-2-1-3)
5 여행 가기 전에 호텔을 예약합시다. (3-1-4-2)
6 이쪽의 긴 스커트는 어떻습니까? (1-3-2-4)
7 역 앞에서 다나카 씨를 만났습니다. (3-2-1-4)
8 위험하니까 이곳에서 놀지 말아 주세요. (3-2-4-1)

문장 만들기 실전 연습 ❹ p.169

1	2	3	4
④	④	①	①
5	6	7	8
③	①	①	③

1 스토브를 켜서 방이 따뜻해졌습니다. (1-3-4-2)
2 꽃집은 서점(의) 뒤에 있습니다. (1-3-4-2)
3 이 한자를 읽어 봅시다. (2-4-1-3)
4 회사까지 어느 정도 걸립니까? (2-1-3-4)
5 이 가방은 싸도 그다지 사고 싶지 않습니다. (2-4-1-3)
6 밥도 먹지 않고 물만 마시고 있습니다. (2-4-1-3)
7 노트에 이름이 쓰여 있는지 봐 주세요. (3-2-1-4)
8 그는 신문을 읽으면서 커피를 마시고 있습니다. (4-1-3-2)

문장 만들기 실전 연습 ❺ p.170

1	2	3	4
④	①	②	③
5	6	7	8
③	②	④	③

1 오늘은 일찍 귀가하는 편이 좋습니다. (2-1-4-3)
2 선생님께 받은 책은 벌써 읽었습니까? (2-4-1-3)
3 어떤 가방을 살 생각입니까? (3-1-4-2)
4 아직 어디에 갈지 정해지지 않았습니다. (2-4-3-1)
5 다나카 씨라고 하는 사람이 와 있습니다. (2-1-3-4)
6 그곳까지 전차로 갈까요 버스를 탈까요? (3-1-4-2)
7 한국에 오고 나서 어느 정도입니까? (2-3-1-4)
8 저쪽의 모자를 쓰고 있는 사람은 누구입니까? (2-4-3-1)

문장 만들기 실전 연습 ❻ p.171

1	2	3	4
③	③	①	③
5	6	7	8
①	①	③	④

1 학교에 가기 전에 "다녀오겠습니다"라고 말합니다. (2-4-1-3)
2 파티에 갔을 때 그를 만났습니다. (4-1-3-2)
3 형은 지금 30살로 나보다 3살 위입니다. (3-2-1-4)
4 나는 밝고 재미있는 사람을 좋아합니다. (1-4-2-3)
5 이제 곧 생일이네요. 무언가 갖고 싶은 것은 있습니까? (4-2-1-3)
6 함께 산책을 하면서 이야기합시다. (2-4-1-3)
7 잠시 이쪽으로 와서 일을 도와주세요. (4-1-3-2)
8 남동생은 아침(에) 아무것도 먹지 않고 집을 나섰습니다. (2-1-4-3)

もんだい 3

글의 문법 실전 연습 ❶ p.172

1	2	3	4
③	①	④	③

문제 3 ①에서 ④에 무엇을 넣습니까? 문장의 의미를 생각하여, 1·2·3·4에서 가장 알맞은 것을 하나 고르세요.

　나의 이름은 조이입니다. 작년에 미국 ①에서 왔습니다. 일본에 와서 가장 놀랐던 것은 교실이나 운동장 청소를 아이들이 하고 있는 것입니다. 나의 나라에서는 청소 회사의 사람들이 해 줍니다. ②그래서 일본 아이들은 힘들구나라고 생각했습니다. ③하지만 자신의 학교를 스스로 깨끗하게 하면 더욱 소중히 하려고 하니까, 매우 좋은 일이라고 생각했습니다. 일본의 아이들은 이러한 학교에서의 생활에서 많은 것을 ④배우고 있다고 생각합니다.

글의 문법 실전 연습 ❷ p.173

1	2	3	4
③	②	③	③

　나는 항상 일찍 일어나서 공원을 산책합니다. ①하지만 오늘 아침은 눈이 많이 내리고 있었습니다. ②그래서 산책을 그만두고, 집 근처에 있는 빵집에 갔습니다. 아침밥은 그곳에서 사 온 샌드위치를 먹었습니다. 식사를 ③하고 나서 신문을 읽고 7시에 집을 나갔습니다. 전차 안에는 많은 사람이 있었습니다. 오늘은 하루 종일 눈이 내리니까 일찍 ④귀가하는 편이 좋다고 생각합니다.

글의 문법 실전 연습 ❸ p.174

1	2	3	4
②	③	③	③

　일요일은 일본 친구와 둘이서 영화를 보러 갔습니다. 영화는 2시간 정도로, 길었습니다. ①그리고 나서 점심밥을 먹으러 갔습니다. 가게가 많이 있어서 무엇을 ②먹을지 친구와 이야기했습니다. 추우니까 우동 ③이나 라면 등 따뜻한 것을 먹고 싶었습니다만, 친구는 한국요리를 먹고 싶다고 말했습니다. 그래서 우리는 삼계탕을 먹었습니다. 삼계탕은 조금 ④비쌌습니다만 매우 맛있었습니다. 점심밥을 먹은 후, 집으로 돌아왔습니다.

글의 문법 실전 연습 ❹ p.175

1	2	3	4
③	②	②	③

　「どうも」는 「ありがとう(감사합니다)」나 「すみません(미안합니다)」 등의 앞에 붙여서 사용합니다. 하지만 「どうも」 ①만으로도 사용할 수 있습니다. 옆집 아주머니 ②를 만났을 때 「③こんにちは(안녕하세요)」도 좋지만, 「どうも」로도 좋습니다. ④또, 「どうもおかしい(아무래도 이상하다)」라던가 「どうもわからない(아무래도 알 수 없다)」처럼 무언가 깊이 생각해 봤다는 의미도 있습니다. 「どうも」는 여러 의미를 가지고 있어서 정말로 재미있네요.

• ～のように:～처럼

글의 문법 실전 연습 ❺ p.176

1	2	3	4
③	③	②	③

　일본에는 '고타쓰'라고 하는 것이 있습니다. 겨울에 집 안에서 사용하는 물건입니다. 테이블 위에 이불이 덮여 있습니다. 그곳에 앉아서 발을 넣으면 몸이 ①따뜻해집니다. ②그래서 가족 모두 집으로 돌아오면 여기에 모입니다. 고타쓰 위에는 과자나 과일 등을 놓고, 함께 TV를 보면서 먹기도 합니다. 고타쓰에서의 시간은 항상 즐겁습니다.

• ふとん:이불

　일본에는 '시치고산'이라고 하는 날이 있습니다. 아이가 건강히 ③큰 것을 축하하는 날입니다. 남자아이는 3살과 5살, 여자아이는 3살과 7살이 되었을 때, 기모노를 입고 사진을 찍기도 하고, 절 ④이나 신사에 가기도 합니다. 시치고산은 11월 15일입니다.

• いわう:축하하다　• おてら:절　• じんじゃ:신사

글의 문법 실전 연습 ❻ p.177

1	2	3	4
②	②	③	③

　지난주 일요일에 친구인 요시다 군과 규슈에 갔습니다. 버스 ①로 1시간 정도 걸렸습니다만, 매우 ②예쁜 곳이었습니다. 둘이서 산책을 하면서 사진을 많이 찍었습니다. 요시다 군이 만들어 온 도시락을 함께 먹었습니다. 정말로 ③맛있었습니다. 도시락을 먹은 후, 온천에도 들어갔습니다. '구마몬'이라고 하는 규슈의 마스코트도 귀여웠습니다. 매우 즐거운 하루였습니다. 언젠가 또 ④가고 싶습니다.

• 九州(きゅうしゅう):규슈(지명)　• マスコット:마스코트

2교시 독해 해석과 해설

유형별 실전 문제

もんだい 4

내용 이해(단문) 실전 연습 ❶ p.206 해석과 문제 해설

1	2	3
④	③	③

つぎの ぶんしょうを 読んで、しつもんに こたえて ください。こたえは、1・2・3・4から いちばん いい ものを 一つ えらんで ください。

(1)

学校の 前に 公園が あります。公園から 家まで とても 近いです。家の 前には スーパーも あります。スーパーが 近くて とても べんりです。スーパーの 中には ケーキ屋と 本屋が あって よく 行きます。

1 ぶんに ついて ただしいのは どれですか
  1 スーパーは 公園の まえに あります。
  2 公園の なかに スーパーが あります。
  3 私は 公園に よく 行きます。
  4 本屋は 私の 家から ちかいです。

다음 문장을 읽고, 질문에 답하세요. 답은 1·2·3·4에서 가장 알맞은 것을 하나 고르세요.

학교 앞에 공원이 있습니다. 공원에서 집까지 매우 가깝습니다. 집 앞에는 슈퍼도 있습니다. 슈퍼가 가까워서 매우 편리합니다. 슈퍼 안에는 케이크집과 서점이 있어서 자주 갑니다.

1 글에 대해 옳은 것은 어느 것입니까?
  1 슈퍼는 공원 앞에 있습니다.
  2 공원 안에 슈퍼가 있습니다.
  3 나는 공원에 자주 갑니다.
  4 서점은 나의 집에서 가깝습니다.

[풀이]
서점은 슈퍼 안에 있고, 슈퍼는 나의 집 앞에 있다고 말하고 있으므로 정답은 4번이다.

[단어]
学校 학교 | ～前に ～앞에 | 公園 공원 | 近い 가깝다 | スーパー 슈퍼 | べんりだ 편리하다 | ～の 中には ～안에는 | ケーキ屋 케이크집 | 本屋 서점 | よく 자주 | 行く 가다

(2)

9月　4日　水ようび
　今日は　韓国の　友だちの　ソヒョンちゃんの　たんじょうび　パーティーだった。たんじょうびは　おとといだったけど、今日　パーティーを　した。とても　楽しくて、お母さんの　料理も　おいしかった。あさっては　ひろとくんの　たんじょうびだ。また、みんなで　パーティーを　したい。

2　ぶんに　ついて　ただしいのは　どれですか。
　1　ソヒョンちゃんの　たんじょうびは　9月　3日です。
　2　ソヒョンちゃんは　とても　料理が　上手です。
　3　**ひろとくんの　たんじょうびは　9月　6日です。**
　4　9月　6日に　また　パーティーが　あります。

9월 4일 수요일
　오늘은 한국 친구인 서현이의 생일파티였다. 생일은 그제였지만, 오늘 파티를 했다. 매우 즐겁고, 어머니의 요리도 맛있었다. 모레는 히로토 군의 생일이다. 또 모두 함께 파티를 하고 싶다.

2　글에 대해 옳은 것은 어느 것입니까?
　1　서현이의 생일은 9월 3일입니다.
　2　서현이는 요리를 매우 잘합니다.
　3　**히로토의 생일은 9월 6일입니다.**
　4　9월 6일에 또 파티가 있습니다.

[풀이]
오늘은 9월 4일이고 모레가 히로토의 생일이라고 말하고 있으므로 생일은 9월 6일이다. 참고로 파티를 하고싶다고 말하고는 있지만 확정된 언급이 없으므로 4번은 정답이 될 수 없다.

[단어]
今日 오늘 | 韓国 한국 | 友だち 친구 | たんじょうび 생일 | パーティー 파티 | おととい 그제 | 〜けど 〜(이)지만 | 楽しい 즐겁다 | お母さん 엄마, 어머니 | 料理 요리 | おいしい 맛있다 | あさって 모레 | また 또 | みんなで 모두 함께 | 〜たい 〜(하)고 싶다

(3)

　トーマスさんへ
　きのうは　ありがとう。おととい　かぜで　じゅぎょうに　けっせきして、こまって　いましたが、トーマスさんに　ノートを　かりて　よかったです。ノートは　あしたの　あさ、つくえの　上に　おきます。おかしも　いっしょに　おきます。どうぞ　食べて　ください。
　では　また。

　　　　　　　　　　　　　　　　　　　　　　　　　　　　　　　−10月　3日　木村より−

3 ぶんに ついて ただしいのは どれですか。
1 木村さんは 10月 3日 けっせきしました。
2 木村さんは おとといノートを かりました。
3 木村さんは 10月 4日 ノートを かえします。
4 木村さんは トーマスさんに おかしを もらいました。

토마스 씨에게.
　어제는 고마웠어요. 그제 감기로 한국어 수업에 결석해서, 곤란해하고 있었습니다만, 토마스 씨에게 노트를 빌려서 다행입니다. 노트는 내일 아침, 책상위에 놓겠습니다. 과자도 함께 두겠습니다. 부디 먹어주세요.
　그럼 또.

－10월 3일 기무라로부터－

3 글에 대해 옳은 것은 어느 것입니까?
1 기무라 씨는 10월 3일 결석했습니다.
2 기무라 씨는 그제 노트를 빌렸습니다.
3 기무라 씨는 10월 4일 노트를 돌려줍니다.
4 기무라 씨는 토마스 씨에게 과자를 받았습니다.

[풀이]
편지를 쓴 날짜는 10월 3일이고, 내일 아침 빌린 노트를 책상 위에 놓겠다고 했으므로, 정답은 3번이다.

[단어]
きのう 어제 | おととい 그제 | かぜで 감기로 | 韓国語 한국어 | じゅぎょう 수업 | けっせき 결석 | こまって いる 곤란해 하다 | 〜に 〜에게 | かりる 빌리다 | あさ 아침 | つくえ 책상 | 上 위 | おく 놓다, 두다 | おかし 과자 | いっしょに 함께 | どうぞ 부디, 모쪼록 | 食べる 먹다 | 〜て ください 〜(해)주세요 | 〜より 〜로부터

내용 이해(단문) 실전 연습 ❷ p.209 해석과 문제 해설

1	2	3
③	③	③

(1)

たかきくん、こんにちは。
　しゅうまつ、家族と 北海道に 旅行に 行って 来ました。夏の 北海道は すずしくて よかったです。さっぽろ ラーメンや チョコレートも とても おいしかったです。お土産も 買って きたから、あした 学校で あげますね。

－ソヒョン－

・北海道: 홋카이도(지명)　・さっぽろ: 삿포로(지명)　・お土産: 기념품

1 ぶんに ついて ただしいのは どれですか。
1　北海道は とても さむかった。
2　ソヒョンは たかきくんに 北海道の ものを もらう。
3　つぎの 日、ソヒョンは たかきくんに 何かを あげる。
4　たかきくんは 北海道に 行った ことが ない。

다카키 군 안녕하세요.
주말에 가족과 홋카이도의 삿포로에 여행 다녀왔습니다. 여름의 홋카이도는 시원해서 좋았습니다. 삿포로 라면과 초콜릿도 매우 맛있었습니다. 기념품도 사 왔으니까, 내일 학교에서 줄게요.

― 서현 ―

---

1 글에 대해 옳은 것은 어느 것입니까?
1　홋카이도는 매우 추웠다.
2　서현이는 다카키 군에게 홋카이도 물건을 받는다.
3　다음 날, 서현이는 다카키 군에게 무언가를 준다.
4　다카키 군은 홋카이도에 간 적이 없다.

[풀이]
기념품을 내일 학교에서 준다고 말하고 있으므로 '다음 날'이라고 말한 3번이 정답이다. 참고로 2번은 다카키 군이 아닌 서현이가 홋카이도 물건을 받는 것이므로 정답이 될 수 없다.

[단어]
しゅうまつ 주말 | 家族 가족 | ～と ～와, 과 | 北海道 홋카이도(지명) | 旅行 여행 | ～に 行く ～(하)러 가다 | 夏 여름 | すずしい 시원하다 | ラーメン 라면 | チョコレート 초콜릿 | お土産 기념품 | 買う 사다 | 学校 학교 | ～で ～에서 | あげる 주다

(2)

私は 3人兄弟です。私が いちばん 上で 二番目の 弟は 一歳下です。三番目の 妹は おととし 小学生に なりました。かわいくて、たくさん 遊んで あげたいですが、私は もう 高校 3年生だから、勉強で 忙しくて あまり 遊ぶ 時間が ありません。

2 ぶんに ついて ただしいのは どれですか。
1　妹は いそがしくて 遊ぶ 時間が ありません。
2　できるだけ 弟と いっしょに 遊んで いる。
3　弟は いま 高校 2年生です。
4　妹は 1年 まえに 小学生に なりました。

나는 삼 형제입니다. 내가 가장 위로 둘째인 남동생은 한 살 아래입니다. 셋째인 여동생은 재작년에 초등학생이 되었습니다. 귀여워서 많이 놀아주고 싶습니다만, 나는 벌써 고등학교 3학년이기 때문에 공부로 바빠서 별로 놀 시간이 없습니다.

2 글에 대해 옳은 것은 어느 것입니까?

1　여동생은 바빠서 놀 시간이 없습니다.
2　가능한한 남동생과 함께 놀고 있다.
3　남동생은 지금 고등학교 2학년입니다.
4　여동생은 1년전에 초등학생이 되었습니다.

[풀이]
주인공은 고3이고 남동생은 1살 아래이므로 고2라고 말한 3번이 맞는 선택지이다.

[단어]
兄弟 형제 | いちばん 가장, 제일 | 二番目 두번째 | 弟 남동생 | ~歳 ~살, 세 | 三番目 세번째 | 妹 여동생 | おととし 재작년 | 小学生 초등학생 | ~に なる ~이 되다 | かわいい 귀엽다 | たくさん 많이 | 遊ぶ 놀다 | ~て あげる ~(해) 주다 | もう 이미, 벌써 | ~年生 ~학년 | ~だから ~(이)기 때문에 | 勉強 공부 | 忙しい 바쁘다 | 時間 시간

(3)

> 私は いつも 朝 5時に 起きる。そして、公園を さんぽしてから、パンを 買って 帰る。パンを 食べる まえに シャワーを あびる。でも、かぜを ひいて、きょうは かおだけ あらった。それから、新聞を 読みながら パンを 食べた 後で、会社に 行った。

3 うえの ぶんの 人は きょう 新聞を 読む 前に 何を しましたか。

1　シャワーを あびた。
2　パンを 食べた。
3　かおを あらった。
4　会社に 行った。

> 나는 항상 아침 5시에 일어난다. 그리고 공원을 산책하고 나서 빵을 사 집으로 돌아온다. 빵을 먹기 전에 샤워를 한다. 하지만 어제 감기에 걸려서, 오늘은 세수만 했다. 그리고 나서 신문을 읽으면서 빵을 먹은 후에 회사에 갔다.

3 위 글의 사람은 오늘 신문을 읽기 전에 무엇을 했습니까?

1　샤워를 했다.
2　신문을 읽었다.
3　세수를 했다.
4　회사에 갔다.

[풀이]
주인공의 하루 일과는 [아침 5시 기상→공원 산책→빵집→샤워(세수)→신문 읽으면서 아침 식사(빵)→출근] 순서이다. 오늘은 감기에 걸려 세수만 했으니 정답은 3번이다.

[단어]
朝 아침 | 起きる 일어나다 | 公園 공원 | さんぽする 산책하다 | パン 빵 | 買う 사다 | 帰る 돌아오(가)다 | ~まえに ~하기 전에 | シャワーを あびる 샤워를 하다 | でも 하지만 | かぜを ひく 감기에 걸리다 | ~だけ ~만 | あらう 씻다 | それから 그러고 나서 | 新聞 신문 | 読む 읽다 | ~た 後で ~(한) 후에 | 会社 회사

내용 이해(단문) 실전 연습 ❸ p.212 해석과 문제 해설

1	2	3
③	②	③

(1)

私は 2年前から ひとりで アパートに 住んで います。へやは 広いですが、駅から とおくて 便利じゃ ないです。もっと 駅から ちかい ところに 住みたいですが、<u>そんな へや</u>は とても 高いです。

1 そんな へやは どんな へやですか。
1 学校から ちかい アパート
2 もっと 広い へや
3 駅から ちかい へや
4 駅から とおくて 便利じゃ ない へや

나는 2년 전부터 혼자서 아파트에 살고 있습니다. 방은 넓습니다만, 역에서 멀어서 편리하지 않습니다. 조금 더 역으로부터 가까운 곳에 살고 싶습니다만, <u>그런 방</u>은 매우 비쌉니다.

1 그런 방은 어떤 방입니까?
1 학교에서 가까운 아파트
2 조금 더 넓은 방
3 역에서 가까운 방
4 역에서 멀어서 편리하지 않은 방

[풀이]
현재 살고 있는 방은 역으로부터 멀어서 편리하지 않기 때문에 역에서 가까운 방에 '~살고 싶다'라고 말하고 있다.

[단어]
大学 대학 | 入学 입학 | 家族 가족 | みんな 모두 | 大阪 오사카(지명) | ひとりで 혼자서 | アパート 아파트 | ~に住む ~에 거주하다 | 広い 넓다 | 駅 역 | ~から ~로부터, ~에서 | とおい 멀다 | 便利だ 편리하다 | もっと 조금 더 | ちかい 가깝다 | ところ 곳, 장소 | ~たい ~(하)고 싶다 | そんな 그런 | 高い 비싸다

(2)

ミナミ高校の みなさんへ。
来月、マラソンの 大会と サッカーの しあいが あります。大会に 出たい 人は きょう 木村さんに 名前を いって ください。電話でも メールでも いいです。サッカーの しあいに 出たい 人は 来週の 月ようびに おねがいします。

―山下―

[2] 大会に 出たい 人は どうしますか。
1 来週 電話で 名前を 言う。
2 きょう 木村さんに メールを おくる。
3 山下さんに 電話を かける。
4 来週から 木村さんに 電話する。

> 미나미 고등학교의 여러분께
> 다음 달, 마라톤 대회와 축구 시합이 있습니다. 대회에 나가고 싶은 사람은 오늘 기무라 씨에게 이름을 말해 주세요. 전화로도 메일로도 좋습니다. 그리고 축구 시합에 나가고 싶은 사람은 다음 주 월요일에 부탁드립니다.
>
> — 야마시타 —

[2] 대회에 나가고 싶은 사람은 어떻게 합니까?
1 다음 주 전화로 이름과 전화번호를 말한다.
2 오늘 기무라 씨에게 메일을 보낸다.
3 야마시타 씨에게 전화를 건다.
4 다음 주부터 기무라 씨에게 전화를 한다.

[풀이]
마라톤대회와 축구시합에 관한 신청시기와 대상이 다르다. 질문에서는 대회에 나가고 싶은 사람의 행동에 대해 묻고 있으므로 오늘 기무라 씨에게 전화 혹은 메일을 보내 이름과 연락처를 알려주면 된다. 따라서 정답은 2번이다.

[단어]
高校 고등학교 | ~へ ~에게 | 来月 다음 달 | マラソン 마라톤 | 大会 대회 | サッカー 축구 | しあい 시합 | ~に 出る ~에 나가다 | ~たい ~(하)고싶다 | 名前 이름 | メール 메일 | ~でも ~(으)로도 | そして 그리고 | 来週 다음 주 | 月ようび 월요일 | おねがいします 부탁합니다.

(3)

> 佐藤さんは よにん家族です。こどもは ひとりで、男の子です。まだ 中学生です。おくさんは 学校の 先生で、おくさんの いもうとさんも いっしょに すんで います。かのじょは 銀行員で いつも いそがしいです。

[3] ぶんに ついて ただしいのは どれですか。
1 佐藤さんの おくさんは 銀行員で いつも いそがしいです。
2 佐藤さんの むすめさんは 中学生です。
3 佐藤さんの 家には 大人が 三人 います。
4 佐藤さんは がっこうで おしえています。

사토 씨는 네 식구입니다. 아이는 13명이고, 남자 아이입니다. 아직 중학생입니다. 부인은 학교 선생님이고, 부인의 여동생도 함께 살고 있습니다. 그녀는 은행원으로 늘 바쁩니다.

3 글에 대해 옳은 것은 어느 것입니까?
1. 사토 씨의 부인은 은행원이고 항상 바쁩니다.
2. 사토 씨의 딸은 중학생입니다.
3. **사토 씨의 집에는 성인이 3명 있습니다.**
4. 사토 씨는 학교에서 가르치고 있습니다.

[풀이]
사토 씨와 부인 그리고 은행원인 처제까지 총 어른은 3명이므로 3번이 정답이다.

[단어]
家族(かぞく) 가족 | こども 아이, 어린이 | 男(おとこ)の子(こ) 남자 아이 | まだ 아직 | 中学生(ちゅうがくせい) 중학생 | おくさん (남의)부인 | 先生(せんせい) 선생님 | いもうとさん (남의)여동생 | いっしょに 함께 | すむ 살다. 거주하다 | かのじょ 그녀 | 銀行(ぎんこう) 은행 | いそがしい 바쁘다

내용 이해(단문) 실전 연습 ④ p.215 해석과 문제 해설

1	2	3
④	②	②

(1)

こんにちは。らいしゅうの ボランティアは あさ 10時 30分からです。30分 まえに 駅の 前で 待って います。友だちや 家族と いっしょに 来ても いいです。べんとうは 持って こなくても いいです。でも、飲み物は 持って きて ください。

1 らいしゅう、ボランティアに 行く 人は どうしますか。
1. 学校の 友だちと いっしょに べんとうを 作って いく。
2. いもうとと おべんとうを もって いく。
3. 10時 半に 駅の 前に いく。
4. **お水や ジュースなどを 持って いく。**

안녕하세요. 다음 주 봉사활동은 아침 10시 30분부터입니다. 30분 전에 역 앞에서 기다리고 있겠습니다. 친구나 가족과 함께 와도 좋습니다. 도시락은 가지고 오지 않아도 좋습니다. 하지만 음료는 가지고 와 주세요.

1 다음 주, 봉사활동에 갈 사람은 어떻게 합니까?
1. 학교 친구와 함께 도시락을 만들어 간다.
2. 여동생과 도시락을 가지고 간다.
3. 10시 반에 역 앞으로 간다.
4. **물이나 주스 등을 가지고 간다.**

[풀이]
음료는 가지고 오라는 언급이 있으므로 4번이 정답이 된다.

[단어]
ボランティア 봉사활동 | ～まえに ～전에 | 駅 역 | 待つ 기다리다 | 友だち 친구 | ～や ～와, 과, 랑 | 家族 가족 | ～と いっしょに ～와 함께 | べんとう 도시락 | ～ても いい ～(해)도 좋다 | ～なくても いい ～하지 않아도 좋다 | でも 하지만 | 飲み物 음료 | ～て ください ～(해) 주세요

(2)

私が アルバイトを して いる パン屋は 家から とおいです。まず 自転車で 駅まで 行きます。自転車では 5分ですが、歩くと 30分も かかるからです。それから、駅で 電車に のって 30分ぐらいです。

2 上の 人は 家から アルバイトに 行く 時、どのくらい かかりますか。
1　30分
2　35分
3　45分
4　50分

내가 아르바이트를 하고 있는 빵집은 집으로부터 멉니다. 우선 집에서 역까지 자전거로 갑니다. 자전거로는 5분입니다만, 걸으면 30분이나 걸리기 때문입니다. 그리고 역에서 전차를 타고 30분 정도입니다.

2 위의 사람은 집에서 아르바이트하러 갈 때, 어느 정도 걸립니까?
1　30분
2　35분
3　45분
4　50분

[풀이]
자전거로 역까지 가고 전차를 타면 총 35분이 소요되므로, 2번이 정답이다. 걸어서 역까지 가고 전차를 탈 수도 있으나 총 60분이 걸리므로 해당하는 선택지가 없다.

[단어]
アルバイト 아르바이트 | パン屋 빵집 | とおい 멀다 | まず 우선 | 自転車 자전거 | 歩く 걷다 | 30分も 30분이나 | 駅 역 | 電車 전차 | ～に のる ～을 타다 | ～ぐらい ～정도

(3)

ミナ：あした お正月ですね。あけまして おめでとうございます。
ゆき：えっ、ミナちゃん、それは お正月に なってから する あいさつですよ。その 前は 「よい お年を おむかえ ください」と 言います。
ミナ：あ、そうですか。

3 ぶんに ついて ただしいのは どれですか。
1　ゆきは お正月の あいさつを 知らなかった。
2　きょうは 12月 31日だ。
3　ミナは ゆきに あいさつを おしえました。
4　ゆきは はじめて お正月の あいさつを 聞いた。

미나: 내일은 설날이네요. 새해 복 많이 받으세요.
유키: 앗, 미나, 그건 설날이 되고 나서부터 하는 인사예요. 그 전에는 '좋은 한 해를 맞이하세요'라고 말해요.
미나: 아, 그렇군요.

3 글에 대해 옳은 것은 어느 것입니까?
1　유키는 설날 인사를 몰랐다.
2　오늘은 12월 31일이다.
3　미나는 유키에게서 인사를 가르쳤다.
4　유키는 처음으로 설날 인사를 들었다.

[풀이]
내일이 설날이라고 말했으므로 현재 대화의 시점은 12월 31일이다. 따라서 정답은 2번이다. 미나는 설날 인사를 미리 알고 있었으나 설 전의 인사를 알지 못했고, 유키로부터 배웠으므로 다른 선택지는 정답이 될 수 없다.

[단어]
お正月 설날 | あけまして おめでとうございます 새해 복 많이 받으세요 | ～に なってから ～이 되고부터 | あいさつ 인사 | よい お年を おむかえ ください 좋은 한 해 맞이하세요 | ～と 言う ～라고 말하다 | そうですか 그렇습니까, 그렇군요

もんだい5

내용 이해(중문) 실전 연습 ❶ p.218 해석과 문제 해설

1	2
③	③

つぎの ぶんしょうを 読んで、しつもんに こたえて ください。こたえは、1・2・3・4から いちばん いい ものを 一つ えらんで ください。

サンウォンくん、こんにちは。
　金ようびから 日ようびまで、花火大会が あります。日本の 花火は はじめてでしょう。とても きれいで、そこでは おいしい ものも たくさん 売って います。金ようびに いっしょに 見に 行きませんか。花火を 見ながら、ゆうごはんも 食べましょう。私は なんようびでも いいですから、へんじ おねがいします。

　ひろとくん、こんにちは。
　メール ありがとう。日本の 花火は 聞いた ことが あります。ざんねんですが、金ようびには サッカーの 試合が あります。でも、つぎの 日は だいじょうぶです。その 日、会いましょう。

・花火大会: 불꽃축제 　・へんじ: 답장

1 ぶんに ついて ただしいのは どれですか。
1　ひろとは 花火大会に 初めて 行く。
2　花火大会は ふつか間 行く ことが できる。
3　サンウォンは 日本の 花火大会に 行った ことが ない。
4　しゅうまつは サッカーの 試合で、花火大会に 行く ことが できない。

2 その 日と 書いて ありますが いつですか。
1　しあいの 日
2　金ようび
3　土ようび
4　日ようび

다음의 문장을 읽고, 질문에 답하세요. 답은 1·2·3·4에서 가장 좋은 것을 하나 고르세요.

> 상원 군, 안녕하세요.
> 금요일부터 일요일까지, 불꽃축제가 있습니다. 일본의 불꽃놀이는 처음이죠? 굉장히 예쁘고, 그곳에서는 맛있는 것도 많이 팔고 있습니다. 금요일에 함께 보러 가지 않겠습니까? 불꽃을 보면서 저녁도 먹읍시다. 저는 무슨 요일이어도 좋으니까 답장 부탁합니다.
>
> 히로토 군, 안녕하세요.
> 메일 고마워요. 일본의 불꽃놀이는 들어본 적이 있습니다. 유감스럽게도, 금요일에는 축구 시합이 있습니다. 하지만, 다음 날은 괜찮습니다. <u>그날</u>, 만납시다.

- 花火大会(はなびたいかい): 불꽃축제   • へんじ: 답장

1 글에 대해 옳은 것은 어느 것입니까?
1. 히로토는 불꽃축제를 처음으로 간다.
2. 불꽃축제는 이틀간 갈 수 있다.
3. **상원은 일본 불꽃축제에 간 적이 없다.**
4. 주말은 축구 시합으로 불꽃축제에 갈 수 없다.

2 그날이라고 쓰여 있습니다만 언제입니까?
1. 시합 날
2. 금요일
3. **토요일**
4. 일요일

[풀이]
1 히로토가 상원에게 일본의 불꽃놀이가 처음이라고 묻고, 상원도 일본의 불꽃놀이는 들은 적이 있다고 말했으므로 정답은 3번이다. 불꽃축제는 3일간 진행되고, 금요일은 축구 시합으로 갈 수 없다고 말하고 있으므로 다른 선택지는 정답이 될 수 없다.
2 히로토가 제안한 금요일은 축구시합으로 갈 수 없지만, 다음 날은 괜찮다고 말하고 있으므로, 정답은 3번이다.

[단어]
金ようび 금요일 | ~から ~부터 | 日ようび 일요일 | ~まで ~까지 | 花火大会 불꽃축제 | 花火 불꽃 | はじめて 처음 | きれいだ 예쁘다, 깨끗하다 | 売る 팔다 | いっしょに 함께 | ~に 行く ~(하)러 가다 | ~ながら ~(하)면서 | ゆうごはん 저녁밥 | なんようび 무슨 요일 | ~でも ~이어도 | へんじ 답장 | おねがいします 부탁합니다 | メール 메일, 문자 | 聞く 듣다 | ~た ことが ある ~(한) 적이 있다 | ざんねんですが 유감스럽게도 | サッカー 축구 | 試合 시합 | つぎの 日 다음 날 | だいじょうぶだ 괜찮다 | 会う 만나다

내용 이해(중문) 실전 연습 ❷ p.220 해석과 문제 해설

1	2
③	③

おばあさん。お元気ですか。
　アメリカに 留学に 来てから、友だちが たくさん できました。きのうは スミスという 人の 家で、パーティーを しました。インドの カレーや 韓国の キムチチゲ など、みんな 料理を 作って きて 一緒に 食べました。私は おばあさんから 習った お好み焼きを 作りました。みんな 「おいしいね」と いって うれしかったです。おいしい ものを 食べたり、話したり して ほんとうに 楽しかったです。
　冬休みに 会いに 行きますね。その 日まで 元気で いて ください。
　ようこより

1 ぶんに ついて ただしいのは どれですか。
　1 ようこは はじめて インド カレーを 食べた。
　2 スミスは 料理を 作って パーティーに きた。
　3 **ようこは いま アメリカで 学校に かよって いる。**
　4 パーティで おばあさんが お好み焼きを つくった。

2 楽しかったですと 言った 理由は なぜですか。
　1 おばあさんに 料理を 習ったから
　2 パーティーに 行く ことが できたから
　3 **おいしい ものを 食べながら、いろいろ 話したから**
　4 みんなが おいしいと 言って くれたから

할머니. 건강하시죠?
　미국에 유학 오고 나서, 친구가 많이 생겼습니다. 어제는 스미스라고 하는 사람의 집에서, 어제 파티를 했습니다. 인도카레라든가 한국의 김치찌개 등 모두 요리를 만들어 와서 함께 먹었습니다. 저는 할머니로부터 배운 오코노미야키를 만들었습니다. 모두 '맛있다'라고 말해서 기뻤습니다. 맛있는 것을 먹기도 하고, 이야기하기도 해서 정말로 즐거웠습니다.
　겨울방학에는 만나러 갈게요. 그날까지 건강하세요.
　요코로부터

1 글에 대해 옳은 것은 어느 것입니까?
　1 요코는 처음으로 인도카레를 먹었다.
　2 스미스는 요리를 만들어 파티에 왔다.
　3 **요코는 지금 미국에서 학교에 다니고 있다.**
　4 파티에서 할머니가 오코노미야키를 만들었다.

2 즐거웠습니다라고 말한 이유는 어째서입니까?

1　할머니에게 요리를 배웠기 때문에
2　파티에 갈 수 있었기 때문에
3　**맛있는 것을 먹으면서 여러 가지 이야기했기 때문에**
4　모두가 맛있다고 말해 주었기 때문에

[풀이]

1 미국으로 유학왔다는 말로 미루어 학교에 다니고 있음을 알 수 있으므로 3번이 정답이다. 친구 스미스의 집에서 열린 파티였으므로 스미스가 요리를 만들어 왔다는 2번과 인도카레를 먹은 것이 처음이라는 언급이 없으므로 1번도 정답이 될 수 없다.

2 밑줄의 '즐거웠습니다' 바로 앞 문장에 '맛있는 것을 먹기도 하고 이야기하기도 해서'라고 했으므로 정답은 3번이다.

[단어]

おばあさん 할머니 | お元気ですか 잘 지내세요?, 건강하세요? | アメリカ 미국 | 留学 유학 | できる 생기다. 할 수 있다 | ～という ～(라)고 하는 | パーティー 파티 | 料理 요리 | 作る 만들다 | 一緒に 함께 | 習う 배우다 | お好み焼き 오코노미야키 | うれしい 기쁘다 | インド 인도 | カレー 카레 | 韓国 한국 | キムチチゲ 김치찌개 | など 등 | 話す 이야기하다 | 楽しい 즐겁다 | 冬休み 겨울방학 | 会いに行く 만나러 가다 | 元気でいる 건강히 지내다

내용 이해(중문) 실전 연습 ❸ p.222 해석과 문제 해설

1	2
④	③

先月、家の 近くに 新しい たこやきの 店が できました。「たこばんざい」という 店ですが、とても おいしくて よく 行って います。たこやきは 小さくて まるい 食べ物です。中には たこが 入って います。味は おこのみやきと にて います。駅から 近くて いつも 人が 多いです。おじさんと おばさんが 二人で 作って 売って います。店の 前を 通ると いい においが します。水曜日は 30円 安くなるので、人が もっと 多く なります。みなさんも ぜひ 行って みて ください。

1 ぶんに ついて ただしいのは どれですか。

1　たこやきは 30円で 安い。
2　おじさんが たこやきを 作って おばさんが 売って いる。
3　たこやきの 中には おこのみやきが 入って いる。
4　**この 店は 駅の 近くに ある。**

2 水曜日は どうして 人が 多く なりますか。

1　この 店の たこやきは とても おいしいから
2　駅から 近いから
3　**ねだんが 安く なるから**
4　この 店の 前を 通ると いい においが するから

지난달, 집 근처에 새 다코야키 집이 생겼습니다. '다코만세'라는 가게입니다만, 매우 맛있어서 자주 가고 있습니다. 다코야키는 작고 둥근 음식입니다. 안에는 문어가 들어 있습니다. 맛은 오코노미야키와 비슷합니다. 역에서 가까워서 항상 사람이 많습니다. 아저씨와 아주머니가 둘이서 만들어 팔고 있습니다. 이 가게의 앞을 지나면 매우 좋은 냄새가 납니다. 수요일은 30엔 싸지기 때문에 사람이 더 많아집니다. 여러분도 꼭 가 보세요.

1 글에 대해 옳은 것은 어느 것입니까?
1. 다코야키는 30엔으로 싸다.
2. 아저씨가 다코야키를 만들고 아주머니가 팔고 있다.
3. 다코야키 안에는 오코노미야키가 들어 있다.
4. **이 가게는 역 근처에 있다.**

2 수요일은 어째서 사람이 많아집니까?
1. 이 가게의 다코야키는 매우 맛있기 때문에
2. 역에서 가깝기 때문에
3. **가격이 싸지기 때문에**
4. 이 가게 앞을 지나면 좋은 냄새가 나기 때문에

[풀이]

1 수요일은 30엔 더 저렴해지고, 아저씨와 아주머니의 분업에 대한 언급이 없어 1번, 2번은 정답이 될 수 없다. 또한 다코야키 안에는 문어가 들어있고, 맛이 오코노미야키와 비슷하다고 언급하고 있으므로 3번도 정답이 될 수 없다. 작은 가게이지만 역에서 가까워서 사람이 많다고 말하고 있으므로 역 근처에 있다고 말한 4번이 정답이다.

2 수요일은 30엔 저렴해져서 사람들이 많아진다고 설명하고 있으므로 3번이 정답이다.

[단어]

先月 지난달 | 近く 근처 | 新しい 새롭다 | たこやき 다코야키 | 店 가게 | できる 생기다, 할 수 있다, 완성되다 | よく 자주 | ～という ～라고 하는～ | おいしい 맛있다 | 小さい 작다 | まるい 둥글다 | 食べ物 음식 | 中 안 | たこ 문어 | 入る 들어가다 | 味 맛 | ～と にている ～와 닮았다 | 駅 역 | ～から ～(으)로부터 | 近い 가깝다 | 人 사람 | 多い 많다 | おじさん 아저씨 | おばさん 아주머니 | 二人で 둘이서 | 作る 만들다 | 売る 팔다 | 前 앞 | ～を通る ～을 지나가다 | においがする 냄새가 나다 | 水曜日 수요일 | 円 엔 | 安くなる 싸지다 | ～ので ～(이)므로 | もっと 더욱 | 多くなる 많아지다 | ぜひ 부디, 꼭 | ～てみてください ～(해) 보세요

내용 이해(중문) 실전 연습 ❹ p.224 해석과 문제 해설

1	2
③	④

イヤホンで 音楽を 聞きながら 歩いて いる 人を 見ると、だいじょうぶかなと 思う ことが ある。そばに いる 人に 聞こえる ぐらい 大きい 音で 聞いて いる 人が いるからだ。そうすると 外の 音が 聞こえないので、後ろから 車が 来ても、だれか 話を かけても わからないだろう。それに 大きい 音で ずっと 聞いて いると、小さい 音が 聞きにくく なったり する。自分の からだと ほかの 人の ことを かんがえて、小さい 音で 音楽を 楽しんで ほしい。

- イヤホン: 이어폰 ・ちゃんと: 제대로

1 ぶんに ついて ただしいのは どれですか。
1 道で 人に はなしを かけては いけない。
2 イヤホンで 音楽を 聞く 人が 多く なって いる。
3 イヤホンで 音楽を 聞く ときは 音を 小さく した ほうが いい。
4 音楽を 聞くのは 体に よく ない。

2 そうすると と あるが どんな ことを いって いますか。
1 音楽を 聞く とき イヤホンを 使う こと
2 後ろから 車が 来る こと
3 話を かけても わからない こと
4 イヤホンを 使って 大きい 音で 音楽を 聞く こと

이어폰으로 음악을 들으면서 걷고 있는 사람을 보면, 괜찮을까하고 생각할 때가 있다. 옆에 있는 사람에게 들릴 정도로 큰 소리로 듣고 있는 사람이 있기 때문이다. <u>그렇게 하면</u> 바깥의 소리가 들리지 않기 때문에 뒤에서 차가 와도, 누군가 말을 걸어도 알 수 없을 것이다. 게다가 큰 소리로 계속 듣고 있으면, 작은 소리를 듣기 어려워지기도 한다. 자신의 몸과 타인을 생각해서, 작은 소리로 음악을 즐기길 바란다.

1 글에 대해 옳은 것은 어느 것입니까?
1 길에서 타인에게 말을 걸어서는 안 된다.
2 이어폰으로 음악을 듣는 사람이 많아지고 있다.
3 이어폰으로 음악을 들을 때는 소리를 작게 하는 편이 좋다.
4 음악을 듣는 것은 몸에 좋지 않다.

2 그렇게 하면이라고 있는데, 어떤 것을 말하고 있습니까?
1 음악을 들을 때 이어폰을 사용하는 것
2 뒤에서 차가 오는 것
3 말을 걸어도 모르는 것
4 이어폰을 사용해 큰 소리로 음악을 듣는 것

[풀이]

1 글의 전체적인 요점은 길을 걸으며 위험하거나 바람직하지 않은 행동과 이어폰을 이용해 큰 소리로 음악을 들을 경우의 문제점 들을 말하고 있다. 때문에 3번이 정답이 된다. 한편, 이어폰 사용자의 증가 추세 언급이나 음악 듣는 것 자체에 대한 부정적인 언급은 없으므로 2, 4번은 정답이 될 수 없다.

2 바로 앞 문장에서 옆 사람에게 들릴 정도로 큰 소리로 음악을 들으며 길을 걷고 있는 사람에 대한 언급이 있고, 이에 대한 문제점을 뒤 문장에 설명하고 있으므로, 4번이 정답이다.

[단어]

イヤホン 이어폰 | 〜で 〜(으)로 | 音楽 음악 | 聞く 듣다 | 歩く 걷다 | 〜と 〜(하)면 | だいじょうぶだ 괜찮다 | 〜かな 〜일까 | 〜と 思う 〜(라)고 여기다 | 〜ことが ある 〜경우가 있다 | そば 옆 | 聞こえる 들리다 | ぐらい 정도 | 大きい 크다 | 音 소리 | 〜からだ 〜(이)기 때문이다 | 外 밖 | 音 소리 | 後ろ 뒤 | 車 자동차 | だれか 누군가 | 話を かける 말을 걸다 | わからない 알 수 없다 | 〜だろう 〜(이)겠지, 〜것이다 | それに 게다가 | ずっと 계속, 쭉 | 〜にくい 〜하기 어렵다 | 自分 스스로, 자신 | からだ 몸 | ほかの〜 다른〜 | かんがえる 생각하다 | たのしむ 즐기다

もんだい6

정보 검색 실전 연습 ❶ p.226 해석과 문제 해설

정답
④

右の ページを 見て、下の しつもんに こたえて ください。こたえは、1・2・3・4から いちばん いい ものを 一つ えらんで ください。

1 ユさんは 韓国人です。ことし 日本の 大学に 入学しました。まいにち 授業は 5じに 終わります。土ようびは 3じから 7じまで 韓国語を おしえる ボランティアを して います。この 人は どうして パン屋の アルバイトが できませんでしたか

1　日本語が 上手では ないから
2　パンを つくる ことが できないから
3　学校が 5じに 終わるから
4　**週末は ボランティアで はたらく ことが できないから**

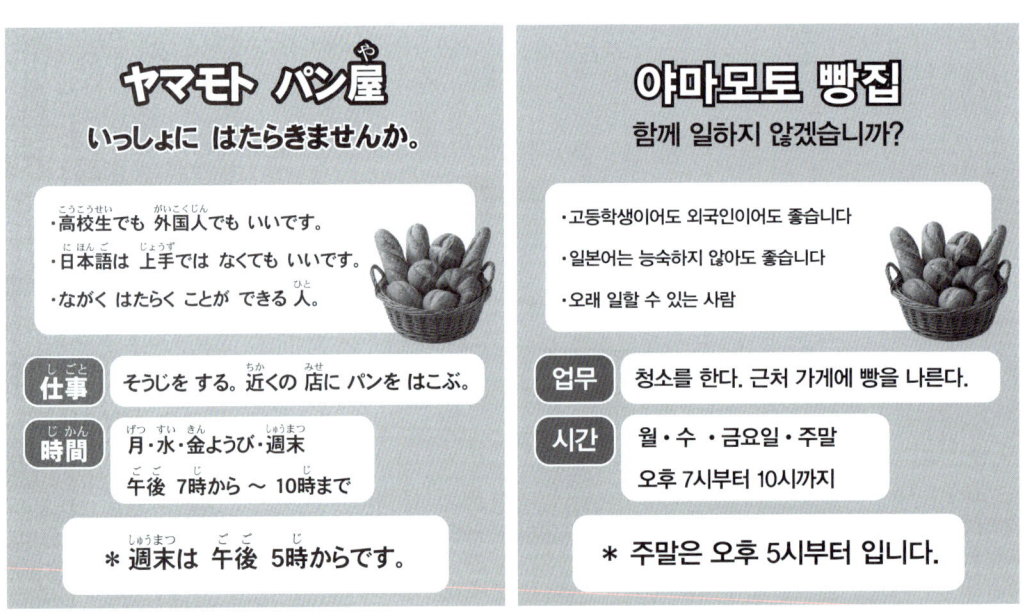

오른쪽 페이지를 보고, 아래의 질문에 답하세요. 답은 1·2·3·4에서 가장 알맞은 것을 하나 고르세요.

1 유 씨는 한국인입니다. 올해 일본 대학에 입학했습니다. 매일 수업은 5시에 끝납니다. 토요일 3시부터 7시까지 한국어를 가르치는 봉사활동을 하고 있습니다. 이 사람은 어째서 빵집의 아르바이트를 할 수 없었습니까?

1　일본어를 잘하지 못하기 때문에
2　빵을 만들 수 없기 때문에
3　학교가 5시에 끝나기 때문에
4　**주말은 봉사활동으로 일할 수 없기 때문에**

[풀이]

유 씨는 토요일은 봉사활동을 해야 하는데, 빵집은 주말에도 가능한 사람을 원하고 있다. 시간이 겹치므로 4번이 정답이다.

[단어]

韓国人 한국인 | ことし 올해 | 日本 일본 | 大学 대학 | 入学 입학 | 授業 수업 | 終わる 끝나다 | 土ようび 토요일 | 韓国語 한국어 | おしえる 가르치다 | ボランティア 봉사활동 | パン屋 빵집 | できる 할 수 있다. 생기다. 완성되다 | いっしょに 함께 | はたら 일하다 | 高校生 고등학생 | 外国人 외국인 | ～でも ~(이)어도 | 日本語 일본어 | 上手だ 능숙하다. 잘하다 | ながく 길게 | 仕事 일. 업무 | そうじを する 청소를 하다 | 近く 근처 | 店 가게 | パン 빵 | はこぶ 나르다. 운반하다 | 時間 시간 | 午後 오후 | 週末 주말

정보 검색 실전 연습 ❷ p.228 해석과 문제 해설

정답
③

1 鈴木さんは スーパーで はたらいて います。いつも 4じに 家に 帰ります。むすめの りえちゃんは 小学校 4年生です。学校は 毎日 3じに 終わります。毎週 金ようびの 午後と 土ようびの 午前、ピアノきょうしつに 通って います。二人が いっしょに 行く ことが できる クラスは どれですか。そして 授業料は ぜんぶで いくらですか。

1　月・水・金の　午後(2)　/　12,500円
2　火・木の　午後(1)　/　7,500円
3　火・木の　午後(2)　/　15,000円
4　土・日の　午前　/　20,000円

おかあさんと いっしょに 料理きょうしつ

[一人　1カ月の　授業料]

	午前 (9:00〜11:00)	午後(1) (13:00〜14:30)	午後(2) (17:00〜18:30)
月・水・金	14,500円	12,500円	12,500円
火・木	8,500円	7,500円	7,500円

	午前 (9:00〜11:30)		
土・日	10,000円	×	×

ところ：さくら　文化　センター

1 스즈키 씨는 슈퍼에서 일하고 있습니다. 항상 4시에 집에 돌아갑니다. 딸 리에는 초등학교 4학년입니다. 학교는 매일 3시에 끝납니다. 매주 금요일 오후와 토요일 오전 피아노 교실에 다니고 있습니다. 두 사람이 같이 갈 수 있는 수업은 무엇입니까? 그리고 수업료는 전부 얼마입니까?

1　월・수・금 오후(2) / 12,500엔
2　화・목 오후(1) / 7,500엔
3　화・목 오후(2) / 15,000엔
4　토・일 오전 / 20,000엔

엄마와 함께 요리 교실

(1인 1개월 수업료)

	오전 (9:00~11:00)	오후(1) (13:00~14:30)	오후(2) (17:00~18:30)
월・수・금	14,500엔	12,500엔	12,500엔
화・목	8,500엔	7,500엔	7,500엔

	오전 (9:00~11:30)		
토・일	10,000엔	x	x

장소: 사쿠라문화센터

[풀이]

딸이 토요일 오전과 금요일 오후에 피아노 교실에 다니고 있기 때문에 주말반은 불가능하다. 때문에 가능한 요일은 화/목이고, 각각 집으로 돌아오는 시간이 4시, 3시 이므로 함께 갈 수 있는 시간은 오후 (2) 시간이 가능하다. 따라서 정답은 3번이다.

[단어]

スーパー 슈퍼 | はたらく 일하다 | 帰る 돌아오(가)다 | むすめ 딸 | 小学校 초등학교 | 年生 학년 | 学校 학교 | 毎日 매일 | 毎週 매주 | 午後 오후 | 午前 오전 | ピアノきょうしつ 피아노교실 | ~に 通う ~에 다니다 | お母さん 엄마 | ~と いっしょに ~와 함께 | 料理 きょうしつ 요리 교실 | ~カ月 ~개월 | 授業料 수업료 | 文化 문화 | センター 센터

정보 검색 실전 연습 ❸ p.230 해석과 문제 해설

정답
③

1 田中さんは 会社から 帰ると 7かいの 家まで 歩いて いきます。でも、朝は 忙しいから エレベーターを 使います。いつも 7時 半に 家を 出て 電車で 会社に 行きます。今週末は おばあさんの 家に 行く よていです。家から 近くて 自転車で 10分ぐらいで 行く ことが できます。おばあさんと いっしょに お昼ごはんを 食べる ために 12時 前には 着きたいと 思って います。田中さんは 二日間 どの エレベーターを 使いますか。

1　一日目の　1号機と　二日目の　3号機
2　一日目の　2号機と　二日目の　2号機
3　一日目の　4号機と　二日目の　3号機
4　一日目の　3号機と　二日目の　1号機

エレベーター　りようの　ご案内

アパートの　住民の　みなさまへ
あしたから　二日間、電気工事で　アパートの　電気が　切れます。
それで、エレベーターを　使う　ことも　できません。
下の　時間を　見て　利用して　ください。

号機	一日目	二日目
1号機	午前 7時から 午後 1時まで 停止	午前 7時から 午後 1時まで 停止
2号機	午前 11時から 午後 5時まで 停止	午前 10時から 午後 7時まで 停止
3号機	午後 2時から 夜 7時まで 停止	午後 1時から 夜 8時まで 停止
4号機	午後 4時から 夜 10時まで 停止	午後 4時から 夜 10時まで 停止

3月18日(木ようび)

－ あさひアパート －

・住民: 주민　・工事: 공사　・〜号機: 〜호기

1 다나카 씨는 회사에서 돌아오면 7층인 집까지 걸어서 갑니다. 하지만 아침은 바쁘기 때문에 엘리베이터를 사용합니다. 항상 7시 반에 집을 나서로 전차로 회사에 갑니다. 이번 주말은 할머니 댁에 갈 예정입니다. 집에서 가까워서 자전거로 10분 정도로 갈 수 있습니다. 할머니와 함께 점심밥을 먹기 위해서 12시 전에는 도착하고 싶다고 생각하고 있습니다. 다나카 씨는 이틀 간 어느 엘리베이터를 사용합니까?

1　첫째 날 1호기와 둘째 날 3호기
2　첫째 날 2호기와 둘째 날 2호기
3　첫째 날 4호기와 둘째 날 3호기
4　첫째 날 3호기와 둘째 날 1호기

엘리베이터 이용 안내

아파트 주민 여러분께

내일부터 이틀간 전기공사로 인해 아파트 전기가 끊깁니다.

그래서, 엘리베이터를 사용할 수 없습니다.

아래의 시간을 보고 이용해 주세요.

	첫째 날	둘째 날
1호기	오전 7시부터 오후 1시까지 정지	오전 7시부터 오후 1시까지 정지
2호기	오전 11시부터 오후 5시까지 정지	오전 10시부터 오후 7시까지 정지
3호기	오후 2시부터 밤 7시까지 정지	오후 1시부터 밤 8시까지 정지
4호기	오후 4시부터 밤 10시까지 정지	오후 4시부터 밤 10시까지 정지

3월 18일(목요일)

- 아사히아파트 -

[풀이]

목요일 공지의 내용으로 보아 '내일부터 이틀간'은 금요일과 토요일이다. 첫째 날인 금요일은 집에서 7시 반에 나가므로 2, 3, 4호기를 사용할 수 있고, 둘째 날인 토요일은 적어도 11시 50분 전에 나가므로 3, 4호기를 사용할 수 있다. 선택지에서 모두 충족하고 있는 3번이 정답이다.

[단어]

会社 회사 | 帰る 돌아오다 | ~かい ~층 | 歩く 걷다 | でも 하지만 | 朝 아침 | 忙しい 바쁘다 | エレベーター 엘리베이터 | 使う 사용하다 | 電車 전차 | 今週末 이번 주말 | おばあさん 할머니 | ~よていだ ~예정이다 | 近い 가깝다 | 自転車 자전거 | お昼ごはん 점심밥 | 食べる 먹다 | 着く 도착하다 | ~たい ~(하)고 싶다 | 二日間 이틀간 | ご案内 안내 | アパート 아파트 | 住民 주민 | 電気工事 전기공사 | ~で ~(로)인해 | 電気が切れる 전기가 끊기다 | それで 그래서 | 利用 이용 | ~号機 ~호기 | 停止 정지

정보 검색 실전 연습 ❹ p.232 해석과 문제 해설

정답
①

[1] 友だちと 二人で 温泉に 行きます。あした 東京駅で 8時に 会います。できるだけ はやく 温泉に 着きたいです。どうやって 行くのが いちばん 安いですか。

1 さくら1
2 ほたる1
3 さくら2
4 ほたる2

電車の時間

	東京駅 ➡	みたけ駅
さくら1	08:20	09:10
ほたる1	08:50	09:20
さくら2	09:20	10:10
ほたる2	09:50	10:20

(お金: さくら 1,500円 / ほたる 2,000円)

バスの時間

みたけ駅 ➡	もり温泉
09:30	09:40
09:50	10:00
10:30	10:40
10:50	11:00

[1] 친구와 둘이서 온천에 갑니다. 내일 도쿄역에서 8시에 만납니다. 가능한 한 빨리 온천에 가고 싶습니다. 어떻게 가는 것이 가장 쌉니까?

1 사쿠라1
2 호타루1
3 사쿠라2
4 호타루2

전차 시간

	도쿄역 ➡	미타케역
사쿠라1	08:20	09:10
호타루1	08:50	09:20
사쿠라2	09:20	10:10
호타루2	09:50	10:20

(금액: 사쿠라 1,500엔 / 호타루 2,000엔)

버스 시간

미타케역 ➡	모리온천
09:30	09:40
09:50	10:00
10:30	10:40
10:50	11:00

[풀이]

전차 시간은 호타루1로 가는 것이 제일 빠르지만 버스 첫차 9시 30분이므로, 사쿠라1이 도착하는 시간이라도 버스 첫차에 댈 수 있으므로, 빠르고 싸게 가는 것은 사쿠라1이다. 따라서 정답은 선택지 1번이다.

[단어]

友だち 친구 | 二人で 둘이서 | 温泉 온천 | あした 내일 | 東京駅 도쿄역 | ～で ～에서 | 会う 만나다 | できるだけ 가능한 한, 되도록 | はやく 빨리, 일찍 | ～に 着く ～에 도착하다 | ～たい ～(하)고 싶다 | どうやって 어떻게 | 行く 가다 | いちばん 가장, 제일 | 安い 싸다 | 電車 전차 | 時間 시간 | お金 돈, 금액

3교시 청해 해석과 해설

청해 유형 확인 문제 ❶ – 과제 이해 p.256 스크립트와 문제 해설

もんだい 1

はじめに　しつもんを　きいて　ください。それから　はなしを　きいて、もんだいようしの　1から4の　なかから、いちばん　いい　ものを　ひとつ　えらんで　ください。
먼저 질문을 들어 주세요. 그러고 나서 이야기를 듣고, 문제 용지의 1부터 4중에서 가장 알맞은 것을 하나 고르세요.

店で、男の人と女の人が話しています。女の人はどのメニューを食べますか。

M あ〜、おなかすいた。ソヒョンちゃんはなににする？
F う〜ん、朝パン食べたから、お昼はごはんにしたい。
M そっか、わたしはなにかあたたかいもの食べたいなあ。うどんとかラーメンとか…。
F そうね。今日さむいし。じゃあ、私もうどんにしようか。
M あっ、私、あのとんかつセットにする。ごはんもあるし、ミニうどんもいっしょだよ。
F ほんと？ じゃ、私も同じものにする。

女の人は、どのメニューを食べますか。

가게에서 남자와 여자가 이야기하고 있습니다. 여자는 어느 메뉴를 먹습니까?

M 아~, 배고프다. 서현은 뭘로 할래?
F 음, 아침에 빵이었기 때문에, 점심은 밥으로 하고 싶어.
M 그렇구나, 나는 뭔가 따뜻한 것을 먹고 싶네. 우동이나 라면이나….
F 그렇네. 오늘 추우니까. 그럼 나도 우동으로 할까.
M 앗, 나 저 돈가스 세트로 할래. 밥도 있고, 미니우동도 함께거든.
F 정말? 그럼 나도 같은 걸로 할래.

여자는 어느 메뉴를 먹습니까?

[정답] 2

[풀이]
밥 먹기를 원했던 여자는 추운 날씨와 남자의 말에, 따뜻한 우동으로 고민하였지만, 돈가스 세트에 밥도 우동이 포함되어 있어서 남자와 같은 돈가스 세트를 먹기로 했다. 따라서 정답은 2번이다.

[단어]
店 가게 | 女の人 여자 | 男の人 남자 | 話す 이야기하다 | どの〜 어느〜 | メニュー 메뉴 | 食べる 먹다 | おなか すいた 배고프다 | 〜にする 〜으로 하다 | 朝 아침 | パン 빵 | 〜から 〜(이)기 때문에 | お昼 점심, 점심밥 | ごはん 밥 | 〜たい 〜(하)고 싶다 | あたたかい 따뜻하다 | うどん 우동 | 〜とか 〜(라)든가 | ラーメン 라면 | 今日 오늘 | さむい 춥다 | 〜し 〜인데다가, 〜이니까 | セット 세트 | いっしょ 함께 | 同じ 같은

청해 유형 확인 문제 ❷ – 포인트 이해 p.256 스크립트와 문제 해설

もんだい 2

はじめに　しつもんを　きいて　ください。それから　はなしを　きいて、もんだいようしの　1から4の　なかから、いちばん　いい　ものを　ひとつ　えらんで　ください。

먼저 질문을 들어 주세요. 그러고 나서 이야기를 듣고, 문제 용지의 1부터 4중에서 가장 알맞은 것을 하나 고르세요.

男の人と女の人が話しています。女の人は明日の午前、何をしますか。

M 明日いっしょに映画見に行きませんか。
F ごめんなさい。明日はちょっと…。
M あ、忙しいですか。
F はい、明日朝はやく学校へ行きます。
M 授業ですか。
F いいえ、図書館に行って本を返してから、午後はボランティアに行きます。
M そうですか。大変じゃないですか。
F 韓国語を教えるボランティアですが、とても楽しいです。

女の人は明日の午前、何をしますか。

1　かんこくごを　おしえる
2　ボランティアに　いく
3　ほんを　かりる
4　としょかんに　いく

남자와 여자가 이야기하고 있습니다. 여자는 내일 오전에 무엇을 합니까?

M 내일 함께 영화 보러 가지 않겠습니까?
F 미안해요. 내일은 좀….
M 아, 바쁜가요?
F 네, 내일 아침 일찍 학교에 갑니다.
M 수업인가요?
F 아니요, 도서관에 가서 책을 반납하고 나서, 오후에는 봉사활동 하러 갈 거예요.
M 그렇습니까? 힘들지는 않나요?
F 한국어를 가르치는 봉사활동인데, 굉장히 즐겁습니다.

여자는 내일 오전에 무엇을 합니까?

1　한국어를 가르친다
2　봉사활동 하러 간다
3　책을 빌린다
4　도서관에 간다

[풀이]

내일 아침 도서관에 가서 책을 반납한다고 말하고 있으므로 빌린다고 말한 3번은 정답이 될 수 없고, 4번이 정답이다. 또 한국어를 가르치는 봉사활동은 오후이므로 1, 2번도 정답이 될 수 없다.

[단어]

明日 내일 | 午前 오전 | いっしょに 함께 | 映画 영화 | ~に 行く ~하러 가다 | ごめんなさい 미안해요 | ~は ちょっと… ~는 좀… | 忙しい 바쁘다 | はやく 일찍, 빨리 | 学校 학교 | 授業 수업 | 図書館 도서관 | 本 책 | 返す 갚다, 되돌려주다 | 午後 오후 | ボランティア 봉사활동 | 韓国語 한국어 | 教える 가르치다 | 楽しい 즐겁다

청해 유형 확인 문제 ❸ – 발화 표현 p.257 스크립트와 문제 해설

もんだい 3

えを みながら しつもんを きいて ください。→（やじるし）の ひとは なんと いいますか。１から３の なかから、いちばん いい ものを ひとつ えらんで ください。

그림을 보면서 질문을 들어 주세요. 화살표의 사람은 뭐라고 말합니까? 1부터 3중에서 가장 알맞은 것을 하나 고르세요.

約束の時間より10分もおそく着きました。待っている友だちに何と言いますか。 F　1　おさきにしつれいします。 　　2　ごめんなさい。 　　3　ごめんください。	약속 시간보다 10분이나 늦게 도착했습니다. 기다리고 있는 친구에게 뭐라고 말합니까? F　1　먼저 실례하겠습니다. 　　2　미안해요. 　　3　계세요?(방문 시 불러내는 인사말)

[풀이]

'ごめんなさい'와 'ごめんください'의 차이를 구별할 수 있어야 한다. 'ごめんなさい'는 사과의 표현이고 'ごめんください'는 어딘가 방문했을 때 안에 있는 사람을 부르는 표현이다.

[단어]

約束 약속 | 時間 시간 | ～より ～보다 | ～も ～이나 | おそく 늦게 | 着く 도착하다 | 待つ 기다리다 | 友だち 친구 | ～と ～라고

청해 유형 확인 문제 ❹ – 즉시 응답 p.257 스크립트와 문제 해설

もんだい 4

えなどが ありません。ぶんを きいて、１から３の なかから、いちばん いい ものを ひとつ えらんで ください。

그림 등이 없습니다. 문장을 듣고 1부터 3중에서 가장 알맞은 것을 하나 고르세요.

M　おかし、もうひとつどうですか。 F　1　はい、どうぞ。 　　2　はい、そうです。 　　3　はい、いただきます。	M　과자, 하나 더 어떠세요? F　1　네, 드세요. 　　2　네, 그렇습니다. 　　3　네, 잘 먹겠습니다.

[풀이]

과자를 더 먹기를 권하는 질문에 '잘 먹겠습니다'라고 말한 3번이 정답이다. 1번은 무언가 권할 때 쓰는 표현이고, 2번은 상대방의 말이 맞다는 확인의 대답이므로 정답이 될 수 없다.

[단어]

おかし 과자 | もう ひとつ 하나 더 | どうですか 어떻습니까 | どうぞ 어서, 부디(권유나 승낙의 의미) | そうです 그렇습니다 | いただきます 잘 먹겠습니다

유형별 실전 문제

もんだい 1

과제 이해 실전 연습 ❶ p.260~262 해석과 문제 해설

1ばん

店で、店の人と女の人が話しています。女の人はどのスカートを買いますか。

M いらっしゃいませ。
F あちらの短いスカートをはいてみてもいいですか。
M もちろんです。どうぞ。
F かわいいですね。同じデザインでもっと明るい色はありませんか。
M すみません。このデザインはいま黒しかありません。
F そうですか。じゃ、これでおねがいします。

女の人はどのスカートを買いますか。

가게에서 점원과 여자가 이야기하고 있습니다. 여자는 어느 스커트를 삽니까?

M 어서 오세요.
F 저쪽의 짧은 스커트를 입어봐도 될까요?
M 물론이죠. 이쪽으로 오세요.
F 예쁘네요. 같은 디자인으로 좀 더 밝은 색은 없습니까?
M 죄송합니다. 이 디자인은 지금 검정밖에 없습니다.
F 그렇습니까? 그럼 이걸로 주세요.

여자는 어느 스커트를 삽니까?

[정답] 2

[풀이] 입어본 스커트는 짧은 스커트고 현재 색깔은 검정밖에 없기 때문에 정답은 2번이다.

[단어]
店 가게 | 女の人 여자 | 話す 이야기하다 | ～ている ～(하)고 있다 | どの 어느 | スカート 스커트 | 買う 사다 | いらっしゃいませ 어서 오세요 | あちら 저쪽, 저기 | 短い 짧다 | 着る 입다 | ～てみる ～(해) 보다 | ～てもいい ～(해)도 좋다 | もちろん 물론 | かわいい 귀엽다, 예쁘다 | 同じ 같은 | デザイン 디자인 | 明るい 밝다 | 色 색 | 黒 검정

2ばん

むすめがお父さんと話しています。むすめははじめに何をしますか。

F わあ、私の大好きないちごケーキ！
M ちょっと待って。食べる前におさらとフォークを持ってこないとね。
F はーい。
M あっ、おさら持ってくる前にテーブルの上をきれいにした方がいいね。飲み物はお母さんが帰ったら、お父さんが持ってくるから。

딸이 아빠와 이야기하고 있습니다. 딸은 먼저 무엇을 합니까?

F 와, 내가 좋아하는 딸기 케이크!
M 잠시 기다려. 먹기 전에 접시와 포크를 가지고 와야지.
F 네.
M 아, 접시 가지고 오기 전에 테이블 위를 깨끗하게 하는 것이 좋겠어. 마실 것은 엄마가 돌아오면 아빠가 가지고 올 테니까.

F うん、わかった。

むすめははじめに何をしますか。

F 응 알겠어.

딸은 먼저 무엇을 합니까?

[정답] 2

[풀이] 케이크를 먹기 전 접시와 포크를 준비하고, 그전에 미리 테이블 위를 정돈할 것을 말하고 있다. 따라서 정답은 2번이다.

[단어]
むすめ 딸 | お父さん 아빠, 아버지 | はじめに 먼저, 우선 | 大好き 매우 좋아하다 | いちごケーキ 딸기 케이크 | ちょっと 조금, 잠시 | 待つ 기다리다 | 食べる 먹다 | 前に 전에 | おさら 접시 | フォーク 포크 | 持つ 가지다, 들다 | ～ないと ～해야 해 | テーブル 테이블 | 上 위 | きれいに 깨끗하게 | ～た方がいい ～하는 편이 좋다 | 飲み物 음료 | お母さん 엄마, 어머니

3ばん

お母さんとむすこがカレンダーを見ながら話しています。この家族はいつ出発しますか。

M お母さん、お父さんの休はいつからいつまでなの？
F 16日から23日までなの。今回は沖縄に行くつもりだけど、せっかくだからやっぱり、3日ぐらいは泊まりたいとおもってるの。
M わあ、いいね。でも、週末が入ると人が多くなるから…。ねえ、お母さん、土曜日と日曜日はやめたほうがいいんじゃない？
F そうね。そういえば20日も休みだわ。
M へぇ、ほんとう！じゃ、その日も入れないようにしよう。

この家族はいつ出發しますか。

엄마와 아들이 달력을 보면서 이야기하고 있습니다. 이 가족은 언제 출발합니까?

M 엄마, 아빠 휴가는 언제부터 언제까지야?
F 16일부터 23일까지야. 이번에는 오키나와에 갈 생각인데, 모처럼이니까 역시 3일 정도는 묵고 싶다고 생각하고 있어.
M 와, 신난다. 하지만 주말이 끼면 사람이 많아지니까…. 있잖아, 엄마, 토요일이랑 일요일은 그만두는 쪽이 좋지 않아?
F 그렇겠네. 그러고 보니 20일도 휴일이네.
M 앗, 정말이네! 그럼 그날도 넣지 않도록 하자.

이 가족은 언제 출발합니까?

[정답] 3

[풀이]

16일부터 23일까지의 휴가 기간동안 3일을 숙박하려는 계획을 가지고 있다. 하지만 주말과 20일을 피해야 하므로 나머지 날 중 3일 숙박으로 여행하기 위해서는 21일에 출발해야 하므로 정답은 3번이다.

[단어]
お母さん 엄마 | 男の子 남자아이 | カレンダー 달력 | ～ながら ～하면서 | 家族 가족 | 出発 출발 | 休み 휴일 | 今回 이번 | 沖縄 오키나와 | ～つもりだ ～할 생각이다 | せっかく 모처럼 | やっぱり 역시 | ～ぐらいは ～정도는 | 泊まる 묵다 | 入る 들어가(오)다 | 人 사람 | 多い 많다 | 土曜日 토요일 | 日曜日 일요일 | やめる 그만두다

4ばん

学校の教室で先生が学生に話しています。学生はいつ学校を休みますか。

F 今週の月曜日から水曜日までテストです。水曜日の午後、試験が終わってから、つぎの二日間休みです。宿題は金曜日までで、Eメールで出してください。来週の月曜日からまた授業が始まります。

학교 교실에서 선생님이 학생에게 이야기하고 있습니다. 학생은 언제 학교를 쉽니까?

F 이번 주 월요일부터 수요일까지 시험입니다. 수요일 오후, 시험이 끝나고 나서, 그다음 이틀간 휴일입니다. 숙제는 금요일까지로, 메일로 제출해 주세요. 다음 주 월요일부터 다시 수업이 시작됩니다.

学生はいつ学校を休みますか。

1　げつようびと　すいようび
2　すいようびと　もくようび
3　**もくようびと　きんようび**
4　げつようびと　きんようび

학생은 언제 학교를 쉽니까?

1　월요일과 수요일
2　수요일과 목요일
3　**목요일과 금요일**
4　월요일과 금요일

[풀이]

수요일 시험이 끝나고 나서 이틀간 휴일이므로, 목요일과 금요일에는 학교에 가지 않는다. 따라서 정답은 3번이다.

[단어]

教室 교실 | 休む 쉬다 | 今週 이번 주 | 月曜日 월요일 | ～から ～부터 | 水曜日 수요일 | ～まで ～까지 | テスト 시험 | 午後 오후 | 試験 시험 | 終わる 끝나다 | ～てから ～(하)고 나서 | つぎの～ 다음～ | 二日間 이틀간 | 宿題 숙제 | ～までで ～까지로 | Eメール 메일 | 出す 꺼내다, 제출하다 | 授業 수업 | 始まる 시작되다

5ばん

女の人と男の人が話しています。二人は何をもって行きますか。

F ひろとくんも明日のたんじょうびパーティーに行くでしょ？
M そうだね。行く前に何かプレゼント買わないとね。さとしくんに何がいいかなあ。
F 昨日、お菓子作ったの。私はこれ持っていく。
M じゃ、私は本でも買おうかな。
F う～ん、さとしくんってよく音楽聞くから、イヤホンはどう？
M そうかな。じゃ、本はやめて、イヤホンにしよう。いまちょうどセールだし。

여자와 남자가 이야기하고 있습니다. 둘은 무엇을 가지고 갑니까?

F 히로토 군도 내일 생일파티에 가지?
M 그래. 가기 전에 뭔가 선물을 사야 해. 사토시 군에게 뭐가 좋을까?
F 어제, 과자 만들었어. 나는 이거 가지고 갈 거야.
M 그럼, 나는 책이라도 살까?
F 음, 사토시 군은 자주 음악을 들으니까, 이어폰은 어때?
M 그런가. 그럼 책은 그만두고 이어폰으로 하자. 지금 마침 세일이고.

F よかった。ふつう果物も持っていったりするけど、きっとほかの人が持ってくるだろう。

二人は何をもって行きますか。

1　ほんと　おかし
2　くだものと　ほん
3　くだものと　イヤホン
4　**イヤホンと　おかし**

F 잘 됐네. 보통 과일도 가지고 가거나 하지만, 분명 다른 사람이 가지고 올 거야.

둘은 무엇을 가지고 갑니까?

1　책과 과자
2　과일과 책
3　과일과 이어폰
4　**이어폰과 과자**

[풀이]

여자는 과자를 만들었고 음악 듣는 것을 좋아하는 사토시를 위해 이어폰을 사기로 했으므로, 정답은 4번이다. 참고로, 책보다는 이어폰을 선택했으며 과일은 다른 사람이 가져올 것으로 추측하고 있으므로 나머지 선택지는 정답이 될 수 없다.

[단어]

明日 내일 | たんじょうびパーティー 생일파티 | 行く 가다 | ～前に ～전에 | 何か 무언가 | プレゼント 선물 | 買う 사다 | 昨日 어제 | お菓子 과자 | 作る 만들다 | 持つ 가지다, 들다 | 本 책 | ～でも ～라도 | よく 자주 | 音楽 음악 | 聞く 듣다 | ～から ～니까 | イヤホン 이어폰 | やめる 그만두다 | ～にする ～로 하다 | ちょうど 딱, 마침 | セール 세일 | よかった 잘 됐다, 다행이다 | ふつう 보통 | 果物 과일 | ～けど ～하지만 | きっと 필시, 분명히 | ほかの人 다른 사람 | ～だろう ～(일) 것이다, ～겠지

6ばん

会社で男の人と女の人が話しています。女の人ははじめに何をしますか。

M もりさん、会議室にあるパンフレットを持ってきてくれませんか。
F はい。
M すみませんが、行く前にこの書類を20枚コピーしてください。
F はい、わかりました。じゃ、このコーヒーを飲んでからしますね。
M ありがとう。

女の人ははじめに何をしますか。

1　かいぎしつに　いく
2　**コーヒーを　のむ**
3　しょるいを　コピーする
4　パンフレットを　もって　くる

회사에서 남자와 여자가 이야기하고 있습니다. 여자는 처음으로 무엇을 합니까?

M 모리 씨 회의실에 있는 팸플릿을 가지고 와 주지 않을래요?
F 네.
M 미안하지만, 가기 전에 이 서류를 20장 복사해 주세요.
F 네 알겠습니다. 그럼 이 커피를 마시고 나서 할게요.
M 고마워요.

여자는 먼저 무엇을 합니까?

1　회의실에 간다
2　**커피를 마신다**
3　서류를 복사한다
4　팸플릿을 가져온다

[풀이]

자가 해야 하는 일은 팸플릿을 가져오고, 복사도 해야 하지만, 마지막 부분에 '이 커피를 마시고 나서'라고 말하고 있으므로, 우선 하게 되는 행동은 정답은 2번이다.

[단어]

会社 회사 | はじめに 처음으로 | 会議室 회의실 | パンフレット 팸플릿 | 持つ 가지다, 들다 | ～て くれませんか ～(해)주지 않겠습니까? | ～前に ～전에 | 書類 서류 | ～枚 ～장 | コピーする 복사하다 | コーヒー 커피 | 飲む 마시다 | ～から ～(하)고 나서

7ばん

女の人と男の人が日曜日にどこへ行くか話しています。二人はどこへ行きますか。

F 今度の日曜日、デパートへ買い物に行かない?
M えっ？やっぱり外だよ！海とか川とか…。そうだ！山にのぼるのもいいな。
F でも、買い物しないとね。野菜や肉も買わなければいけないし。
M えー、やっぱり外がいいよ！お弁当を持って海へ行くのはどう？
F お弁当を作りたくても材料、何もないんだもん。
M そっか、そういうことか…。しかたないな。じゃ、わかった。

二人はどこへ行きますか。

1 うみ
2 やま
3 デパート
4 かわ

여자와 남자가 일요일에 어디에 갈지 이야기하고 있습니다. 둘은 어디에 갑니까?

F 이번 일요일, 백화점에 장 보러 가지 않을래?
M 뭐? 그래도 역시 외부로 가야지! 바다라든가 강이라든가…. 아 맞다! 산에 오르는 것도 좋겠네.
F 하지만, 장 보지 않으면 안 돼. 채소랑 고기도 사야 하고.
M 음, 역시 외부가 좋아! 도시락 들고 바다에 가는 건 어때?
F 도시락 만들고 싶어도 재료 아무것도 없으니까.
M 그런가, 그렇게 되나…. 그럼, 할 수 없네.

둘은 어디에 갑니까?

1 바다
2 산
3 백화점
4 강

[풀이]

남자는 바다나 강으로 가자고 했으나 결국 만들어 갈 도시락 준비를 위해서 장보기를 하기로 한다. 마지막 남자의 말에 '어쩔 수 없네'로 미루어 보아 결국 백화점에 간다는 것을 알 수 있으므로 정답은 3번이다.

[단어]

日曜日 일요일 | 今度 이번 | デパート 백화점 | 買い物 장보기, 쇼핑 | 外 외부, 바깥 | 海 바다 | 川 강 | 山にのぼる 산에 오르다 | 野菜 채소 | 肉 고기 | 買う 사다 | お弁当 도시락 | 作る 만들다 | 材料 재료 | 何もない 아무것도 없다 | しかたない 어쩔 수 없다

과제 이해 실전 연습 ❷ p.263~265 해석과 문제 해설

1ばん

男の人と女の人が話しています。二人はどこに家族の写真をかけますか。 M プレゼントでもらったこの時計、テレビの上のほうにかけよう。 F うーん、まあいいけど、窓のところがいいんじゃない？ M えーっ？やっぱりテレビの上がいいよ。 F じゃ、ドアのところは？ M おちたらあぶないでしょう。 F じつはテレビの上には家族の写真かけたいんだ。 M そっか、じゃ、窓のところにしよう。 二人はどこに家族の写真をかけますか。	남자와 여자가 이야기하고 있습니다. 둘은 어디에 가족사진을 겁니까? M 선물로 받은 이 시계, TV 위에 걸자. F 음, 뭐 좋은데 창문 쪽이 괜찮지 않아? M 뭐? 역시 TV 위가 좋아. F 그럼, 문 쪽은? M 떨어지면 위험하지 않을까? F 사실 TV 위에는 가족사진을 걸고 싶거든. M 그래, 그럼 창문 쪽으로 하자. 둘은 어디에 가족사진을 겁니까?

[정답] 2

[풀이]

대화의 흐름은 계속해서 시계를 걸 곳을 의논하고 있지만, 질문은 가족사진을 걸 곳이고, 대화의 마지막 부분에서 '텔레비전 위에는 가족사진을 걸고 싶거든'이라는 여자의 말에 남자도 동의하고 있으므로 정답은 2번이다.

[단어]

プレゼント 선물 | もらう 받다 | 時計 시계 | 家族 가족 | 写真 사진 | かける 걸다 | おちる 떨어지다 | あぶない 위험하다 | 窓 창문 | ～んじゃない ～지 않아? | やっぱり 역시 | テレビ 텔레비전 | 上 위 | ドア 문

2ばん

女の人がデパートでかばんを見ています。女の人はどのかばんを買いますか F すみません。あのかばんいくらですか。 M こちらですか。 F いいえ、そのいちばん大きいののとなりです。 M こちらの丸いのですか。 F はい。 M 15,000円です。	여자가 백화점에서 가방을 보고 있습니다. 여자는 어느 가방을 삽니까? F 실례합니다. 저 가방 얼마예요? M 이거 말인가요? F 아니요, 그 제일 큰 것의 옆이요. M 이쪽의 둥근 것 말인가요? F 네. M 15,000엔입니다.

F へぇー、高いですね。じゃ、そのおおきいのの左は？ M こちらは8,000円です。 F じゃ、それください。	F 어머, 비싸네요. 그럼 그 큰 것의 왼쪽은요? M 이것은 8,000엔입니다. F 그럼, 그거 주세요.
女の人はどのかばんを買いますか。	여자는 어느 가방을 삽니까?

[정답] 2

[풀이]
포인트는 마지막 부분의 '그 큰 것의 왼쪽은요?'라는 대사이다. 따라서 정답은 2번이다. 앞서 언급된 둥근 가방은 가격이 비싸기 때문에 큰 가방을 기준으로 왼쪽의 2번 가방을 산다

[단어]
買う 사다 | いくら 얼마 | いちばん 제일, 가장 | 大きい 크다 | まるい 둥글다 | となり 옆 | 高い 비싸다 | 左 왼쪽

3ばん

男の人と女の人が会社で話しています。何曜日に食事をしますか。	남자와 여자가 회사에서 이야기하고 있습니다. 무슨 요일에 식사를 합니까?
M 今週の会議は何曜日ですか。 F 木曜日ですよ。5時からです。 M そうですか。じゃ、会議がおわってから、ひさしぶりにみんなで食事でもしませんか。 F それもいいですが、会議がおわったら、みんなつかれているとおもって。 M それはそうですね。じゃ、次の日はどうですか。すぐ週末だし。 F いいですね。せっかくですから、みんなで食事をしながらビールでも飲みましょう。	M 이번 주 회의는 무슨 요일입니까? F 목요일이에요. 5시부터입니다. M 그래요? 그럼 회의가 끝나고 나서, 오랜만에 다 함께 식사라도 하지 않겠습니까? F 그것도 좋습니다만, 회의가 끝나면, 모두 지쳐 있을 것 같아서. M 그건 그렇네요. 그럼 다음날은 어때요? 곧 주말이고. F 좋아요. 모처럼 만이니 다 함께 식사를 하면서 맥주라도 마셔요.
何曜日に食事をしますか。	무슨 요일에 식사를 합니까?

1 すいようび	1 수요일
2 もくようび	2 목요일
3 きんようび	3 금요일
4 どようび	4 토요일

[풀이]
포인트는 '그럼 다음 날은 어때요? 곧 주말이고'라는 부분이다. 회의는 목요일이고, 그다음 날은 금요일이므로 정답은 3번이다.

[단어]

会社 회사 | 何曜日 무슨 요일 | 食事 식사 | 今週 이번 주 | 会議 회의 | 木曜日 목요일 | ～てから ～하고 나서 | ひさしぶりに 오랜만에 | 食事 식사 | ～でも ～라도 | ～たら ～하면 | つかれている 피곤하다, 지쳐있다 | 次の日 다음 날 | すぐ 곧 | 週末 주말 | せっかく 모처럼 | ～ながら ～하면서 | ビール 맥주 | 飲む 마시다

4ばん

女の人と男の人がカフェで話しています。二人は何を注文しますか。	여자와 남자가 카페에서 이야기하고 있습니다. 두 사람은 무엇을 주문합니까?
F コーヒーでも飲みましょうか。 M うん、いいですね。私はあたたかいのにします。 F 私はアイスにします。 M さとうは？ F いいえ、甘いのはあまり…。さとうはいいです。 M そうですか。私は甘いものが大好きなんです。う～ん、コーヒーといっしょにチーズケーキでも食べようかな。 F へぇー、私はいいです。いまダイエット中だから。 M じゃ、一つだけ注文しますね。	F 커피라도 마실까요? M 네, 좋아요. 저는 따뜻한 걸로 할게요. F 저는 아이스로 할게요. M 설탕은요? F 아니요, 단것은 그다지…. 설탕은 괜찮습니다. M 그렇습니까? 저는 단것을 굉장히 좋아하거든요. 음, 커피와 함께 치즈 케이크라도 먹을까~ F 어머, 저는 괜찮아요. 지금 다이어트 중이라서. M 그럼 하나만 주문할게요.
二人は何を注文しますか。	두 사람은 무엇을 주문합니까?

[정답] 2

[풀이]

남자는 따뜻한 커피, 여자는 아이스 커피를 주문한다. 이때 케이크는 마지막 부분에 '그럼 하나만 주문할게요'라고 말하고 있으므로 정답은 2번이 된다.

[단어]

カフェ 카페 | 注文 주문 | コーヒー 커피 | 飲む 마시다 | あたたかい 따뜻하다 | アイス 아이스 | 甘い 달다 | さとう 설탕 | チーズケーキ 치즈 케이크 | ダイエット中 다이어트 중 | 一つだけ 하나만

5ばん

女の人と男の人が話しています。女の人はいつジムに行きますか。

F ひろとくん、あのジムはいつも9時からなの？
M うん、そうだよ。だから10分前には来てね。
F うん、わかった。
M あ、あ、ごめんごめん。明日、土曜日でしょ？週末はいつもより30分おそいんだ。
F あ、そう？じゃあ、私、どうしようか。
M ジムが始まる10分前にきて。
F うん、わかった。

女の人はいつジムに行きますか。

1 8じ 50ぷん
2 9じ 10ぷん
3 9じ 20ぷん
4 9じ 40ぷん

여자와 남자가 이야기하고 있습니다. 여자는 언제 스포츠센터에 갑니까?

F 히로토, 그 스포츠센터는 항상 9시부터야?
M 응 그래. 그러니까 10분 전에는 와.
F 응 알았어.
M 아, 아, 미안 미안. 내일 토요일이지? 주말은 평소보다 30분 늦거든.
F 그래? 그럼, 나 어떻게 할까?
M 스포츠센터가 시작하기 10분 전에 와.
F 응, 알겠어.

여자는 언제 스포츠센터에 갑니까?

1 8시 50분
2 9시 10분
3 9시 20분
4 9시 40분

[풀이]

내일은 토요일이고, 주말은 평소의 9시보다 30분 늦게 시작하므로, 9시 30분에 스포츠센터가 시작된다. 이때, 대화의 마지막 부분에 '10분 전에 와'라고 말하고 있으므로 9시 20분인 3번이 정답이다

[단어]

いつ 언제 | ジム 스포츠센터 | ～から ～부터 | だから 그러니까, 때문에 | ごめん 미안해 | 明日 내일 | 土曜日 토요일 | 週末 주말 | ～より ～보다 | おそい 늦다, 느리다 | 始まる 시작되다

6ばん

男の人と女の人が電話で話しています。男の人は何を買って帰りますか。

M もしもし、今仕事終わったんだけど、外でいっしょに夕ご飯たべない？
F 今日の夕食はしゃぶしゃぶ作ったよ。はやく帰ってきて。
M うわあ、いいね。じゃ、デザートでも買って帰るね。アイスクリームどう？

남자와 여자가 전화로 이야기하고 있습니다. 남자는 무엇을 사서 집으로 돌아옵니까?

M 여보세요, 지금 일 끝났는데, 밖에서 함께 저녁 먹지 않을래?
F 오늘 저녁 식사는 샤부샤부 만들었어. 얼른 와.
M 와, 좋네. 그럼 디저트라도 사 갈게. 아이스크림 어때?

F うーん、アイスクリームより果物がいいね。いちご食べたいの。あ、ビールもおねがい。しゃぶしゃぶといっしょに飲みたいから。
M わかった。

男の人は何を買って帰りますか。

1 しゃぶしゃぶと　ビール
2 アイスクリームと　ビール
3 いちごと　ビール
4 いちごと　アイスクリーム

F 음, 아이스크림보다 과일이 좋겠어. 딸기 먹고 싶어. 아, 맥주도 부탁해. 샤부샤부랑 같이 마시고 싶으니까.
M 알겠어.

남자는 무엇을 사서 집으로 돌아옵니까?

1 샤부샤부와 맥주
2 아이스크림과 맥주
3 딸기와 맥주
4 딸기와 아이스크림

[풀이]
디저트로 아이스크림보다는 과일(딸기)을 먹고 싶다고 했고, 맥주를 추가로 부탁하였으므로 정답은 3번이다.

[단어]
電話で 전화로 | 買う 사다 | 帰る 돌아오다, 귀가하다 | もしもし 여보세요 | 仕事 일, 업무 | 終わる 끝나다 | 外で 밖에서 | 夕ご飯 저녁밥 | ～ない？ ～(지) 않을래? | 夕食 저녁밥 | しゃぶしゃぶ 샤부샤부 | 作る 만들다 | はやく 얼른, 빨리 | デザート 디저트 | ～でも ～라도 | アイスクリーム 아이스크림 | ～より ～보다 | 果物 과일 | いちご 딸기 | ～たい ～(하)고 싶다 | ビール 맥주 | 飲む 마시다

7ばん

女の人がデパートで店員と話しています。女の人はこれから何階に行きますか。

F あの、すみません。スカーフとコートはどこにありますか。
M スカーフは3階で、コートは5階です。スカーフはイベントセールで1階でも安く売っています。
F あ、そうですか。じゃ、コートを見てから行ってみますね。
M お客さま、コートは水曜日からセールで、その時もっと安く買うことができますよ。
F じゃあ、コートは今日買わないほうがいいですね。ありがとうございます。

女の人はこれから何階に行きますか。

여자가 백화점에서 점원과 이야기하고 있습니다. 여자는 이제부터 몇 층에 갑니까?

F 저 실례합니다. 스카프와 코트는 어디에 있습니까?
M 스카프는 3층이고, 코트는 5층입니다. 스카프는 이벤트 세일로 1층에서도 싸게 팔고 있습니다.
F 아 그렇습니까? 그럼, 코트를 보고 나서 가 볼게요.
M 손님, 코트는 수요일부터 세일로, 그때 좀 더 싸게 살 수 있습니다.
F 그럼 코트는 오늘 사지 않는 편이 좋겠네요. 고마워요.

여자는 이제부터 몇 층에 갑니까?

1　1かい	1　1층
2　3がい	2　3층
3　4かい	3　4층
4　5かい	4　5층

[풀이]

1층에서 스카프가 세일 중이라는 정보를 들었고, 그 전에 코트를 보러 5층에 가려고 했으나 마지막 부분에서 '코트는 오늘 사지 않는 편이 좋겠네요'라고 말했으므로, 여자는 곧장 1층으로 가게 되므로 정답은 1번이다.

[단어]

デパート 백화점 | 店員 점원 | これから 지금부터, 앞으로 | 何階 몇 층 | すみません 실례합니다 | スカーフ 스카프 | コート 코트 | どこ 어디 | イベントセール 이벤트 세일 | ～でも ～에서도 | 安く 売る 싸게 팔다 | ～てから ～하고 나서 | ～て みる ～해 보다 | お客さま 손님 | その 時 그때 | もっと 좀 더 | 買う 사다 | ～ことが できる ～할 수 있다 | ～ない ほうが いい ～하지 않는 편이 좋다

もんだい 2

포인트 이해 실전 연습 ❶ p.266~268 해석과 문제 해설

1ばん

女の人と男の人が話しています。女の人は昨日、何をしましたか。女の人です。

F かぜでもひいたのですか。顔いろ悪いですよ。
M 昨日、友だちとビールをたくさん飲んでしまって…。友だちの店が銀座にあって、そこで遅くまで飲んでいました。
F えっ、私も 昨日、同じところにいましたよ。
M そうですか。ひとりで？
F はい、ゆっくり歩いたり、買い物をしたりしました。

女の人は昨日、何をしましたか。

1　ビールを　のんだ
2　ともだちの　みせに　いった
3　ぎんざに　いった
4　ともだちに　あった

여자와 남자가 이야기하고 있습니다. 여자는 어제 무엇을 했습니까? 여자입니다.

F 감기라도 걸린 건가요? 얼굴색이 안 좋아요.
M 어제, 친구와 맥주를 많이 마셔버려서…. 친구 가게가 긴자에 있어서 그곳에서 늦게까지 마시고 있었어요.
F 앗, 저도 어제 같은 곳에 있었어요.
M 그래요? 혼자서요?
F 네. 느긋하게 걷기도 하고, 쇼핑을 하기도 했어요.

여자는 어제 무엇을 했습니까?

1　맥주를 마셨다
2　친구의 가게에 갔다
3　긴자에 갔다
4　친구를 만났다

[풀이]

어제 긴자에서 술을 마셨다는 남자의 말에 '나도 같은 곳에 있었어요'라고 말한 것이 포인트가 된다. 따라서 정답은 3번이다. 혼자서 길을 걷기도 하고 쇼핑을 하기도 했다고 말하고 있으므로 나머지는 정답이 될 수 없다.

[단어]

昨日(きのう) 어제 | かぜ 감기 | ～でも ～라도 | かぜを ひく 감기에 걸리다 | 顔(かお)いろ 얼굴색 | 悪(わる)い 나쁘다 | 友(とも)だち 친구 | ビール 맥주 | たくさん 많이 | 飲(の)む 마시다 | ～て しまう ～(하)고 말다 | 店(みせ) 가게 | 銀座(ぎんざ) 긴자 | 遅(おそ)くまで 늦게까지 | 同(おな)じ 같은 | ところ 곳, 장소 | ひとりで 혼자서 | ゆっくり 천천히, 느긋하게 | 歩(ある)く 걷다 | 買(か)い物(もの) 쇼핑

2ばん

女(おんな)の人(ひと)と男(おとこ)の人(ひと)が電話(でんわ)で話(はな)しています。本(ほん)はどこにありますか。

F 英語(えいご)の本(ほん)、どこにおいたの？
M えっ、英語(えいご)の本(ほん)？机(つくえ)の上(うえ)になかった？
F ううん、ないわよ。本(ほん)だなにもないし…。
M じゃあ、テレビの上(うえ)かな。
F あっ、あった！テレビの前(まえ)のテーブルの上(うえ)にあったよ。
M そう？おかしいな。昨日(きのう)の夜(よる)、つくえの上(うえ)においたのに…。

本(ほん)はどこにありますか。

여자와 남자가 전화로 이야기하고 있습니다. 책은 어디에 있습니까?

F 영어책 어디에 뒀어?
M 앗, 영어책? 책상 위에 없었어?
F 아니, 없어. 책장에도 없고….
M 그럼, 텔레비전 위인가?
F 앗, 있다! 텔레비전 앞 테이블 위에 있었어.
M 그래? 이상하네. 어제 밤 책상 위에 놓았는데….

책은 어디에 있습니까?

[정답] 4

[풀이]

포인트는 후반부 여자의 '테이블 위'를 듣는 것이다. 따라서 정답은 4번이다. 여러 장소 명사가 언급되고 맨 마지막에 다시 한번 남자가 '책상 위'라고 말한 단어들에 현혹되어서는 안 된다.

[단어]

おく 두다, 놓다 | 英語(えいご) 영어 | 窓(まど) 창문 | 近(ちか)く 근처 | 机(つくえ) 책상 | 本(ほん)だな 책장

3ばん

女(おんな)の人(ひと)と男(おとこ)の人(ひと)が写真(しゃしん)を見(み)ながら話(はな)しています。ジスちゃんはだれですか。

F このめがねをかけている人(ひと)がよしだくん？
M うん、そうだよ。
F それじゃ、真(ま)ん中(なか)のいちばん背(せ)が高(たか)い人(ひと)は？
M かれは韓国(かんこく)から来(き)たサンウォンくんだよ。
F そう？じゃ、この白(しろ)いシャツを着(き)ている人(ひと)がジスちゃんなの？

여자와 남자가 사진을 보면서 이야기하고 있습니다. 지수는 누구입니까?

F 이 안경을 쓰고 있는 사람이 요시다?
M 응 맞아.
F 그럼 정가운데 가장 키가 큰 사람은?
M 그는 한국에서 온 상원이야.
F 그래? 그럼 이 흰 셔츠를 입고 있는 사람이 지수인가?

M いや、ちがう。ジスちゃんはそのとなりのひとだよ。	M 아니야. 지수는 그 옆 사람이야.
ジスちゃんはだれですか。	지수는 누구입니까?

[정답] 2

[풀이]

후반부에 여자가 흰 셔츠를 입고 있는 사람을 언급했고, 남자가 그 옆이라고 말하고 있으므로, 정답은 2번이다.

[단어]

写真 사진 | 見る 보다 | ～ながら ～(하)면서 | めがねを かける 안경을 쓰다 | それじゃ 그럼 | 真ん中 정가운데 | いちばん 가장, 제일 | 背が 高い 키가 크다 | 韓国 한국 | ～から ～(으)로부터 | 白い 희다 | シャツ 셔츠 | 着る 입다 | となり 옆

4ばん

男の人と女の人が話しています。女の人はどうしてコーヒーを飲みませんか。	남자와 여자가 이야기하고 있습니다. 여자는 어째서 커피를 마시지 않습니까?
M ここ、有名な店ですよ。コーヒーがとてもおいしいです。 F いいにおいですね。でも、私はジュースにします。 M そうですか。コーヒーはあまり好きじゃないですか。 F 大好きですよ。でも、さっき飲んできたから、きょうはもう飲みません。	M 여기 유명한 가게예요. 커피가 굉장히 맛있어요. F 좋은 냄새군요. 하지만 저는 주스로 하겠습니다. M 그래요? 커피는 별로 좋아하지 않나요? F 굉장히 좋아해요. 하지만 조금 전에 마시고 왔기 때문에 오늘은 더 이상 안 마실래요.
女の人はどうしてコーヒーを飲みませんか。	여자는 어째서 커피를 마시지 않습니까?

1　ジュースが　すきだから
2　コーヒーは　あまり　すきじゃ　ないから
3　ジュースで　ゆうめいな　みせだから
4　コーヒーを　もう　のんだから

1 주스를 좋아하기 때문에
2 커피를 별로 좋아하지 않기 때문에
3 주스로 유명한 가게이기 때문에
4 커피를 이미 마셨기 때문에

[풀이]

'조금 전에 마시고 왔기 때문에'라고 말한 부분이 포인트이다. 따라서 4번이 정답이다.

[단어]

どうして 왜, 어째서 | コーヒー 커피 | 飲む 마시다 | ここ 여기, 이곳 | 有名だ 유명하다 | 店 가게 | おいしい 맛있다 | におい 냄새 | でも 하지만 | ジュース 주스 | ～にする ～(으)로 하다 | あまり 그다지, 별로 | 好きだ 좋아하다 | 大好きだ 매우 좋아하다 | さっき 조금 전

5ばん

男の子と女の子が部屋の中で話しています。女の子は誕生日に何をもらいましたか。

M　へぇ、かわいいものたくさんあるね。この時計もいい。
F　これは母が誕生日の日にくれたの。
M　このはなのえも?
F　それは母が誰かからもらったもの。
M　へぇっ、これもすてきだね。
F　ああ、その人形はね、去年旅行に行った時買ったよ。かわいいでしょう。
M　そっか、じゃ、あのカレンダーも買ったの?どこで?
F　あれは妹に買ってもらったの。クリスマスの時にね。

女の子は誕生日に何をもらいましたか。

1　とけい
2　はなの　え
3　にんぎょう
4　カレンダー

남자아이와 여자아이가 방 안에서 이야기하고 있습니다. 여자아이는 생일에 무엇을 받았습니까?

M　와, 예쁜 물건 많이 있네. 이 시계도 좋다.
F　이건 엄마가 생일날에 줬어.
M　이 꽃 그림도?
F　그건 엄마가 누군가한테서 받은 물건이야.
M　와, 이것도 멋지다.
F　아, 그 인형은 작년에 여행 갔을 때 산 거야. 귀엽지?
M　그렇구나, 그럼 저 달력도 산 거야? 어디서?
F　아, 저건 여동생이 사줬어. 크리스마스 때.

여자아이는 생일에 무엇을 받았습니까?

1　시계
2　꽃 그림
3　인형
4　달력

[풀이]

정답은 초반에 언급되고 있다. 엄마가 생일에 주었다고 말하고 있기 때문에 정답은 1번 시계이다. 이후 여러 가지 물건이 언급되고 있고, 그 명사들을 듣느라 초반의 정답을 잊어서는 안 된다. 꽃 그림은 엄마가 받은 물건, 인형은 여행에서 산 것, 달력은 크리스마스 때 받은 물건이다.

[단어]

部屋 방 | 中で 안에서 | 誕生日 생일 | もらう 받다 | かわいい 귀엽다 | 時計 시계 | 母 엄마, 어머니 | くれる (나에게)주다 | え 그림 | 誰か 누군가 | すてきだ 근사하다 | 人形 인형 | 去年 작년 | 旅行 여행 | カレンダー 달력 | 買う 사다 | 妹 여동생 | ～て もらう ～해 받다 | クリスマス 크리스마스 | 時 때

6ばん

男の人と女の人が話しています。女の人がまっすぐ家に行かない理由はどうしてですか。

M　どうしたんですか。ご飯も食べないで…。顔いろもわるいですよ。

남자와 여자가 이야기하고 있습니다. 여자가 곧장 집으로 가지 않은 이유는 어째서입니까?

M　무슨 일인가요? 밥도 먹지 않고…. 얼굴색도 좋지 않아요.

F 熱もあるし、今日ははやく帰ります。
M はい、はやく帰って、あたたかいお茶でも飲んで、休んだほうがいいですよ。
F はい、家に帰る前に、まず病院にいくつもりです。
M そうですね。おだいじに。

女の人がまっすぐ家に行かない理由はどうしてですか。

1 あたたかい おちゃを のむ つもりだから
2 ごはんを たべなかったから
3 びょういんに いく つもりだから
4 ゆっくり やすみたいから

F 열도 있고, 오늘은 일찍 돌아가겠습니다.
M 네, 얼른 집에 가서 따뜻한 차라도 마시고 쉬는 편이 좋겠어요.
F 네, 집에 가기 전에, 먼저 병원에 갈 생각입니다.
M 그래요. 몸조리 잘 하세요.

여자가 곧장 집으로 가지 않은 이유는 어째서입니까?

1 따뜻한 차를 마실 생각이기 때문에
2 밥을 먹지 않기 때문에
3 병원에 갈 생각이기 때문에
4 푹 쉬고 싶기 때문에

[풀이]
마지막 부분에서 집으로 가기 전에 병원에 갈 생각이라고 말하고 있으므로, 정답은 3번이다. 따뜻한 물을 마시거나 푹 쉬는 행동은 이후 집으로 가서 할 행동이다.

[단어]
まっすぐ 곧장 | 理由 이유 | どうして 왜, 어째서 | どうしたんですか 무슨 일이세요 | ご飯 밥 | 食べる 먹다 | 〜ないで 〜(하)지 않고 | 顔いろ 얼굴색 | わるい 나쁘다 | 熱 열 | 帰る 귀가하다 | あたたかい 따뜻하다 | お茶 차 | 〜でも 〜라도 | 飲む 마시다 | 休む 쉬다 | 〜た ほうが いい 〜(하)는 편이 좋다 | 〜前に 〜전에 | まず 우선, 먼저 | 病院 병원 | つもり 생각, 작정 | おだいじに 몸조리 잘 하세요

포인트 이해 실전 연습 ❷ p.269~271 스크립트와 문제 해설

1ばん

女の人と男の人が写真を見ながら話しています。まりこちゃんはどの人ですか。

F これ、高校の時の写真なんだ。
M ようこちゃんはどれ？
F これだよ。
M お〜、けっこうかみ長かったね。
F うん、あのときはね。あ、そういえばまりこちゃんも同じクラスだったの。
M そう？じゃ、探してみよう。これかな。
F ううん、ちがう。私の後ろの左から2番目。

여자와 남자가 사진을 보면서 이야기하고 있습니다. 마리코는 어느 사람입니까?

F 이거, 고등학교 때 사진이야.
M 요코는 어느 거야(어디 있어)?
F 이거(여기)야.
M 와, 꽤 머리 길었었네.
F 응, 그때는 그랬지. 아 그러고 보니 마리코도 같은 반이었어.
M 그래? 그럼 찾아보자. 이건가?
F 아니. 아니야. 내 뒤의 왼쪽에서 두 번째.

M ああ〜、後ろね。このめがねかけてる人なの？ F うん、そうだよ。	M 아, 뒤구나. 이 안경을 쓰고 있는 사람? F 응, 맞아.
まりこちゃんはどの人ですか。	마리코는 어느 사람입니까?

[정답] 1

[풀이]
마리코에 관한 설명은 후반부에 위치 명사로 짧게 설명되고 있다. '내 뒤의 왼쪽에서 두 번째'라고 말하고 있으므로 정답은 1번이다. 자칫 앞부분의 요코의 설명과 혼동해서는 안 된다.

[단어]
写真 사진 | 高校の 時 고등학교 때 | けっこう 꽤 | かみ 머리카락 | 長い 길다 | 同じ クラス 같은 반 | 探す 찾다 | 後ろ 뒤 | 左 왼쪽 | 〜番目 〜번 째 | めがねを かける 안경을 끼다

2 ばん

先生が学生たちに話しています。先生が学生たちにあげたものはなんですか。	선생님이 학생들에게 말하고 있습니다. 선생님이 학생들에게 준 물건은 무엇입니까?
M 今日で日本語の授業が終わりますね。みなさん、楽しかったですか。これからも日本語の勉強をがんばってね。それで小さいプレゼントを準備しました。にんぎょうもおかしもいいかもしれないけど、みなさんがいつも「漢字むずかしい！」といっていたので、辞書をあげたいです。じゃ、ひとりずつ前に出てください。	M 오늘로 일본어 수업이 끝나네요. 여러분, 즐거웠나요? 앞으로도 일본어 공부 힘내주세요. 그래서 작은 선물을 준비했습니다. 인형도 과자도 좋을지 모르겠지만, 여러분이 항상 "한자 어려워"라고 말했기 때문에 사전을 주고 싶습니다. 그럼 한 명씩 앞으로 나와 주세요.
先生が学生たちにあげたものはなんですか。	선생님이 학생들에게 준 물건은 무엇입니까?

1 にほんごの　じしょ	1 일본어 사전
2 にほんの　おかし	2 일본 과자
3 にんぎょう	3 인형
4 かんじの　じしょ	4 한자 사전

[풀이]
포인트는 후반부의 '항상 "한자 어려워"라고 말했기 때문에 사전을 주고 싶습니다'라는 대사이다. 따라서 정답은 4번이고, 일본어 수업에서 언급된 내용이기 때문에 1번의 일본어 사전으로 오해하기 쉬우므로 주의하자.

[단어]
先生 선생님 | 学生たち 학생들 | あげる 주다 | もの 물건, 것 | 今日で 오늘로 | 日本語 일본어 | 授業 수업 | 終わる 끝나다 | 楽しい 즐겁다 | これからも 앞으로도 | 勉強 공부 | がんばる 열심히 하다, 분발하다 | それで 그래서 | 小さい 작다 | プレゼ

ント 선물 | 準備 준비 | にんぎょう 인형 | おかし 과자 | ～かもしれない ～(일)지도 모른다 | ～けど ～(이)지만 | 漢字 한자 | むずかしい 어렵다 | ～ので ～(이)기 때문에 | 辞書 사전 | ～たい ～(하)고 싶다 | ひとりずつ 한 명씩 | 前に 앞으로 | 出る 나가(오)다

3ばん

女の人と男の人が話しています。男の人は何階で何を買いましたか。

F 買い物したの？何買った？
M かばんを買いたくてデパートの3階にいったけど、とても高くて買うことができなかったよ。
F じゃ、手に持っているのはなに？
M それで、くつしたでも買おうかと思って5階にいったら、そこでイベントセールをしていたんだ。かばんや上着などいろいろあって、このシャツ買ってしまったの。とても安くて…。
F へえ、くつしたも安かったの？
M くつした？あ、そうだ。すっかり忘れてた。
F アハハ、もう…。

男の人は何階で何を買いましたか。

1 3がいで　かばんを　かった
2 5かいで　うわぎを　かった
3 3がいで　くつしたを　かった
4 **5かいで　シャツを　かった**

여자와 남자가 이야기하고 있습니다. 남자는 몇 층에서 무엇을 샀습니까?

F 쇼핑했어? 뭐 샀어?
M 가방을 사고 싶어서 백화점 3층에 갔는데, 너무 비싸서 못 샀어.
F 그럼, 손에 들고 있는 건 뭐야?
M 그래서 양말이라도 사려고 5층에 갔더니, 거기에서 이벤트 세일을 하고 있었어. 가방이나 겉옷 등 여러 가지 있어서, 이 셔츠를 사버렸지. 정말 싸서….
F 오, 양말도 쌌어?
M 양말? 아, 맞다. 완전히 잊고 있었어.
F 아하하, 이런….

남자는 몇 층에서 무엇을 샀습니까?

1 3층에서 가방을 샀다
2 5층에서 겉옷을 샀다
3 3층에서 양말을 샀다
4 **5층에서 셔츠를 샀다**

[풀이]
3층 가방은 비싸서 사지 못했고, 5층의 이벤트 세일에서 셔츠를 사버렸다고 말하고 있다. 따라서 정답은 4번이다.

[단어]
何階 몇 층 | 買う 사다 | 買い物 쇼핑 | かばん 가방 | ～たくて ～(하)고 싶어서 | デパート 백화점 | 3階 3층 | 高い 비싸다 | ～ことができない ～(할) 수 없다 | 手 손 | 持つ 들다, 가지다 | それで 그래서 | くつした 양말 | ～でも ～라도 | 5階 5층 | イベントセール 이벤트 세일 | 上着 겉옷 | いろいろ 여러 가지 | シャツ 셔츠 | ～てしまう ～(하)고 말다 | 安い 싸다 | すっかり 완전히 | 忘れる 잊다

4ばん

男の人と女の人が話しています。男の人はテーブルの上をどのようにしますか。

M 何かお手伝いしましょうか。
F ありがとう。では、お皿を出して、あちらのまるいテーブルの上においてください。
M はい、いくつですか。
F お客さん二人と、あと、私と木村さんの。
M はい、わかりました。この皿でいいですかね。
F あ、あちらの小さいのでおねがいします。

男の人はテーブルの上をどのようにしますか。

남자와 여자가 이야기하고 있습니다. 남자는 테이블 위를 어떻게 합니까?

M 무언가 도와드릴까요?
F 고마워요. 그럼, 접시를 꺼내서 저쪽의 둥근 테이블 위에 놓아주세요.
M 네, 몇 개입니까?
F 손님 두 명과, 그리고 저와 기무라 씨 것이요.
M 네, 알겠습니다. 이 접시로 괜찮겠죠?
F 아, 저쪽의 작은 것으로 부탁해요.

남자는 테이블 위를 어떻게 합니까?

[정답] 1

[풀이]

포인트는 '손님 2명과 그리고 나와 기무라 씨'라고 말한 부분에서 인원수가 4명임을 알 수 있어야 한다. 또한 대화에서 '둥근 테이블' 과 '접시는 작은 것으로 부탁한다'라고 말하고 있으므로 정답은 1번이다.

[단어]

テーブル 테이블 | どのように 어떻게 | 手伝う 돕다 | お皿 접시 | 出す 꺼내다. 제출하다 | 丸い 둥글다 | おく 두다. 놓다 | いくつ 몇 개 | お客さん 손님 | 小さい 작다

5ばん

お父さんとむすめが絵を見ながら話しています。むすめはどんな絵をかきましたか。

M わあ、この絵の動物、みんなかわいいね。
F これはいぬで、これは私の大好きなねこだよ。
M そうだね。みきはねこ好きだから、二匹も大きくかいたの?
F うん。
M じゃ、ねこの前の小さくてくろいのは何かな?
F それはくまだよ。
M うーん、小さいくまだね。どうして一匹だけかいたの?

아버지와 딸이 그림을 보면서 이야기하고 있습니다. 딸은 어떤 그림을 그렸습니까?

M 와, 이 그림의 동물 모두 다 귀엽네.
F 이건 개고, 이건 내가 정말 좋아하는 고양이.
M 그렇구나, 미키는 고양이를 좋아하니까 두 마리나 크게 그린 거니?
F 응.
M 그럼, 고양이 앞의 작고 검은 것은 뭘까?
F 그건 곰이야.
M 음, 작은 곰이구나. 왜 한 마리만 그렸니?

F くまはこわくてあまり好きじゃないから、一匹だけ。 M あはは、そうか。 むすめはどんな絵をかきましたか。	F 곰은 무서워서 그다지 좋아하니 않으니까 한 마리만. M 아하하, 그렇구나 딸은 어떤 그림을 그렸습니까?

[정답] 3

[풀이]

언급된 동물은 개, 고양이, 곰이다. 이때 포인트는 '고양이를 좋아하기 때문에 크게 두 마리를 그렸구나'라는 아빠의 말이다. 또한 곰은 무서워서 작게 그렸다고 언급하고 있으므로, 정답은 3번이다.

[단어]

絵 그림 | 見る 보다 | ～ながら ～하면서 | 絵を かく 그림을 그리다 | 動物 동물 | かわいい 귀엽다 | いぬ 개 | ねこ 고양이 | 二匹 두 마리 | 大きく 크게 | 小さい 작다 | くろい 검다 | くま 곰 | 一匹 한 마리 | ～だけ ～만, 뿐 | こわい 무섭다

6ばん

女の人と男の人が話しています。男の人はどうして今スマホを買わない方がいいと言っていますか。 F 田中さんの新しいスマホ見た？ M うん。見た見た！とてもいいもの！べんりだし、デザインもいいしね。 F 私も買おうかな。 M うーん、でも買うのはもう少し待った方がいいかもしれないよ。 F えっ、どうして？ M 来月ねだんがもっと安くなるらしいよ。 F ほんとう？じゃ、いっしょに買いに行く？ M いっしょに行くけどぼくは買わないよ。安くなっても高いんだから。 男の人はどうして今スマホを買わない方がいいと言っていますか。	여자와 남자가 이야기하고 있습니다. 남자는 어째서 지금 스마트폰을 사지 않는 편이 좋다고 말하고 있습니까? F 다나카 씨의 새 스마트폰 봤어? M 응. 봤어 봤어! 정말 좋은 물건이지! 편리한 데다, 디자인도 멋지고. F 나도 살까? M 음, 하지만 사는 거 좀 기다리는 게 좋을지도 몰라. F 앗, 왜? M 다음 달에 가격이 좀 더 싸진다더라. F 정말? 그럼 같이 사러 갈래? M 같이 가겠지만, 난 안 살래. 싸져도 비싸니까. 남자는 어째서 지금 스마트폰을 사지 않는 편이 좋다고 말하고 있습니까?
1 まだ つかえるから 2 べんりで デザインも いいから 3 ねだんが たかいから 4 ねだんが やすく なるから	1 아직 사용할 수 있기 때문에 2 편리하고 디자인이 좋기 때문에 3 가격이 비싸기 때문에 4 가격이 싸지기 때문에

[풀이]

남자가 지금 스마트폰을 사지 말고 기다리라고 하며 '다음 달에 가격이 좀 더 싸진다'라고 했으므로 정답은 4번이다.

[단어]

スマホ 스마트폰 | 買う 사다 | 〜ない 方が いい 〜(하)지 않는 편이 좋다 | 新しい 새롭다 | べんりだ 편리하다 | デザイン 디자인 | でも 하지만 | 少し 조금 | 待つ 기다리다 | 〜た 方が いい 〜(하)는 편이 좋다 | 〜かもしれない 〜(일)지도 모른다 | どうして 왜, 어째서 | 来月 다음 달 | ねだん 가격 | もっと 좀 더 | 安く なる 싸지다 | 〜らしい 〜(라)는 것 같다 | 〜に 行く 〜(하)러 가다 | 〜ても 〜해도 | 高い 비싸다

もんだい 3

발화 표현 실전 연습 ❶ p.272~273 해석과 문제 해설

1ばん

友だちの本を借りたいです。何と言いますか。	친구의 책을 빌리고 싶습니다. 뭐라고 말합니까?
M 1 その本、返してくれる？	M 1 그 책, 돌려줄래?
2 その本、貸してもいい？	2 그 책, 빌려줘도 돼?
3 その本、貸してくれる？	**3 그 책, 빌려주지 않을래?**

[풀이]

상대방 행동(貸す) + 부탁 표현(〜てくれる)]인 3번이 정답이다. 내가 하고 싶은 행동은 '借りる(빌리다)'이고 여기에는 허가나 희망 표현으로 말하는 것이 좋다. 예) かりてもいい？(빌려도 돼?) / かりたい(빌리고 싶어.)

[단어]

友だち 친구 | 本 책 | 借りる 빌리다 | 返す 갚다, 되돌려주다 | 〜て くれる？ 〜(해) 줄래? | 貸す 빌려주다 | 〜ても いい？ 〜(해)도 돼?

2ばん

学校に行ってきました。お母さんに何と言いますか。	학교에 갔다 왔습니다. 엄마에게 뭐라고 말합니까?
M 1 お帰り。	M 1 다녀오셨어요.
2 いってらっしゃい。	2 다녀오세요.
3 ただいま。	**3 다녀왔습니다.**

[풀이]

집으로 돌아왔을 때의 인사 3번이 정답이다. 1번은 돌아온 가족을 맞이하는 인사, 2번은 외출하는 사람에게 하는 인사로 정답이 될 수 없다.

[단어]

学校 학교 | 行く 가다 | お母さん 엄마, 어머니 | お帰り 다녀오셨어요(귀가한 가족에게 하는 인사) | いってらっしゃい 다녀오세요 | ただいま 다녀왔습니다

3ばん

友だちの家の前で人を呼びます。何と言いますか。	친구의 집 앞에서 사람을 부릅니다. 뭐라고 말합니까?
F　1 ごめんください。 　　2 お元気ですか。 　　3 いってきます。	F　1 계세요? 　　2 건강하시죠? 　　3 다녀오겠습니다.

[풀이]

남의 집에 방문 시 사람을 불러내는 표현으로 'ごめんください/すみません'이 적합하므로 정답은 1번이다. 2번은 안부를 물을 때, 3번은 외출할 때 사용하는 표현이다.

[단어]

人 사람, 타인 | 呼ぶ 부르다 | 友だち 친구 | 家 집 | 前で 앞에서 | ごめんください 실례합니다. 계세요? | お元気ですか 건강하십니까? | いってきます 다녀오겠습니다

4ばん

友だちが家に帰ります。何と言いますか。	친구가 집으로 돌아갑니다. 뭐라고 말합니까?
F　1 元気でね。 　　2 お帰り。 　　3 じゃ、あしたね。	F　1 건강해(건강히 잘 지내). 　　2 다녀오셨어요. 　　3 그럼, 내일 봐.

[풀이]

자주 만나는 가까운 사이끼리 헤어질 때, 가볍게 할 수 있는 인사로 'じゃね(그럼)/またね(또 봐)/じゃ、またあした(그럼 내일 또)' 등이 있다. 정답은 3번이다.

[단어]

友だち 친구 | 家に帰る 귀가하다 | 元気でね 건강히 지내 | お帰り 다녀오셨어요 | じゃ、あしたね 그럼, 내일 봐

5ばん

お店にお客さんが来ました。何と言いますか。	가게에 손님이 왔습니다. 뭐라고 말합니까?
F　1 おめでとうございます。 　　2 いらっしゃいませ。 　　3 失礼します。	F　1 축하합니다. 　　2 어서 오세요. 　　3 실례합니다.

[풀이]

'어서 오세요'의 의미로 손님을 맞이하는 인사 표현은 'いらっしゃいませ/いらっしゃい/どうぞ' 등을 말하는 것이 적합하다. 정답은 2번이다.

[단어]

お店 가게 | お客さん 손님

발화 표현 실전 연습 ❷ p.274~275 해석과 문제 해설

1ばん

友だちの家に遊びに来ました。何と言いますか。

F **1 おじゃまします。**
　2 ただいま。
　3 ごめんください。

친구의 집에 놀러 왔습니다. 뭐라고 말합니까?

F **1 실례합니다.**
　2 다녀왔습니다.
　3 계세요?

[풀이]

남의 집이나 사무실 등을 방문하여 들어갈 때는 'しつれいします/おじゃまします(실례합니다)' 등이 적합하므로 정답은 1번이다. 2번은 집에 귀가했을 때, 3번은 밖에서 불러내는 표현이다.

[단어]

友だち 친구 | 家 집 | 遊ぶ 놀다 | ～に 来る ～(하)러 오다

2ばん

人の後ろから自転車が来ています。その人に何と言いますか。

M 1 がんばってください。
　2 元気を出してください。
　3 気をつけてください。

타인의 뒤에서 자전거가 오고 있습니다. 그 사람에게 뭐라고 말합니까?

M 1 열심히 하세요.
　2 기운 내세요.
　3 조심하세요.

[풀이]

'気をつける'는 '주의하다, 긴장하다, 정신 차리다' 등의 의미로 지금과 같은 상황에 적합한 표현이므로 3번이 정답이다. 1, 2번은 격려와 위로의 의미로 쓰일 수 있다.

[단어]

人 사람, 타인 | 後ろ 뒤 | ～から ～에서, ～로부터 | 自転車 자전거 | がんばる 열심히 하다, 분발하다 | 元気を だす 기운 내다, 힘내다 | 気を つける 조심하다, 주의하다

3ばん

友だちから誕生日のプレゼントをもらいました。何と言いますか。

F **1 うれしい！**
　2 おもしろい！
　3 すずしい！

친구에게 생일 선물을 받았습니다. 뭐라고 말합니까?

F **1 기쁘다!**
　2 재미있다!
　3 시원하다!

[풀이]

선물을 받았을 때 하는 표현을 고르는 것으로 정답은 1번이다. 평소 여러 가지 감정 표현의 형용사를 즉각적으로 말할 수 있도록 잘 암기해 두자.

[단어] 誕生日 생일 | プレゼント 선물 | もらう 받다

4ばん

風邪でけっせきした友だちに電話をかけました。何と言いますか。	감기로 결석한 친구에게 전화를 걸었습니다. 뭐라고 말합니까?
M 1 おひさしぶり。 　 2 おだいじに。 　 3 ごくろうさま。	M 1 오랜만이야. 　 2 몸조리 잘해. 　 3 수고 많았어.

[풀이]

걱정과 건강을 기원하는 마음이 담긴 병문안 인사로 2번이 정답이다.

[단어]

風邪 감기 | ～で ～로 인해 | けっせき 결석 | 友だち 친구 | 電話を かける 전화를 걸다

5ばん

今日の仕事が終わってもう帰ります。何と言いますか。	오늘 업무가 끝나 이제 집에 돌아갑니다. 뭐라고 말합니까?
F 1 お世話になりました。 　 2 お先にしつれいします。 　 3 ごちそうさまでした。	F 1 신세 많이 졌습니다. 　 2 먼저 실례하겠습니다. 　 3 잘 먹었습니다.

[풀이]

일이 끝났을 때, 먼저 퇴근하면서 남아있는 동료에게 하는 인사로 적합한 2번이 정답이다.

[단어]

今日 오늘 | 仕事 일, 업무, 직업 | 終わる 끝나다 | もう 이제, 벌써 | 帰る 돌아가(오)다

もんだい 4

즉시 응답 실전 연습 ❶ p.276 해석과 문제 해설

1ばん

M ちょっと静かにしてくださいませんか。
F 1 あ、ごめんください。
　 2 あ、どうもすみません。
　 3 あ、失礼します。

M 조금 조용히 해 주시지 않겠습니까?
F 1 아, 계세요?
　 2 아, 대단히 죄송합니다.
　 3 아, 실례합니다.

[풀이]

조용히 해 달라는 요청에 사과의 표현을 담고 있는 2번이 정답이다.

[단어]

ちょっと 조금 | 静かだ 조용하다 | 静かに する 조용히 하다 | ～て くださいませんか ～(해) 주시지 않겠습니까?

2ばん

M いらっしゃいませ。どうぞお入りください。
F 1 ただいま。
　 2 ごめんなさい。
　 3 失礼します。

M 어서 오세요. 어서 들어오세요.
F 1 다녀왔습니다.
　 2 미안합니다.
　 3 실례합니다.

[풀이]

손님을 맞이하는 인사를 건네고 있고, 남의 집이나 사무실 등을 방문할 때는 들어서면서 '실례하겠습니다'라고 말하므로 3번이 정답이다.

[단어]

いらっしゃい 어서 오세요 | どうぞ 어서, 부디(권유나 승낙의 의미) | 入る 들어가(오)다 | お入りください 들어오세요

3ばん

M すみません、本屋はどこですか。
F 1 デパートのとなりです。
　 2 近くていいですね。
　 3 本を買いました。

M 실례합니다. 서점은 어디입니까?
F 1 백화점 옆입니다.
　 2 가까워서 좋네요.
　 3 책을 샀습니다.

[풀이]

'어디'라는 정확한 의문사로 장소와 위치를 물어보고 있으므로, 1번이 정답이다.

[단어]

すみません 실례합니다 | 本屋 책방, 서점 | どこ 어디 | 近い 가깝다 | 買う 사다

4ばん

F よろしくお願いします。 M 1 大丈夫ですよ。 　2 **こちらこそ。** 　3 こちらへどうぞ。	F 잘 부탁드립니다. M 1 괜찮습니다. 　2 **저야말로.** 　3 이쪽으로 오세요(앉으세요).

[풀이]

첫 만남에서 잘 부탁한다는 인사에 대한 대답으로 2번이 정답이다. 'こちらこそ' 뒤에는 앞서 상대방이 말한 'よろしくお願いします'가 생략되어 있다.

[단어]

お願い 부탁 | 大丈夫だ 괜찮다 | こちらこそ 저야말로

5ばん

F ここから学校まで近いですか。 M **1 はい、遠くないです。** 　2 はい、まだです。 　3 はい、学校の近くにあります。	F 여기에서 학교까지 가깝습니까? M **1 네, 멀지 않습니다.** 　2 네, 아직입니다. 　3 네, 학교의 근처에 있습니다.

[풀이]

학교까지의 거리를 묻는 말에 대한 대답으로 멀지 않다고 말한 1번이 정답이다. 3번은 학교를 기준으로 무언가의 위치를 설명하고 있어서 정답이 될 수 없다.

[단어]

ここ 여기, 이곳 | ～から ～로부터 | 学校 학교 | ～まで ～까지 | 近い 가깝다 | 遠い 멀다 | まだ 아직 | 近く 근처 | ～に ある ～에 있다

6ばん

F その本、借りてもいいですか。 M 1 はい、借りたいです。 　2 はい、ありがとう。 　**3 はい、どうぞ。**	F 그 책 빌려도 됩니까? M 1 네, 빌리고 싶습니다. 　2 네, 고마워요. 　**3 네, 여기요.**

[풀이]

무언가 승낙하거나 권유의 의미로 '자 드세요, 앉으세요, 받으세요' 등의 의미로 쓰일 수 있다. 따라서 허가를 얻고 있는 질문의 대답으로 정답은 3번이다.

[단어]

その 그 | 本 책 | 借りる 빌리다 | ～ても いい ～(해)도 좋다 | ～たい ～(하)고 싶다 | どうぞ 어서, 부디(권유나 승낙의 의미)

즉시 응답 실전 연습 ❷ p.277 해석과 문제 해설

1ばん

M あした、田中さんの誕生日パーティーにいっしょに行きませんか。
F 1 はい、行ってもいいです。
　 2 はい、田中さんといっしょに行きましょう。
　 3 はい、そうしましょう。

M 내일 다나카 씨의 생일파티에 같이 가지 않을래요?
F 1 네, 가도 좋습니다.
　 2 네, 다나카 씨와 함께 갑시다.
　 3 네, 그렇게 합시다.

[풀이]
함께 가자는 권유에 대한 동의의 대답으로 '그렇게 합시다'가 적합하므로 정답은 3번이다.

[단어]
誕生日 생일 | パーティー 파티 | いっしょに 함께 | ～ませんか ～(하)지 않을래요? | ～ても いい ～(해)도 좋다 | ～ましょう ～(합)시다 | そうしましょう 그렇게 합니다

2ばん

M 今日は 何日ですか。
F 1 4日間です。
　 2 日曜日です。
　 3 20日です。

M 오늘은 며칠입니까?
F 1 4일간입니다.
　 2 일요일입니다.
　 3 20일입니다.

[풀이]
날짜를 물어보는 질문에 대해 정확한 날짜를 언급한 3번이 정답이다. 2번의 경우 질문은 '何曜日ですか'라고 해야 한다.

[단어]
今日 오늘 | 何日 며칠 | 4日間 4일간 | 日曜日 일요일 | 20日 20일

3ばん

M 本当に日本語上手ですね。
F 1 おめでとうございます。
　 2 いいえ、けっこうです。
　 3 いいえ、まだまだです。

M 정말 일본어 잘하시네요.
F 1 축하합니다.
　 2 아니요, 이제 됐습니다.
　 3 아니요, 아직 멀었습니다.

[풀이]
칭찬을 받고 나서 대답으로 쓸 수 있는 겸손한 말은 3번이 적합하다. 'けっこうです'는 상황에 따라 '잘하시네요/이제 됐습니다/(~해도) 좋습니다' 등의 의미로 쓰일 수 있는 다의어이다.

[단어]
本当に 정말로 | 日本語 일본어 | 上手だ 잘하다, 능숙하다 | けっこうです 사양/허가/칭찬의 의미

4ばん

F お国はどちらですか。 M 1 こちらです。 　　2 アメリカです。 　　3 図書館のまえです。	F 어느 나라에서 오셨습니까(국적은 어디입니까)? M 1 이쪽입니다. 　　2 미국입니다. 　　3 도서관 앞입니다.

[풀이]

집이나 국적을 물을 때, 'どこですか'를 쓸 수도 있지만, 직접적이지 않고 우회적인 'どちらですか'를 자주 사용한다. 출신에 관한 질문으로 알맞은 대답을 한 2번이 정답이다.

[단어]

お国 나라, 국적 | どちら 어느 쪽, 어디 | こちら 이쪽 | 図書館 도서관 | まえ 앞 | アメリカ 미국

5ばん

F ゆきちゃん、明日のパーティーに何時に来る？ M 1 30分ぐらいかかるよ。 　　2 もちろん行く。 　　3 3時ぐらいかな。	F 유키, 내일 파티에 몇 시에 와? M 1 30분 정도 걸려. 　　2 물론 갈 거야. 　　3 3시 정도일까.

[풀이]

질문의 요점은 도착하는 시점이다. '몇 시'라고 질문하고 있으므로, 시간으로 대답한 3번이 정답이다.

[단어]

明日 내일 | パーティー 파티 | 何時 몇 시 | 来る 오다 | かかる (시간 노력 등)들다, 소요되다 | もちろん 물론 | 行く 가다 | ～かな ～일까

6ばん

M お母さん、いってきます。 F 1 お帰りなさい。 　　2 おじゃまします。 　　3 いってらっしゃい。	M 엄마, 다녀오겠습니다. F 1 다녀오셨어요. 　　2 실례합니다. 　　3 다녀와.

[풀이]

외출하는 장면에서 엄마에게 '다녀오겠습니다'라고 말한 것에 대한 대답으로 3번이 적합하다. 1번은 귀가 시 맞이하는 인사이고, 2번은 남의 집이나 사무실을 방문하여 들어서며 하는 표현이다.

[단어]

お母さん 엄마, 어머니

실전 모의고사
1회

N5

N5
げんごちしき（もじ・ごい）
（20ぷん）

ちゅうい
Notes

1. しけんが はじまるまで、この もんだいようしを あけないで ください。
   Do not open this question booklet until the test begins.

2. この もんだいようしを もって かえる ことは できません。
   Do not take this question booklet with you after the test.

3. じゅけんばんごうと なまえを したの らんに、じゅけんひょうと おなじように かいて ください。
   Write your examinee registration number and name clearly in each box below as written on your test voucher.

4. この もんだいようしは、ぜんぶで 7ページ あります。
   This question booklet has 7 pages.

5. もんだいには かいとうばんごうの 1、2、3…が あります。かいとうは、かいとうようしに ある おなじ ばんごうの ところに マークして ください。
   One of the row numbers 1, 2, 3 … is given for each question. Mark your answer in the same row of the answer sheet.

じゅけんばんごう Examinee Registration Number

なまえ Name

もんだい1 ＿＿＿の ことばは ひらがなで どう かきますか。1・2・3・4から いちばん いい ものを ひとつ えらんで ください。

(れい)　大きな えが あります。
　　　1　おおきな　　2　おきな　　3　だいきな　　4　たいきな

(かいとうようし)　| (れい) | ● ② ③ ④ |

---

① ふたつめの かどを 右に まがって ください。
　1　ひだり　　2　みぎ　　3　ひがし　　4　みち

② こちらの 小さい ケーキは いくらですか。
　1　ちいさい　　2　しょうさい　　3　ちっさい　　4　しょさい

③ とりが 空を とんで います。
　1　そと　　2　てん　　3　そら　　4　やま

④ きのう かわいい こいぬが 生まれた。
　1　うまれた　　2　ふまれた　　3　よまれた　　4　こまれた

⑤ スーパーに おべんとうを 買いに いきました。
　1　まいに　　2　かいに　　3　きいに　　4　あいに

6 それは　ぜんぶで　六千円です。
　　1　ろっせんえん　2　ろっぜんえん　3　ろくせんえん　4　ろくぜんえん

7 来週の　すいようび　しあいが　あります。
　　1　らいしゅう　2　らいしゅ　　3　こんしゅう　4　こんしゅ

もんだい2 ＿＿＿＿の ことばは どう かきますか。1・2・3・4か ら いちばん いい ものを ひとつ えらんで ください。

(れい)　わたしの こどもは はなが すきです。
　　1　了ども　　2　子ども　　3　干ども　　4　予ども

(かいとうようし)　(れい)　① ● ③ ④

8　としょかんは なんじから なんじまでですか。
　1　図書管　　2　図所館　　3　図書館　　4　図読館

9　あの ながい スカートの ほうが もっと たかいです。
　1　張い　　2　長い　　3　帳い　　4　垰い

10　きのうは ひさしぶりに ともだちに あいました。
　1　合いました　2　今いました　3　会いました　4　拾いました

11　いえの まえに くるまが とめて あります。
　1　則　　2　前　　3　明　　4　夜

12　がっこうは この みちを まっすぐ いくと あります。
　1　字交　　2　学交　　3　学校　　4　字校

もんだい3 (　　　)に なにを いれますか。1・2・3・4から いちばん いい ものを ひとつ えらんで ください。

(れい)　　あそこで バスに (　　　)。
　　　1　のりました　　　　2　あがりました
　　　3　つきました　　　　4　はいりました

　　　(かいとうようし)　　| (れい) | ● ② ③ ④ |

13　よしだせんせいは (　　　)の 4がつに くにへ かえります。
　　1　らいねん　　2　おととし　　3　きょねん　　4　せんしゅう

14　スーパーの まえに じてんしゃが (　　　) とまって います。
　　1　いちまい　　2　いっさつ　　3　いっぴき　　4　いちだい

15　わたしは べんきょうする とき めがねを (　　　)。
　　1　かぶります　2　はきます　　3　かけます　　4　あけます

16　ははは (　　　)で りょうりを して います。
　　1　げんかん　　2　へや　　　　3　だいどころ　4　おふろ

17　わたしの (　　　)は せまいですが、えきから ちかいです。
　　1　ベッド　　　2　アパート　　3　テレビ　　　4　テーブル

18 にほんに きてから (　　　) 2ねんに なりました。

1　また　　　2　もっと　　　3　よく　　　4　もう

もんだい4 ＿＿＿＿の ぶんと だいたい おなじ いみの ぶんが あります。1・2・3・4から いちばん いい ものを ひとつ えらんで ください。

(れい) ここは でぐちです。いりぐちは あちらです。
1 あちらから でて ください。
2 あちらから おりて ください。
3 あちらから はいって ください。
4 あちらから わたって ください。

(かいとうようし) (れい) ① ② ● ④

19 ゆうべ Eメールで しゅくだいを だしました。
1 おとといの あさ Eメールで しゅくだいを だしました。
2 おとといの よる Eメールで しゅくだいを だしました。
3 きのうの あさ Eメールで しゅくだいを だしました。
4 きのうの よる Eメールで しゅくだいを だしました。

20 ドラマは ちょうど 7じに はじまります。
1 ドラマは 7じに はじまります。
2 ドラマは 7じごろ はじまります。
3 ドラマは 7じまえに はじまります。
4 ドラマは 7じぐらいに はじまります。

21 いもうとは　としょかんに　つとめて　います。
1　いもうとは　としょかんで　べんきょうして　います。
2　いもうとは　としょかんで　はたらいて　います。
3　いもうとは　としょかんで　おしえて　います。
4　いもうとは　としょかんに　はいって　います。

N5

言語知識（文法）・読解

（40ぷん）

注意 Notes

1. 試験が始まるまで、この問題用紙をあけないでください。
   Do not open this question booklet until the test begins.
2. この問題用紙を持ってかえることはできません。
   Do not take this question booklet with you after the test.
3. 受験番号となまえをしたの欄に、受験票とおなじようにかいてください。
   Write your examinee registration number and name clearly in each box below as written on your test voucher.
4. この問題用紙は、全部で12ページあります。
   This question booklet has 12 pages.
5. 問題には解答番号の 1 、 2 、 3 、… があります。解答は、解答用紙にあるおなじ番号のところにマークしてください。
   One of the row numbers 1 , 2 , 3 … is given for each question. Mark your answer in the same row of the answer sheet.

受験番号 Examinee Registration Number

なまえ Name

もんだい1　(　　)に　何を　入れますか。1・2・3・4から　いちばん　いい　ものを　一つ　えらんで　ください。

(れい)　これ(　　)えんぴつです。
　　　　1　に　　2　を　　3　は　　4　や

(かいとうようし)　|(れい)|　① ② ● ④|

1　学生たちは　みんな　帰りました。(　　)だれも　いません。
　　1　まだ　　　2　すぐ　　　3　もう　　　4　よく

2　ねだんが　だんだん　(　　)なって　います。
　　1　たかい　　2　たかくて　　3　たか　　4　たかく

3　5年間　一人で　東京(　　)すんで　いました。
　　1　で　　　2　から　　　3　に　　　4　まで

4　山本さんは　げんき(　　)おもしろい　人ですね。
　　1　に　　　2　で　　　3　だ　　　4　や

5　コーヒーに　さとうは　(　　)飲みます。
　　1　入らなくて　2　入らないで　3　入れないで　4　入れなくて

6 A「この パソコン、(　　　)。」
　　B「いいですよ。どうぞ。」
　1　かりても いいですか　　　2　かしても いいですか
　3　かしたいですが　　　　　　4　かしましょうか

7 今週末は だれ (　　　) 会いません。
　1　も　　　2　とも　　　3　を　　　4　へも

8 A「おそくまで (　　　)。」
　　B「また 来て くださいね。」
　1　ごめんください　　　　　　2　けっこうでした
　3　しつれいします　　　　　　4　しつれいしました

9 ごはんは まだ なにも (　　　)。
　1　たべません　　　　　　　　2　たべませんでした
　3　たべて いません　　　　　　4　たべて ありません

もんだい2 ＿★＿ に 入る ものは どれですか。1・2・3・4から
いちばん いい ものを 一つ えらんで ください。

(もんだいれい)

A 「＿＿＿＿ ＿＿＿＿ ＿★＿ ＿＿＿＿ か。」
B 「山田さんです。」

1 です　　2 は　　3 あの 人　　4 だれ

(こたえかた)

1 ただしい 文を 作ります。

A 「＿＿＿＿ ＿＿＿＿ ＿★＿ ＿＿＿＿ か。」
　　3 あの 人　　2 は　　4 だれ　　1 です
B 「山田さんです。」

2 ＿★＿ に 入る ばんごうを くろく ぬります。

(かいとうようし)　(れい) ① ② ③ ●

[10] りょこう ＿＿＿＿ ＿＿＿＿ ＿★＿ ＿＿＿＿ いつですか。

1 の　　　2 に　　　3 は　　　4 行く

[11] 休みの 日には そうじ ___ ___ ★ ___ します。
　　1　りょうり　　2　など　　3　や　　4　を

[12] 私は 木村さん ___ ___ ★ ___ 食べました。
　　1　の　　2　を　　3　りょうり　　4　作った

[13] この しゃしん どこ ___ ___ ★ ___ いますか。
　　1　とった　　2　おぼえて　　3　で　　4　か

もんだい3 14 から 17 に 何を 入れますか。ぶんしょうの いみを かんがえて、1・2・3・4から いちばん いい ものを 一つ えらんで ください。

クラスの 友だちが ミンジに メールを おくって います。

ひろと：ミンジさん、こんにちは。どうして 学校を 3かいも 休みましたか。かぜ 14 ひいたんですか。 15 、国へ 帰ったんですか。とても しんぱいです。メール 待って います。

クリス：ミンジちゃん、今日も 16 けっせきしましたか。さいきん 学校で 会う ことが できませんね。ずっと 待って いました。来週の じゅぎょうでは たこやきを 作ったり、日本の お茶を 17 する よていです。待って いますから、来て ください。

14
1 に　　　2 が　　　3 でも　　　4 にも

15
1 それで　　　2 それとも　　　3 しかし　　　4 でも

16
1 どうして　　　2 どうやって　　　3 いつ　　　4 どこで

17
1 のんで　　　2 のみながら　　　3 のんだり　　　4 のみに

もんだい4　つぎの　ぶんしょうを　読んで、しつもんに　こたえて　ください。こたえは　1・2・3・4から、いちばん　いい　ものを　一つ　えらんで　ください。

(1)

> 日本人は　おべんとうが　大好きだ。大きい　駅に　行くと、その　まちにしか　ない　おいしい　ものが　入った　おべんとうを　うって　いる。これを　「駅弁」と　いう。コンビニの　べんとうより　安くないけど、とても　きれいで　おいしい。

18　ぶんに　ついて　ただしいのは　どれですか。
1　駅弁を　かうのは　コンビニの　べんとうより　おかねが　かかる。
2　コンビニの　べんとうには　おいしい　ものが　入って　いる。
3　駅弁には　その　まちに　ない　ものが　入って　いる。
4　駅弁は　コンビニで　かった　ほうが　安い。

(2)

> お父さん、お母さんへ。
> 　みんな お元気ですか。私は イギリスで 友だちと いろいろな ところへ あそびに 行ったり いっしょに 勉強したり して います。店で アルバイトを しながら 料理も ならって います。日本に 帰ったら 作って みます。
>
> 　　　　　　　　　　　　　　　　　　　　　　　　－ ひろと －

19　ぶんに ついて いちばん ただしいのは どれですか。
　1　ひろとは がいこくで 勉強して いる。
　2　ひろとの りょうしんに 料理を おしえる つもりだ。
　3　ひろとは 友だちと 店で アルバイトを して いる。
　4　ひろとは 友だちと いっしょに すんで いる。

もんだい5 つぎの ぶんしょうを 読んで、しつもんに こたえて ください。こたえは 1・2・3・4から、いちばん いい ものを 一つ えらんで ください。

朝、起きた とき、外は 雨だった。さんぽに 行きたかったが、今日は やめて、家に いた。へやで テレビを 見て いる とき、にもつが 来た。それは 母が おくった ものだった。中には やさいや 料理の 本が 入って いた。その 本には かんたんな 料理が たくさん 書いて あって、母から もらった やさいを 使って ばんごはんを 作った。その 時、みかさんが ノートを かえしに 来たので、いっしょに ばんごはんを 食べた。みかさんが 家に 帰る とき、ちょうど 雨が やんだ。きれいな 月も 出て いた。あしたは いい 天気だろう。

・にもつ: 짐　・雨が やむ: 비가 그치다

20 みかさんは どうして この 人の 家に きましたか。
1 いっしょに ばんごはんを 食べたいから
2 料理の 本を かりたいから
3 雨が やんだから
4 かりた ノートを あげたいから

21 ぶんに ついて ただしいのは どれですか。
1 きょうの ばんごはんは 母が おくった。
2 テレビを 見たくて さんぽに 行かなかった。
3 雨が ふって きょうは どこにも 行かなかった。
4 みかさんと いっしょに ごはんを 作って 食べた。

もんだい6 右の ページを 見て、下の しつもんに こたえて ください。こたえは 1・2・3・4から いちばん いい ものを 一つ えらんで ください。

[22] きょう ソヒョンが さくら図書館に 行って した ことで ただしいのは どれですか。

1 午前 10時に 行って 本 2冊と ざっしを 借りて きた。
2 午後 3時に 行って お金を はらって ざっしを コピーして きた。
3 午後 1時に 行って コピーする 時、カウンターの 人に 図書カードを 見せた。
4 午前 11時に 行って コピーカードで 本を 2冊 コピーして きた。

さくら図書館

時間：午前 9時 ～ 午後 11時

本を 借りる 時

・2冊まで 二週間 借りる ことが できます。
・ざっしと 辞書は 借りる ことが できません。
・カウンターの 人に 図書カードを 見せて ください。

コピーする 時

・午前 10時から 午後 4時まで できます。

＊コピーの 時は コピーカードを 使って ください。
　コピーカードは カウンターで 買う ことが できます。

N5

聴解

（35分）

注意 Notes

1. 試験が始まるまで、この問題用紙を開けないでください。
   Do not open this question booklet until the test begins.

2. この問題用紙を持って帰ることはできません。
   Do not take this question booklet with you after the test.

3. 受験番号と名前を下の欄に、受験票と同じように書いてください。
   Write your examinee registration number and name clearly in each box below as written on your test voucher.

4. この問題用紙は、全部で14ページあります。
   This question booklet has 14 pages.

5. この問題用紙にメモをとってもいいです。
   You may make notes in this question booklet.

受験番号 Examinee Registration Number	

名前 Name	

もんだい1

もんだい1では、はじめに しつもんを きいて ください。それから はなしを きいて、もんだいようしの 1から4の なかから、いちばん いい ものを ひとつ えらんで ください。

れい

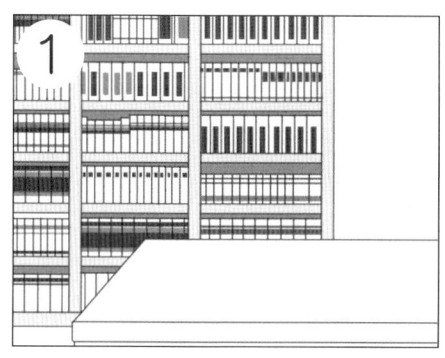

1ばん

2ばん

1 にちようび
2 げつようび
3 かようび
4 すいようび

3ばん

1　トマトと　たまねぎと　きゅうり
2　トマトと　きゅうり
3　たまねぎと　トマト
4　たまねぎと　きゅうり

4ばん

5ばん

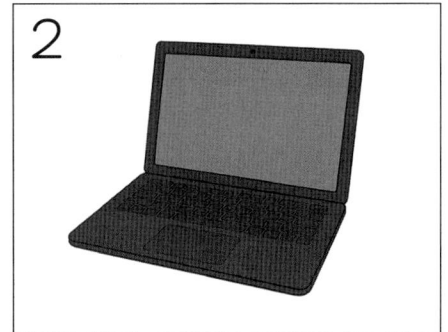

6ばん

1　2じ、えきの　まえで
2　11じ　30ぷん、えきの　まえで
3　12じ、ほんやで
4　11じ　30ぷん、ほんやで

7ばん

1 プレゼントを かいに いく
2 はなを かいに いく
3 パーティーに いく
4 みきちゃんの いえに いく

もんだい2

　もんだい2では、はじめに　しつもんを　きいて　ください。それから　はなしを　きいて、もんだいようしの　1から4の　なかから、いちばん　いい　ものを　ひとつ　えらんで　ください。

れい

1　ゆうびんきょくへ　いく
2　しんじゅくへ　いく
3　びょういんへ　いく
4　としょかんへ　いく

1ばん

2ばん

1 ひろとが けっせきしたから
2 りえが しゅくだいを だしたから
3 ひろとが となりの がっこうに いったから
4 りえが サッカーの しあいに いったから

3ばん

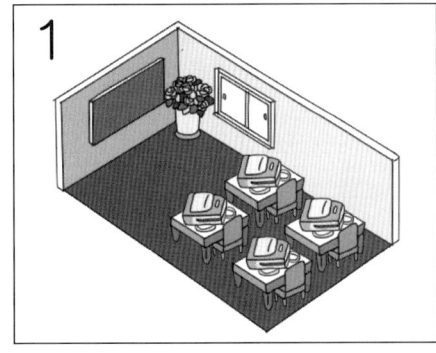

4ばん

5ばん

1 あおい ボールペンや シャーペン
2 あおい ボールペンや くろい ボールペン
3 あかい ボールペンや くろい ボールペン
4 くろい ボールペンや シャーペン

6ばん

1 つめたい ものを たべたから
2 ねつが あるから
3 まだ なにも たべて いないから
4 おとといの すしを たべたから

もんだい3

　もんだい3では、えを　みながら　しつもんを　きいて　ください。➡(やじるし)の　ひとは　なんと　いいますか。1から3の　なかから　いちばん　いい　ものを　ひとつ　えらんで　ください。

1ばん

1ばん

2ばん

3ばん

4ばん

5ばん

もんだい4

　もんだい4は、えなどが　ありません。ぶんを　きいて、1から3の　なかから、いちばん　いい　ものを　ひとつ　えらんで　ください。

― メモ ―

실전 모의고사 2회

N5

げんごちしき（もじ・ごい）

（20ぷん）

ちゅうい
Notes

1. しけんが はじまるまで、この もんだいようしを あけないで ください。
   Do not open this question booklet until the test begins.

2. この もんだいようしを もって かえる ことは できません。
   Do not take this question booklet with you after the test.

3. じゅけんばんごうと なまえを したの らんに、じゅけんひょうと おなじように かいて ください。
   Write your examinee registration number and name clearly in each box below as written on your test voucher.

4. この もんだいようしは、ぜんぶで 7ページ あります。
   This question booklet has 7 pages.

5. もんだいには かいとうばんごうの 1、2、3…が あります。
   かいとうは、かいとうようしに ある おなじ ばんごうの ところに マークして ください。
   One of the row numbers 1, 2, 3 … is given for each question. Mark your answer in the same row of the answer sheet.

じゅけんばんごう Examinee Registration Number

なまえ Name

もんだい1 ＿＿＿＿の ことばは ひらがなで どう かきますか。1・2・3・4から いちばん いい ものを ひとつ えらんで ください。

（れい） 大きな えが あります。
　　　　1　おおきな　　2　おきな　　3　だいきな　　4　たいきな

　　　（かいとうようし）　（れい）　● ② ③ ④

1　道が ひろく なりました。
　　1　まち　　　　2　えき　　　　3　みち　　　　4　かど

2　この みせの なかには いつも ひとが 多い。
　　1　おおい　　　2　あおい　　　3　おおきい　　4　あかるい

3　にほんでは 四月に がっこうが はじまります。
　　1　よんがつ　　2　よんげつ　　3　しがつ　　　4　しげつ

4　せいとたちは みんな 立って ください。
　　1　たって　　　2　だって　　　3　とまって　　4　とおって

5　かれは とても 有名な かしゅです。
　　1　ゆめな　　　2　ゆうめな　　3　ゆうめえな　4　ゆうめいな

6 かおが　すぐ　赤く　なりました。

　　1　あおく　　　2　あかるく　　　3　あかく　　　4　あつく

7 としょかんは　ゆうびんきょくの　左に　あります。

　　1　ひだり　　　2　みぎ　　　3　ひがし　　　4　みなみ

もんだい2 ＿＿＿の ことばは どう かきますか。1・2・3・4か ら いちばん いい ものを ひとつ えらんで ください。

(れい)　わたしの こどもは はなが すきです。
　　1　了ども　　2　子ども　　3　干ども　　4　予ども

(かいとうようし)　(れい)　① ● ③ ④

8 きょうは かぞく みんなで でかけます。
　1　行かけます　　2　外かけます　　3　出かけます　　4　来かけます

9 まいあさ、テレビや しんぶんで ニュースを みて います。
　1　親聞　　　2　親問　　　3　新聞　　　4　新文

10 この かばんは すこし たかいですね。
　1　小こし　　2　小し　　　3　少こし　　4　少し

11 せんしゅう、アメリカから きました。
　1　前週　　　2　前周　　　3　先週　　　4　先周

12 えきの みなみぐちを でて まっすぐ いって ください。
　1　東　　　　2　西　　　　3　南　　　　4　北

もんだい3 (　　　)に なにを いれますか。1・2・3・4から いちばん いい ものを ひとつ えらんで ください。

(れい)　　あそこで バスに (　　　)。
　　1　のりました　　　　2　あがりました
　　3　つきました　　　　4　はいりました

　　　(かいとうようし)　| (れい) | ● ② ③ ④ |

13　ほんやは この (　　　) の にかいです。
　　1　ビール　　2　ビル　　3　まち　　4　みち

14　あさ としょかんに いって ほんを (　　　)。
　　1　かえりました　2　のみました　3　かえしました　4　のりました

15　さむいから ドアを (　　　) ください。
　　1　しめて　　2　しまって　　3　あらって　　4　あいて

16　ご (　　　) は げんきですか。
　　1　かてい　　2　りょうしん　　3　いえ　　4　ともだち

17　かんじの じしょは あつくて (　　　) です。
　　1　おもい　　2　すくない　　3　すずしい　　4　あまい

18 まいにち ねる まえに シャワーを (　　　)。
1 あらいます　2 あそびます　3 あびます　4 かいます

もんだい4 ＿＿＿＿の ぶんと だいたい おなじ いみの ぶんが あります。1・2・3・4から いちばん いい ものを ひとつ えらんで ください。

(れい) ここは でぐちです。いりぐちは あちらです。
1　あちらから でて ください。
2　あちらから おりて ください。
3　あちらから はいって ください。
4　あちらから わたって ください。

(かいとうようし)　(れい)　① ② ● ④

[19]　わたしは あの おとこの ひとの いもうとです。
1　あの おとこの ひとは わたしの あねです。
2　あの おとこの ひとは わたしの おとうとです。
3　あの おとこの ひとは わたしの あにです。
4　あの おとこの ひとは わたしの いもうとです。

[20]　ひとりで がいこくに いく のは はじめてです。
1　ひとりで がいこくに いく ことが あります。
2　ひとりで がいこくに いく ことが できます。
3　ひとりで がいこくに いく ことに しました。
4　ひとりで がいこくに いった ことが ありません。

21 きょうしつの でんきを つけました。
1 きょうしつが あかるく なりました。
2 きょうしつが ひろく なりました。
3 きょうしつが しずかに なりました。
4 きょうしつが きれいに なりました。

N5
言語知識（文法）・読解
（40ぷん）

注意 Notes

1. 試験が始まるまで、この問題用紙をあけないでください。
   Do not open this question booklet until the test begins.

2. この問題用紙を持ってかえることはできません。
   Do not take this question booklet with you after the test.

3. 受験番号となまえをしたの欄に、受験票とおなじようにかいてください。
   Write your examinee registration number and name clearly in each box below as written on your test voucher.

4. この問題用紙は、全部で12ページあります。
   This question booklet has 12 pages.

5. 問題には解答番号の 1 、 2 、 3 、… があります。
   解答は、解答用紙にあるおなじ番号のところにマークしてください。
   One of the row numbers 1, 2, 3 … is given for each question. Mark your answer in the same row of the answer sheet.

受験番号 Examinee Registration Number

なまえ Name

もんだい1　(　　)に　何を　入れますか。1・2・3・4から　いちばん　いい　ものを　一つ　えらんで　ください。

(れい)　これ(　　)えんぴつです。

　　　1　に　　2　を　　3　は　　4　や

(かいとうようし)　|(れい)|①　②　●　④|

1　おんがくを　聞くのが　すきですが、うた(　　)あまり　うたいません。

　1　が　　　2　に　　　3　は　　　4　で

2　おなかが　いっぱいで、おかしは　ひとつしか(　　)。

　1　食べました　　　　　2　食べるでしょう
　3　食べませんか　　　　4　食べませんでした

3　電話(　　)話しますか、それとも　Eメールを　おくりましょうか。

　1　を　　　2　で　　　3　や　　　4　に

4　公園の　中に(　　)みずうみが　あります。

　1　おおきな　2　おおきく　3　おおきくて　4　おおきいな

5　でんしゃの　中では(　　)して　ください。

　1　しずかな　2　しずかで　3　しずか　　4　しずかに

6 A「しゅくだいは もう だしましたか。」
　B「えっ、しゅくだい？ 私は ぜんぜん（　　　）。」
　1 おぼえません　　　　　2 おぼえませんでした
　3 しって いません　　　　4 しりませんでした

7 友だちと（　　　）ながら、ビールを 飲みました。
　1 話さ　　2 話し　　3 話して　　4 話した

8 この パソコンは（　　　）国の ものですか。
　1 どの　　2 どちら　　3 どれ　　4 どう

9 A「いま すぐ 行きますか。」
　B「いいえ、そちらに 電話（　　　）から 行きます。」
　1 した　　2 する　　3 し　　4 して

もんだい2 ___★___ に 入(はい)る ものは どれですか。1・2・3・4から いちばん いい ものを 一(ひと)つ えらんで ください。

(もんだいれい)

A 「____ ____ ★ ____ か。」
B 「山田(やまだ)さんです。」

1　です　　2　は　　3　あの 人(ひと)　　4　だれ

(こたえかた)

1　ただしい 文(ぶん)を 作ります。

A 「____ ____ ★ ____ か。」
　　3 あの人(ひと)　　2 は　　4 だれ　　1 です
B 「山田(やまだ)さんです。」

2　___★___ に 入(はい)る ばんごうを くろく ぬります。

(かいとうようし)　(れい)　① ② ③ ●

[10] きのう、「もんじゃ焼(や)き」____ ____ ★ ____ 食(た)べました。

1　いう　　2　と　　3　を　　4　りょうり

11 私の はなし ____ ____ ★ ____ 手を あげて ください。

　　1　が　　　　2　わからない　　3　は　　　　4　とき

12 2年 ____ ____ ★ ____ きました。

　　1　にほん　　2　かえって　　　3　まえ　　　4　から

13 A「かぜの ときは ____ ____ ★ ____ が いいです。」
　　B「はい、わかりました。」

　　1　はいらない　2　に　　　　3　おふろ　　4　ほう

もんだい3 14 から 17 に 何を 入れますか。ぶんしょうの いみを かんがえて、1・2・3・4から いちばん いい ものを 一つ えらんで ください。

私は 日本語を 教えて いますが、学生から 「先生、メール おくって あげます」とか 「先生、その かばん、持って あげます」と よく 聞きます。友だちや 家族に 「〜て あげる」を 使うのは だいじょうぶです。 14 日本語では 自分 15 年上の 人や したしくない 人には 16 ほうが いいです。「〜て あげる」を 使うと、「わざと 〜する」という いみに 聞こえて しまうからです。 17 先生には 「メールを おおくりします」とか 「かばん、私が お持ちします」 という のが いいでしょう。

・年上: 연상, 연장자

14
1 しかし　　2 これから　　3 それで　　4 それに

15
1 だけ　　2 へ　　3 より　　4 しか

16
1 使わないで　　2 使わない　　3 使いながら　　4 使った

17
1 でも　　2 それに　　3 ところで　　4 だから

もんだい4 つぎの ぶんしょうを 読んで、しつもんに こたえて ください。こたえは 1・2・3・4から、いちばん いい ものを 一つ えらんで ください。

(1)

> 金よう日、びじゅつかんに 行きます。午前 10時に 学校の まえに きて ください。びじゅつかんの 前の こうえんで おべんとうを 食べます。おべんとうは 学校で じゅんびしますから、飲み物は 持って きて ください。

18 ぶんに ついて ただしいのは どれですか。
1 学生は おべんとうを 持って いく。
2 びじゅつかんの 近くに こうえんが ある。
3 ジュースや お水などは 学校で かう。
4 みんな 10時に びじゅつかんの 前で 会う。

(2)

> －説明書-
>
> この くすりを みっか間、しょくじの あと 飲んで ください。みっか 間は おさけは だめです。赤い くすりは 朝 ふたつ、白い くすりは 夜 ひとつ 飲みます。昼は 飲みません。くすりを 飲む とき お水を たくさん 飲んだ ほうが いいです。

・説明書：설명서

19 説明書を 読んで ただしく くすりを 飲んだ 人は だれですか。

1　A：くすりと おさけと いっしょに 飲んだ。
2　B：ゆうごはんを 食べなかったから くすりを 飲まなかった。
3　C：1つの 白い くすりを あさごはんを 食べてから 飲んだ。
4　D：ひるは くすりを 飲まないで ご飯だけ 食べた。

もんだい5 つぎの ぶんしょうを 読んで、しつもんに こたえて ください。こたえは 1・2・3・4から、いちばん いい ものを 一つ えらんで ください。

高校生に なってから 学校の じゅぎょうが とても むずかしく なりました。毎日 べんきょうしなければ ならないです。しゅくだいも たくさん ありますから、土よう日も 日よう日も いそがしいです。とくに 日本語の じゅぎょうは あたらしい ことばも たくさん 出て います。また かんじを 書く れんしゅうも しなければ なりません。

しかし、同じ クラスの <u>ユリちゃんは 私とは ちがいます</u>。しゅうまつや 休みの 日に えいがを 見に 行ったり、かいものに 行ったり します。私も いっしょに あそびたいけど、時間が ありません。ユリちゃんも いつも 「いっしょに 行きましょう」と 言いますが、私には むりです。

20 ぶんに ついて ただしいのは どれですか。
1 私は しゅうまつ 友だちと よく えいがを 見に 行く。
2 土よう日と 日よう日は 日本語の じゅぎょうで いそがしい。
3 いつも ユリちゃんに 「いっしょに 行きましょう」と いう。
4 私と ユリちゃんは おなじ 高校で べんきょうして いる。

21 <u>ユリちゃんは 私とは ちがいます</u>と あるが、それは どんな ことですか。
1 しゅくだいで あそぶ 時間が ない こと
2 休みの 日に かいものに 行く こと
3 高校生に なった こと
4 かんじを 書く れんしゅうを する こと

もんだい6 右の ページを 見て、下の しつもんに こたえて ください。こたえは 1・2・3・4から いちばん いい ものを 一つ えらんで ください。

　　山田さんは このごろ ワインの べんきょうを して います。会社員で まいにち 忙しいですが、ワインが 好きですから、7時ごろ 家に 帰って くると よく 一人で ゆっくり ワインを 飲んで います。もっと 知りたいと 思って ワイン ざっしも 読んで います。ある 日、その ざっしに 書いて ある あんないを 見て、この ワイン会に 行きたいと 思いました。

22 山田さんは この ワイン会に 参加したいです。はじめに どうしますか。
1　18日 家に 帰って エリス文化センターに 電話する。
2　18日の ごご 6時、スーツを 着て エリス文化センターに お金を はらう。
3　19日の あさ、7500円を 持って エリス文化センターに 行く。
4　19日の ごご 7時、ワインを 持って エリス文化センターに 行く。

ヨーロッパ ワイン会

30種以上の いろんな ワインが 楽しめます。

ワイン の世界へ どうぞ。

日時	3月 19日 (金) 午後 7時
会場	エリス文化センター (3階)
参加費	7500円 (1人)
参加者	20人

* 18日の 午後 8時までに、電話で よやくして ください。
* 参加費は 19日 会場に 入る とき もらいます。
* 20歳 以上から 参加できます。
* スーツを 着て 参加して ください。
* 連絡：03-0000-0000

- 〜種：〜종　・会場：회장　・参加費：참가비

N5

聴解
（35分）

注意 Notes

1. 試験が始まるまで、この問題用紙を開けないでください。
   Do not open this question booklet until the test begins.

2. この問題用紙を持って帰ることはできません。
   Do not take this question booklet with you after the test.

3. 受験番号と名前を下の欄に、受験票と同じように書いてください。
   Write your examinee registration number and name clearly in each box below as written on your test voucher.

4. この問題用紙は、全部で14ページあります。
   This question booklet has 14 pages.

5. この問題用紙にメモをとってもいいです。
   You may make notes in this question booklet.

受験番号 Examinee Registration Number	

名前 Name	

もんだい1

もんだい1では、はじめに しつもんを きいて ください。それから はなしを きいて、もんだいようしの 1から4の なかから、いちばん いい ものを ひとつ えらんで ください。

れい

1ばん

1 ダンスの　せんせいを　しょうかいする
2 ダンスの　せんせいに　でんわを　かける
3 だいがくの　ともだちを　しょうかいする
4 だいがくの　ともだちに　でんわを　かける

2ばん

3ばん

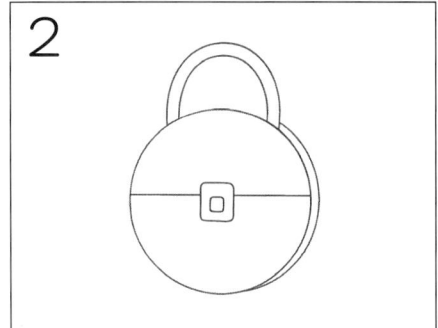

4ばん

1 8じ

2 9じ

3 10じ

4 11じ

5ばん

1 ひとりで いえに かえる

2 ひとりで コンサートに いく

3 おとこの ひとと いえに かえる

4 おとこの ひとと コンサートに いく

6ばん

1 ケーキ

2 アイスクリーム

3 パン

4 ジュース

7ばん

1 1900えん

2 3000えん

3 3700えん

4 3900えん

もんだい2

もんだい2では、はじめに　しつもんを　きいて　ください。それから　はなしを　きいて、もんだいようしの　1から4の　なかから、いちばん　いい　ものを　ひとつ　えらんで　ください。

れい

1　ゆうびんきょくへ　いく
2　しんじゅくへ　いく
3　びょういんへ　いく
4　としょかんへ　いく

1ばん

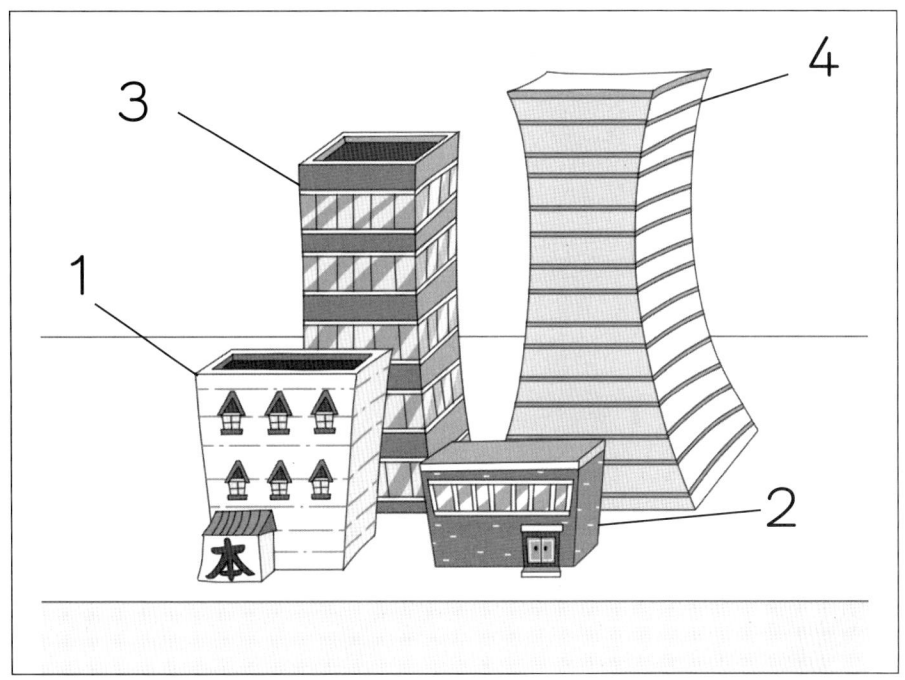

2ばん

3ばん

1 ねて いる
2 がっこうに いる
3 べんきょうを して いる
4 やきゅうの れんしゅうを して いる

4ばん

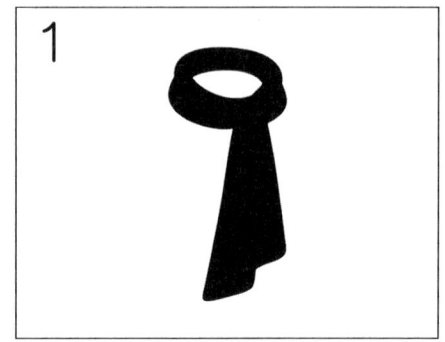

5ばん

1 としょかんに いく
2 おとこの がくせいと いっしょに レポートを かく
3 ひとりで やきゅうを みに いく
4 おとこの がくせいと いっしょに やきゅうを みに いく

6ばん

1 パンやへ いく
2 スーパーへ いく
3 コンビニへ いく
4 しゅくだいを する

もんだい3

もんだい3では、えを みながら しつもんを きいて ください。➡(やじるし)の ひとは なんと いいますか。1から3の なかから いちばん いい ものを ひとつ えらんで ください。

1ばん

1ばん

2ばん

3ばん

4ばん

5ばん

もんだい4

　もんだい4は、えなどが ありません。ぶんを きいて、1から3の なかから、いちばん いい ものを ひとつ えらんで ください。

― メモ ―

제1회 실전모의고사 가채점표

언어지식(문자·어휘·문법)/독해

		문항 수	배점	총점	득점
문자·어휘	문제1	7문항	1점	7점	
	문제2	5문항	1점	5점	
	문제3	6문항	1점	6점	
	문제4	3문항	1점	3점	
문법	문제1	9문항	1점	9점	
	문제2	4문항	2점	8점	
	문제3	4문항	3점	12점	
독해	문제4	2문항	8점	16점	
	문제5	2문항	8점	16점	
	문제6	1문항	9점	9점	
합계				91점	

– 계산법: 총 득점 ☐ ÷ 91 × 120 = (　　) 점　　　　(※ 38점 미만 과락)

청해

		문항 수	배점	총점	득점
청해	문제1	7문항	3점	21점	
	문제2	6문항	3점	18점	
	문제3	5문항	2점	10점	
	문제4	6문항	2점	12점	
합계				61점	

– 계산법: 총 득점 ☐ ÷ 61 × 60 = (　　) 점　　　　(※ 19점 미만 과락)

위의 점수를 합하여 **80점 이상**인 경우 N5 합격입니다.

학습의 편의를 위해 임의로 만든 채점표입니다. 실제 시험은 ***척도득점방식**으로 채점하므로 다소 오차가 있을 수 있습니다.

*척도득점방식 : 어떤 문제에 어떻게 답하는가를 분석하여 답의 패턴에 따라 득점을 다르게 결정하는 방식

제2회 실전모의고사 가채점표

언어지식(문자·어휘·문법)/독해

		문항 수	배점	총점	득점
문자·어휘	문제1	7문항	1점	7점	
	문제2	5문항	1점	5점	
	문제3	6문항	1점	6점	
	문제4	3문항	1점	3점	
문법	문제1	9문항	1점	9점	
	문제2	4문항	2점	8점	
	문제3	4문항	3점	12점	
독해	문제4	2문항	8점	16점	
	문제5	2문항	8점	16점	
	문제6	1문항	9점	9점	
합계				91점	

- 계산법: 총 득점 [　　] ÷ 91 × 120 = (　　) 점　　　　(※ 38점 미만 과락)

청해

		문항 수	배점	총점	득점
청해	문제1	7문항	3점	21점	
	문제2	6문항	3점	18점	
	문제3	5문항	2점	10점	
	문제4	6문항	2점	12점	
합계				61점	

- 계산법: 총 득점 [　　] ÷ 61 × 60 = (　　) 점　　　　(※ 19점 미만 과락)

위의 점수를 합하여 **80점 이상**인 경우 N5 합격입니다.

학습의 편의를 위해 임의로 만든 채점표입니다. 실제 시험은 ***척도득점방식**으로 채점하므로 다소 오차가 있을 수 있습니다.

*척도득점방식 : 어떤 문제에 어떻게 답하는가를 분석하여 답의 패턴에 따라 득점을 다르게 결정하는 방식

일본어능력시험

일단 합격 JLPT N5 완벽 대비

기본서 + 모의고사 + 단어장

실전 모의고사 해설

JLPT N5 제1회 실전 모의고사 정답 및 해석

문자·어휘

문제 1 　1 ②　2 ①　3 ③　4 ①　5 ②　6 ③　7 ①

문제 2 　8 ③　9 ②　10 ③　11 ②　12 ③

문제 3 　13 ①　14 ④　15 ③　16 ③　17 ②　18 ④

문제 4 　19 ④　20 ①　21 ②

문법

문제 1 　1 ③　2 ④　3 ③　4 ②　5 ③　6 ①　7 ②　8 ④　9 ③

문제 2 　10 ①　11 ②　12 ③　13 ④

문제 3 　14 ③　15 ②　16 ①　17 ③

독해

문제 4 　18 ①　19 ①

문제 5 　20 ④　21 ③

문제 6 　22 ④

청해

문제 1 　1 ②　2 ④　3 ③　4 ②　5 ①　6 ④　7 ①

문제 2 　1 ②　2 ③　3 ②　4 ①　5 ②　6 ④

문제 3 　1 ②　2 ①　3 ②　4 ③　5 ②

문제 4 　1 ②　2 ②　3 ②　4 ①　5 ②　6 ②

1교시 언어지식 (문자·어휘)

もんだい 1

_____의 단어는 히라가나로 어떻게 씁니까? 1·2·3·4에서 가장 알맞은 것을 하나 고르세요.

1 두 번째 모퉁이를 <u>오른쪽</u>으로 꺾으세요.
2 이쪽의 <u>작은</u> 케이크는 얼마입니까?
3 새가 <u>하늘</u>을 날고 있습니다.
4 어제 귀여운 강아지가 <u>태어났다</u>.
5 슈퍼에 도시락을 <u>사러</u> 갔습니다.
6 그것은 전부 해서 <u>6000엔</u>입니다.
7 <u>다음 주</u> 수요일에 시합이 있습니다.

もんだい 2

_____의 단어는 어떻게 씁니까? 1·2·3·4에서 가장 알맞은 것을 하나 고르세요.

8 도서관은 <u>몇 시</u>부터 <u>몇 시</u>까지입니까?
9 저 <u>긴</u> 스커트 쪽이 더 비쌉니다.
10 어제는 오랜만에 친구를 <u>만났습니다</u>.
11 집 앞에 자동차가 <u>세워져</u> 있습니다.
12 <u>학교</u>는 이 길을 곧장 가면 있습니다.

もんだい 3

( )에 무엇을 넣습니까? 1·2·3·4에서 가장 알맞은 것을 하나 고르세요.

13 요시다 선생님은 (내년) 4월에 고국으로 돌아갑니다.
　② 재작년　③ 작년　④ 지난주
14 슈퍼 앞에 자전거가 (1대) 서 있습니다.
　① 1장　② 1살　③ 1마리
15 나는 공부를 할 때 안경을 (씁니다).
　① (모자 등을) 씁니다　② 입습니다　④ 엽니다
16 엄마는 (부엌)에서 요리를 하고 있습니다.
　① 현관　② 방　④ 욕실
17 저의 (아파트)는 좁습니다만, 역에서 가깝습니다.
　① 침대　③ TV　④ 테이블

18 일본에 오고 나서 (벌써) 2년이 되었습니다.
　① 또　② 조금 더　③ 잘

もんだい 4

_____의 문장과 대체로 같은 뜻의 문장이 있습니다. 1·2·3·4에서 가장 알맞은 것을 하나 고르세요.

19 어젯밤 메일로 숙제를 제출했습니다.
　1 그제 아침 이메일로 숙제를 제출했습니다.
　2 그제 밤 이메일로 숙제를 제출했습니다.
　3 어제 아침 이메일로 숙제를 제출했습니다.
　4 <u>어제 밤 이메일로 숙제를 제출했습니다.</u>
20 드라마는 딱 7시에 시작됩니다.
　1 <u>드라마는 7시에 시작됩니다.</u>
　2 드라마는 7시쯤 시작됩니다.
　3 드라마는 7시 전에 시작됩니다.
　4 드라마는 7시 정도에 시작됩니다.
21 여동생은 도서관에 근무하고 있습니다.
　1 여동생은 도서관에서 공부하고 있습니다.
　2 <u>여동생은 도서관에서 일하고 있습니다.</u>
　3 여동생은 도서관에서 가르치고 있습니다.
　4 여동생은 도서관에서 입고 있습니다.

2교시 언어지식 (문법) · 독해

もんだい 1

( )에 무엇을 넣습니까? 1·2·3·4에서 가장 알맞은 것을 하나 고르세요.

1. 학생들은 모두 귀가했습니다. (이제) 아무도 없습니다.
2. 가격이 점점 (비싸)지고 있습니다.
3. 5년간 혼자서 도쿄(에) 거주하고 있었습니다.
4. 야마모토 씨는 건강(하고) 재미있는 사람입니다.
5. 커피에 설탕은 (넣지 않고) 마십니다.
6. A: 이 컴퓨터 (빌려도 됩니까)?
   B: 그럼요. 쓰세요.
7. 이번 주말은 누구(와도) 만나지 않을 겁니다.
8. A: 늦게까지 (실례했습니다).
   B: 또 와 주세요.
9. 밥은 아직 아무것도 (먹지 않았습니다).

もんだい 2

_★_ 에 들어갈 것은 어느 것입니까? 1·2·3·4에서 가장 알맞은 것을 하나 고르세요.

10. 여행하러 가는 것은 언제입니까? (2-4-1-3)
11. 쉬는 날에는 청소라든가 요리 등을 합니다. (3-1-2-4)
12. 저는 기무라 씨가 만든 요리를 먹었습니다. (1-4-3-2)
13. 이 사진 어디에서 찍었는지 기억하고 있습니까? (3-1-4-2)

もんだい3

14 から 17 に 何を 入れますか。ぶんしょうの いみを かんがえて、1・2・3・4から いちばん いい ものを 一つ えらんで ください。

クラスの 友だちが ミンジに メールを おくって います。

> ひろと：ミンジさん、こんにちは。どうして 学校を 3かいも 休みましたか。かぜ 14 でも ひいたん ですか。15 それとも、国へ 帰ったんですか。とても しんぱいです。メール 待って います。
>
> クリス：ミンジちゃん、今日も 16 どうして けっせきしましたか。さいきん 学校で 会う ことが で きませんね。ずっと 待って いました。来週の じゅぎょうでは たこやきを 作ったり、日本の お茶を 17 のんだり する よていです。まって いますから、来て ください。

14 에서 17 에 무엇을 넣습니까? 문장의 의미를 생각하여, 1·2·3·4에서 가장 알맞은 것을 하나 고르세요.

학급 친구들이 민지에게 문자를 보내고 있습니다.

> 히로토 : 민지 씨, 안녕하세요. 어째서 학교를 3번이나 쉬었습니까? 감기 14 라도 걸린 겁니까? 15 그렇지 않으면 고국으로 돌아간 것입니까? 매우 걱정입니다. 문자 기다리고 있겠습니다.
>
> 크리스 : 민지, 오늘도 16 어째서 결석했나요? 요즘 학교에서 만날 수 없네요. 쭉 기다리고 있었습니다. 다음 주 수업에서는 다코야키를 만들기도 하고, 일본의 차를 17 마시기도 할 예정입니다. 기다리고 있을 테니 와 주세요.

[단어]

学校 학교 | 休む 쉬다 | かぜ 감기 | しんぱい 걱정 | けっせき 결석 | さいきん 최근 | 来週 다음 주 | じゅぎょう 수업 | たこやき 다코야키 | ～たり ～たりする ～하거나 ～하거나 하다 | お茶 차 | のむ 마시다

もんだい4

つぎの ぶんしょうを 読んで、しつもんに こたえて ください。こたえは、1・2・3・4から いちばん いい ものを 一ひとつ えらんで ください。

(1)

> 　　日本人は おべんとうが 大好きだ。大きい 駅に 行くと、その まちにしか ない おいしい ものが 入った おべんとうを うって いる。これを「駅弁」と いう。コンビニの べんとうより 安くないけ ど、とても きれいで おいしい。

18 ぶんに ついて ただしいのは どれですか。
  1 駅弁を かうのは コンビニの べんとうより おかねが かかる。
  2 コンビニの べんとうには おいしい ものが 入って いる。
  3 駅弁には その まちに ない ものが 入って いる。
  4 駅弁は コンビニで かった ほうが 安い。

다음의 문장을 읽고 질문에 답하세요. 답은 1·2·3·4에서 가장 알맞은 것을 하나 고르세요.

> 일본인은 도시락을 매우 좋아한다. 큰 역에 가면, 그 마을밖에 없는 맛있는 것이 들어있는 도시락을 팔고 있다. 이것을 '에키벤'이라고 한다. 편의점의 도시락보다 싸지 않지만, 굉장히 예쁘고 맛있다.

18 글에 대해 옳은 것은 어느 것입니까?

1 에키벤을 사는 것은 편의점 도시락보다 돈이 든다.
2 편의점 도시락에는 맛있는 것이 들어 있다.
3 에키벤에는 그 마을에 없는 것이 들어 있다.
4 에키벤은 편의점에서 사는 편이 싸다.

[풀이]
'편의점의 도시락보다 싸진 않지만'이라고 쓰여 있으므로, 에키벤 쪽이 편의점의 도시락보다 돈이 든다고 말한 1번이 정답이다.

[단어]
日本人 일본인 | おべんとう 도시락 | 大好きだ 매우 좋아하다 | 駅 역 | まち 마을 | ～しか ない ~밖에 없다 | 入る 들어가(오)다 | うる 팔다 | 駅弁 에키벤 | コンビニ 편의점 | ～より ~보다 | きれいだ 예쁘다

(2)

> お父さん、お母さんへ。
> みんな お元気ですか。私は イギリスで 友だちと いろいろな ところへ あそびに 行ったり いっしょに 勉強したり して います。店で アルバイトを しながら 料理も ならって います。日本に 帰ったら 作って みます。
>
> － ひろと －

19 ぶんに ついて ただしいのは どれですか。

1 ひろとは がいこくで 勉強して いる。
2 ひろとの りょうしんに 料理を おしえる つもりだ。
3 ひろとは 友だちと 店で アルバイトを して いる。
4 ひろとは 友だちと いっしょに すんで いる。

아빠, 엄마에게.
모두 건강하시죠? 저는 영국에서 친구와 여러 곳에 놀러가기도 하고 함께 공부하기도 하고 있어요. 가게에서 아르바이트를 하면서 요리도 배우고 있습니다. 일본으로 돌아가면 만들어 볼게요.

－히로토－

19 글에 대해 옳은 것은 어느 것입니까?

1 히로토는 외국에서 공부하고 있다.
2 히로토는 부모님에게 요리를 가르칠 생각이다.
3 히로토는 친구와 가게에서 아르바이트를 하고 있다.
4 히로토는 친구와 함께 살고 있다.

[풀이]
영국에서 친구들과 놀거나 공부하며 지내고 있는 내용을 담은 편지이다. 글의 마지막 부분에서도 '일본으로 돌아가면'이라는 부분에서도 다시 한 번 외국에 있다는 것을 확인할 수 있다.

[단어]
イギリス 영국 | いろいろな 여러, 다양한 | ところ 곳 | 〜に 行く 〜하러 가다 | 勉強 공부 | 店 가게 | アルバイト 아르바이트 | 〜ながら 〜하면서 | 料理 요리 | ならう 배우다 | 〜て みる 〜해 보다

もんだい 5

つぎの ぶんしょうを 読んで、しつもんに こたえて ください。こたえは 1・2・3・4から、いちばん いい ものを 一つ えらんで ください。

朝、起きた とき、外は 雨だった。さんぽに 行きたかったが、今日は やめて、家に いた。へやで テレビを 見て いる とき、にもつが 来た。それは 母が おくった ものだった。中には やさいや 料理の 本が 入って いた。その 本には かんたんな 料理が たくさん 書いて あって、母から もらった やさいを 使って ばんごはんを 作った。その 時、みかさんが ノートを かえしに 来たので、いっしょに ばんごはんを 食べた。みかさんが 家に 帰る とき、ちょうど 雨が やんだ。きれいな 月も 出て いた。あしたは いい 天気だろう。

• にもつ: 짐　• 雨が やむ: 비가 그치다

[20] みかさんは どうして この 人の 家に きましたか。
1 いっしょに ばんごはんを 食べたいから
2 料理の 本を かりたいから
3 雨が やんだから
4 かりた ノートを あげたいから

[21] ぶんに ついて ただしいのは どれですか。
1 きょうの ばんごはんは 母が おくった。
2 テレビを 見たくて さんぽに 行かなかった。
3 雨が ふって きょうは どこにも 行かなかった。
4 みかさんと いっしょに ごはんを 作って 食べた。

다음 문장을 읽고 질문에 답하세요. 답은 1·2·3·4에서 가장 알맞은 것을 하나 고르세요.

아침에 일어났을 때, 밖은 비였다. 산책을 가고 싶었지만, 오늘은 그만두고, 집에 있었다. 방에서 텔레비전을 보고 있을 때, 짐이 왔다. 그것은 엄마가 보낸 물건이었다. 안에는 채소와 요리책이 들어 있었다. 그 책에는 간단한 요리가 많이 쓰여 있어서, 엄마한테서 받은 채소를 사용해 저녁을 만들었다. 그때, 미카 씨가 노트를 돌려주러 왔기 때문에, 함께 저녁을 먹었다. 미카 씨가 집으로 돌아갈 때, 마침 비가 그쳤다. 예쁜 달도 나와 있었다. 내일은 좋은 날씨겠지.

20 미카 씨는 어째서 이 사람의 집에 왔습니까?
  1 함께 저녁밥을 먹고 싶기 때문에
  2 요리책을 빌리고 싶기 때문에
  3 비가 그쳤기 때문에
  4 빌린 노트를 주고 싶기 때문에

21 글에 대해 옳은 것은 어느 것입니까?
  1 오늘의 저녁밥은 엄마가 보냈다.
  2 텔레비전을 보고 싶어서 산책 가지 않았다.
  3 비가 내려서 오늘은 어디에도 가지 않았다.
  4 미카 씨와 함께 밥을 만들어 먹었다.

[풀이]
20 미카가 노트를 '돌려주러' 왔다는 표현으로 미루어보아 미카가 화자에게 노트를 빌렸다는 사실을 알 수 있다
21 비 때문에 가고 싶었던 산책을 하지 않았고, 이후 집에서 요리를 하고 방문한 미카와 함께 먹은 하루를 설명하고 있다. 따라서 오늘 하루는 외출하지 않았다는 사실을 알 수 있다. 참고로, 혼자 요리를 만들었을 때 미카가 왔기 때문에 미카와 함께 밥을 만들어 먹었다고 말한 4번은 정답이 될 수 없다.

[단어]
朝 아침 | 起きる 일어나다 | 雨 비 | やめる 그만두다 | テレビ 텔레비전 | にもつ 짐 | おくる 보내다 | やさい 채소 | 料理 요리 | 書く 쓰다 | もらう 받다 | 使う 사용하다 | ばんごはん 저녁밥 | 作る 만들다 | かえす 돌려주다 | 雨が やむ 비가 그치다 | 月 달 | 天気 날씨 | ～だろう ～겠지

もんだい6

右の ページを 見て、下の しつもんに こたえて ください。こたえは 1・2・3・4から、いちばん いい ものを 一つ えらんで ください。

22 きょう ソヒョンが さくら図書館に 行って した ことで ただしいのは どれですか。
  1 午前 10時に 行って 本 2冊と ざっしを 借りて きた。
  2 午後 3時に 行って お金を はらって ざっしを コピーして きた。
  3 午後 1時に 行って コピーする 時、カウンターの 人に 図書カードを 見せた。
  4 午前 11時に 行って コピーカードで 本を 2冊 コピーして きた。

오른쪽 페이지를 보고 아래의 질문에 답하세요. 답은 1・2・3・4에서 가장 알맞은 것을 하나 고르세요.

22 오늘 서현이가 사쿠라 도서관에 가서 한 일로 옳은 것은 어느 것입니까?
  1 오전 10시에 가서 책 2권과 잡지를 빌려 왔다.
  2 오후 3시에 가서 돈을 내고 잡지를 복사해 왔다.
  3 오후 1시에 가서 복사할 때, 카운터의 사람에게 도서 카드를 보여주었다.
  4 오전 11시에 가서 복사 카드로 책을 2권 복사해 왔다.

さくら図書館

時間：午前 9時 ～ 午後 11時

| 本を 借りる 時 |

- 2冊まで 二週間 借りる ことが できます。
- ざっしと 辞書は 借りる ことが できません。
- カウンターの 人に 図書カードを 見せて ください。

| コピーする 時 |

- 午前 10時から 午後 4時まで できます。

* コピーの 時は コピーカードを 使って ください。
　コピーカードは カウンターで 買う ことが できます。

사쿠라 도서관

시간: 오전 9시 ～ 오후 11시

| 책 빌릴 때 |

- 2권까지 2주간 빌릴 수 있습니다.
- 잡지와 사전은 빌릴 수 없습니다.
- 카운터 사람에게 도서 카드를 보여 주세요.

| 복사할 때 |

- 오전 10시부터 오후 4시까지 가능합니다.

* 복사할 때는 복사 카드를 사용해 주세요.
　복사 카드는 카운터에서 살 수 있습니다.

[풀이]

오전 11시는 도서관을 이용할 수 있는 시간이고, 복사할 때는 복사 카드를 이용해야 하므로 4번이 정답이다. 1번은 잡지는 빌릴 수 없고, 2번은 돈이 아닌 복사 카드를 이용해야 하며, 3번은 도서 카드를 보여 줄 필요가 없으므로 정답이 될 수 없다.

[단어]

図書館 도서관 | 時間 시간 | 午前 오전 | 午後 오후 | 借りる 빌리다 | ～冊 ～권 | ～ことが できる ～할 수 있다 | ざっし 잡지 | 辞書 사전 | カウンター 카운터 | 図書カード 도서 카드 | 見せる 보여주다 | コピーする 복사하다 | 使う 사용하다 | 買う 사다

3교시 청해

もんだい 1

もんだい1では、はじめに　しつもんを　きいて　ください。それから　はなしを　きいて、もんだいようしの　1から4の　なかから、いちばん　いい　ものを　ひとつ　えらんで　ください。では、れんしゅうしましょう。

문제 1에서는, 먼저 질문을 들어 주세요. 그러고 나서 이야기를 듣고, 문제 용지의 1부터 4중에서 가장 알맞은 것을 하나 고르세요. 그럼, 연습합시다.

れい

女の人と男の人が話しています。二人はどこに行くことにしましたか。

F 明日、土曜日だけど、どこか行かない？
M でも、明日雨だって。
F そう？映画は先週も見たから、バレーボールはどう？
M 中でするから、いいかも。でもスポーツはちょっと…。
F じゃあ、図書館は？
M 図書館？本読むよりは、スポーツのほうがいいな。

二人はどこに行くことにしましたか。

여자와 남자가 이야기하고 있습니다. 두 사람은 어디에 가기로 했습니까?

F 내일 토요일인데, 어디 안 갈래?
M 그런데 내일 비가 온대.
F 그래? 영화는 지난주에도 봤으니까, 배구는 어때?
M 안에서 하니까 괜찮을지도, 하지만 스포츠는 좀….
F 그럼, 도서관은?
M 도서관? 책 읽는 것보다는 스포츠가 낫겠어.

두 사람은 어디에 가기로 했습니까?

[정답] 4

[풀이]
내일은 비가 올 거니까 실내에서 즐길 수 있는 것을 찾아야 한다. 영화는 지난주에도 봤다고 했으므로, 정답에서 제외. 책을 읽는 것보다는 스포츠가 차라리 낫겠다고 했으므로, 도서관도 정답이 아니다. 따라서 실내 운동인 배구가 정답이다. 농구(バスケットボール)로 착각하지 않도록 주의하자.

[단어]
明日 내일 | ～けど ～인데, ～이지만 | どこか 어딘가 | でも 하지만 | ～って ～라고 한대 | バレーボール 배구 | ～かも ～일지도(모르겠다) | スポーツ 스포츠 | 図書館 도서관

1ばん

男の人と女の人が電話で話しています。男の人はどれを買いますか。	남자와 여자가 전화로 이야기하고 있습니다. 남자는 어느 것을 삽니까?
M 今家に帰るけど、何かデザートでも買おうか。おかしとかアイスクリームとか。	M 지금 집에 가는데 뭔가 디저트라도 살까? 과자나 아이스크림이나.
F うん、くだもの買ってきて。りんご3つでいい。	F 응, 과일 사 와. 사과 3개면 돼.
M う~ん、わたしメロン食べたくて1つ買おうと思ったんだけど…。	M 음, 나 멜론 먹고 싶어서 하나 살까 했는데….
F メロンは家にあるよ。	F 멜론은 집에 있어.
M そっか。わかった。	M 그래? 알았어.
男の人はどれを買いますか。	남자는 어느 것을 삽니까?

[정답] 2

[풀이]
포인트는 '사과 3개면 좋아'라고 말한 여자의 대답이다. 멜론이 거론됐지만 집에 있기 때문에 결국 사는 과일은 사과뿐이므로 정답은 2번이다.

[단어]
男の人 남자 | 女の人 여자 | 電話 전화 | 話す 이야기하다 | 帰る 귀가하다 | デザート 디저트 | 買う 사다 | おかし 과자 | アイスクリーム 아이스크림 | ~とか ~라든가 | くだもの 과일 | りんご 사과 | 3つ 3개 | メロン 메론 | 1つ 1개

2ばん

女の人と男の人が話しています。女の人はいつまで休みますか。	여자와 남자가 이야기하고 있습니다. 여자는 언제까지 쉽니까?
F きょう、何曜日？	F 오늘 무슨 요일이지?
M 月曜日だよ。	M 월요일이야.
F そっか…、もう休みもそろそろ終わりだね。	F 그렇구나…이제 휴가도 슬슬 끝이구나.
M 休みはいつまでなの？	M 휴가는 언제까지인데?
F あさってまで。その次の日からはまた会社だね。	F 모레까지. 그다음 날부터는 다시 회사야.
女の人はいつまで休みますか。	여자는 언제까지 쉽니까?

1　にちようび　　　　　　　　1　일요일
2　げつようび　　　　　　　　2　월요일
3　かようび　　　　　　　　　3　화요일
4　すいようび　　　　　　　　4　수요일

[풀이]
오늘은 월요일이고 휴가는 모레까지라고 말하고 있으므로 쉬는 것은 수요일까지이다. 정답은 4번이다.

[단어]
いつ 언제 | ～まで ～까지 | 休む 쉬다 | 何曜日 무슨 요일 | 月よう日 월요일 | 休み 휴가 | そろそろ 슬슬 | 終わり 끝 | また 또 | 会社 회사 | 日よう日 일요일 | 火よう日 화요일 | 水よう日 수요일

3ばん

八百屋で店員と女の人が話しています。女の人は何を買いますか。

M おきゃくさま、今日はやさいが安くなってますよ。
F そうですか。じゃ、たまねぎ三つとトマト五つ、それから、きゅうりも二本ください。
M あ、すみません。きゅうりはもうありません。
F えっ、そうなんですか。じゃ、きゅうりはいいです。
M ありがとうございます。

女の人は何を買いますか。

1 トマトと　たまねぎと　きゅうり
2 トマトと　きゅうり
3 たまねぎと　トマト
4 たまねぎと　きゅうり

채소가게에서 점원과 여자가 이야기하고 있습니다. 여자는 무엇을 삽니까?

M 손님, 오늘은 채소가 쌉니다.
F 그래요? 그럼 양파 3개랑 토마토 5개, 그리고 오이도 2개 주세요.
M 아, 죄송합니다. 오이는 이제 없어요.
F 앗, 그래요? 그럼 오이는 괜찮습니다.
M 감사합니다.

여자는 무엇을 삽니까?

1 토마토와 양파와 오이
2 토마토와 오이
3 양파와 토마토
4 양파와 오이

[풀이]
양파, 토마토, 오이를 사려고 했으나 오이가 없다고 말하고 있으므로 결국 양파와 토마토만을 산다. 정답은 3번이다.

[단어]
八百屋 채소 가게 | 店員 점원 | 買う 사다 | おきゃくさま 손님 | 今日 오늘 | やさい 채소 | 安い 싸다 | たまねぎ 양파 | 三つ 세개 | トマト 토마토 | 五つ 다섯 개 | それから 그리고 | きゅうり 오이

4ばん

むすこがお母さんと電話で話しています。むすこは部屋をどうしますか。

M お母さん、今どこ？私そろそろ出かけなきゃいけないんだ。
F うん、すぐ着くからもう出ていいよ。
M そう？じゃ、まど閉めようか。
F ううん、閉めないで。でも、電気はちゃんと消してね。あ、そうだ。テレビの上のさいふは見えないようにほかのところにおいてね。
M うん、わかった。

むすこは部屋をどうしますか。

아들이 엄마와 전화로 이야기하고 있습니다. 아들은 방을 어떻게 합니까?	

M 엄마, 지금 어디? 나 슬슬 나가야 하는데…
F 응, 금방 도착하니까 이제 나가도 돼.
M 그래? 그럼 창문 닫을까?
F 아니, 닫지 마. 하지만 전기는 꼭 꺼. 아, 맞다. 티비 위의 지갑은 보이지 않도록 다른 곳에 놔.
M 응 알았어.

아들은 방을 어떻게 합니까?

[정답] 2

[풀이]
엄마의 말에 집중해야 한다. 창문은 닫지 말고, 불을 꺼야 한다. 특히 지갑을 보이지 않게 두라고 했으므로 그림에서 지갑이 보이지 않는 2번이 정답이다.

[단어]
むすこ 아들 | 部屋 방 | そろそろ 슬슬 | 出かける 외출하다 | ～なきゃ いけない ~하지 않으면 안 된다 | すぐ 곧 | 着く 도착하다 | まど 창문 | 閉める 닫다, 잠그다 | ～ないで ~하지 마 | 電気 전기 | ちゃんと 제대로 | 消す 끄다 | さいふ 지갑 | 見える 보이다 | ほかの～ 다른~ | ところ 곳, 장소 | おく 두다, 놓다

5ばん

女の人と男の人がノートパソコンを買いに来ました。二人はどれを買いますか。

F 黒と白、どちらがいい？
M ゆうたは白いのがほしいって言ってたから、あれがいいんじゃない？
F そうね。
M そして、もう高校生だから、大きいほうがいいと思うんだけど…。
F ちょっと重そうだけど、やっぱり小さいのはやめたほうがいいね。

여자와 남자가 노트북을 사러 왔습니다. 두 사람은 어느 것을 삽니까?	

F 검정과 하양, 어느 쪽이 좋을까?
M 유타는 흰색을 갖고 싶다고 말했으니까, 저게 좋지 않아?
F 그렇지.
M 게다가, 이제 고등학생이니까 큰 쪽이 좋을 것 같은데…
F 좀 무거워 보이지만, 역시 작은 것은 안 하는 게 좋겠다.

| 二人はどれを買いますか。 | 두 사람은 어느 것을 삽니까? |

[정답] 1

[풀이]
유타는 흰색을 원한다고 했고, 마지막 부분에 작은 것은 그만 두는 것이 좋겠다고 말하고 있으므로 1번이 정답이다.

[단어]
ノートパソコン 노트북 | 買う 사다 | ～に 来る ～하러 오다 | 二人 두 명 | 白い 희다 | ～が ほしい ～을 갖고 싶다 | 言う 말하다 | 大きい 크다 | ほう 쪽, 편 | 思う 생각하다 | ～に する ～(으)로 하다

6ばん

| 女の人と男の人が話しています。二人は明日何時にどこで会いますか。 | 여자와 남자가 이야기하고 있습니다. 두 사람은 몇 시에 어디에서 만납니까? |

F 明日、いっしょにひるごはん食べない？
M いいね。じゃ、何時がいい？
F 駅の前で、12時はどう？
M うーん、その前に本屋へ行きたいから、30分はやくしない？
F いいよ。じゃ、会うところも本屋にしようかな。
M いいね。じゃ、あしたね。

F 내일, 같이 점심 먹지 않을래?
M 좋아. 그럼 몇 시가 좋아?
F 역 앞에서 12시는 어때?
M 음, 그 전에 서점에 가고 싶으니까, 30분 일찍 하지 않을래?
F 좋아. 그럼, 만나는 곳도 서점으로 할까?
M 응. 그럼, 내일 봐.

二人は明日何時にどこで会いますか。

두 사람은 내일 몇 시에 어디에서 만납니까?

1 12じ、えきの まえで
2 11じ 30ぷん、えきの まえで
3 12じ、ほんやで
4 11じ 30ぷん、ほんやで

1 12시, 역 앞에서
2 11시 30분, 역 앞에서
3 12시, 서점에서
4 11시 30분, 서점에서

[풀이]
여자가 12시에 역 앞에서 만나는 것을 제안했지만, 남자가 서점에 가고 싶으니 30분 일찍 만나자고 했다. 그에 따라 만나는 장소도 서점으로 변경되었으므로 정답은 4번이다.

[단어]
何時 몇 시 | 会う 만나다 | いっしょに 함께, 같이 | ひるごはん 점심밥 | 食べる 먹다 | 駅 역 | 前 앞, 전 | 本屋 서점 | 行く 가다 | はやく 일찍 | ところ 곳, 장소 | ～に する ～(으)로 하다

7ばん

男の子が話しています。この子は今日何をしますか。

M あしたはみきちゃんの誕生日です。それで明日、誕生日パーティーに行きます。きょうは友だちといっしょにプレゼントを買いに行きます。そして、花とケーキは明日、みきちゃんの家に行く前に買うつもりです。

この子は今日何をしますか。

1 プレゼントを かいに いく
2 はなを かいに いく
3 パーティーに いく
4 みきちゃんの いえに いく

남자아이가 이야기하고 있습니다. 이 아이는 오늘 무엇을 합니까?

M 내일은 미키의 생일입니다. 그래서 내일 생일 파티에 갈 겁니다. 오늘은 친구들과 함께 선물을 사러 갈 겁니다. 그리고 꽃과 케익은 내일 미키의 집에 가기 전에 살 생각입니다.

이 아이는 오늘 무엇을 합니까?

1 선물을 사러 간다
2 꽃을 사러 간다
3 파티에 간다
4 미키의 집에 간다

[풀이]
내일이 미키의 생일이고 오늘은 친구들과 선물을 사러 간다고 언급하고 있으므로, 정답은 1번이다. 나머지는 모두 내일 할 행동들이다.

[단어]
今日 오늘 | 誕生日 생일 | それで 그래서 | パーティー 파티 | 行く 가다 | 友だち 친구 | ~と いっしょに ~와(과) 함께 | プレゼント 선물 | 買う 사다 | そして 그리고 | 花 꽃 | ~と ~와(과) | ケーキ 케익 | 家 집 | ~前に ~전에 | ~つもりだ ~할 생각이다

もんだい2

もんだい2では、はじめに しつもんを きいて ください。それから はなしを きいて、もんだいようしの 1から 4の なかから、いちばん いい ものを ひとつ えらんで ください。では、れんしゅうしましょう。
문제 2에서는, 먼저 질문을 들어주세요. 그러고 나서 이야기를 듣고, 문제 용지의 1부터 4중에서 가장 알맞은 것을 하나 고르세요. 그럼, 연습합시다.

れい

女の人と男の人が話しています。男の人はこれから何をしますか。

F 吉田さん、どこに行くんですか。
M はい。ちょっと約束があって、新宿に行きます。
F あ、そうですか。私も約束があって、新宿まで行くんですが、一緒に行きましょうか。
M でも、その前に手紙をださなければならないんで。
F あ、いいですよ。時間はありますから。
M ええと、それから病院にも行かなければならないんです。
F とても忙しそうですね。じゃ、先に行きますね。
M どうも、すみません。では、また。

男の人はこれから何をしますか。

1 ゆうびんきょくへ いく
2 しんじゅくへ いく
3 びょういんへ いく
4 としょかんへ いく

여자와 남자가 이야기하고 있습니다. 남자는 이제부터 무엇을 합니까?

F 요시다 씨, 어디 가세요?
M 네, 약속이 좀 있어서 신주쿠에 갑니다.
F 아, 그래요? 저도 약속이 있어서 신주쿠까지 갑니다만, 같이 갈까요?
M 그런데, 그 전에 편지를 부쳐야 해서요.
F 아, 괜찮아요. 시간은 있으니까요.
M 그게, 그리고 나서 병원에도 가야 해서요.
F 아주 바쁜 모양이네요. 그럼, 먼저 갈게요.
M 정말 죄송합니다. 그럼, 또 (뵙겠습니다).

남자는 이제부터 무엇을 합니까?

1 우체국에 간다
2 신주쿠에 간다
3 병원에 간다
4 도서관에 간다

[풀이]
남자는 처음에 신주쿠에 간다고 했지만 그 전에 편지를 부쳐야 하고, 병원에도 들러야 한다고 했다. 따라서 남자의 이동은 우체국→병원→신주쿠 순으로 이어지는 것을 알 수 있으므로 정답은 1번이다.

[단어]
約束 약속 | 新宿 신주쿠 | 一緒に 함께, 같이 | でも 하지만 | 手紙を だす 편지를 부치다 | ~なければ ならない ~하지 않으면 안 된다 | それから 그리고 나서 | 病院 병원 | とても 매우, 아주 | 忙しい 바쁘다 | ~そうだ ~한 것 같다 | どうも 정말, 참으로 | すみません 미안합니다 | また 또

1ばん

道で女の人と男の人が話しています。本屋はどこにありますか。 F　すみません。この近くに本屋がありますか。 M　ああ、ありますよ。この道をまっすぐ行くと交差点があります。 F　はい、交差点ですね。 M　はい、その交差点を左に曲がるとデパートがあります。そのデパートの2階にあります。 F　左に曲がってデパートの2階ですね。 M　はい。 本屋はどこにありますか。	길에서 여자와 남자가 이야기하고 있습니다. 서점은 어디에 있습니까? F　실례합니다. 이 근처에 서점이 있나요? M　아, 있어요. 이 길을 쭉 가면 교차로가 있어요. F　네, 교차로요. M　네, 그 교차로를 왼쪽으로 돌면 백화점이 있습니다. 그 백화점 2층에 있어요. F　왼쪽으로 돌아서 백화점 2층이군요. M　네. 서점은 어디에 있습니까?

[정답] 2

[풀이]
교차로에서 왼쪽으로 돌면 백화점이 있고, 그 백화점 2층에 서점이 있으므로 정답은 2번이다.

[단어]
道 길 | 本屋 서점 | 近く 근처 | まっすぐ 쭉, 곧장 | 行く 가다 | ~と ~하면 | 交差点 교차로 | 左に 왼쪽으로 | 曲がる 돌다 | デパート 백화점 | ~階 ~층

2ばん

男の子と女の子が話しています。二人はどうして会うことができませんでしたか。 M　りえちゃん、こんにちは。 F　ひろとくん、昨日どうしてけっせきしたの? M　けっせき？昨日がっこうに来ていたんだよ。先生にしゅくだい出してから、すぐ出たけど。 F　えっ、どうして？ M　となりの高校でサッカーの試合があったよ。サッカー部みんなで、あの学校に行ってた。 F　そっか、全然知らなかった。 二人はどうして会うことができませんでしたか。	남자아이와 여자아이가 이야기하고 있습니다. 두 사람은 어째서 만날 수 없었습니까? M　리에야 안녕? F　히로토, 어제 왜 결석했어? M　결석? 어제 학교 왔어. 선생님한테 숙제 제출하고 나서 금방 나왔지만. F　엇, 왜? M　옆 고등학교에서 축구시합이 있었어. 축구부 모두와 함께 그 학교에 갔지. F　그렇구나, 전혀 몰랐네. 두 사람은 어째서 만날 수 없었습니까?

1 ひろとが けっせきしたから
2 りえが しゅくだいを だしたから
3 ひろとが となりの がっこうに いったから
4 りえが サッカーの しあいに いったから

1 히로토가 결석했기 때문에
2 리에가 숙제를 냈기 때문에
3 히로토가 옆 학교에 갔기 때문에
4 리에가 축구시합에 갔기 때문에

[풀이]
히로토는 어제 숙제만 제출하고 학교를 나와 축구시합에 갔다고 말하고 있다. 축구시합은 옆 학교에서 있었기 때문에 정답은 3번이다.

[단어]
どうして 어째서 | 会う 만나다 | ~ことが できる ~할 수 있다 | 昨日 어제 | けっせき 결석 | しゅくだい 숙제 | 出す 제출하다 | すぐ 금방 | となり 옆 | 高校 고등학교 | サッカー 축구 | 試合 시합 | サッカー部 축구부 | 全然 전혀 | 知らなかった 몰랐다

3ばん

先生と学生が教室のそうじをしながら話しています。いま教室はどうなりましたか。

F まどを開けて、つくえはぜんぶ後ろの方にはこんでください。
M はい。先生、このはなはどこにおきましょうか。
F まどのところにおいたほうがいいですね。みなさんのかばんはきたなくなるかもしれないから、きょうしつのそとにおいたらどうですか。
M はい、わかりました。

いま教室はどうなりましたか。

선생님과 학생이 교실 청소를 하면서 이야기하고 있습니다. 지금 교실은 어떻게 되었습니까?

F 창문을 열고, 책상은 모두 뒤 쪽으로 옮겨 주세요.
M 네. 선생님, 이 꽃은 어디에 놓을까요?
F 창문 쪽에 두는 게 좋겠어요. 여러분의 가방은 더러워질지도 모르니까 교실 밖에 두는 게 어때요?
M 네, 알겠습니다.

지금 교실은 어떻게 되었습니까?

[정답] 2

[풀이]
선생님의 말을 주의해서 들어야 한다. 책상의 위치를 뒤 쪽으로 하고, 이어 꽃은 창가에 둔다. 특히 가방이라는 단어가 언급되지만, 교실 밖으로 두자고 했으므로 그림에 보이지 않는 2번이 정답이다.

[단어]
きょうしつ 교실 | そうじ 청소 | ~ながら ~하면서 | まど 창문 | 開ける 열다 | つくえ 책상 | ぜんぶ 전부 | 後ろの 方 뒤 쪽 | はこぶ 나르다 | はな 꽃 | かばん 가방 | きたない 더럽다 | ~かも しれない ~일지도 모른다 | そと 바깥 | ~たら どう？ ~하는 게 어때?

4ばん

女の人と男の人が話しています。田中くんはどの人ですか。

F あっ、あの人、田中君だよね。
M 田中くん？
F 知らないの？あそこにいる人。
M あのめがねかけている人？
F ちがう！あのパン屋の中にいる人。
M あ！分かった。あの黒いTシャツ着ている人？
F ううん、ちがうよ！そのとなりのぼうしかぶっているハンサムな人！
M えっ、あの人？ハンサムって？ちょっと…。

田中くんはどの人ですか。

여자와 남자가 이야기하고 있습니다. 다나카는 어느 사람입니까?

F 아, 저 사람 다나카지?
M 다나카?
F 몰라? 저기 있는 사람.
M 저 안경 낀 사람?
F 아니! 저 빵집 안에 있는 사람.
M 아! 알았다. 저 검은 색 티셔츠 입은 사람?
F 아니, 아니라니까! 그 옆의 모자 쓴 잘생긴 사람!
M 뭐, 저 사람? 잘생겼다고? 좀….

다나카는 어느 사람 입니까?

[정답] 1

[풀이]
포인트는 마지막 부분의 '모자를 쓰고 있는 사람'이다. 많은 사람의 인상착의를 설명하는 서술어가 나오고 있는 것이 혼동하지 않도록 주의한다.

[단어]
人 사람 | 知る 알다 | あそこ 저기 | めがねを かける 안경을 끼다 | ちがう 아니다, 다르다 | ～の 中 ~의 안 | 分かる 이해하다 | 黒い 검다 | Tシャツ 티셔츠 | 着る 입다 | となり 옆 | ぼうしを かぶる 모자를 쓰다 | ハンサムだ 잘생기다

5ばん

学校で先生と学生が話しています。学生たちは何で答えを書きますか。

F 皆さん、明日の試験で、答えは必ずボールペンで書いてください。
M 先生、青色のボールペンはだめですか。
F 青はいいですけど赤はだめです。
M じゃ、シャーペンは…？
F ボールペンじゃなければなりません。

学生たちは何で答えを書きますか。

학교에서 선생님과 학생이 이야기하고 있습니다. 학생들은 무엇으로 답을 적습니까?

F 여러분, 내일 시험에서, 답은 반드시 볼펜으로 적어 주세요.
M 선생님, 파란색 볼펜은 안 되나요?
F 파랑은 괜찮지만, 빨강은 안 됩니다.
M 그럼, 샤프는…?
F 볼펜이 아니면 안 됩니다.

학생들은 무엇으로 답을 적습니까?

1　あおいボールペンや　シャーペン	1　파란 볼펜이나 샤프
2　あおいボールペンや　くろいボールペン	2　파란 볼펜이나 검정 볼펜
3　あかいボールペンや　くろいボールペン	3　빨간 볼펜이나 검정 볼펜
4　くろいボールペンや　シャーペン	4　검정 볼펜이나 샤프

[풀이]
답은 볼펜으로만 써야 하고, 파란 볼펜은 괜찮다고 말하고 있으므로 정답은 2번이다.

[단어]
学校 학교 | 先生 선생님 | 学生たち 학생들 | 答え 대답 | 書く 쓰다 | 試験 시험 | 必ず 반드시 | ボールペン 볼펜 | ～て ください ~해 주세요 | 青色 파란색 | だめだ 안 된다 | 赤 빨강 | 黒い 검다 | シャーペン 샤프 | ～じゃ なければ なりません ~이(가) 아니면 안 된다

6 ばん

男の人と女の人が話しています。女の人はどうしてお腹がいたいですか。	남자와 여자가 이야기하고 있습니다. 여자는 왜 배가 아픕니까?
M どうしたの？	M 무슨 일이야?
F ゆうべから熱があって、お腹もいたい。	F 어젯밤부터 열이 나고, 배도 아파.
M そう？ごはんは食べたの？くすり飲まないといけないから。	M 그래? 밥은 먹었어? 약 먹어야 하니까.
F ううん、まだ何も食べてないの。	F 아니, 아직 아무것도 안 먹었어.
M どうしてかな。なにか冷たい物でも食べたの？	M 왜일까? 뭔가 차가운 거라도 먹었어?
F 昨日、おととい買ったすしを食べたんだけど。	F 어제, 그제 산 초밥을 먹긴 했는데.
M そっか。じゃ、病院に行ったほうがいいよね。	M 그렇구나. 그럼 병원에 가는 편이 좋겠네.
女の人はどうしてお腹がいたいですか。	여자는 왜 배가 아픕니까?
1　つめたい　ものを　たべたから	1　차가운 것을 먹었기 때문에
2　ねつが　あるから	2　열이 나기 때문에
3　まだ　なにも　たべて　いないから	3　아직 아무것도 먹지 않았기 때문에
4　おとといの　すしを　たべたから	4　그제 산 초밥을 먹었기 때문에

[풀이]
여자가 유일하게 언급한 것은 그제 산 초밥을 먹은 일이기 정답은 4번이다. 참고로 찬 것을 먹었는지 물어본 질문에는 답이 없으므로 1번은 답이 될 수 없다.

[단어]
いつ 언제 | どうして 왜, 어째서 | お腹 배 | いたい 아프다 | 何も 아무것도 | 何か 무언가 | つめたい 차갑다 | ～でも ~라도 | 病院 병원 | ～た 方が いい ~하는 편이 좋다

もんだい3

もんだい3では、えを みながら しつもんを きいて ください。➡(やじるし)の ひとは なんと いいますか。1から3の なかから、いちばん いい ものを ひとつ えらんで ください。では、れんしゅうしましょう。
문제 3에서는, 그림을 보면서 질문을 들어주세요. 화살표의 사람은 뭐라고 말합니까? 1부터 3중에서 가장 알맞은 것을 하나 고르세요. 그럼, 연습합시다.

れい

にもつをたくさん持っていましたが、知らない人がドアをあけてくれました。何と言いますか。 F 1 どうぞ、入ってください。 　 2 どうも、すみません。 　 3 もうしわけございません。	짐을 많이 가지고 있었는데, 모르는 사람이 문을 열어 주었습니다. 뭐라고 말합니까? F 1 어서 들어오세요. 　 2 정말 감사합니다. 　 3 죄송합니다.

[풀이]
[すみません]은 일차적으로 미안하다는 뜻을 가지지만, 위 상황처럼 미안한 마음도 함께 담아 감사하다는 뜻으로 쓸 수 있다.

[단어]
にもつ 짐 | たくさん 많이 | 持つ 가지다, 들다 | 知らない 모르다 | ドア 문 | 開ける 열다 | ～て くれる ～해 주다

1ばん

これから学校にいきます。げんかんでお母さんに何と言いますか。 F 1 いってらっしゃい。 　 2 いってきます。 　 3 失礼します。	이제(부터) 학교에 갑니다. 현관에서 엄마에게 뭐라고 말합니까? F 1 다녀오세요. 　 2 다녀오겠습니다. 　 3 실례하겠습니다.

[풀이]
외출할 때 집을 나서면서 할 수 인사표현으로 2번이 정답이다. 참고로 1번은 같은 상황에서 보내는 사람이 하는 인사이다.

[단어]
これから 이제부터, 지금부터 | 学校 학교 | げんかん 현관 | お母さん 엄마

2ばん

後ろの人が急いでいます。何と言いますか。

F 1 お先にどうぞ。
　 2 どうぞよろしく。
　 3 お先に失礼します。

뒷사람이 서두르고 있습니다. 뭐라고 말합니까?

F 1 먼저 타세요.
　 2 잘 부탁드립니다.
　 3 먼저 실례하겠습니다.

[풀이]
뒷사람에게 양보하는 상황으로 '먼저 타세요(쓰세요, 가세요, 서세요)'의 의미로 쓸 수 있는 표현은 1번이다.

[단어]
後ろ 뒤 | 人 사람 | 急ぐ 서두르다

3ばん

友だちがスマホを見ながら笑っています。友だちに何と言いますか。

M 1 私も見てくれる？
　 2 私も見せてもいい？
　 3 私に見せてくれない？

친구가 스마트폰을 보면서 웃고 있습니다. 친구에게 뭐라고 말합니까?

M 1 나도 봐 줄래?
　 2 나도 보여줘도 돼?
　 3 나에게 보여주지 않을래?

[풀이]
[상대방에게 바라는 행동(見せる)+부탁표현(〜て くれない)]의 패턴으로 말하고 있는 3번이 정답이다.

[단어]
友だち 친구 | スマホ 스마트폰 | 〜ながら 〜하면서 | 笑う 웃다

4ばん

友だちがつくえを運んでいます。何と言いますか。

F 1 手伝いなさい。
　 2 手伝ってくれますか。
　 3 手伝ってあげましょうか。

친구가 책상을 나르고 있습니다. 뭐라고 말합니까?

F 1 돕거라.
　 2 도와줄 겁니까?
　 3 도와줄까요?

[풀이]
'(내가 남에게)〜해 주다'는 [〜て あげる] 표현을 사용한다. 따라서 정답은 3번이다. 참고로 2번의 [〜て くれる]는 '(남이 나에게) 〜해 주다'의 의미이다

[단어]
友だち 친구 | つくえ 책상 | 運ぶ 나르다, 운반하다 | 手伝う 거들다, 돕다

5ばん

先生が私のえをみてほめています。先生に何と言いますか。 M 1 まだです。 　 2 **まだまだです。** 　 3 だいじょうぶです。	선생님이 나의 그림을 보고 칭찬하고 있습니다. 선생님에게 뭐라고 말합니까? M 1 아직입니다. 　 2 **아직도 멀었습니다.** 　 3 괜찮습니다.

[풀이]
누군가에게 칭찬을 받았을 때의 겸손표현으로 2번이 옳다. 그 외 [そんな こと ないです]등이 있다.

[단어]
先生 선생님 | え 그림 | ほめる 칭찬하다

もんだい 4

もんだい４では、えなどが ありません。ぶんを きいて、１から３の なかから、いちばん いい ものを ひとつ えらんで ください。では、れんしゅうしましょう。

문제 4에서는, 그림 등이 없습니다. 문장을 듣고 1부터 3중에서 가장 알맞은 것을 하나 고르세요. 그럼, 연습합시다.

れい

F 吉田さん、昨日はどうして学校を休んだんですか。 M 1 休みではなかったでしょう。 　 2 学校を休んでよかったですね。 　 3 **かぜをひいてしまいましたので。**	F 요시다 씨, 어제는 왜 학교를 쉬었습니까? M 1 휴일이 아니었죠? 　 2 학교를 쉬어서 좋았군요. 　 3 **감기에 걸리고 말아서요.**

[풀이]
학교를 쉰 이유를 물어본 질문의 대답으로 알맞은 것은 3번이다.

[단어]
昨日 어제 | どうして 왜, 어째서 | 休む 쉬다 | 休み 휴일, 휴식 | かぜを ひく 감기 걸리다, 감기에 들다 | ～て しまう ～해 버리다, ～하고 말다

1ばん

F おちゃ、もっといかがですか。 M 1 はい、もういいです。 　　**2 はい、いただきます。** 　　3 はい。けっこうです。	F 차 더 어떠세요(드시겠어요)? M 1 네, 이제 됐습니다. 　　**2 네, 잘 마시겠습니다.** 　　3 네, 이젠 충분합니다.

[풀이]

좀 더 먹기를 권유 받고 있는 상황에서, 감사히 잘 먹겠다는 대답으로 2번이 옳다. 참고로 1, 3번은 거절 사양표현으로 쓰일 수 있지만 앞에 [いいえ(아니요)]고 말해야 옳은 표현이 된다.

[단어]

おちゃ 차 | もっと 조금 더

2ばん

M あけまして、おめでとうございます。 F 1 ことしもおせわになりました。 　　**2 ことしもよろしくおねがいします。** 　　3 よいおとしをおむかえください。	M 새해 복 많이 받으세요. F 1 올해도 신세 많이 졌습니다. 　　**2 올해도 잘 부탁드립니다.** 　　3 좋은 한해 맞이하세요.

[풀이]

[あけまして、おめでとうございます]는 새해인사이다. 따라서 올해도 잘 부탁드린다는 앞으로의 당부를 말한 2번이 정답이다. 참고로 1번, 3번은 새해가 되기 전의 연말인사에 해당한다.

[단어]

ことし 올해 | おせわに なる 신세를 지다

3ばん

M お国はどちらですか。 F 1 こちらです。 　　**2 イギリスです。** 　　3 どちらもいいです。	M 나라(출신)는 어디입니까? F 1 이쪽입니다. 　　**2 영국입니다.** 　　3 어느 쪽도 좋습니다.

[풀이]

출신 국적을 물어보는 질문이다. 따라서 국가명으로 말한 2번이 정답이다.

[단어]

国 나라, 고국 | イギリス 영국

4ばん

F かぜで、きょうははやく帰ります。 M 1 おだいじに。 　 2 おめでとう。 　 3 おかげさまで。	F 감기로 오늘은 일찍 귀가하겠습니다. M 1 몸조리 잘 하세요. 　 2 축하합니다. 　 3 덕분에요.

[풀이]

몸이 아픈 사람이 먼저 들어가 보겠다고 하는 상황에서 '몸조리 잘 하세요'라고 말한 1번이 정답이다.

[단어]

かぜ 감기 | ～で ～로 인해 | きょう 오늘 | はやく 일찍 | 帰る 돌아가다, 귀가하다

5ばん

F 昨日、デパートでかわいいスカート買ったの。 M 1 へぇー、見てください。 　 2 へぇー、見せてください。 　 3 へぇー、見せてあげます。	F 어제, 백화점에서 예쁜 스커트를 샀어. M 1 어머, 봐 주세요. 　 2 어머, 보여 주세요. 　 3 어머, 보여 줄게요.

[풀이]

어제 산 스커트를 상대방에게 [見せる] 보여줄 것을 부탁하는 상황이므로 2번이 정답이다. 참고로 3번은 '(내가 남에게) 보여 주다'의 의미이다.

[단어]

昨日 어제 | デパート 백화점 | かわいい 귀엽다 | スカート 스커트 | 買う 사다 | 見る 보다 | 見せる 보여주다

6ばん

M あの、これ落としましたよ。 F 1 あ、おつかれさま。 　 2 あ、すみません。 　 3 あ、どういたしまして。	M 저기, 이거 떨어뜨렸어요. F 1 아, 수고하셨습니다. 　 2 아, 고마워요. 　 3 아, 천만에요.

[풀이]

[すみません]은 사과(미안합니다), 감사(감사합니다), 말 걸기(실례합니다) 등의 여러 가지 의미로 쓰일 수 있다. 여기서는 감사의 대답으로 쓰이고 있다. 정답은 2번이다.

[단어]

落とす 떨어뜨리다

JLPT N5 제2회 실전 모의고사 정답 및 해석

문자·어휘
문제 1　1 ③　2 ①　3 ③　4 ①　5 ④　6 ③　7 ①
문제 2　8 ③　9 ③　10 ④　11 ③　12 ③
문제 3　13 ②　14 ③　15 ①　16 ②　17 ①　18 ③
문제 4　19 ③　20 ④　21 ①

문법
문제 1　1 ③　2 ④　3 ②　4 ①　5 ④　6 ④　7 ②　8 ①　9 ④
문제 2　10 ④　11 ④　12 ④　13 ①
문제 3　14 ①　15 ③　16 ②　17 ④

독해
문제 4　18 ②　19 ④
문제 5　20 ④　21 ②
문제 6　22 ①

청해
문제 1　1 ②　2 ③　3 ④　4 ①　5 ②　6 ②　7 ③
문제 2　1 ④　2 ④　3 ①　4 ④　5 ①　6 ④
문제 3　1 ②　2 ②　3 ③　4 ③　5 ①
문제 4　1 ③　2 ③　3 ②　4 ③　5 ②　6 ②

1교시 언어지식 (문자 · 어휘)

もんだい 1

_____의 단어는 히라가나로 어떻게 씁니까? 1·2·3·4에서 가장 알맞은 것을 하나 고르세요.

1 길이 넓어졌습니다.
2 이 가게 안에는 항상 사람이 많다.
3 일본에서는 4월에 학교가 시작됩니다.
4 학생들은 모두 일어나 주세요.
5 그는 매우 유명한 가수입니다.
6 얼굴이 금세 빨개졌습니다.
7 도서관은 우체국 왼쪽에 있습니다.

もんだい 2

_____의 단어는 어떻게 씁니까? 1·2·3·4에서 가장 알맞은 것을 하나 고르세요.

8 오늘은 가족 다 같이 외출합니다.
9 매일 아침, TV나 신문으로 뉴스를 보고 있습니다.
10 이 가방은 조금 비싸네요.
11 지난주, 미국에서 왔습니다.
12 역 남쪽 출구를 나가서 곧장 가 주세요.

もんだい 3

(   )에 무엇을 넣습니까? 1·2·3·4에서 가장 알맞은 것을 하나 고르세요.

13 서점은 이 (빌딩)의 2층입니다.
    ① 맥주   ③ 동네, 거리   ④ 길
14 아침에 도서관에 가서 책을 (반납했습니다).
    ① 돌아왔습니다   ② 마셨습니다   ④ 탔습니다
15 추우니까 문을 (닫아) 주세요.
    ② 닫혀   ③ 씻어   ④ 비어
16 (부모님)은 건강하십니까?
    ① 가정   ③ 집   ④ 친구
17 한자 사전은 두껍고 (무겁)습니다.
    ② 없습니다   ③ 시원합니다   ④ 답니다
18 매일 자기 전에 샤워를 (합니다).
    ① 씻습니다   ② 놉니다   ④ 삽니다

もんだい 4

_____의 문장과 대체로 같은 뜻의 문장이 있습니다. 1·2·3·4에서 가장 알맞은 것을 하나 고르세요.

19 나는 저 남자의 여동생입니다.
    1 저 남자는 나의 언니(누나)입니다.
    2 저 남자는 나의 남동생입니다.
    3 저 남자는 나의 오빠(형)입니다.
    4 저 남자는 나의 여동생입니다.

20 혼자서 외국에 가는 것은 처음입니다.
    1 혼자서 외국에 간 적이 있습니다.
    2 혼자서 외국에 간 적이 가능합니다.
    3 혼자서 외국에 가기로 했습니다.
    4 혼자서 외국에 간 적이 없습니다.

21 교실의 전기를 켰습니다.
    1 교실이 밝아졌습니다.
    2 교실이 넓어졌습니다.
    3 교실이 조용해졌습니다.
    4 교실이 깨끗해졌습니다.

2교시 언어지식 (문법)·독해

もんだい1

(　　)에 무엇을 넣습니까? 1·2·3·4에서 가장 알맞은 것을 하나 고르세요.

1. 음악을 듣는 것은 좋아합니다만, 노래(는) 그다지 부르지 않습니다.
2. 배가 불러서 과자는 1개밖에 (먹지 않았습니다).
3. 전화(로) 말할 겁니까, 그렇지 않으면 이메일을 보낼 겁니까?
4. 공원 안에 (커다란) 호수가 있습니다.
5. 전차 안에서는 (조용히) 해 주세요.
6. A: 숙제는 벌써 제출했습니까?
   B: 앗, 숙제요? 저는 전혀 (몰랐습니다).
7. 친구와 (이야기하)면서 맥주를 마셨습니다.
8. 이 컴퓨터는 (어느) 나라의 물건입니까?
9. A: 지금 곧장 갈 겁니까?
   B: 아니요, 그쪽에 전화(하고) 나서 갑니다.

もんだい2

＿＿＿★＿ 에 들어갈 것은 어느 것입니까? 1·2·3·4에서 가장 알맞은 것을 하나 고르세요.

10. 어제 '몬자야키'라고 하는 요리를 먹었습니다. (2-1-4-3)
11. 제 이야기가 모르겠을 때는 손을 들어 주세요. (1-2-4-3)
12. 2년 전 일본에서 돌아왔습니다. (3-1-4-2)
13. A: 감기 때는 목욕을 하지 않는 편이 좋습니다. (3-2-1-4)
    B: 네, 알겠습니다.

もんだい3

14 から 17 に 何を 入れますか。ぶんしょうの いみを かんがえて、1・2・3・4から いちばん いい ものを 一つ えらんで ください。

　私は 日本語を 教えて いますが、学生から 「先生、メール おくって あげます」とか 「先生、その かばん、持って あげます」 と よく 聞きます。友だちや 家族に 「～て あげる」 を 使うのは だいじょうぶです。 14 しかし 日本語では 自分 15 より 年上の 人や したしくない 人には 16 使わない ほうが いいです。「～て あげる」を 使うと、「わざと ～する」 と いう いみに 聞こえて しまうからです。 17 だから 先生には 「メールを おおくりします」 とか 「かばん、私が お持ちします」 と いうのが いいでしょう。

• 年上: 연상, 연장자

14 에서 17 에 무엇을 넣습니까? 문장의 의미를 생각하여 1・2・3・4에서 가장 알맞은 것을 하나 고르세요

　저는 일본어를 가르치고 있습니다만, 학생들로부터 '선생님, 메일 보내 주겠습니다'라든가 '선생님, 그 가방 제가 들어 주겠습니다'라고 자주 듣습니다. 친구나 가족에게 '～해 주다'를 사용하는 것은 괜찮습니다. 14 하지만 일본어에서는 자기 15 보다 나이가 위인 사람이나 친하지 않은 사람에게는 16 사용하지 않는 편이 좋습니다. '～해 주다'를 사용하면, '일부러 ～하다'라고 하는 의미로 들려 버리기 때문입니다. 17 때문에 선생님께는 '메일 보내드리겠습니다'라든가 '가방 제가 들어드리겠습니다'라고 말하는 것이 좋겠지요.

[단어]
日本語 일본어 | 教える 가르치다 | 学生 학생 | 先生 선생님 | メール 메일 | おくる 보내다 | ～て あげる ～해 주다 | 持つ 들다 | 聞く 듣다 | 友だち 친구 | 家族 가족 | だいじょうぶだ 괜찮다 | 年 나이 | したしく ない 친하지 않다 | わざと 일부러 | いみ 의미 | 聞こえる 들리다 | ～て しまう ～해 버리다 | お＋～する ～해 드리다〈겸양〉

もんだい4

つぎの ぶんしょうを 読んで、しつもんに こたえて ください。こたえは、1・2・3・4から いちばん いい ものを 一つ えらんで ください。

(1)

　金よう日、びじゅつかんに 行きます。午前 10時に 学校の まえに きて ください。びじゅつかんの 前の こうえんで おべんとうを 食べます。おべんとうは 学校で じゅんびしますから、飲み物は 持って きて ください。

18 ぶんに ついて ただしいのは どれですか。
　1 学生は おべんとうを 持って いく。
　2 びじゅつかんの 近くに こうえんが ある。
　3 ジュースや お氷などは 学校で かう。
　4 みんな 10時に びじゅつかんの まえで 会う。

다음 문장을 읽고 질문에 답하세요. 답은 1·2·3·4에서 가장 알맞은 것을 하나 고르세요.

금요일, 미술관에 갑니다. 오전 10시에 학교 앞에 와 주세요. 미술관 앞 공원에서 도시락을 먹을 겁니다. 도시락은 학교에서 준비하니까, 음료는 가지고 와 주세요.

18 글에 대해 옳은 것은 어느 것입니까?

1 학생은 도시락을 가지고 간다.
2 미술관 근처에 공원이 있다.
3 주스나 물 등은 학교에서 산다.
4 다 같이 10시에 미술관 앞에서 만난다.

[풀이]
미술관 앞 공원에서 도시락을 먹을 예정이라고 말하고 있으므로, 근처에 공원이 있다는 것을 알 수 있다. 정답은 2번이다.

[단어]
金(きん)よう日(び) 금요일 | びじゅつかん 미술관 | 午前(ごぜん) 오전 | 学校(がっこう) 학교 | こうえん 공원 | おべんとう 도시락 | じゅんびする 준비하다 | 飲(の)み物(もの) 음료 | 持(も)つ 가지다, 들다

(2)

―説明書(せつめいしょ)―

この くすりを みっか間(かん)、しょくじの あと 飲(の)んで ください。みっか間(かん)は おさけは だめです。赤(あか)い くすりは 朝(あさ) ふたつ、白(しろ)い くすりは 夜(よる) ひとつ 飲(の)みます。昼(ひる)は 飲(の)みません。くすりを 飲(の)む とき お水(みず)を たくさん 飲(の)んだ ほうが いいです。

• 説明書(せつめいしょ): 설명서

19 説明書(せつめいしょ)を 読(よ)んで ただしく くすりを 飲(の)んだ 人(ひと)は だれですか。

1 A:くすりと おさけと いっしょに 飲(の)んだ。
2 B:ゆうごはんを 食(た)べなかったから くすりを 飲(の)まなかった。
3 C:1つの 白(しろ)い くすりを あさごはんを 食(た)べてから 飲(の)んだ。
4 D:ひるは くすりを 飲(の)まないで ご飯(はん)だけ 食(た)べた。

―설명서―

이 약을 3일간, 식사 후에 드세요. 3일간은 술은 안됩니다. 빨간 약은 아침에 1개, 하얀 약은 밤에 1개 먹습니다. 낮에는 먹지 않습니다. 약을 먹을 때 물을 많이 마시는 편이 좋습니다.

19 설명서를 읽고 올바르게 약을 먹은 사람은 누구입니까?

1 A: 약과 술을 함께 먹었다.
2 B: 저녁밥을 먹지 않았기 때문에 약을 먹지 않았다.
3 C: 1개의 하얀 약을 아침밥을 먹고 나서 먹었다.
4 D: 낮에는 약을 먹지 않고 밥만 먹었다.

정답 및 해석 **117**

[풀이]
의사의 말로 낮에는 약을 먹지 않는다고 쓰여 있으므로 4번이 정답이다.

[단어]
くすり 약 | しょくじ 식사 | ～の あと ～후 | おさけ 술 | だめだ 안 된다 | 赤い 빨갛다 | 白い 하얗다 | お水 물 | ～た ほうが いい ～하는 편이 좋다

もんだい 5

つぎの ぶんしょうを 読んで、しつもんに こたえて ください。こたえは、1・2・3・4から、いちばん いい ものを 一つ えらんで ください。

> 高校生に なってから 学校の じゅぎょうが とても むずかしく なりました。毎日 べんきょうし なければ ならないです。しゅくだいも たくさん ありますから、土よう日も 日よう日も いそがしいです。とくに 日本語の じゅぎょうは あたらしい ことばも たくさん 出て います。また かんじを 書く れんしゅうも しなければ なりません。
>
> しかし、同じ クラスの <u>ユリちゃんは 私とは ちがいます</u>。しゅうまつや 休みの 日に えいがを 見に 行ったり、かいものに 行ったり します。私も いっしょに あそびたいけど、時間が ありません。ユリちゃんも いつも「いっしょに 行きましょう」と 言いますが、私には むりです。

20 ぶんに ついて ただしいのは どれですか。
1 私は しゅうまつ 友だちと よく えいがを 見に 行く。
2 土よう日と 日よう日は 日本語の じゅぎょうで いそがしい。
3 いつも ユリちゃんに「いっしょに 行きましょう」と いう。
4 私と ユリちゃんは おなじ 高校で べんきょうして いる。

21 ユリちゃんは 私とは ちがいますと あるが、それは どんな ことですか。
1 しゅくだいで あそぶ 時間が ない こと
2 休みの 日に かいものに 行く こと
3 高校生に なった こと
4 かんじを 書く れんしゅうを する こと

다음 문장을 읽고 질문에 답하세요. 답은 1·2·3·4에서 가장 알맞은 것을 하나 고르세요.

> 고등학생이 되고 나서부터 학교 수업이 굉장히 어려워졌습니다. 매일 공부를 하지 않으면 안 됩니다. 숙제도 많이 있기 때문에 토요일도 일요일도 바쁩니다. 특히 일본어 수업은 새 단어도 많이 나오고 있습니다. 또 한자를 쓰는 연습도 하지 않으면 안 됩니다.
>
> 하지만, 같은 반 유리는 저와 다릅니다. 주말이나 휴일에 영화를 보러 가거나 쇼핑을 가기도 합니다. 나도 함께 놀고 싶지만 시간이 없습니다. 유리도 늘 '함께 가자'라고 말합니다만, 저에게는 무리입니다.

20 글에 대해 옳은 것은 어느 것입니까?

1. 나는 주말에 친구와 자주 영화를 보러 간다.
2. 토요일과 일요일은 일본어 수업으로 바쁘다.
3. 항상 유리에게 '같이 가자'라고 말한다.
4. **나와 유리는 같은 고등학교에서 공부하고 있다.**

21 유리는 저와 다릅니다라고 있는데 그것은 어떤 일입니까?

1. 숙제로 놀 시간이 없는 것
2. **휴일에 쇼핑 가는 것**
3. 고등학생이 된 것
4. 한자를 쓰는 연습을 하는 것

[풀이]

20 '같은 반 유리는 나와 다릅니다'라고 말한 부분에서 같은 학교의 친구임을 알 수 있으므로 정답은 4번이다.

21 화자는 '토요일도 일요일도 바쁩니다'라고 말하고 있고, 유리는 '주말이나 휴일에 영화나 쇼핑을 간다'라고 말하고 있으므로 2번이 정답이다. 1, 3, 4번은 나와 유리 모두에게 해당되는 내용이므로 정답이 될 수 없다.

[단어]

高校生 고등학생 | ～に なる ～이(가) 되다 | むずかしい 어렵다 | 毎日 매일 | ～なければ ならない ～(하)지 않으면 안 된다 | しゅくだい 숙제 | たくさん 많이 | とくに 특히 | 日本語 일본어 | あたらしい 새롭다 | ことば 단어 | かんじ 한자 | れんしゅう 연습 | しかし 그러나, 하지만 | 同じ クラス 같은 반 | ちがう 다르다 | 休みの 日 쉬는 날 | かいもの 쇼핑 | あそぶ 놀다 | ～たい ～(하)고 싶다 | 時間 시간 | むりだ 무리다

もんだい6

右の ページを 見て、下の しつもんに こたえて ください。こたえは 1・2・3・4から いちばん いい ものを 一つ えらんで ください。

山田さんは このごろ ワインの べんきょうを して います。会社員で まいにち 忙しいですが、ワインが 好きですから、7時 ごろ 家に 帰って くると よく 一人で ゆっくり ワインを 飲んで います。もっと 知りたいと 思って ワイン ざっしも 読んで います。ある 日、その ざっしに 書いて ある あんないを 見て、この ワイン会に 行きたいと 思いました。

22 山田さんは この ワイン会に 参加したいです。 はじめに どうしますか。

1 18日 家に 帰って エリス文化センターに 電話する。
2 18日の ごご 6時、スーツを 着て エリス文化センターに お金を はらう。
3 19日の あさ、7500円を 持って エリス文化センターに 行く。
4 19日の ごご 7時、ワインを 持って エリス文化センターに 行く。

오른쪽 페이지를 보고 아래의 질문에 답하세요. 답은 1·2·3·4에서 가장 알맞은 것을 하나 고르세요.

야마다 씨는 요즘 와인 공부를 하고 있습니다. 회사원으로 매일 바쁩니다만, 와인을 좋아하기 때문에 7시경 집으로 돌아오면 자주 혼자서 느긋하게 와인을 마시고 있습니다. 조금 더 알고 싶어서(알고 싶다고 생각해서) 와인 잡지도 읽고 있습니다. 어느 날, 그 잡지에 쓰여 있는 안내를 보고, 이 와인 모임에 가고 싶다고 생각했습니다.

22 야마다 씨는 이 와인 모임에 참가하고 싶습니다. 먼저 어떻게 합니까?

1 18일 집으로 돌아와 에리스 문화센터에 전화를 한다.
2 18일 오후 6시, 정장을 입고 에리스 문화센터에 돈을 지불한다.
3 19일 아침, 7500엔을 가지고 에리스 문화센터에 간다
4 19일 오후 7시, 와인을 가지고 에리스 문화센터에 간다.

<h3 style="text-align:center;">ヨーロッパ ワイン会</h3>

30種 以上の いろんな ワインが 楽しめます。
ワインの 世界へ どうぞ。

日時	3月 19日 (金) 午後 7時
会場	エリス文化センター (3階)
参加費	7500円 (1人)
参加者	20人

＊ 18日の 午後 8時までに、電話で よやくして ください。
＊ 参加費は 19日 会場に 入る とき もらいます。
＊ 20歳 以上から 参加できます。
＊ スーツを 着て 参加して ください。
＊ 連絡：03-0000-0000

- 〜種: 〜종 ・会場: 회장 ・参加費: 참가비

<h3 style="text-align:center;">유럽 와인 모임</h3>

30종 이상의 여러 와인을 즐길 수 있습니다.
와인의 세계로 오세요.

일시	3월 19일 (금) 오후 7시
연회장	에리스 문화센터 (3층)
참가비	7500엔 (1명)
참가자	20명

＊ 18일 오후 8시까지 전화로 예약해 주세요.
＊ 참가비는 19일 연회장에 들어갈 때 받습니다.
＊ 20세 이상부터 참가할 수 있습니다.
＊ 정장을 입고 참가해 주세요.
＊ 연락 : 03-0000-0000

[풀이]

18일 오후 8시 전까지 예약을 하면 되고, 참가비는 당일 입장할 때 지불하면 되므로 1번이 정답이다. 미리 돈을 지불한다고 하는 2, 3번은 정답이 될 수 없고, 와인을 가지고 가야한다는 요건이 없으므로 4번은 정답이 될 수 없다.

[단어]

このごろ 요즘 | ワイン 와인 | 会社員(かいしゃいん) 회사원 | まいにち 매일 | 忙(いそが)しい 바쁘다 | よく 자주 | 一人(ひとり)で 혼자서 | ゆっくり 느긋하게 | 飲(の)む 마시다 | もっと 조금 더 | 知(し)る 알다 | ~たい ~하고 싶다 | ざっし 잡지 | 読(よ)む 읽다 | ある 日(ひ) 어느 날 | 書(か)く 쓰다 | あんない 안내 | 参加(さんか) 참가 | ヨーロッパ 유럽 | 以上(いじょう) 이상 | 楽(たの)しめる 즐길 수 있다 | 世界(せかい) 세계 | 日時(にちじ) 일시 | 会場(かいじょう) 연회장 | 文化(ぶんか)センター 문화센터 | ~階(かい・がい) ~층 | 参加費(さんかひ) 참가비 | 参加者(さんかしゃ) 참가자 | ~までに ~까지 | 電話(でんわ) 전화 | よやく 예약 | ~歳以上(さいいじょう) ~세 이상 | スーツ 정장 | 着(き)る 입다 | 連絡(れんらく) 연락

3교시 청해

もんだい 1

もんだい1では、はじめに しつもんを きいて ください。それから はなしを きいて、もんだいようしの 1から4の なかから、いちばん いい ものを ひとつ えらんで ください。では、れんしゅうしましょう。

문제 1에서는, 먼저 질문을 들어 주세요. 그러고 나서 이야기를 듣고, 문제 용지의 1부터 4중에서 가장 알맞은 것을 하나 고르세요. 그럼, 연습합시다.

れい

女の人と男の人が話しています。二人はどこに行くことにしましたか。 F 明日、土曜日だけど、どこか行かない？ M でも、明日雨だって。 F そう？映画は先週も見たから、バレーボールはどう？ M 中でするから、いいかも。でもスポーツはちょっと…。 F じゃあ、図書館は？ M 図書館？本読むよりは、スポーツのほうがいいな。 二人はどこに行くことにしましたか。	여자와 남자가 이야기하고 있습니다. 두 사람은 어디에 가기로 했습니까? F 내일 토요일인데, 어디 안 갈래? M 그런데 내일 비가 온대. F 그래? 영화는 지난주에도 봤으니까, 배구는 어때? M 안에서 하니까 괜찮을지도. 하지만 스포츠는 좀…. F 그럼, 도서관은? M 도서관? 책 읽는 것보다는 스포츠가 낫겠어. 두 사람은 어디에 가기로 했습니까?

[정답] 4

[풀이]
내일은 비가 올 거니까 실내에서 즐길 수 있는 것을 찾아야 한다. 영화는 지난주에도 봤다고 했으므로, 정답에서 제외. 책을 읽는 것보다는 스포츠가 차라리 낫겠다고 했으므로, 도서관도 정답이 아니다. 따라서 실내 운동인 배구가 정답이다. 농구(バスケットボール)로 착각하지 않도록 주의하자.

[단어]
明日 내일 | ～けど ～인데, ～이지만 | どこか 어딘가 | でも 하지만 | ～って ～라고 한대 | バレーボール 배구 | ～かも ～일지도 (모르겠다) | スポーツ 스포츠 | 図書館 도서관

1ばん

女の人と男の人が電話で話しています。女の人はこれから何をしますか。

F もしもし。先生、ようこの母です。ようこがダンスを習いたいと言っているんですが、ダンスの先生を紹介してくださいませんか。

M そうですか。じゃあ、私の大学の友だちを紹介します。電話番号は03-9985-1123です。一度連絡してみてください。先生と電話できなかったら、私に連絡ください。

여자와 남자가 전화로 있습니다. 여자는 이제부터 무엇을 합니까?

F 여보세요. 선생님, 요코의 엄마입니다. 요코가 댄스를 배우고 싶다고 말하고 있습니다만, 댄스 선생님을 소개해 주지 않겠습니까?

M 그렇습니까? 그럼 저의 대학교 친구를 소개하겠습니다. 전화번호는 03-9985-1123입니다. 한 번 연락해 보세요. 선생님과 전화가 안 되면 저에게 연락 주세요.

女の人はこれから何をしますか。

1 ダンスの　せんせいを　しょうかいする
2 ダンスの　せんせいに　でんわを　かける
3 だいがくの　ともだちを　しょうかいする
4 だいがくの　ともだちに　でんわを　かける

여자는 이제부터 무엇을 합니까?

1 댄스 선생님을 소개한다
2 댄스 선생님에게 전화를 건다
3 대학 친구를 소개한다
4 대학 친구에게 전화를 건다

[풀이]
댄스 선생님 연락처를 알려주면서 한 번 연락해 보라는 말을 했다. 또한 '혹시 연락이 안 되면…'이라고 말하는 것은 일단 직접 연락을 해보기를 전제하는 말이다. 따라서 정답은 2번이다.

[단어]
もしもし 여보세요 | 先生 선생님 | ダンス 댄스 | 習う 배우다 | ～たい ～하고 싶다 | 紹介する 소개하다 | ～て くださいませんか ～해 주시겠어요? | 大学 대학 | 電話番号 전화번호 | 一度 한 번 | 連絡する 연락하다 | できる 가능하다, 할 수 있다

2ばん

女の人と男の人が話しています。女の人どのケーキを作りますか。

F ケーキを作るつもりですが、どんなケーキがいいでしょうか。

M 山田さんへの誕生日プレゼント？

F はい。そうです。

M 山田さんは甘いものが好きじゃないから、チョコレートケーキはやめたほうがいいね。そして、ケーキのうえに「おめでとう」と書くのもいいかもよ。

여자와 남자가 이야기하고 있습니다. 여자는 어느 케이크를 만듭니까?

F 케이크를 만들 생각입니다만, 어떤 케이크가 좋을까요?

M 야마다 씨에게 줄 생일 선물?

F 네, 맞아요.

M 야마다 씨는 단것을 좋아하지 않으니까, 초콜릿 케이크는 그만두는 게 좋겠어. 그리고 케이크 위에 '축하해'라고 쓰는 것도 좋을지도 모르겠네.

F へぇー、ケーキの上にはやっぱりいちごだと思いますが…。
M お〜！それもいいね。

女の人どのケーキを作りますか。

F 네? 케이크 위에는 역시 딸기라고 생각하는데…
M 오! 그것도 좋겠네.

여자는 어느 케이크를 만듭니까?

[정답] 3

[풀이]
단것을 좋아하지 않는 야마다 씨를 위해 초콜릿 케이크는 만들지 않는다. 그리고 위에 딸기를 놓는다는 말에 동의하고 있으므로 정답은 3번이다.

[단어]
ケーキ 케이크 | 作る 만들다 | つもり 작정, 결심 | どんな 어떤 | 誕生日 생일 | プレゼント 선물 | 甘いもの 단것 | 〜が好きだ 〜을 좋아하다 | 〜から 〜이니까, 〜이기 때문에 | チョコレートケーキ 초콜릿 케이크 | おめでとう 축하해 | 書く 쓰다 | 〜かも 〜지도 모른다 | 〜の上に 〜의 위에 | やっぱり 역시 | いちご 딸기

3ばん

むすめとお父さんが話しています。二人はどのかばんを買いますか。

F あのかばん、お母さんの誕生日プレゼントにどう？
M うーん、お母さん白いかばん持ってるよ。
F じゃあ、こっちがいいね。
M このまるいかばん？まるくて不便じゃないかな。
F でも、かわいいでしょ？
M うん、それはそうだね。じゃ、これにしよう。

二人はどのかばんを買いますか。

딸과 아빠가 이야기하고 있습니다. 두 사람은 어느 가방을 삽니까?

F 저 가방, 엄마 생일 선물로 어때?
M 음, 엄마 흰 가방 가지고 있어.
F 그럼, 이쪽이 좋겠네.
M 이 둥근 가방? 둥글어서 불편하지 않을까?
F 하지만, 귀엽잖아.
M 응. 그건 맞네. 그럼 이걸로 하자.

두 사람은 어느 가방을 삽니까?

[정답] 4

[풀이]
포인트는 마지막의 '그럼 이걸로 하자'이다. 결국 딸의 고른 둥근 가방을 선택한다. 또한 앞부분에서 흰 가방을 이미 가지고 있으므로 밝은 색이 아닌 가방을 고르면 된다. 정답은 4번이다.

[단어]
むすめ 딸 | 誕生日プレゼント 생일 선물 | 白い 희다 | 持つ 가지다, 들다 | まるい 둥글다 | 不便だ 불편하다 | かわいい 귀엽다 | 〜にする 〜(으)로 하다

4ばん

女の人と男の人が話しています。女の人はいつ電話をしますか。

F 私、あした韓国に帰ります。空港に着いたら電話しますね。
M はい、何時の飛行機ですか。
F 10時ですから、2時間前には空港に着きたいと思います。
M そうですか。また、遊びにてください。

女の人はいつ電話をしますか。

1　8じ
2　9じ
3　10じ
4　11じ

여자와 남자가 이야기하고 있습니다. 여자는 언제 전화를 합니까?

F 저, 내일 한국으로 돌아갑니다. 공항에 도착하면 전화할게요.
M 네, 몇 시 비행기인가요?
F 10시니까, 2시간 전에는 공항에 도착하고 싶다고 생각합니다.
M 그렇군요. 또 놀러 오세요.

여자는 언제 전화를 합니까?

1　8시
2　9시
3　10시
4　11시

[풀이]

포인트는 '2시간 전에'를 듣는 것이다. 비행기 시간보다 2시간 일찍 도착할 계획이고 도착하면 전화를 걸 것을 말하고 있으므로 적어도 8시이다. 정답은 1번이다.

[단어]

電話 전화 | 韓国 한국 | ～に 帰る ～로 돌아가다 | 空港 공항 | 着く 도착하다 | 飛行機 비행기 | 時間 시간 | 前には 전에는 | ～たい ～하고 싶다 | ～と 思います ～라고 생각합니다 | では 또 | 遊ぶ 놀다 | ～に 来て ください ～하러 오세요

5ばん

女の人と男の人が話しています。女の人はどうしますか。

F 吉田さん、仕事、終わりましたか。
M いいえ、まだです。でも、遅いから、もう帰ります。
F あのう、コンサートのチケット2枚ありますが、いっしょにどうですか。
M すみません。今日はちょっと…。
F そうですか。今日までなので、しかたないですね。一人で行くしかないですね。

女の人はどうしますか。

여자와 남자가 이야기하고 있습니다. 여자는 어떻게 합니까?

F 요시다 씨, 일 끝났습니까?
M 아니요, 아직입니다. 하지만, 늦었으니까 이만 귀가하려고요.
F 저, 콘서트 티켓이 2장 있습니다만, 함께 어떠세요?
M 미안해요. 오늘은 좀…
F 그렇습니까. 오늘까지라서, 어쩔 수 없네요. 혼자서 갈 수밖에 없네요.

여자는 어떻게 합니까?

1　ひとりで　いえに　かえる
2　ひとりで　コンサートに　いく
3　おとこの　ひとと　いえに　かえる
4　おとこの　ひとと　コンサートに　いく

1　혼자서 집에 돌아간다
2　혼자서 콘서트에 간다
3　남자와 함께 귀가한다
4　남자와 함께 콘서트에 간다

[풀이]
후반부에 남자가 거절하고 여자는 '혼자서 갈 수밖에 없네요'라고 말하고 있기 때문에 정답은 2번이다.

[단어]
仕事 일, 직업, 업무 | 終わる 끝나다 | まだです 아직입니다 | でも 하지만 | 遅い 늦다 | もう 이제 | 帰る 귀가하다 | コンサート 콘서트 | チケット 티켓 | ～枚 ～장 | ～まで ～까지 | しかたない 어쩔 수 없다 | 一人で 혼자서 | 行く 가다 | ～しかない ～할 수밖에 없다

6 ばん

スーパーで女の人と男の人が話しています。二人は何を買いますか。

F　家にジュースとパンはあるから、アイスクリームだけ買えばいいよね。
M　アイスクリーム？昨日私が買ったよ。
F　あれね、わたしが昨日の夜食べちゃったんだ。
M　そっか、じゃ、また買うしかないね。あ、あのケーキおいしそう！
F　家にパンあるから。もう帰ろうよ。
M　うーん、しかたないね。

슈퍼에서 여자와 남자가 이야기하고 있습니다. 두 사람은 무엇을 삽니까?

F　집에 주스랑 빵은 있으니까, 아이스크림만 사면 되지?
M　아이스크림? 어제 내가 샀어.
F　그거 말이야, 내가 어제 밤에 먹어 버렸어.
M　그렇구나, 그럼 또 살 수밖에 없네. 저 케이크 맛있어 보인다!
F　집에 빵 있으니까, 이제 돌아가자.
M　음, 어쩔 수 없네.

二人は何を買いますか。

1　ケーキ
2　アイスクリーム
3　パン
4　ジュース

두 사람은 무엇을 삽니까?

1　케이크
2　아이스크림
3　빵
4　주스

[풀이]
집의 아이스크림을 여자가 먹었다고 말했고, 바로 '또 살 수밖에 없네'라고 말하고 있는 부분이 포인트이다. 정답은 2번이다.

[단어]
スーパー 슈퍼 | 買う 사다 | 家 집 | ジュース 주스 | パン 빵 | アイスクリーム 아이스크림 | ～だけ ～만 | ～ばいい ～하면 된다 | 夜 밤 | ケーキ 케이크 | おいしそう 맛있어 보인다 | もう 이제 | 帰ろう 돌아가자

7ばん

本屋で男の人と店員が話しています。男の人はいくらはらいますか。

M この本はいくらですか。
F 1500円です。
M じゃ、これ2冊ください。それから、この雑誌も1冊おねがいします。
F はい、わかりました。この雑誌は900円ですが、いま、200円安くなっています。
M あ、そうですか。じゃ、全部でいくらですか。

男の人はいくらはらいますか。

1　1900えん
2　3000えん
3　3700えん
4　3900えん

서점에서 남자와 점원이 이야기하고 있습니다. 남자는 얼마 지불합니까?

M 이 책은 얼마인가요?
F 1500엔입니다.
M 그럼, 이거 2권 주세요. 그리고, 이 잡지도 한 권 주세요.
F 네 알겠습니다. 이 잡지는 900엔입니다만, 지금 200엔 쌉니다.
M 그렇습니까. 그럼 전부 해서 얼마입니까?

남자는 얼마 지불합니까?

1　1900엔
2　3000엔
3　3700엔
4　3900엔

[풀이]
본래의 가격은 책 2권 3000엔+잡지 1권 900엔으로 3900엔이지만, 잡지를 200엔 싸게 팔고 있다고 직원이 말하고 있으므로 3700엔이 정답이 된다.

[단어]
本屋 서점 | いくら 얼마 | はらう 지불하다 | 本 책 | ～円 ～엔 | ～冊 ～권 | それから 그리고 | 雑誌 잡지 | 安く 싸게 | ～くなる ～해 지다 | 全部で 전부 해서

もんだい2

もんだい2では、はじめに しつもんを きいて ください。それから はなしを きいて、もんだいようしの 1から4の なかから、いちばん いい ものを ひとつ えらんで ください。では、れんしゅうしましょう。
문제 2에서는, 먼저 질문을 들어 주세요. 그러고 나서 이야기를 듣고, 문제 용지의 1부터 4중에서 가장 알맞은 것을 하나 고르세요. 그럼, 연습합시다.

れい

女の人と男の人が話しています。男の人はこれから何をしますか。

F 吉田さん、どこに行くんですか。

여자와 남자가 이야기하고 있습니다. 남자는 이제부터 무엇을 합니까?

F 요시다 씨, 어디 가세요?

M はい。ちょっと約束があって、新宿へ行きます。
F あ、そうですか。私も約束があって、新宿まで行くんですが、一緒に行きましょうか。
M でも、その前に手紙をださなければならないんで。
F あ、いいですよ。時間はありますから。
M ええと、それから病院にも行かなければならないんです。
F とても忙しそうですね。じゃ、先に行きますね。
M どうも、すみません。では、また。

男の人はこれから何をしますか。

1 ゆうびんきょくへ いく
2 しんじゅくへ いく
3 びょういんへ いく
4 としょかんへ いく

M 네, 약속이 좀 있어서 신주쿠에 갑니다.
F 아, 그래요? 저도 약속이 있어서 신주쿠까지 갑니다만, 같이 갈까요?
M 그런데, 그 전에 편지를 부쳐야 해서요.
F 아, 괜찮아요. 시간은 있으니까요.
M 그게, 그러고 나서 병원에도 가야 해서요.
F 아주 바쁜 모양이네요. 그럼, 먼저 갈게요.
M 정말 죄송합니다. 그럼, 또 (뵙겠습니다).

남자는 이제부터 무엇을 합니까?

1 우체국에 간다
2 신주쿠에 간다
3 병원에 간다
4 도서관에 간다

[풀이]
남자는 처음에 신주쿠에 간다고 했지만 그 전에 편지를 부쳐야 하고, 병원에도 들러야 한다고 했다. 따라서 남자의 이동은 우체국→병원→신주쿠 순으로 이어지는 것을 알 수 있으므로 정답은 1번이다.

[단어]
約束 약속 | 新宿 신주쿠 | 一緒に 함께, 같이 | でも 하지만 | 手紙を だす 편지를 부치다 | ～なければならない ～하지 않으면 안 된다 | それから 그러고 나서 | 病院 병원 | とても 매우, 아주 | 忙しい 바쁘다 | ～そうだ ～한 것 같다 | どうも 정말, 참으로 | すみません 미안합니다 | また 또

1ばん

女の人と男の人が電話で話しています。男の人の会社はどのビルですか。

F もしもし、いま駅の前にいますけど…。
M あ、そうですか。そこから本屋が見えますよね。
F はい、その本屋がある白いビルですか。
M いいえ、私の会社はそのビルの後ろにあります。
F じゃ、高くて黒いビルですか。
M いいえ、そのとなりです。一番高いビルです。

男の人の会社はどのビルですか。

여자와 남자가 전화로 이야기하고 있습니다. 남자의 회사는 어느 빌딩입니까?

F 여보세요, 지금 역 앞에 있는데요…
M 아, 그래요? 거기에서 서점이 보이죠?
F 네, 그 서점이 있는 하얀 빌딩인가요?
M 아니요, 저의 회사는 그 빌딩 뒤에 있습니다.
F 그럼 높고 검은 빌딩인가요?
M 아니요, 그 옆입니다. 제일 높은 빌딩이에요.

남자의 회사는 어느 빌딩입니까?

[정답] 4

[풀이]

남자의 회사를 찾아온 여자가 역 앞에서 전화를 했다. 역에서 바로 보이는 서점 건물 뒤에 있다고 하자, 검은 건물이냐고 물으니 그 옆 건물이라고 한다. 따라서 정답은 4번 건물이다.

[단어]

電話 전화 | ～で ～(으)로 | 会社 회사 | どの 어느 | ビル 빌딩 | もしもし 여보세요(전화) | いま 지금 | 駅 역 | 前 앞 | いる 있다 | ～けど ～지만, ～인데 | ～から ～(으)로부터 | 本屋 서점 | 見える 보이다 | 白い 하얗다 | 後ろ 뒤 | じゃ 그럼 | 高い 높다, 비싸다 | 黒い 검다 | となり 옆, 이웃 | 一番 가장, 제일

2ばん

教室で先生が話しています。いま学生たちはどのページを読んでいますか。

F じゃ、授業を始めましょう。
M はい。
F みんな本の167ページを開けてください。
M 犬の写真があるページですか。
F いいえ、161ページではなくて、167ページです。富士山の写真があるページです。

いま学生たちはどのページを読んでいますか。

교실에서 선생님이 이야기하고 있습니다. 지금 학생들은 어느 페이지를 읽고 있습니까?

F 그럼, 수업을 시작합시다.
M 네.
F 모두 책의 167페이지를 펼쳐 주세요.
M 개 사진이 있는 페이지 입니까?
F 아니요. 161페이지가 아니라, 167페이지입니다. 후지산 사진이 있는 페이지예요.

지금 학생들은 어느 페이지를 읽고 있습니까?

[정답] 4

[풀이]

포인트는 맨 마지막 선생님의 '후지산이 있는 페이지입니다'라고 말하는 부분이다. 또한 '161ページでは なくて167ページ'이라는 부분이다.

[～では なくて]라는 표현도 중요하지만, 숫자의 발음이 빨리 지나가므로 주의하도록 하자.

[단어]

教室 교실 | 先生 선생님 | ページ 페이지 | あける 열다 | 授業 수업 | 始める 시작하다 | みんな 모두 | 本 책 | ～では なくて ～이 아니라 | 犬 개 | 写真 사진

3ばん

お父さんとお母さんが話しています。ひろは今何をしていますか。

M ひろは？学校から帰ったの？
F いま、寝てる。

아빠와 엄마가 이야기하고 있습니다. 히로는 지금 무엇을 하고 있습니까?

M 히로는? 학교에서 돌아왔어?
F 지금 자고 있어.

M 早いね。どうした？今の時間だといつも野球の練習だったのにな。
F 明日、テストがあるから、よる10時に起きて勉強するっていってたわ。
M そっか。

ひろは今何をしていますか。

1 ねて いる
2 がっこうに いる
3 べんきょうを して いる
4 やきゅうの れんしゅうを して いる

M 이르네. 무슨 일이야? 지금 시간이면 항상 야구 연습이었는데.
F 내일, 시험이 있으니까, 밤 10시에 일어나서 공부할 거라고 말했거든.
M 그래?

히로는 지금 무엇을 하고 있습니까?

1 자고 있다
2 학교에 있다
3 공부를 하고 있다
4 야구 연습을 하고 있다

[풀이]
엄마의 첫 대화에서 자고 있다고 말하고 있고, '밤 10시에 일어나서'라고 말하는 부분에서 다시 한 번 히로가 자고 있다는 사실을 확인할 수 있다. 정답은 1번이다.

[단어]
お父さん 아빠 | お母さん 엄마 | 学校 학교 | まだ 아직 | 寝る 자다 | 早い 이르다 | 時間 시간 | 野球 야구 | 練習 연습 | 〜のに 〜인데 | テスト 테스트, 시험 | 起きる 일어나다 | 勉強する 공부하다

4 ばん

男の人と女の人がプレゼントを買いに来ました。二人が買ったのはどれですか。

M みきのプレゼントってさ。何がいいかな。
F そうね。あ、スカーフはどう？
M うーん、いいかも。いろいろあるね。これはどう？
F ちょっとくらくない？
M そうだね。じゃ、こっちの明るいのは？
F いろはいいけど、何か、花とかどうぶつのえがあるのがいいんじゃない？これだとじみだよ。
M じゃ、こちらはどう？ばらがきれいだね。
F うん、ちょうどいいね。

남자와 여자가 선물을 사러 왔습니다. 두 사람이 산 것은 어느 것입니까?

M 미키 선물 말이야. 뭐가 좋을까?
F 글쎄. 아, 스카프는 어때?
M 음, 좋을지도 모르겠네. 여러 가지 있네. 이건 어때?
F 좀 어둡지 않아?
M 그러네. 그럼, 이쪽의 밝은 것은?
F 색은 좋은데, 뭔가 꽃이나 동물 그림이 있는 것이 좋지 않아? 이건 너무 수수해.
M 그럼 이쪽은 어때? 장미가 예쁘네.
F 응, 딱 좋네.

二人が買ったのはどれですか。

두 사람이 산 것은 어느 것입니까?

[정답] 4

[풀이]
포인트는 밝은 쪽이 좋다고 말하고 그림, 특히 장미가 그려져 있는 것을 보고 예쁘다고 말하는 부분이다. 따라서 정답은 4번이다.

[단어]
プレゼント 선물 | 買う 사다 | スカーフ 스카프 | いろいろ 여러 가지 | くらい 어둡다 | こっち 이쪽 | 明るい 밝다 | じみだ 수수하다

5ばん

男の学生と女の学生が話しています。女の学生は水曜日に何をしますか。

M ゆきちゃん、木曜日何か予定ある？
F 木曜日は図書館へ行ってレポート書こうと思っているけど、どうして？
M そうか。野球の試合のチケットが2枚あるから、いっしょに行きたいと思って。
F 野球？見たいな。うーん…。決めた！じゃ、図書館は水曜日にして、野球に行く。

女の学生は水曜日に何をしますか。

남학생과 여학생이 이야기하고 있습니다. 여학생은 수요일에 무엇을 합니까?

M 유키, 목요일 뭔가 예정 있니?
F 목요일은 도서관에 가서 리포트 쓰려고 생각 중인데, 왜?
M 그래? 야구 시합 티켓이 2장 있어서, 함께 가고 싶어서.
F 야구? 보고 싶다. 음…. 결정했다! 그럼 도서관은 수요일로 하고 야구 보러 갈래.

여학생은 수요일에 무엇을 합니까?

1 としょかんに いく
2 おとこの がくせいと いっしょに レポートを かく
3 ひとりで やきゅうを みに いく
4 おとこの がくせいと いっしょに やきゅうを みに いく

1 도서관에 간다
2 남자 학생과 함께 리포트를 쓴다
3 혼자서 야구를 보러 간다
4 남자 학생과 야구를 보러 간다

[풀이]
마지막 여자의 말로 정답이 명확하게 정해진다. 도서관은 수요일로 하고 야구 보러 간다고 말하고 있으므로 정답은 1번이 된다.

[단어]
学生 학생 | 水曜日 수요일 | 何か 무언가 | 予定 예정, 일정 | 木曜日 목요일 | 図書館 도서관 | レポート 리포트 | 書く 쓰다 | どうして 왜, 어째서 | 野球 야구 | 試合 시합 | チケット 티켓 | ～枚 ～장 | ～たい ～하고 싶다 | 決める 정하다

6ばん

お母さんとむすこが話しています。むすこはいまから何をしますか。

F 宿題は終わった？

엄마와 아들이 이야기하고 있습니다. 아들은 지금부터 무엇을 합니까?

F 숙제 끝났니?

M ううん、まだだよ。
F じゃ、宿題をしてから、ぎゅうにゅう買ってきてくれる？
M うん、わかった。
F あ、行く前にパン屋で食パンも１つおねがいね。
M スーパーは遠いから、ぎゅうにゅうはコンビニで買ってもいい？
F うん、いいよ。

むすこはいまから何をしますか。

1　パンやへ　いく
2　スーパーへ　いく
3　コンビニへ　いく
4　しゅくだいを　する

[풀이]
숙제를 아직 끝내지 않았고, 엄마가 부탁하기 전에 '숙제하고 나서'라고 말하고 있기 때문에 정답은 4번이다.

[단어]
お母さん 엄마 | むすこ 아들 | 宿題 숙제 | 牛乳 우유 | 買う 사다 | ～てくれる？ ~해 줄래？ | わかる 알다, 이해하다 | 行く 가다 | ～前に ~하기 전에 | パン屋 빵집 | 食パン 식빵 | スーパー 수퍼 | 遠い 멀다 | コンビニ 편의점 | ～ても いい ~해도 좋다

M 아니, 아직이야.
F 그럼, 숙제하고 나서, 우유 사다 줄래?
M 응 알았어.
F 아, 가기 전에 빵집에서 식빵도 하나 부탁할게.
M 슈퍼는 머니까, 우유는 편의점에서 사도 돼?
F 응. 그래.

아들은 지금부터 무엇을 합니까?

1　빵집에 간다
2　슈퍼에 간다
3　편의점에 간다
4　숙제를 한다

もんだい３

もんだい３では、えを　みながら　しつもんを　きいて　ください。➡(やじるし)の　ひとは　なんと　いいますか。１から３の　なかから　いちばん　いい　ものを　ひとつ　えらんで　ください。では、れんしゅうしましょう。

문제 3에서는, 그림을 보면서 질문을 들어 주세요. 화살표의 사람은 뭐라고 말합니까? 1부터 3중에서 가장 알맞은 것을 하나 고르세요. 그럼, 연습합시다.

れい

にもつをたくさん持っていましたが、知らない人がドアをあけてくれました。何と言いますか。

F　1　どうそ、入ってください。
　　2　どうも、すみません。
　　3　もうしわけございません。

짐을 많이 가지고 있었는데, 모르는 사람이 문을 열어 주었습니다. 뭐라고 말합니까?

F　1　어서 들어오세요.
　　2　정말 감사합니다.
　　3　죄송합니다.

[풀이]
[すみません]은 일차적으로 미안하다는 뜻을 가지지만, 위 상황처럼 미안한 마음도 함께 담아 감사하다는 뜻으로 쓸 수 있다.

[단어]
にもつ 짐 | たくさん 많이 | 持つ 가지다, 들다 | 知らない 모르다 | ドア 문 | 開ける 열다 | ～て くれる ～해 주다

1ばん

学校から家に帰りました。お母さんは何と言いますか。

F 1 いらっしゃいませ。
    2 お帰りなさい。
    3 おじゃましました。

학교에서 집으로 귀가하였습니다. 엄마는 뭐라고 말합니까?

F 1 어서 오십시오.
    2 어서 와.
    3 실례했습니다.

[풀이]
귀가해 온 사람의 '다녀왔습니다(ただいま)'에 대해, 집에서 맞이하는 사람이 하는 인사로 옳은 것은 2번이다.

[단어]
学校 학교 | ～から ～(으)로부터 | 家 집 | 帰る 귀가하다

2ばん

友だちの足元に何かがあります。いまにも転びそうです。何と言いますか。

F 1 元気でね。
    2 気をつけて。
    3 どうしたの？

친구 발끝에 무엇인가 있습니다. 당장이라도 넘어질 것 같습니다. 뭐라고 말합니까?

F 1 건강해.
    2 조심해.
    3 무슨 일이야?

[풀이]
걱정과 주의의 말을 하는 상황으로 2번이 옳다. 참고로 1번은 당분간 헤어질 때, 3번은 놀람과 걱정으로 사연을 묻는 뉘앙스를 가지고 있다.

[단어]
友だち 친구 | 足元 발끝, 발 주변 | 何か 무언가 | いまにも 당장이라도 | 転ぶ 넘어지다

3ばん

ひさしぶりにおばあさんに電話をかけました。おばあさんに何と言いますか	오랜만에 할머니에게 전화를 걸었습니다. 할머니에게 뭐라고 말합니까?
M　1　どうぞよろしく。 　　2　おだいじに。 　　**3　お元気ですか。**	M　1　잘 부탁드립니다. 　　2　몸조리 잘하세요. 　　**3　잘 지내셨어요?**

[풀이]

오랜만에 할머니께 연락해서 하는 인사말로 3번이 옳다. 2번은 아픈 사람에게 건네는 말이다.

[단어]

ひさしぶりに 오랜만에 | おばあさん 할머니 | 電話を かける 전화를 걸다

4ばん

きゅうに雨が降っています。友だちに何と言いますか。	갑자기 비가 내리고 있습니다. 친구에게 뭐라고 말합니까?
M　1　かさ、返してくれる？ 　　2　かさ、貸してあげる？ 　　**3　かさ、貸してくれる？**	M　1　우산, 돌려줄래? 　　2　우산, (너에게) 빌려줄까? 　　**3　우산, (나에게) 빌려줄래?**

[풀이]

상대방이 하길 바라는 행동 [貸す(빌려주다)]과 부탁 표현 [～て くれる？(～해 줄래?)]을 접속하여 옳게 표현한 3번이 정답이다. 참고로 2번은 '(남에게)빌려줄까?'라는 의미이다.

[단어]

友だち 친구 | かさ 우산 | 返す 돌려주다 | 貸す 빌려주다 | ～て あげる (남에게)～해 주다 | ～て くれる (나에게)～해 주다

5ばん

お客さんにお茶をもっとあげたいです。何と言いますか。	손님에게 차를 더 드리고 싶습니다. 뭐라고 말합니까?
F　1　おかわりありませんか。 　　**2　おかわりどうですか。** 　　3　おかえりください。	F　1　별거 없으시죠? 　　**2　한 잔 더 어떠세요?** 　　3　이만 돌아가 주십시오.

[풀이]

'한 잔 더 어떠세요?'라는 권유로 2번이 옳은 표현이다. 참고로 발음이 비슷한 1번은 '별거 없으시죠?'라는 오랜만에 만났을 때의 인사 표현이므로 혼동하지 않도록 주의하자.

[단어]
お客さん 손님 | お茶 차 | もっと 조금 더 | あげる 주다 | 〜たい 〜하고 싶다 | おかわり 리필, 한 그릇(잔) 더

もんだい 4

もんだい 4では、えなどが ありません。ぶんを きいて、1から3の なかから、いちばん いい ものを ひとつ えらんで ください。では、れんしゅうしましょう。

문제 4에서는, 그림 등이 없습니다. 문장을 듣고 1부터 3중에서 가장 알맞은 것을 하나 고르세요. 그럼 연습합시다.

れい

F 吉田さん、昨日はどうして学校を休んだんですか。 M 1 休みではなかったでしょう。 　 2 学校を休んでよかったですね。 　 3 かぜをひいてしまいましたので。	F 요시다 씨, 어제는 왜 학교를 쉬었습니까? M 1 휴일이 아니었죠? 　 2 학교를 쉬어서 좋았군요. 　 3 감기에 걸리고 말아서요.

[풀이]
학교를 쉰 이유를 물어본 질문의 대답으로 알맞은 것은 3번이다.

[단어]
昨日 어제 | どうして 왜, 어째서 | 休む 쉬다 | 休み 휴일, 휴식 | かぜを ひく 감기 걸리다, 감기에 들다 | 〜て しまう 〜해 버리다, 〜하고 말다

1ばん

F いま、ジュース買いに行くけど、何か買ってきましょうか。 M 1 そうですか。何を買いますか。 　 2 どうぞ、よろしくおねがいします。 　 3 同じものをおねがいします。	F 지금 주스 사러 가는데, 뭔가 사 올까요? M 1 그렇습니까? 무엇을 살 겁니까? 　 2 잘 부탁드립니다. 　 3 같은 것으로 부탁드립니다.

[풀이]
뭔가 필요하거나 원하는 것이 있는지, 묻는 질문에 대해 구체적으로 '같은 것'을 부탁한다고 대답하는 3번이 정답이다.

[단어]
いま 지금 | ジュース 주스 | 買う 사다 | 〜に 行く 〜하러 가다 | 同じ もの 같은 것

2ばん

M このチケット、私が持っていってもいいですか。
F 1 入り口はあちらにあります。
　2 チケット、おねがいします。
　3 もちろん、どうぞ。

M 이 티켓, 내가 가져가도 됩니까?
F 1 입구는 저쪽에 있습니다.
　2 티켓, (보여)주세요.
　3 물론, 여기요(받으세요).

[풀이]
허가를 구하는 질문에 흔쾌히 허가, 혹은 권하는 표현의 3번이 정답이다.

[단어]
チケット 티켓 | 持つ 가지다, 들다 | 入り口 입구

3ばん

M テストの勉強、うまくいっていますか。
F 1 いいえ、まだいっていません。
　2 いいえ、まだぜんぜん。
　3 いいえ、またきましょう。

M 시험 공부, 잘 되가나요?
F 1 아니요, 아직 가 있지 않아요.
　2 아니요, 아직 전혀.
　3 아니요, 또 갑시다.

[풀이]
진행 과정이나 상황을 묻는 질문에 대해 '아직 전혀'라고 상태를 말하고 있으므로 정답은 2번이다.

[단어]
テスト 시험 | 勉強 공부 | うまく いく 잘 되가다, 진척되다 | ぜんぜん 전혀

4ばん

F 私、新しい車が買いたいんですよ。
M 1 この車にしました。
　2 そうですね。よかったですね。
　3 えっ、また買うんですか。

F 저는 새로운 자동차를 사고 싶어요.
M 1 이 자동차로 했습니다.
　2 그렇군요. 다행이에요.
　3 엇, 또 삽니까?

[풀이]
새로운 자동차를 사고 싶다는 말에 '또 삽니까?'라고 말한 3번이 정답이다.

[단어]
新しい 새롭다 | 車 자동차 | 買う 사다

5ばん

F いらっしゃいませ。何名(なんめい)さまですか。 M 1 私(わたし)のなまえはひろとです。 　　**2 4人(にん)です。** 　　3 すしとカレーおねがいします。	F 어서 오십시오. 몇 분이십니까? M 1 제 이름은 히로토입니다. 　　**2 4명입니다.** 　　3 초밥과 카레 주세요.

[풀이]
점원의 인원수를 물어보는 질문에 대해, 정확한 인원수로 대답하고 있는 2번이 정답이다.

[단어]
いらっしゃいませ 어서 오십시오 | 何名(なんめい)さまですか 몇 분이십니까? | なまえ 이름

6ばん

M いらっしゃい。どうぞ、お入(はい)りください。 F 1 こちらこそ。 　　**2 おじゃまします。** 　　3 とんでもないです。	M 어서 와요. 자, 들어오세요. F 1 저야말로. 　　**2 실례하겠습니다.** 　　3 가당치도 않습니다.

[풀이]
다른 사람의 집 등을 방문할 때 하는 인사말로 '실례합니다'의 의미인 2번이 옳다.

[단어]
いらっしゃい 어서 와요 | お入(はい)りください 들어오세요

N5 第1回 日本語能力試験 模擬テスト 解答用紙

げんごちしき（もじ・ごい）

じゅけんばんごう
Examinee Registration Number

なまえ
Name

〈ちゅうい Notes〉
1. くろいえんぴつ（HB、No.2）でかいてください。
   （ペンやボールペンではかかないでください。）
   Use a black medium soft (HB or No.2) pencil.
   (Do not use any kind of pen.)
2. かきなおすときは、けしゴムできれいにけしてください。
   Erase any unintended marks completely.
3. きたなくしたり、おったりしないでください。
   Do not soil or bend this sheet.
4. マークれい Marking Examples

よい れい Correct Example	わるい れい Incorrect Examples
●	⊘ ⊖ ◐ ○ ◑ ●

もんだい 1

1	①	②	③	④
2	①	②	③	④
3	①	②	③	④
4	①	②	③	④
5	①	②	③	④
6	①	②	③	④
7	①	②	③	④

もんだい 2

8	①	②	③	④
9	①	②	③	④
10	①	②	③	④
11	①	②	③	④
12	①	②	③	④

もんだい 3

13	①	②	③	④
14	①	②	③	④
15	①	②	③	④
16	①	②	③	④
17	①	②	③	④
18	①	②	③	④

もんだい 4

19	①	②	③	④
20	①	②	③	④
21	①	②	③	④

N5 第1回 日本語能力試験 模擬テスト 解答用紙

げんごちしき(ぶんぽう)・どっかい

じゅけんばんごう
Examinee Registration Number

なまえ
Name

〈ちゅうい Notes〉
1. くろい えんぴつ(HB、No.2)で かいて ください。
   (ペンや ボールペンでは かかないで ください。)
   Use a black medium soft (HB or No.2) pencil.
   (Do not use any kind of pen.)
2. かきなおす ときは、けしゴムで きれいに けして ください。
   Erase any unintended marks completely.
3. きたなく したり、おったり しないで ください。
   Do not soil or bend this sheet.
4. マークれい Marking Examples

よいれい Correct Example	わるいれい Incorrect Examples
●	⊘ ⊙ ◯ ● ◐ ○

もんだい 1

1	① ② ③ ④
2	① ② ③ ④
3	① ② ③ ④
4	① ② ③ ④
5	① ② ③ ④
6	① ② ③ ④
7	① ② ③ ④
8	① ② ③ ④
9	① ② ③ ④

もんだい 2

10	① ② ③ ④
11	① ② ③ ④
12	① ② ③ ④
13	① ② ③ ④

もんだい 3

14	① ② ③ ④
15	① ② ③ ④
16	① ② ③ ④
17	① ② ③ ④

もんだい 4

| 18 | ① ② ③ ④ |
| 19 | ① ② ③ ④ |

もんだい 5

| 20 | ① ② ③ ④ |
| 21 | ① ② ③ ④ |

もんだい 6

| 22 | ① ② ③ ④ |

N5 第1回 日本語能力試験 模擬テスト 解答用紙

ちょうかい

じゅけんばんごう
Examinee Registration Number

なまえ
Name

<ちゅうい Notes>
1. <ろいえんぴつ(HB、No.2)で かいて ください。
   (ペンや ボールペンでは かかないで ください。)
   Use a black medium soft (HB or No.2) pencil.
   (Do not use any kind of pen.)
2. かきなおす ときは、けしゴムで きれいに けして ください。
   Erase any unintended marks completely.
3. きたなく したり、おったり しないで ください。
   Do not soil or bend this sheet.
4. マークれい Marking Examples

よい れい Correct Example	わるい れい Incorrect Examples
●	⊘ ◯ ◯ ◯ ⦶ ①

もんだい 1

かい				
1	●	②	③	④
2	①	②	③	④
3	①	②	③	④
4	①	②	③	④
5	①	②	③	④
6	①	②	③	④
7	①	②	③	④

もんだい 2

かい				
1	①	②	●	④
2	①	②	③	④
3	①	②	③	④
4	①	②	③	④
5	①	②	③	④
6	①	②	③	④

もんだい 3

かい			
1	①	●	③
2	①	②	③
3	①	②	③
4	①	②	③
5	①	②	③

もんだい 4

かい			
1	●	②	③
2	①	②	③
3	①	②	③
4	①	②	③
5	①	②	③
6	①	②	③

N5 第2回 日本語能力試験 模擬テスト 解答用紙

げんごちしき (もじ・ごい)

じゅけんばんごう
Examinee Registration Number

なまえ
Name

〈ちゅうい Notes〉
1. 〈ろい えんぴつ(HB、No.2)で かいて ください。
   (ペンや ボールペンでは かかないで ください。)
   Use a black medium soft (HB or No.2) pencil.
   (Do not use any kind of pen.)
2. かきなおす ときは、けしゴムで きれいに けして ください。
   Erase any unintended marks completely.
3. きたなく したり、おったり しないで ください。
   Do not soil or bend this sheet.
4. マークれい Marking Examples

よいれい Correct Example	わるいれい Incorrect Examples
●	⊘ ○ ◐ ● ○ ◑

もんだい1

1	① ② ③ ④
2	① ② ③ ④
3	① ② ③ ④
4	① ② ③ ④
5	① ② ③ ④
6	① ② ③ ④
7	① ② ③ ④

もんだい2

8	① ② ③ ④
9	① ② ③ ④
10	① ② ③ ④
11	① ② ③ ④
12	① ② ③ ④

もんだい3

13	① ② ③ ④
14	① ② ③ ④
15	① ② ③ ④
16	① ② ③ ④
17	① ② ③ ④
18	① ② ③ ④

もんだい4

19	① ② ③ ④
20	① ② ③ ④
21	① ② ③ ④

N5 第2回 日本語能力試験 模擬テスト 解答用紙

げんごちしき(ぶんぽう)・どっかい

じゅけんばんごう
Examinee Registration Number

なまえ
Name

〈ちゅうい Notes〉
1. くろい えんぴつ(HB、No.2)で かいて ください。
   (ペンや ボールペンでは かかないで ください。)
   Use a black medium soft (HB or No.2) pencil.
   (Do not use any kind of pen)
2. かきなおす ときは、けしゴムで きれいに けして ください。
   Erase any unintended marks completely.
3. きたなく したり、おったり しないで ください。
   Do not soil or bend this sheet.
4. マークれい Marking Examples

よい れい Correct Example	わるい れい Incorrect Examples
●	⊘ ○ ○ ● ○ ○

もんだい 1

1	①	②	③	④
2	①	②	③	④
3	①	②	③	④
4	①	②	③	④
5	①	②	③	④
6	①	②	③	④
7	①	②	③	④
8	①	②	③	④
9	①	②	③	④

もんだい 2

10	①	②	③	④
11	①	②	③	④
12	①	②	③	④
13	①	②	③	④

もんだい 3

14	①	②	③	④
15	①	②	③	④
16	①	②	③	④
17	①	②	③	④

もんだい 4

| 18 | ① | ② | ③ | ④ |
| 19 | ① | ② | ③ | ④ |

もんだい 5

| 20 | ① | ② | ③ | ④ |
| 21 | ① | ② | ③ | ④ |

もんだい 6

| 22 | ① | ② | ③ | ④ |

N5 第2回 日本語能力試験 模擬テスト 解答用紙

ちょうかい

じゅけんばんごう Examinee Registration Number

なまえ Name

〈ちゅうい Notes〉
1. くろい えんぴつ(HB、No.2)で かいて ください。
   (ペンや ボールペンでは かかないで ください。)
   Use a black medium soft (HB or No.2) pencil.
   (Do not use any kind of pen.)
2. かきなおす ときは、けしゴムで きれいに けして ください。
   Erase any unintended marks completely.
3. きたなく したり、おったり しないで ください。
   Do not soil or bend this sheet.
4. マークれい Marking Examples

よい れい Correct Example	わるい れい Incorrect Examples
●	⊘ ○ ◐ ◑ ⊙ ●

もんだい 1

れい	①	②	●	④
1	①	②	③	④
2	①	②	③	④
3	①	②	③	④
4	①	②	③	④
5	①	②	③	④
6	①	②	③	④
7	①	②	③	④

もんだい 2

れい	①	●	③	④
1	①	②	③	④
2	①	②	③	④
3	①	②	③	④
4	①	②	③	④
5	①	②	③	④
6	①	②	③	④

もんだい 3

れい	①	●	③
1	①	②	③
2	①	②	③
3	①	②	③
4	①	②	③
5	①	②	③

もんだい 4

れい	①	●	③
1	①	②	③
2	①	②	③
3	①	②	③
4	①	②	③
5	①	②	③
6	①	②	③